U0635234

钟　杨◎著

中学
思政学科
心理学纲要

学思政课一体化建设丛书

丛书主编　顾红亮

华东师范大学出版社
·上海·

图书在版编目(CIP)数据

中学思政学科心理学纲要/钟杨著.—上海:华东师范大学出版社,2022
ISBN 978－7－5760－3074－7

Ⅰ.①中… Ⅱ.①钟… Ⅲ.①政治课－学习心理学－中学 Ⅳ.①G633.202

中国版本图书馆 CIP 数据核字(2022)第 138539 号

大中小学思政课一体化建设丛书

中学思政学科心理学纲要

著　　者　钟　杨
策划编辑　张俊玲
项目编辑　刘祖希
特约审读　陈成江
责任校对　陈梦雅　时东明
装帧设计　卢晓红

出版发行　华东师范大学出版社
社　　址　上海市中山北路 3663 号　邮编 200062
网　　址　www.ecnupress.com.cn
电　　话　021－60821666　行政传真 021－62572105
客服电话　021－62865537　门市(邮购)电话 021－62869887
地　　址　上海市中山北路 3663 号华东师范大学校内先锋路口
网　　店　http://hdsdcbs.tmall.com

印 刷 者　上海昌鑫龙印务有限公司
开　　本　787×1092　16 开
印　　张　29.25
字　　数　485 千字
版　　次　2022 年 8 月第 1 版
印　　次　2022 年 8 月第 1 次
书　　号　ISBN 978－7－5760－3074－7
定　　价　98.00 元

出 版 人　王　焰

丛书序言

"国无德不兴,人无德不立。"教育是立德树人的事业。在学校教育中落实立德树人,思政课是关键。习近平总书记强调,"思政课是落实立德树人根本任务的关键课程"。作为关键课程,思政课贯穿了国民教育体系的各学段,其建设理应展现思想政治教育的层次性、递进性与整体性,遵循不同学段的教书育人规律、学生成长成才规律。然而,由于学段划分、课程设置以及教育对象认知结构等因素影响,思政课在教学目标设置、教学内容安排和教学资源使用等方面仍存在一定程度上的重复、脱节等问题,弱化了思政课教学质量及育人水平。习近平总书记在学校思想政治理论课教师座谈会上强调,"在大中小学循序渐进、螺旋上升地开设思想政治理论课非常必要,是培养一代又一代社会主义建设者和接班人的重要保障","要把统筹推进大中小学思政课一体化建设作为一项重要工程,推动思政课建设内涵式发展"。大中小学思政课一体化建设是提高思政课教学质量及育人水平的必由之路,是落实立德树人根本任务的关键举措。

为了推动大中小学思政课一体化理论与实践的创新发展,探索出可以推广的经验以及具有指导意义的理论,华东师范大学近年来有重点、分步骤地实行了一系列有力措施。一方面,华东师范大学分别以"劳动创造美好生活""我和我的祖国""伟大的起点""用好红色资源,赓续精神血脉"等为主题举办了系列大中小学思政课一体化教学观摩活动,邀请不同学段、不同学科的教师围绕同一主题同上一堂课;另一方面,华东师范大学依托马克思主义理论学科和教师教育的优势,运用现代技术手段和虚拟仿真方式,建立"上海大中小学思政课一体化建设教师实训基地",面向上海乃至全国开展大中小学思政课教师理论研修、教学实践等培训。在实践探索呈现良好势头的情况下,华东师范大学加强对大中小学思政课实践经验的理论提炼,深化对大中小学思政课一体化教育教学规律的理论阐释,希望能够为新时代思政课实现内涵式发展提供坚实有力的理论支撑。在此背景下,"大中小学思政课一体化建设丛书"启动出版。

本丛书从理论研究、发展报告、调查报告、实践案例等多个角度展示大中小学思政课一体化建设的优秀成果。丛书将逐步推出《新时代大中小学思政课一体化建设》《新时代思政课教学引论》《上海市大中小学思政课一体化教学观摩活动实录汇编》《中学思政学科心理学纲要》等成果。希望在习近平新时代中国特色社会主义思想的指导下,本丛书能够为培养一代又一代拥护中国共产党领导和我国社会主义制度、立志为中国特色社会主义事业奋斗终身的时代新人发挥应有的作用,为培养德智体美劳全面发展的社会主义事业建设者和接班人作出华东师范大学的贡献。

顾红亮

2021 年 12 月 27 日于华东师范大学

序

习近平在北京主持召开学校思想政治理论课教师座谈会并发表重要讲话。他强调指出：学校的思想政治理论课是培养一代又一代社会主义建设者和接班人的重要保障，是落实立德树人根本任务的关键课程。办好思想政治理论课，最根本的是要全面贯彻党的教育方针，解决好培养什么人、怎样培养人、为谁培养人这个根本问题。推动思想政治理论课改革创新，要不断增强思政课的思想性、理论性和亲和力、针对性。办好思想政治理论课关键在教师，关键在发挥教师的积极性、主动性、创造性。[1]

建君[2]的《中学思政学科心理学纲要》，是从专业方面推动思想政治课改革创新的一项可喜成果。以往，我们对思政课程建设侧重于研究和贯彻党和国家在各个历史时期先后颁发的相关文件、一系列相关的重大方针政策，落实文件对这门课程的性质、地位、任务、教学内容、教学要求、教学方法、保障条件和教师等所作的规定；专业方面，则侧重于思政学科教学论的研究，这方面取得的成果较多，这对于提高思政课的质量，发挥思政课的作用，发挥了积极作用。然而，对长期困扰思政课的"懂、信、用"或"知、情、意、行"各环节的矛盾，特别对其中的心理因素，则缺乏专业的、深入的研究和有效的解决之道。这成为充分发挥思政课育人作用的障碍。《中学思政学科心理学纲要》的出版，实属克服这一障碍的一项改革创新之举。

全书以学科学习心理为基本线索贯串全书，描述和呈现中学思政学科学习心理的基本面貌。从中学思政学科的知识学习、技能学习、策略学习、态度学习、动机学习、审美学习和能力学习等诸多方面，对中学思政课教学中的学生心理过程及其规律，进行

[1] 新华社 2019 年 3 月 18 日。
[2] 本书作者钟杨，本名黄建君。

了比较全面的分析探讨。由于思想政治课的德育功能居首，与之相应的态度学习也就特别重要，成为研究的重点。在考虑本学科特殊性与学习心理是一个完整、统一的过程的基础上，有针对性地提出了相应的学习策略，以解决学习中的矛盾，克服学习障碍，提高学习和教育实效。

作者力求理论结合实际，从我国教育和中学思政课教学的实际出发，对思政学科心理学内容进行实证研究。政治课态度学习过程比较复杂，有其特殊性，仅停留于理论研究是不够的。因此，作者协调在华东师范大学思政学科教学专业的教育硕士研究生，以问卷调查为基本方法，在我国六省市部分学校的初一至高三的学生中，开展随机抽样调查。这样，对学习过程中的心理因素获得一定量的资料，再与定性分析相结合，对中学思政学科态度学习过程进行了初步的实证研究，进而提出态度学习的策略，有的放矢，具有实效性。

作者广泛联系运用国内外关于学习心理学和学科学习心理学的研究成果，这对于推进中学思政学科心理学的研究，具有积极的意义。中学思政学科心理学尚处于初创时期，迫切需要"他山之石"。一是可以开拓研究的视野，得到智慧的启迪；二是可以获得理论的借鉴，便于厘清各种看法和观点；三是可以提高研究方法的针对性和有效性，实现事半而功倍的预期。一门新学科、新课程的创建，既是社会特别是教育发展的需要，也与学科、课程的相互交叉、衔接更新密切相关。当然，这是一个有机融合、自然生长的过程。

正如作者所言：中学思政学科心理学尚处于初创阶段，在我国，这一学科具有特殊意义，但在发展中却又有着特别的困难。这是实情。解决这个矛盾，需要从多方面着手，如资料的蒐集、理论的借鉴、方法的参照等，而尤其重要的是精心的实验。中学思政学科心理学具有很强的应用性，只有在一定理论观点指引下，采用正确的方法，组织好实验，取得有说服力的、可操作性的实验结果，才能逐步达到成熟阶段。这需要高校专业任课教师、中学思政课任课教师与思政课教研员共同协作，并得到学校、家庭的配合支持，才能实现。任务艰辛，任重道远。

吴 铎

2022 年 3 月 6 日

目录

绪 论

一、学科心理学与学科学习心理

学科心理学(Psychologies of Subject Matter)或学科教学心理学(Psychology of School Subjects Teaching)是教育心理学的一门分支学科。它所研究的范围十分广泛,包括中小学教学计划所列的各门学科,如语文、数学、外语、政治、历史、地理、物理、化学、生物、音乐、美术、体育等,是与基础教育实践关系密切、综合性很强的应用心理学学科。

(一) 学科心理学的研究对象

关于学科心理学的研究对象,研究者有着一些不同的说法,例如:

"研究学生在学习掌握各门学科过程中的心理特点和规律以及学科内容、教学方法与学生心理发展的相互关系。"[1]

"试图探明教学环境与学习者特性之间的相互作用是怎样促进学习者的认知发展的。"[2]

"研究学生掌握各门学科过程中的心理特点和规律,并探讨各门学科教学与学生心理发展的相互关系。"[3]

---

[1] 中国大百科全书图文数据光盘. 心理学·学科教学心理学[Z]. 北京:中国大百科全书出版社,1999.

[2] [美]理查德·迈耶. 学科教学心理学[M]. 姚梅林,等,译. 南京:江苏教育出版社,2010:3.

[3] 顾明远. 教育大辞典·第5卷·教育心理学[Z]. 上海:上海教育出版社,1990:43.

"研究中小学各科的教学心理。"[1]

"研究学校各门学科内容的学习与教学中的心理学规律。"[2]

上述说法虽然不尽相同，但基本上都认为学科心理学的研究对象包含三个方面：第一，学校各门学科的学习心理特点和规律，即学科学习心理；第二，学校各门学科的教学（教授）心理特点和规律，即（狭义的）学科教学心理；第三，学科教学和学生心理发展的关系。这可以理解为教学心理和学习心理的关系，即教和学的心理关系。因为学科教学虽然表现为教学行为，却离不开教学心理的影响，实际上是教学心理的外化（对象化）过程，而学生心理发展则主要是认知学习和态度学习心理的发展。

在这三个方面的研究中，学科心理学虽然需要兼顾教和学及其二者的关系，但学科学习心理的研究却是首要和基本的。

这就是说，学科学习心理是学科心理学全部研究的起点和基础。无论研究学科教学心理，还是教和学的心理关系，都要从了解学科学习心理开始，都必须建立在学科学习心理研究的基础上。如果跳过学习心理，或者研究滞后，那么不仅教和学的心理关系无从研究，而且教学心理的研究也难以展开。这是因为，不知"学"，焉知"教"？不了解学科学习的心理特点和规律，就直接"研究"如何教学、教学如何影响学习，等等，显然既不合乎逻辑，更难结合实际。即使勉为其难地进行，也只能是无的放矢，言不及义，难免脱离学科学习的实践，成为一种纸上谈兵。

不仅如此，学科学习心理研究之所以是起点和基础还在于，它的研究通常是描述性的。这正如布鲁纳所指出的，学习论是描述式的，教学论是处方式的。学科学习心理研究的主要目标就是对影响不同学科学习的各种变量作出准确的描述，从而为学科教学心理的研究提供材料。换句话说，学科学习心理的研究描述了学习的过程、特点和各种联系，而学科教学心理的研究则据此诊断，开出"处方"，调控并促进学习。由此，对教和学心理关系的研究也才可以展开。

---

[1] 李友芝.中外师范教育辞典[Z].北京：中国广播电视出版社,1994：147.

[2] 王小明.学科心理学的过去、现在与未来[J].宁波大学学报（教育科学版）,1999：2.

(二) 学科心理学的发展历程

学科心理学产生于 19 世纪与 20 世纪之交。[1] 1895 年,美国的杜威和麦克莱伦出版了合著的《心理及其在算学教授法上之应用》;1906 年,迪尔伯恩的《读法心理》问世;1915 年,贾德系统综合了各科心理学研究成果,出版《中学各科心理学》;1927 年,里德出版《小学各科心理学》,至此,学科心理学基本成型。

学科心理学的诞生是心理学和教育相结合的重要成果。它发展至今已逾百年,大体上经历了三个阶段。

第一阶段,20 世纪初期,被称为"幼稚乐观主义阶段"。[2] 这一时期由于心理学刚刚从"哲学心理学"转变为"科学心理学",心理学家普遍怀有十分强烈的乐观主义态度,认为心理科学能够改造教育实践,主张心理学直接应用于教育实践。这一时期的发展具有两个明显的特点。[3] 第一,研究者根据各自的心理学理论,将学科内容心理学化。例如,桑代克以联结主义心理学为基础,对算术、识字、阅读等学科内容的"联结"作了探索;贾德从"迁移的共同原理说"出发,将学科内容阐释为"一般原理"所构成;杜威则主张应当以儿童的直接经验为教材,把学校学科的专门知识恢复为个人原来的直接经验,从而在"做中学"。第二,研究者侧重于心理学理论,对具体学科的特殊性关注不多。表现为多从各自理论发展的需要出发,对学科内容有选择地加以利用,而不考虑学科及其教学的具体特点。

第二阶段,20 世纪中期,被称为"悲观主义阶段"。[4] 这一时期学科心理学"隐退"了。心理学家热衷于实验室中的学习研究,尽管这些研究与教育实践相距很远。例如,动物学习的研究,或者人类对无意义材料学习的研究。而教育家则撇开心理学,独自关注教育实践中的一些问题,例如,完全无视学习规律,孤立地比较何种教学方法更有效,等等。这一时期,无论心理学家还是教育家,对教育心理学作为学校教育的引

---

[1] 关于学科心理学作为独立学科的产生时间,研究者有不同意见。

[2] [美]理查德·迈耶. 学科教学心理学[M]. 姚梅林,等,译. 南京:江苏教育出版社,2010:7.

[3] 王小明. 学科心理学的过去、现在与未来[J]. 宁波大学学报(教育科学版),1999:2.

[4] [美]理查德·迈耶. 学科教学心理学[M]. 姚梅林,等,译. 南京:江苏教育出版社,2010:7.

导性科学普遍持悲观主义态度。显然,这是前一阶段人们盲目乐观态度的一个间接后果,但直接的原因则与这一阶段心理学家的研究思路和方法分不开。这就使得心理学与教育互不关联,仿佛走进了"死胡同"。

第三阶段,20世纪后期,被称为"谨慎乐观主义阶段"。[1]这一时期,随着五六十年代的"认知革命"——认知心理学的兴起,学科心理学也迎来了复兴。心理学家终于认识到"在真实的课堂环境中研究学生如何学习"是多么关键,而教育家也开始重新期望"心理学能够确立人类在真实环境中如何学习的理论",并指导教育实践。"教育提供了有待研究的议程或任务",而"心理学通过建构有关人类学习、认知与发展的有效理论,为教育实践提供有充分科学依据的决策"。[2]心理学与教育开始形成互惠互利的关系,出现了双赢的局面。

纵观学科心理学的百年发展可以发现,它的兴起——衰落——复兴过程也是一个学科心理学不断认识自身,最终达到自觉以学科学习心理为研究重心的过程。20世纪初期的不成功主要在于太注重学科的"心理学化",忽视学科内容的特殊性,同时又十分缺乏学科学习的心理资料。这里所暴露的问题是,当时人们既不了解也不重视学科学习心理的特殊性。满足于学科内容的"心理学化"实际上是片面寻求学科学习的"普遍规律",进而是教学的"一般化"!20世纪中期的"隐退"则把这种一般化追求推到极端,完全无视学科学习的特殊心理。20世纪后期出现的"双赢"恰恰是从真正认识和重视学科学习的特殊性开始的。现代认知心理学虽然同样致力于学科内容的"心理学化",但不再片面追求"一般化",而是强调不同学科中的不同知识类型的学习需要区别对待,也就是要"分类学习"。这就不仅强调了学科学习的特殊性,而且强调了学科内不同知识学习的特殊性。从学科学习心理的角度看,学科心理学实际上经历了学科学习心理的"一般化"——学科学习心理的"虚无化"——学科学习心理的"具体化"这样的发展过程。

---

[1] [美]理查德·迈耶. 学科教学心理学[M]. 姚梅林,等,译. 南京:江苏教育出版社,2010:7.

[2] [美]理查德·迈耶. 学科教学心理学[M]. 姚梅林,等,译. 南京:江苏教育出版社,2010:1.

(三) 学科心理学的分支学科

由于学科心理学的研究范围包括基础教育所有的学科,因此其分支学科众多,诸如语文学科心理学、数学学科心理学、科学学科心理学、艺术学科心理学、体育学科心理学,等等。在这庞大的分支学科群中,语文和数学学科心理学发展得最为成熟。

我国的汉语学科心理学早在20世纪的20年代就已经取得不少研究成果,到20世纪40年代末艾伟出版专著《阅读心理·国语问题》和《阅读心理·汉字问题》则标志这一分支学科正式诞生。汉语学科心理学的研究范围包括写字、识字、阅读和作文等四方面的学习和教学心理。关于写字心理的研究,涉及汉字书写的动作和姿势,笔画和字形、笔顺的关系,横写和竖写的比较等内容。关于识字心理的研究,涉及汉字音、形、义的关系,错别字的产生,集中识字和分散识字,字汇和词汇等内容。关于阅读心理的研究,涉及阅读中的感知和记忆,阅读和理解,朗读和默读,背诵,阅读兴趣,阅读能力等内容。关于作文心理的研究,涉及口头表达和书面表达的比较,阅读和写作的关系,作文修改,命题作文,作文中的语法、修辞和逻辑错误等内容。

数学学科心理学的历史与学科心理学几乎一样长久,但在我国则产生得较晚。数学学科心理学的研究主要涉及概念、法则、运算和应用题等方面的学习和教学心理。概念心理研究数、形概念的掌握,包括自然数、代数、几何等概念的掌握。法则心理研究数学法则、定理、公式的掌握。运算心理研究运算法则和运算技能的关系、不同运算的特点等。应用题心理研究应用题的解答历程、应用题的解题方法等。

外语学科心理学的研究始于中世纪欧洲各国的希腊文和拉丁文教学,但真正成为一门学科也是从20世纪开始的。外语学科心理学的研究主要涉及外语语音、词汇和语法的掌握,口语和书面语技能的形成,本族语对外语学习的影响等内容。

自然学科心理学包括中小学的自然常识、生物、物理、化学、生理卫生等学科心理学。这些分支学科虽然研究对象不尽相同,但又具有一些比较一致的研究范围,主要包括:自然学科的学习兴趣和动机,自然科学概念和定理的掌握,自然科学的实验技能等内容。

社会学科心理学包括中小学的政治、历史、地理等学科心理学。其中,历史和地理学科心理学比较一致的研究主要涉及历史和地理表象的形成,历史和地理概念的掌握等内容。

艺术学科心理学包括中小学的音乐和美术等学科心理学。研究主要涉及绘画能力和音乐能力的形成等内容。

从上述各分支学科心理学的简略介绍中不难看出,学科学习心理构成了这些分支学科的基本研究内容。其中汉语心理学是一个典型代表。它以四大研究作为其学科框架,这不仅表现了该学科的成熟风范,也表明学科的"心理学化"已不再以牺牲学科特殊性为代价,同时,更集中展示了作为汉语教学研究先导和基础的学科学习心理的重要性。汉语"字、词、句、篇"和"听、读、说、写"的教学,哪一样离得开对其的学呢?

二、中学思政学科心理学

中学思政学科心理学(也有称为中学政治学科教学心理学、德育学科教学心理学、思想品德教学心理学等)是一门尚处于初创阶段的学科心理学的分支学科。在我国,这一学科具有特殊意义,但在发展中却又有着特别的困难。

(一) 中学思政学科心理学的研究对象

中学思政学科心理学的研究对象是该学科学和教的心理活动,主要包括学习心理和教学心理,也涉及教师心理和学生心理。研究学科心理活动是要透过活动的表面现象,也就是学和教的行为表现,去揭示活动内部包含的起着根本性作用的心理规律。只有正确而充分地认识了学科心理规律,才能使学和教的活动真正建立在科学的基础上,从而不断提升教学有效性。

围绕这一研究对象的研究内容十分丰富。有的研究者认为,研究重心应该是中学思政学科能力的建构与发展,因为"尽管教学心理学研究的前沿是探讨教学过程中知识获得和认知发展的心理机制,但教学的主要目的是在传授知识的同时,灵活地去发展学生的智力,培养他们的能力"。[1] 有的研究者则提出,社会规范基础知识学习和

---

[1] 寇彧,张文新.思想品德教学心理学[M].北京:北京教育出版社,2001:序1.

社会规范学习的心理过程、条件和规律是研究的出发点，因为"建立新的以社会规范学习为核心的德育学科教学体系"必须"依据学生的学习动机与积极性的形成及发展规律、知识的掌握规律、技能的形成规律、社会规范的接受规律和学习的迁移规律，等等"。[1] 由此看来，中学思政学科心理学同样要把学科学习心理作为研究重心。从"学科能力建构"为研究重心的角度看，学科能力不仅本身是学科学习心理的重要组成部分，而且学科能力的形成也是以学科学习为基础的，因此这一研究重心的起点仍然是学科学习心理。而从"社会规范学习"为研究出发点的角度看，学科学习心理作为研究重心更是不言而喻的。

以学习心理为重心的中学思政学科的学和教的心理活动（以下简称思政学科心理）与中学生的一般心理活动虽然有着密切的联系，但是并不等同。中学生的一般心理包括学习心理、人际关系心理、青春期心理、挫折心理等内容。其中学习心理与思政学科心理关系密切，但并非完全重合。学习心理主要涉及的是一般学习过程的心理，没有深入到具体的思政学科心理内容。其他心理则与思政学科心理的联系大多比较间接，或者完全没有联系。思政学科心理可以说是一种"专门化"的中学生心理。

思政学科心理也不等同于一般的教学心理。一般教学心理是学校情境中跨越学科局限的具有普遍意义的学和教的心理。思政学科心理表现出一般教学心理的基本特征，又具有思政学科教学的特殊心理内容，是一般教学心理的"具体化"。

思政学科心理与一般的思想政治教育心理亦有所区别。广义的思想政治教育是社会或社会群体用一定的思想、政治和道德观念与规范，对其成员施加有目的、有计划、有组织的影响，使他们形成符合一定社会所要求的思想品德的社会教育活动。狭义的思想政治教育则是专指学校的思想政治教育活动。思想政治教育心理，从广义上看，是全体社会成员作为受教育者的社会教育活动心理；从狭义上看，是全体学生作为受教育者的学校教育活动心理。这两种教育心理或可称为"泛学科"的心理。而思政学科心理则是一种"学科化"的思想政治教育心理。看不到二者的联系，会使思政学科心理的研究失去广阔的背景和坚实的基础；但把二者混同，不仅抹杀了思政学科心理的特殊性，而且模糊了中学思政学科的学科定位。

---

[1] 蓝维，等.德育学科教学心理学[M].北京：人民出版社，2004：2—26.

(二) 中学思政学科心理学的学科性质

中学思政学科心理学是社会学科心理学的组成部分,社会学科心理学则是学科心理学的一个分支。学科心理学与学习心理学和教学心理学有着极为密切的联系,本身就包含着学科学习心理和学科教学心理的内容。学习心理学和教学心理学都是教育心理学的重要领域,因此究其根源,中学思政学科心理学是教育心理学的一门分支学科。

同时,中学思政学科心理学又是一门综合性很强的应用心理学学科。综合性表现在中学思政学科是包括马克思主义基础知识和其他社会人文科学知识的综合性学科,这些综合性知识的学习心理和教学心理,以及相关的教师心理、学生心理都是其研究内容。应用性表现在运用教育心理学特别是学习心理学和教学心理学的相应理论,探讨学生在中学思政学科学习中的认知过程和知识结构以及情感结构的变化,以指导教学和学习如何促进学生发生这些预期的变化。

作为一门心理学的分支学科,它与中学思政学科教育学有着重要区别。中学思政治学科教育学属于教育学体系中的一个重要组成部分,是学科教育学的一个分支学科。其研究对象是中学思政学科中的教育现象和教育问题,揭示其中特有的教育规律。换言之,中学思政学科教育学是研究中学思政学科教育活动及其规律的应用教育学分支学科。[1] 显然,二者的区别不仅仅在于学科的归属上,更重要的是在研究对象和任务上。中学思政学科心理学虽然也以中学思政学科的教育活动为研究对象,但研究的重心不同。它所研究的是学科教育活动中的心理活动,是这种教育活动的心理过程,揭示的是学科教育活动心理层面的规律,而中学思政学科教育学揭示的则是学科教育活动物化层面的规律,后者的研究与前者的研究关系紧密,但不能相应代替或等同。

中学思政学科心理学也不能和思想政治教育心理学混为一谈。"思想政治教育心理学的研究对象是思想政治教育领域中的心理现象和心理问题……凡是思想政治教

---

[1] 吴铎.思想政治教育学[M].杭州:浙江教育出版社,1993.

育领域中的心理现象和心理问题,都是思想政治教育心理学应当研究的问题。"[1]显然,这一对象比中学思政学科心理学的研究对象范围大得多,在一定程度上也涉及了学科心理。但这一研究对象不需要以专门的学科知识作为载体和媒介,不是在学习和教授思想政治学科过程中形成的心理。二者的关键区别就在于学科教育,在于是否以学科教育心理为基本研究对象。如是,研究必然进一步深入到具体探索学科教学活动的心理,这是一种教学中的"教育心理"研究;反之,则是非教学中的"教育心理"研究。对这两种学科不加区分不利于学科的独立发展,更不利于学科的深入发展。

(三) 中学思政学科心理学的发展概况

中学思政学科包括初中的道德与法治课(思想品德课)和高中的思想政治课。对这一学科教学心理的研究大约始于 20 世纪 90 年代初。在此之前,这一领域的研究基本上是空白。1980 年,潘菽主编的《教育心理学》用了近七章的篇幅(全书共 15 章)分别介绍了语文、数学、外语、自然、历史、地理、艺术、体育等学科的教学心理,但没有介绍中学思政学科的教学心理。1987 年出版的《教育辞典》(杭州大学教育系编)分设了"语文教学心理学""数学教学心理""外语教学心理""自然学科教学心理"和"史地教学心理"等词条,仍然缺失"政治教学心理"。1990 年出版的《教育大辞典·教育心理学》(第 5 卷)设立"社会学科教学心理学"词条,但所述内容基本为历史和地理教学心理。

从 20 世纪 90 年代开始,这一情况有所改变。1993 年,原上海市教育局师范教育处组织编写了《思想政治课教学心理初探》(马世余主编),并公开出版。这可能是最早的关于中学思政学科教学心理研究的著作。此后,蓝维出版了《德育学科教学心理研究》(1998 年),开始从德育学科自身特点出发探究教学心理。《中国大百科全书·心理学卷》(1999 年)继续设立"社会学科教学心理学"词条,并对思政学科教学心理有所介绍。特别是进入 21 世纪之后,连续出版了三本比较重要的著作:寇彧、张文新的《思想品德教学心理学》(2001 年),蓝维等人的《德育学科教学心理学》(2004 年),杨心德、蔡维静的《社会学科学习与教学设计》(2005 年)。这三本著作虽然所依据的心理学理论有所不同,研究的角度也大有差别,但都比较全面、系统地讨论了中学思政学科

---

[1] 张云.思想政治教育心理学[M].上海:上海人民出版社,2001:12.

的教学心理。特别是作者都致力于学科心理特殊性的研究,改变了用普通心理学框架来装学科内容的简单做法。这些研究成果大大推动了中学思政学科心理学的发展,使之初步成型,也使之初具"个性"。虽然这"型"和"个性"各有特点,自成一家,但这正是学科进一步走向成熟所需要的。

(四) 本书的基本线索和框架

正如前述,无论从学科心理学的研究对象、发展历史和分支学科内容看,还是从中学思政学科心理学的学科性质、研究对象和发展现状看,学科学习心理都是研究的起点和重心。美国教育心理学家 R. M. 加涅的代表作《学习的条件和教学论》,1965 年初版时以《学习的条件》为书名,直到 1985 年第四版时才改为现名。这是因为初版时书中阐述的基本内容是学习论,第四版时则在学习论的基础上提出了一个新的系统的教学论。加涅从学习心理的研究开始,前后经历了 20 年、四个版本的修订,才得以形成以学习论为基础、学习论和教学论相统一的完整理论。这一事实进一步说明了学科学习心理的重要性。

中学思政学科心理学尚属草创,我们绝不能好高骛远,必须踏踏实实地从学科学习心理起步,下实实在在的研究功夫,先搞清楚"学什么"和"怎么学",然后才能去搞清楚"教什么"和"怎么教"。

从上述认识出发,本书以学科学习心理为基本线索贯串全书,尝试描述和呈现中学思政学科学习心理的基本面貌。中学思政学科的学习心理是特别复杂的。"一方面,思想政治课的德育功能十分突出,这是其他学科所不能相比的。与之相应的态度学习比起其他学科中的类似学习也就显得特别重要。另一方面,思想政治课同样具有智育和美育功能,然而往往容易被忽视,不像在其他学科中那样明白无误。与之相应的认知学习和审美学习也就被放在很不相称的位置上。但是,思想政治课的认知学习和审美学习恰恰是不可缺少的。没有这两种学习的思想政治课学习过程不仅是不完整的,而且是收效甚微的。"[1]这也就是说,"中学思想政治课学习心理的复杂性不仅

---

[1] 黄建君.关于"中学思想政治课教学心理"课程结构的思考[J].上海教育学院学报,1994:2.

在于上述学习心理各个方面的特殊性,而且进一步表现在其学习心理始终是一个完整、统一的过程。我们可以分解这一过程,但是不能割裂它们。换言之,中学思想政治课学习心理的特殊性就在于,它是建立在比其他学科更加复杂的构成要素基础上的统一。"[1]

本书分为四个部分。第一部分为总论,讨论中学思政学科的学习,包括中学思政学科学习的性质、分类和发生。第二部分为中学思政学科的认知学习论,讨论中学思政学科认知领域的学习,包括知识学习、技能学习和策略学习。第三部分为中学思政学科的情感学习论,讨论中学思政学科情感领域的学习,包括态度学习、动机学习和审美学习。最后一部分为综合学习论,讨论中学思政学科的整体学习,即广义的学科能力学习。

---

[1] 黄建君.关于"中学思想政治课教学心理"课程结构的思考[J].上海教育学院学报,1994:2.

第一章
中学思政学科的学习

　　中学思政学科(简称"政治课")是指中国内地各类中等学校、特别是普通中学的德育学科,即初中道德与法治(思想品德)和高中思想政治课程。本章将讨论这一学科学习的性质、特点和类型,并且在此基础上进一步讨论该学科的学习发生问题。

第一节　学习的内涵和中学思政学科的学习性质

一、学习的内涵

关于学习,不同的学习理论虽然各有自己的看法,但是又都有一些基本一致的假设。"首先,它们都指出学习是人类行为表现或行为表现潜能的持久改变。其次,要被视为是学习的变化,必须是因学习者的经验及与世界的相互作用而导致的。"[1]这些假设使"学习"概念被广泛接受,并区分出不同的层次。

(一) 广义学习

从广义学习的角度看,学习"作为结果,指由经验或练习引起的个体在能力或倾向方面的变化。作为过程,指个体获得这样变化的过程"。[2] 由此可见,判断学习是否发生至少需要关注以下几点:首先,学习者是否发生了变化。"这意味着学习者能够执行一些在学习发生之前不能执行的行动",[3]如果没有变化,就表明学习没有发生。其次,学习者的变化是不是内在的变化。学习引起的变化可以是多方面的,例如,知识和技能、智力和意志、态度和能力、思想和情感、心理和行为等,但从根本上说,是学习者心理或意识结构的变化。学习是一个知识、技能和态度诸方面相互联系的心理建构过程,外在行为的变化归根到底是源于内在心理的变化。如果没有这样的变化,

---

[1][美]M. P. 德里斯科尔.学习心理学——面向教学的取向[M].王小明,等,译.上海:华东师范大学出版社,2008:9.

[2]顾明远.教育大辞典·教育心理学分卷[Z].上海:上海教育出版社.1990:235.

[3][美]M. P. 德里斯科尔.学习心理学——面向教学的取向[M].王小明,等,译.上海:华东师范大学出版社,2008:9.

学习仍然没有发生。再次,学习者的变化是不是由其经验引起。这里的经验是指学习者通过后天的实践或练习所获得的经验。这种经验主要是认知经验,也可以是非认知的经验,例如情感经验。无论是哪种经验引起的变化都可以被认定为学习。但是,变化也可以是非经验引起的。例如,由于先天遗传和生理成熟,或者身体疲劳、精神紧张、环境适应和药物作用等导致的变化就并不意味着学习。最后,学习者的变化是否能够保持比较长的时间。由经验引起的内在变化既是一个心理建构过程,也是一个心理建构结果,是不会轻易改变的。有些学习(如动作技能和态度学习)引起的变化甚至会永久保持。如果发生的变化只是短暂的,那就仍然不是学习。

因此,从广义学习的角度来衡量,政治课的学习如果发生了,就必须首先符合以上四点要求。如果学生虽然听了课、做了笔记、完成了考试,但没有发生变化,或者仅仅发生了表面的变化,而且变化是由经验以外的原因引起的,又不能长期保持这种变化,那么,我们就不能说学生的学习已经发生了。

(二) 人类学习

从人类学习的角度看,它有别于动物的学习。首先,这是一个自觉能动的过程。人的学习具有比较明确的目的性,表现为对学习结果的认知和预期,知道自己学的"是什么",也知道自己能"学会什么";还表现为对学习的个人目的与社会目的的整合,懂得协调学习的个人期望和社会期望,尽力使二者统一起来。人的学习又具有一定的计划性,表现为对学习程序的认知和预设,知道"先学什么,后学什么",也知道筹划这些步骤;还表现为对学习过程中合作与竞争的预计,能够预想和估计种种学习中的合作和竞争。最为重要的是,人的学习具有自我意识性,表现为对学习目的和计划意识的认知,不仅知道自己"在学习""为什么学习"和"怎么样学习",而且能够对自己的学习行为反省和批判,并进行调整。显然,如果没有发挥上述诸要素构成的主观能动性,就没有发生人的学习。

其次,这是一个人类经验个体化的过程,也就是社会文化传承的过程。学习活动就是将人类文化遗产同个体的自然人融为一体的过程,它所形成的结果不仅是不同程度获得人类文化遗产的个人,而且是人类文化遗产本身的传递和继承。在这个过程中,一是要在实践中学习,就是在"做中学",实践本身就是一种学习;又要在学习中实践,也就是在"学中做",学习本身也是一种实践。二是要在交往中学习,交往是人与人之间的相互作用,"是一种以主客体关系为中介的主体与主体之间的关系",[1]学习必须在交往中才能进行,交往本身就是一种学习;同时又要在学习中交往,学习在本质上是主体间的互动过程,学习也是一种交往。缺乏这种实践性和交往性就仍然不是人的学习。

此外,这是一个以语言为中介的过程。人的学习由于借助语言极大地提高了效率、扩大了范围、增加了可能性,但同时也就变得具有不同程度的间接性(学习内容主要为间接经验)、抽象性(学习内容变得不那么具象)和概括性(学习内容往往具有比较一般的意义),这就使学习产生困难,变得不那么轻而易举。如果企望学习总是直接、形象而又具体,那么这至多只是发生了广义上的学习。

因此,从人类学习的角度来衡量,政治课的学习如果发生了,就必须进一步符合以上三点要求。这就是说,学生虽然发生了广义的学习,但并不是建立在不断克服由实践、交往和语言所带来的各种困难的基础上,也就是不断发挥主观能动性的基础上,那么,我们同样不能说学生的学习已经发生了。

(三) 学生学习

从学生学习的角度看,它又不同于一般的人类学习。首先,学生学习是一个主要以接受方式来展开的学习,因为"接受性"是学生学习的本质特征。正如北京师范大学的冯忠良教授所指出的:"依据当代系统论的结构原理,以经验传递为基本功能的教育系统,作为一种人际交往系统,它由两种统一的角色活动构成。一种是经验的传授者及其传授活动,这也就是通常所说的教师及其教学活动;另一种是经验的接受者及其接受活动,这就是通常所说的学生及其学习活动。师与生的角色区分,是由他们在传递经验的人际交往系统中的地位、职能不同所决定的。教师所处的地位,是经验所有者及传授者的地位,其职能主要是传授经验,其规范行为是经验的传授活动。学生所处的地位,是经验欲得者及接受者的地位,其职能是接受经验,其规范行为是经验的接受活动。违反了这种系统的结构原理,经验的传递系统就难以存在,也就使教育失去

---

[1] 赵家祥. 马克思主义哲学原理[M]. 北京:经济科学出版社,1999:229.

了本意。由此可知,学生的学习必然是接受学习。"[1]当然,这种接受过程同样需要发挥主观能动性,"经验的接受,需要通过接受主体的主动构建过程,即接受主体能动的反应过程,相应的心理结构才能形成,传授的经验才能被接受者所接受"。[2]

其次,学生学习是在一定的教育情境中,在专业教师系统指导下的学习。教育情境不同于一般的生活情境,是人为营造的以有利于学生集中学习的心理和物理环境的统一体。这种情境中的学习把人类学习的"间接性"凸显了出来,如果一味追求"直接经验",同样会使教育失去本意。教师指导下的学习则不同于学习者完全的自学,它不是"随意"的,而是带有"指令性"的学习;也不是"随机"的,而是系统完整的学习。虽然学生学习和自学都强调主动学习,但无论教育情境,还是教师指导,都表明学生学习是一种规定性学习,是在规定的情境和指导下,有既定方向、范围和内容的主动学习。

此外,学生学习是在相对集中的期限内发展认知能力和培养情感态度的学习。它包括知识和技能,智力和非智力,道德、政治和思想品质等多方面内容,大体上可以分为知识学习和态度学习两大类。[3]这两类学习虽然有各自的特点和规律,但对学生学习来说却必须是统一的,不能割裂开来。如果割裂了,只发生知识学习或态度学习,那就不是健全的学习,也可以说学生的学习没有真正发生,因为,学校教育归根结底是为了塑造全面发展的人。

因此,从学生学习的角度来衡量,政治课的学习如果发生了,就必须最终符合以上三点要求。这就是说,学生虽然发生了变化,而且也发挥了主观能动性,但是并没有朝着教育部门所预期的方向变化,也不是认知和态度融为一体的变化,那么,我们仍然不能说学生的学习已经发生了。特别需要指出的是,如果片面强调学生的"发现学习",甚至否认学生学习的接受本性,把学生学习和科学研究混淆起来,那就只会适得其反,妨碍学生学习的真正发生。

[1]冯忠良,冯姬.教学新论——结构化与定向化教学心理学原理[M].北京:北京师范大学出版社,2011:77.

[2]冯忠良,冯姬.教学新论——结构化与定向化教学心理学原理[M].北京:北京师范大学出版社,2011:78.

[3]这里的"知识"和"态度"都是广义的。详见第二章和第五章。

二、中学思政学科的学习性质

中学思政学科作为学校的一门教学科目,它的学习具有学校学科学习的一般性质;作为学校的一门德育科目,它的学习又具有不同于学校其他学科学习的特殊性质。

(一) 中学思政学科学习的一般性质

1. 课程学习

作为一门教学科目,中学思政学科的学习首先是一种课程学习。尽管不同的教育理论对于"课程"有不同的理解,但是课程由"教学科目""课业结构"和"教学进程"等基本要素和内容组成还是被普遍认同的,课程学习就是围绕着这些基本要素展开的学习,因此,中学思政学科的学习表现出和其他学科学习相一致的一般特性。

第一,中学思政学科的学习具有学科性。这是对特定教学科目的学习,也就是学科课程的学习。"学科课程是依据教育目标和受教育者的发展水平从各门学科中选择内容、组成学科,以学科的逻辑体系制定标准、编写教科书、规定教学顺序、教学周期与学时、分科教学的课程。"[1]虽然中学思政学科比较复杂,不等同于某一门学术学科,但也是以特定学术学科为基础,从中选择内容,组成教学学科。它不同于活动课程中的学习,后者一般不以特定学科为依托,不直接指向特定学科。当然,"我国当前课程改革强调的活动课程,不是严格意义上的活动课程",而是"在设计中并不排斥以学科为依托"的"课外活动课程"。[2] 因此,无论作为学科课程,还是课外活动课程,这种学习都离不开学科性。

第二,中学思政学科的学习具有系统性。这是一种系统的学习,是按照学科的逻辑体系展开的学习,是对特定教学科目所呈现的课业结构的全面掌握。进一步说,就是对学科所包含的、并且根据教育目的和教学要求重新整合的基本概念和基本原理的

---

[1] 袁振国. 当代教育学[M]. 北京:教育科学出版社,2004:143.
[2] 袁振国. 当代教育学[M]. 北京:教育科学出版社,2004:144.

完整而有序的学习。通过这种学习,学生可以比较系统地把握社会事物的不同运动规律。它不同于专题讲座中的学习,后者一般不要求学科的完整性,不指向学科的宏观逻辑系统。

第三,中学思政学科的学习具有层次性。这是一种有层次的学习,是按部就班、前后衔接、循序渐进的学习,体现了学科内在的逻辑秩序和教学进程。它不同于职业培训中的学习,后者往往倾向于"攻其一点,不及其余""急用先学,立竿见影"的要求和效果。

2. 课堂学习

中学思政学科学习的一般特性还表现为这是一种课堂学习。课堂学习与课堂教学相呼应,课堂教学是学校教学的基本组织形式,因此,课堂学习也是学生学习的基本形式。这种学习形式是相对课外和校外学习形式而言的,虽然教育经历了多次的改革,但课堂学习仍然是学校学习的主要形式。政治课的学习也并不例外。这体现在:

第一,中学思政学科的学习具有专业性。这是一种专业学习,必须主要在课堂中进行,并且需要专业教师的指导、专业教材的阅读、专门的教学设施和专业的学业测量、诊断和评价。如果片面强调离开课堂进行学习,"专业性"就难以得到保证。它不同于课外活动的"半业余"学习和校外活动的业余学习,后者一般缺乏教师、教材、教学设施和测评的专业条件,往往使学习流于浮泛。

第二,中学思政学科的学习具有集中性。这是一种集中的学习。表现为:(1)集中的学习时间,有既定的课时;(2)集中的学习空间,有既定的教室;(3)集中的学习者,有既定的班级。这种集中性不仅为教学情境和教学互动的形成创造了不可或缺的有利条件,而且最终实现了学校教育的简约性——"人类以间接经验概括千百年文化精华、高效率地传递文化和引导创新文化的重要优势",[1]克服了分散学习的零碎性、偶然性和繁杂性。

(二) 中学思政学科学习的特殊性质

习近平总书记在学校思想政治理论课教师座谈会上的重要讲话中强调指出,推动思想政治理论课改革创新,要不断增强思政课的思想性、理论性和亲和力、针对性。要

---

[1] 袁振国. 当代教育学[M]. 北京:教育科学出版社,2004:142.

坚持政治性和学理性、价值性和知识性、建设性和批判性、理论性和实践性、统一性和多样性、主导性和主体性、灌输性和启发性、显性教育和隐性教育相统一。这对于准确把握中学思政学科的学科性质具有重要指导意义。

1. 中学思政学科课程、教学和学习性质及特点的研究述评

中学思政学科学习的特殊性受到学科自身性质的直接影响，因此，了解学科性质对于准确把握学科学习的特性是十分重要的。从近年来国内关于中学思政学科性质的研究看，尽管存在不同的说法，但大体上都承认中学思政学科是一门德育课程，是与智育相统一的德育学科。[1] 上世纪90年代有研究者就指出，"知识性与教育性结合，是政治学科最根本的特点……在知识性与教育性这对矛盾中，教育性是矛盾的主要方面，它决定了政治学科属于思想政治教育性质的课程"。[2] 新世纪以来，这一认识基本上成为共识，"思想政治（品德）课既有德育的性质，又有智育的性质，是科学性与政治性的统一……坚持科学性与政治性的统一，并不是说，在政治课教学中二者具有同等的地位，可以等量齐观，而是说，中学思想政治（品德）课的德育功能是其性质的主要方面，是中学思想政治（品德）课课程性质的集中表述"。[3]

值得注意的是，在承认德育性为其课程根本属性的前提下，近年来对政治课特性的认识又有了新的发展。比较具代表性的有以下几种观点：第一种，认为"思想政治课不是单纯的德育课程，它是人文社会科学常识教育和思想政治道德教育兼容的社会主义公民素质教育课，不仅担负着提升中学生马克思主义常识和有关社会科学常识素养的任务，而且其德育功能的发挥必须建立在对中学生进行系统的马克思主义常识，以及有关社会科学常识教学基础之上"。[4] 第二种，认为"总体上说，德育课程的目标很清楚，就是要培养具有良好品质的人……从狭义和比较宽泛的视角来看，德育课程所要达到的要求，有五个方面"，即"培养良好的品德和行为""促进'三观'教育""增

[1] 这里的"德育"是广义的，包括心理、道德、政治、法治、思想等教育。
[2] 邢安仁，谭伟才. 中等学校政治学科教育学（修订本）[M]. 桂林：广西师范大学出版社，1990：20—21.
[3] 刘国胜. 中学思想政治（品德）课教学论[M]. 北京：北京师范大学出版社，2010：11—12.
[4] 谢树平，等. 新编思想政治（品德）教学论[M]. 上海：华东师范大学出版社，2006：6.

进思想政治教育""强化劳动素质培养"和"增强环境保护意识"。[1]第三种,认为"思想政治课是一门以德育为主要目标(任务)的综合性的人文社会科学常识课",并进一步指出"思想政治课是一种特殊形式的德育课程",表现为五个方面:"(1)专门形式的德育(显性德育),(2)理论形态的德育(理论性德育),(3)以课堂为主渠道的德育(课堂德育),(4)主要以'认知'为开端和终结的德育(认知性德育),(5)大德育(品德教育)。"[2]第四种,认为"德育学科在维护和促进社会的稳定与健康发展上有其他学科无法替代的作用",同时又是"以促进人类个体的社会性发展为根本目的","在现代社会中,德育学科设置的实质是:以学科课程的形式体现社会主导意识形态,调节个体与社会、国家和其他个体的关系"。[3]

这些观点虽然有所不同,但对"德育性"的内涵都作了进一步发掘,力图更为明确德育的目标、任务、内容和特点,由此也表现出一定的共同倾向。首先,他们都认为中学思政学科是一门培养合格的社会人("社会主义公民""良好品质的人""德育为主要任务""人类个体的社会性发展")的课程,这也是其"德育性"的根本所在。其次,合格的社会人是具有一定意识形态倾向性的("马克思主义为基础""三观教育和思想政治教育""马列主义为核心""主导意识形态"),这是一种导向明确的德育。最后,这种德育与知识教育融为一体("不是单纯的德育课程""理论性德育和认知性德育""德育知识学习""社会规范知识"),是与智育相统一的德育。显然,中学思政学科的这些特性("社会性""导向性"和"知识性")必然会对其学习产生重要影响。

中学思政学科的教学和学习的关系十分紧密,影响同样是明显的。国内对中学思政学科教学特性的研究往往是"教"和"学"合在一起讨论,不作明确区分,因此从中往往可以看出研究者对学习特性的理解。关于中学思政学科教学的性质,基本一致的意见是,这是一个德育或教育过程,是教学和教育的统一过程。这一教学过程要解决的特殊矛盾是"教育者(代表社会)所提出的思想政治道德的要求(目标)同受教育者现有思想政治道德水平之间的矛盾。具体说是知与不知,信与不信,行与不行的矛盾"[4]

[1] 吴铎. 德育课程与教学论[M]. 杭州: 浙江教育出版社,2003: 31—34.
[2] 张建文. 思想政治课程与教学论[M]. 北京: 人民出版社,2008: 124—130.
[3] 蓝维, 等. 德育学科教学心理学[M]. 北京: 人民出版社,2004: 18—24.
[4] 胡文瑞. 中学思想政治课教育学[M]. 合肥: 安徽人民出版社,1989: 107.

（关于这一特殊矛盾有不同的表述，如"学生的发展需要与学习内容［社会发展］要求的矛盾"，"教师的引导、教育内容的影响与学生自我建构之间的矛盾"等）。"在思想政治课的三大基本任务中，'提高思想觉悟'处于中心地位，'掌握知识、发展能力'必须紧紧围绕这个中心任务展开，并为这一中心任务服务。"[1]因为，"思想政治课教学过程，不仅要解决'知'与'不知'的矛盾，而且在解决这对矛盾的同时，或者说在解决了这对矛盾以后，它还要面临另外两对需要特别对待和解决的矛盾"，即"信"与"不信"、"知"与"行"的矛盾。[2]研究者还进一步指出，这一教学过程具有特别复杂的性质，"是影响因素的复杂性和教育效果的不确定性过程"，[3]也就是说，"在思想政治课教育教学过程中，受教育者(学生)思想政治道德品质的形成过程具有反复性和曲折性"，并且"是多种影响作用的结果"。[4]

在为数不多的关于中学思政学科学习性质和特点的专门讨论中，华东师范大学吴铎教授的观点最具有代表性。他认为："中学生和以马克思主义为核心的思想政治课学习内容的矛盾特殊性决定了思想政治课学习过程具有……区别于中学其他课程学习过程的基本特征"，这些特征包括：(1)"信与不信的矛盾突出"；(2)需要广泛和深入地"联系社会的实际和思想的实际"；(3)强调"知行要转化，知行必须及时地转化"。[5]同时他还指出，以上特征并不是思想政治课学习的全部特征，思想政治课学习的特征是十分丰富的，可以从不同的方面加以概括。

关于政治课"教""学"的特殊性，以下观点也值得关注：(1)"思想政治课教学过程的本质就是'知识教育''信念教育'和'情感教育'"，学习具有"目标多元性""过程双重性""内容和方法社会性和综合性"，以及"影响因素复杂性"的特点。[6](2)中小学思想品德课教学是培养学生特定学科能力的过程，"思想品德课教学的最终目的应该是发展学生的学科能力，而不仅是使学生获得一些简单的道理。"[7](3)德育学科教学

［1］谢树平，等.新编思想政治(品德)教学论［M］.上海：华东师范大学出版社，2006：78.
［2］吴铎.思想政治教育学［M］.杭州：浙江教育出版社，1993：210—211.
［3］张建文.思想政治课程与教学论［M］.北京：人民出版社，2008：210.
［4］胡文瑞.中学思想政治课教育学［M］.合肥：安徽人民出版社，1989：109.
［5］吴铎.思想政治教育学［M］.杭州：浙江教育出版社，1993：290—292.
［6］张建文.思想政治课程与教学论［M］.北京：人民出版社，2008：220，353—354.
［7］寇彧，张文新.思想品德教学心理学［M］.北京：北京出版社，北京教育出版社，2001：5.

是以社会规范学习为核心的过程,"建立新的以社会规范学习为核心的德育学科教学体系,是德育学科走出困境,提高教学质量的根本出路。"[1](4)社会学科的教学是以智慧技能学习为核心的过程,"作为智慧技能的概念和原理以及规律等,是社会学科教学目标的核心成分。"[2]

2. 中学思政学科学习特殊性的分析

上述关于中学思政学科课程、教学和学习的性质与特点的讨论表明,国内研究者对这些研究对象的认识正在不断深入和拓展,尤其是对中学思政学科的学习特性,已经有了一定程度的关注和思考。在吸取和综合这些研究观点的基础上,本书认为,中学思政学科学习的特殊性主要表现在以下三个方面:

(1)中学思政学科的学习是一个知、信、行的矛盾运动过程,不仅每一对矛盾运动有其特殊性,而且矛盾运动之间又相互依赖、渗透和制约,表现出比其他学科学习更为复杂的运动态势。

第一,"知和不知"的矛盾运动。这一矛盾运动经历"不知——知——懂"三个环节,突出表现为"知之太易"和"知而不懂"的矛盾。政治课学习中"知和不知"矛盾的解决大多太容易,从不知到知的转化过于顺利,几乎没有困难。"知而不懂"的矛盾则被忽略,满足于"知",不重视甚至不要求由知到懂的转化。这样一来,这两种矛盾都被消解了,似乎政治课学习不存在"知和不知"的矛盾了。但是,这两种情况恰恰暴露了当前应该重新加以审视的一种倾向,就是政治课的认知学习被轻视和淡化。

第二,"信和不信"的矛盾运动。这一矛盾运动经历"知——懂——信"三个环节,突出表现为"知而不信"或"懂而不信"的矛盾。这是政治课学习中最为显著的矛盾。引起这一矛盾的原因是多方面的,但从根本上看,这与课程性质密切相关。中学思政学科是一门德育学科,以态度学习(德育)为主要目的和任务。别的学科学习为"知"而知,知(懂)了也就信了,而德育学科为"信"而知,知(懂)了不一定就信,因为政治课涉及的不仅是事实判断,而且是价值判断,知的是事实,信的却是价值,不仅有真假问题,更有是非善恶问题,"知"和"信"之间存在着一定的距离。要使"知""信"统一,就需要

[1] 蓝维,等.德育学科教学心理学[M].北京:人民出版社.2004:25.
[2] 杨心德,蔡维静.社会学科学习与教学设计[M].上海:上海教育出版社,2005:27.

把知识认知转化为价值评价，这要比其他学科复杂得多。

第三，"行和不行"的矛盾运动。这一矛盾运动经历"知——信——行"三个环节，突出表现为"知、信而不行"和"行而不信"的矛盾。前者是一个意志的问题，因为把理解和相信的道理转化为自己的行动需要克服主客观两方面的各种干扰，比其他学科类似的转化更需要一定的意志努力。当然，政治课所学的内容并不是都要立即转化为实践、落实到行动，有些内容"知、信而不行"是可以接受的，我们没有必要也不可能要求政治课的学习结果都以实践结果来呈现。比较起来，后者的问题更值得关注。"行而不信"其实是第二对矛盾没有解决的后遗症，仍然是"信和不信"的问题。但这种状态比"知或懂而不信"有了变化，不仅虚假，具有欺骗性，而且还会异化人性，造成双重人格，使矛盾更趋复杂。由此也可以发现，片面强调"行动"往往适得其反。

（2）中学思政学科的学习是一个认知学习和情感学习的矛盾运动过程，不仅两种学习的自身运动有其特殊性，而且二者的相互作用和制约也不同于其他学科的学习。

政治课的学习首先是一种认知学习，是对马克思主义和"中国化的马克思主义"，以及其他相关的人文社会科学知识的学习，进而也是对社会规律和社会规范知识的学习。与此同时，政治课的学习又是一种情感学习，是对所学的马克思主义和"中国化的马克思主义"知识基础上形成的立场、观点、方法等的态度体验，是对认知学习中必然产生和伴随的情感倾向性的体验和内化过程。

政治课的认知学习是情感学习的前提和基础，没有认知学习也就没有情感学习。一方面，情感学习只有在认知学习过程中才能进行，如果认知学习不发生，情感学习也就难以发生（当然，也可能发生"纯粹"的"情感学习"，但那是类似于宗教活动的"学习"）。另一方面，情感学习必须在认知学习的结果上才能展开，如果没有认知学习产生的一系列结果，情感学习就失去了对象和目标，成为完全空洞的"体验"。正因为如此，认知学习是政治课学习的起点，是一种基础性学习。但是，它并不是政治课的主要学习，因为政治课以情感、态度、价值观目标为主要和最终目标，认知学习只是实现这一目标的准备，只是一种辅助学习。很明显，政治课的主要学习是情感学习，但情感学习并不是基础性学习，而是建立在基础性学习之上的发展性学习（认知基础上的情感升华）。

这就与其他学科有很大不同。在其他学科学习中，认知学习属于基础性学习和主要学习，而情感学习则属于发展性学习和辅助性学习。这就使两种学习各得其所，在学科学习中的地位和作用比较相称，能够比较恰当地发挥各自应有的作用。而政治课学习中，两种学习的地位和作用并不相称，往往很难恰如其分地发挥应有的作用。这也是认知学习在政治课学习中往往处境尴尬的重要原因。

（3）中学思政学科的学习是一个一般认知和社会认知的矛盾运动过程，既遵循一般认知的规律，更表现出社会认知的特点。

"认知是人类个体对客观世界的认识过程。认知分为广义认知和狭义认知，广义的认知包括对物理世界的认知和对社会世界的认知两个方面，而狭义的认知则专指非社会认知或物理认知。"[1]一般认知就是指广义的认知。政治课的学习首先是一个一般认知过程，遵循从具体到抽象、由个别而一般等认知规律，运用归纳、演绎、分析、综合等认知方法，表现出与其他学科认知活动相一致的一般特点。

但是，政治课的学习更是一个社会认知过程。社会认知是"个体对社会世界的认识过程"，是"人对社会客体的感知和认识过程，与对自然客体的感知和认识过程相对应。包括对他人、对自己和对群体的知觉"。[2]社会认知要比自然认知复杂得多，至少有以下特点：[3]第一，社会认知的主体同时也是认知的客体，二者集于一身。第二，社会互动和环境在社会认知过程中起着重要作用。第三，社会认知能力和智力的相关程度不高，智力因素不是社会认知能力的决定因素。第四，情感在社会认知过程中有重要作用。由此可见，政治课的认知不能等同于其他学科、特别是自然学科的认知，它虽然遵循认知活动的一般规律，运用认知活动的一般方法，但又不限于此，有着社会认知的特殊规律和方法。这种一般认知和社会认知交织在一起的矛盾运动使政治课的学习远比其他学科更为复杂和独特。

通过以上分析，中学思政学科学习的特殊性已经基本呈现出来。不仅它的知、信、行的矛盾运动过程、认知和情感学习的矛盾运动过程表现得特别复杂，而且尤其值得注意的是，大部分学科学习并不是一般认知和社会认知的矛盾运动过程，而仅仅是非社会认知的矛盾运动过程。因此，本书认为，社会认知是中学思政学科学习最突出的特征。换而言之，中学思政学科的学习实际上是一个社会认知活动，它的基本特点就

---

[1] 林崇德. 论学科能力的建构[J]. 北京师范大学学报(社会科学版)，1997：1.

[2] 中国大百科全书图文数据光盘. 心理学[Z]. 北京：中国大百科全书出版社，1999.

[3] 寇彧，张文新. 思想品德教学心理学[M]. 北京：北京教育出版社，2001：10—11.

是社会认知性。这一基本特点决定了中学思政学科的学习：第一，是一种特别需要认知理解的学习，也就是不仅需要"知"，而且特别需要"懂"的学习。因为社会认知的对象是社会世界（包括学习者自身），比物理世界难懂而又特别需要懂。第二，是一种特别需要情感渗透的学习，也就是不仅需要"认知"，而且特别需要与认知融为一体的"情感"的学习。因为社会认知不仅是一种"认知"，更是一种包含着强烈情感的信念和价值观，没有情感，认知会变得无所适从。第三，是一种特别需要意志行动的学习，也就是不仅需要认识，而且特别需要自觉实践的学习。因为社会认知始终与社会环境、社会互动紧密相联，尤其在道德认知等方面更需要及时转化、落实到行动。

综上所述，中学思政学科的学习确实需要特别对待，不能与其他学科的学习混为一谈。

第二节　学习的分类和中学思政学科的学习类型

对学习进行科学分类是深入研究学习规律和实施分类学习的重要前提条件。中学思政学科的学习很复杂，不仅不能与其他学科的学习混同，而且在学科内也存在着不同类型的学习。

一、学习的主要分类

学习可以从不同的角度，以不同的标准加以分类。以下所介绍的学习分类与中学思政学科的学习分类有着密切的联系。

（一）依据学习结果的分类

美国教育心理学家加涅（R. M. Gagné）根据学习结果即"习得的性能"（capability）

的不同类型将学习分为五类。[1]

（1）智慧技能学习。智慧技能是人运用符号办事的能力，是关于"知如何"的程序性知识。这种学习是学习如何运用程序性知识来办事。例如，学习如何运用数学公式来解题或运用语法规则来造句。

（2）言语信息学习。言语信息是人运用语言陈述信息的能力，是关于"知什么"的陈述性知识。这种学习是学习如何运用语言来"告诉"自己或他人陈述性知识。例如，学习如何叙述一个事实或复述一个名称。

（3）认知策略学习。认知策略是人对自己学习过程的内部控制能力。这种学习是学习如何控制自己内在的学习过程。例如，学习如何运用记忆术习得有意义的内容。

（4）动作技能学习。动作技能是人协调自身肌肉有序运动的能力，是"动作组织起来构成流畅、合规则和准确的整体行为"。这种学习是学习如何组织协调自身肌肉构成整体运动。例如，学习如何投篮或使用毛笔写字。

（5）态度学习。态度是人影响自身行为选择的心理倾向。这种学习是学习行为的内部倾向，而不是学习行为本身。例如，学习尊敬师长的态度，而不是尊敬师长的具体行为。

以上五类学习虽然有密切联系，但并不是由低到高的层级关系。

（二）依据教育目标的分类

美国教育心理学家布卢姆（B. S. Bloom）根据教育目标的不同将学习分为三个领域。[2]

（1）认知领域的学习。这是关于"知识、理智能力和技能"的学习。可以由低到高分为六个等级，即知识、领会、运用、分析、综合、评价。[3] 在2001年的修订版中，这

---

[1] ［美］R. M. 加涅. 学习的条件和教学论［M］. 皮连生，等，译. 上海：华东师范大学出版社，1999：47—49.
[2] ［美］B. S. 布卢姆，等. 教育目标分类学. 第一分册. 认知领域［M］. 罗黎辉，等，译. 上海：华东师范大学出版社，1986：8.
[3] ［美］B. S. 布卢姆，等. 教育目标分类学. 第一分册. 认知领域［M］. 罗黎辉，等，译. 上海：华东师范大学出版社，1986：19.

种一维分类被修改为"知识"和"认知过程"两个维度。知识维度包括：事实性知识、概念性知识、程序性知识、反省认知知识。认知过程维度包括：记忆、理解、运用、分析、评价、创造。[1] 两个维度交叉构成目标矩阵，可以比较清楚地描述认知学习的不同内容和水平。

（2）情感领域的学习。这是关于"兴趣、态度和价值"的学习。可以由低到高分为五个等级，即接受、反应、价值评价、组织、价值性格化。[2]

（3）动作技能领域的学习。这是关于"操作或运动技能"的学习。可以由低到高分为七个等级，即知觉、定向、有指导的反应、机械动作、复杂的外显反应、适应、创新。[3]

（三）依据学习内容的分类

我国教育心理学家潘菽根据学习的不同内容将学习分为四类。[4]（1）知识的学习。包括学习知识时的感知和理解等。（2）技能和熟练的学习。主要指运动的、动作的技能和熟练。（3）心智的以思维为主的能力的学习。（4）道德品质和行为习惯的学习。

冯忠良等根据传递经验的不同将学习分为三类。[5]（1）知识的学习。知识属于人的认知经验。知识学习解决的是认识问题。（2）技能的学习。技能属于人的动作经验，分为心智技能和操作技能。技能学习不仅包括动作的认识问题，而且包括动作的执行问题。（3）社会规范的学习。社会规范属于人的社会交往经验。规范学习具有更复杂的规律。

（四）依据学习方式的分类

美国心理学家奥苏伯尔（D. P. Ausubel）根据学习方式的不同，从两个独立的维度

---

[1]［美］L. W. 安德森，等. 学习、教学和评估的分类学［M］. 皮连生，等，译. 上海：华东师范大学出版社，2008：26.

[2]［美］D. R. 克拉斯沃尔，等. 教育目标分类学. 第二分册. 情感领域［M］. 施良方，等，译. 上海：华东师范大学出版社，1989：97.

[3] 王小明. 学习心理学［M］. 北京：中国轻工业出版社，2009：8.

[4] 潘菽. 教育心理学［M］. 北京：人民教育出版社，1980：53.

[5] 冯忠良，冯姬. 教学新论——结构化与定向化教学心理学原理［M］. 北京：北京师范大学出版社，2011：83.

将学习分为"接受学习和发现学习""机械学习和意义学习"。[1]

(1) 接受学习。学习的内容以定论的形式呈现给学生,不需要他们任何形式的独立发现。(2)发现学习。学习的主要内容未直接呈现,只呈现有关线索或例证。学生必须自己找到答案。(3)机械学习。学习材料与学习者认知结构建立人为的、非实质性联系的过程。是"无意义"的学习。(4)意义学习。学习材料与学习者认知结构建立实质性的、非人为联系的过程。是"有意义"的学习。

将上述两个维度的学习组合成一个矩阵,可以构成多种不同方式的学习。其中,有意义的接受学习受到奥苏伯尔的特别推崇。

(五) 依据学习目的的分类

根据学习目的的有无可以将学习分为:[2](1)有意学习。指有预定目的的学习。在实验情境中被定义为与规定任务有关的信息或知识的获得。(2)偶然学习。指无预定目的的学习。在实验情境中被定义为与规定任务无关的学习。

根据学习意图的有无可以进一步将学习分为:(1)潜伏学习。指没有学习意图而出现的任何学习。与通常所说的"潜移默化"相似。[3](2)"显性学习"。指具有明显学习意图的学习。潜伏学习不同于偶然学习。偶然学习一般发生在有意学习中,是学习中发生的学习,而潜伏学习与显性学习没有联系,它是在"无学习"状态中发生的学习。

二、中学思政学科的学习类型

上述学习分类中,加涅、布卢姆以及潘菽、冯忠良的分类其实都可以归属学习结果的分类。这些分类大体上都涉及了三种基本的学习结果,即布卢姆的认知学习、情感学习和动作技能学习。加涅的智慧技能、言语信息和认知策略学习实际上是认知学习

---

[1] 顾明远. 教育大辞典·教育心理学分卷[Z].上海:上海教育出版社,1990:238—239.

[2] 顾明远. 教育大辞典·教育心理学分卷[Z].上海:上海教育出版社,1990:240—241.

[3] 顾明远. 教育大辞典·教育心理学分卷[Z].上海:上海教育出版社,1990:240—241.

的亚类,态度学习则属于情感学习。潘菽和冯忠良的知识学习、心智能力(心智技能)学习也都属于认知学习,而道德品质和行为习惯学习、社会规范学习则属于情感学习。

以这些分类理论为基本指导,结合中学思政学科的实际情况,本书把中学思政学科的学习分为两大类,即认知学习和情感学习。

(一) 认知学习

认知学习是认知领域的学习,是主要运用智力并且发展智力的学习,也就是倾向于智育的学习。认知(cognition)一般是指"在意识水平上对思想和表象的加工。其基本含义是'知'。不同于只涉及记忆过程的再认(recognition)"。[1] 认知心理学则认为"认知就是信息加工,包括感觉输入的变换、简约、加工、贮存和使用的全过程"。[2] 因此,认知学习实际上是要习得认知能力,即"接收、加工、贮存和应用信息"的能力。中学思政学科虽然是德育学科,但也包含着智育的内容,担负着智育的任务,因此,认知学习在政治课学习中是不可或缺的。

认知能力与知识密不可分,知识的重要性在认知学习中不言而喻。认知心理学对知识作了广义的阐释,把知识分为三种类型。一是陈述性知识,即关于事实和事物的知识,它回答的是"是什么"的问题,主要通过记忆来获得;二是程序性知识,即关于怎样去做事情的知识,它回答的是"怎么办"的问题,这是不能单凭记忆获得的;三是策略性知识,即关于自己思维过程的知识,也就是关于如何学习、记忆和解决问题的知识,它回答的也是"怎么办"的问题,同样不能单凭记忆获得。[3] 根据这样的理解和划分,中学思政学科的认知学习其实就是广义的知识学习。具体说可以分成以下三个方面。

1. 知识学习

这是指陈述性知识和"陈述形态"的程序性知识的学习。前者是狭义的知识学习,包括符号和事实学习。符号学习的主要形式是词语符号学习,事实学习分为简单和复杂事实学习,都以命题学习为基本形式。后者是程序性知识的陈述学习(程序性知识

---

[1] 顾明远.教育大辞典·教育心理学分卷[Z].上海:上海教育出版社,1990:260.

[2] 中国大百科全书图文数据光盘.心理学[Z].北京:中国大百科全书出版社,1999.

[3] 皮连生.学与教的心理学[M].上海:华东师范大学出版社,2009:95.

的学习先要经历"陈述形态"的学习阶段,这仍属于"陈述性"知识学习),包括概念和规则的陈述学习,概念和规则陈述学习也以命题学习为基本形式。本书把这两种知识学习分别称为完全陈述知识和不完全陈述知识学习。

2. 技能学习

这是指智慧技能即程序性知识的学习,主要包括概念和规则的"操作"学习。概念和规则学习最初都是以命题学习为基本形式,而且由于概念学习以符号学习为前提,规则学习以事实学习为铺垫,因此,政治课的技能学习是从学习陈述性知识开始的。更准确地说,程序性知识的学习总是先要经历一个"陈述性形式"的学习阶段。如果学习到此为止,那就仍然属于陈述性知识学习,只有把记忆的概念和规则转变成应用和操作的过程(步骤),技能学习才真正发生了。因此,技能学习分为两个阶段,第一阶段是概念和规则的命题学习(本书将其归入知识学习),第二阶段是概念和规则的操作学习,也就是"产生式"学习(详见第三章)。技能学习包括辨别、分类和规则运用技能学习。

3. 策略学习

这是指学习策略即策略性知识的学习,主要包括硬策略和软策略学习。策略学习实际上也是一种程序性知识学习,但它不是对外办事而是对内调控的程序性知识学习。也就是说,策略学习实际上是学习"如何学习"。这种学习同样要经历"陈述性形式"的学习阶段,但策略学习一般都隐含在政治课知识和技能学习中,因此"陈述性形式"的学习往往也是隐蔽的,甚至是"省略"的。这就需要更高的学习自觉性,否则甚至连"陈述性形式"的学习都难以发生。

(二) 情感学习

情感学习(affective learning)是指情感领域的学习,是"个体学会理解并妥善处理其情绪、情感,发展自己的价值评估系统,使自己更能被他人接纳,适应社会生活的过程"。[1] 这种学习"注重情调、情绪或接受与拒绝程度的目标",[2] "把情感作为人的发展的重要领域之一,关注人的情感层面如何在教育的影响下不断产生新质、走向新

---

[1] 顾明远. 教育大辞典·教育心理学分卷[Z]. 上海:上海教育出版社,1990:293.
[2] [美]D. R. 克拉斯沃尔,B. S. 布卢姆,等. 教育目标分类学. 情感领域[M]. 施良方,等,译. 上海:华东师范大学出版社,1989:5.

的高度"。[1] 这是以情感为主要对象和内容的学习，是对"情感"的学习。同时，这也是充分发挥情感因素的积极作用，增加学习效果，使学生身心感到愉快的学习，是用"情感"去学习。因此，情感学习是发展情感并且运用情感的学习，是主要倾向于德育和美育的学习。

情感是人对客观事物的态度体验，情感学习主要不在于知识的接受，而在于态度的认可。在学习心理学中，情感学习也可以理解为是态度学习。加涅指出，态度是通过学习形成的影响个体行为选择的内部状态。[2] 态度学习就是"个体获得对人、对己和对环境较持久的肯定或否定的内部反应倾向过程"。[3] 由此可见，情感学习主要是社会情感的学习，也就是学生个体社会化或社会性态度获得的过程。这一过程所指向并发展的态度（情感）主要涉及五个领域："（1）家庭生活，（2）职业生活，（3）政治、经济、文化生活，（4）个人发展，（5）终身学习。"[4]这五个领域都属于功利性态度（情感）领域，与德育的关系更为密切，但情感学习还应该包括超功利性态度（情感）的领域，也就是与美育的关系更为密切的学习，因此，中学思政学科的情感学习可以理解为是包括功利性情感和超功利性情感的广义的态度学习。具体说分为以下三个方面。

1. 态度学习

这是对社会态度（狭义的态度）的学习，是功利性情感学习的核心部分，包括社会生活各个方面的态度学习。从生活的角度看，包括现实生活（如学校生活、家庭生活）和未来生活（如职业生活）的态度学习；从态度的角度看，主要包括道德、政治、宗教和日常生活等态度学习；从教育的角度看，属于广义的德育，主要包括道德教育、法治教育、思想教育和政治教育，这些态度教育通过教学与态度学习相呼应。

2. 动机学习

这是对学习态度的学习，属于功利性情感学习，包括学习需要、学习兴趣和学习动机的学习。美国当代教育心理学家 H. D. 乔纳森认为，动机不是一种外部唤起的状

---

［1］朱小蔓. 情感教育论纲［M］. 北京：人民出版社，2007：15.

［2］［美］R. M. 加涅. 学习的条件和教学论［M］. 皮连生，等，译. 上海：华东师范大学出版社，1999：220.

［3］顾明远. 教育大辞典·教育心理学分卷［Z］. 上海：上海教育出版社，1990：293.

［4］［美］D. R. 克拉斯沃尔. B. S. 布卢姆，等. 教育目标分类学. 情感领域［M］. 施良方，等，译. 上海：华东师范大学出版社，1989：5.

态,主要同自我激励水平有关,包括学习的意愿、所付出的努力和学习的毅力等。学习的动机是通过学习来维持的,不是通过外界产生的。[1]因此,动机形成贯穿于整个学习过程,而不限于学习初始阶段。动机也是学习的内容,动机形成应该成为一个主要的学习目标。[2]

3. 审美学习

这是对审美态度的学习,与前两种学习不同,属于超功利性情感的学习。超功利性情感是超越眼前、直接、明晰和物质的功利性,追求长远、间接、模糊和精神的功利性的情感。审美态度就是这样的超越现实功利性的态度。审美学习既是学习审美,更是在审美中学习。就学习审美而言,主要包括审美知识、审美能力和审美态度的学习;就在审美中学习而言,是指在审美感受、审美体验和审美领悟中学习。

第三节　中学思政学科的学习发生

中学思政学科的学习发生与否是一个根本性的问题。不搞清楚这个问题,我们在政治课上的各种努力可能都是在做无用功。虽然中学思政学科的各门课程始终按计划开设着,中学政治教师始终按计划教授着,中学生也始终按计划"学习"着……但是,开展了这些活动是否就表明学习发生了呢? 这是一个需要深入讨论的问题。

一、中学思政学科学习发生的标准

作为一种活动,中学思政学科的学习首先表现为一个过程,这个过程确实一直在

[1] 盛群力,等.21 世纪教育目标新分类[M].杭州:浙江教育出版社,2008:144.
[2] 杨心德,徐钟庚.教学设计中的任务分析[M].杭州:浙江大学出版社,2008:66.

进行着,但据此就认为学习已经发生是不准确的,因为学习并不仅仅是一个过程,更重要的是它还必须表现为一个结果,即通过活动产生的变化。学习是活动和变化的统一,活动为了变化,变化依赖活动,如果只发生了活动(过程),没发生变化(结果),或者虽然发生了变化,却并不源于活动,学习就没有发生,这样的活动也就不是真正的学习活动。

本章第一节从广义学习、人类学习和学生学习三个层面讨论了学习及其学习发生的内涵,根据这些理解,中学思政学科学习发生的判别标准主要在于以下三个方面。

(一) 学生通过中学思政学科的学习发生了教育部门所预期的认知和态度两方面融为一体的变化

首先,学生的变化必须符合教育部门的预期,如果变化"事与愿违",这种变化越大,离我们所希望发生的学习就越远。事实上,在学习过程中,往往学生的有意学习没发生,而偶然学习却发生了,甚至还会发生"没有学习意图而出现的任何学习",即所谓"潜伏学习"。对于这样的"学习",我们当然不能作为中学思政学科学习已经发生的证据。其次,学生的变化必须是认知和态度相统一的变化。如果只发生认知或态度方面的单独变化,这既不符合中学思政学科的初衷,更违背教育和学习的规律。缺乏认知的态度是空中楼阁,而没有态度的认知就迷失了方向。事实上,认知上的变化必然会引起态度变化,只不过变化方向或程度不同罢了;而态度上的变化又始终依赖认知变化,以它为基础,否则就变成了迷信和崇拜。

(二) 学生所发生的变化是相对持久的

在认知方面,学生所习得的中学思政学科的知识、技能和方法能够长期记忆和运用,不会轻易遗忘。如果上课时能回答,下课就忘了;考试时能回答,考完试就忘了;读书时能回答,毕了业就忘了,那就都不能说学习发生了。当然,认知学习始终要与消极遗忘作斗争,但这恰恰说明,学习的发生必须是内在认知结构发生了变化,否则就难以保持。在态度方面,学生所形成的符合中学思政学科要求的道德、政治和思想倾向不仅内化为自身的态度(价值)系统,而且又外化成行为习惯,甚至表现为自动化过程,对其产生长期乃至一生的影响。当然,人的一生往往会发生一次或多次态度改变,但这种改变不是遗忘,而是建立在批判以前态度基础上的新变化。

(三) 学生所发生的变化主要是由于正确发挥了主观能动性而获得了经验

在中学思政学科的学习中,如果学生没有发挥主观能动性,学习当然不会发生;但学生盲目地发挥主观能动性,学习同样也不会真正发生。只有正确地发挥主观能动性,即遵循客观的教育和学习规律,特别是学习心理规律,才能够使自己在这一过程中逐渐积累起足够的经验,从而使学习发生。引起中学思政学科学习的经验首先是认知经验,是对中学思政学科所特有的事实、概念、规则(原理)、策略等认知的经验。这种经验是特殊的,也是基本的,离开这种经验,中学思政学科的学习不可能发生。但是,仅仅依赖认知经验是不够的,要使中学思政学科的学习真正发生,还需要情感经验的加入。这就是说,对中学思政学科的学习内容不仅要认知,而且要体验。在体验中,情感经验不断积累,并和认知经验相互作用、融为一体,从而推动学习全面发生。

这三个方面是相互联系、不可割裂的,仅仅达到某一方面并不就表明发生了学习,只有全面地达到三方面的综合要求,我们才可以说学习发生了。当然,三条标准中最重要的是第一条,无论何种学习,学习者发生变化是最关键的标准。这种变化既是学习结果的展现,也是学习过程的证明,是结果和过程的完美统一。

二、中学思政学科学习发生的类型

对学习发生问题如果仅仅简单地回答"学习发生了"或"学习没发生",显然是不够的,因为中学思政学科包含了很多不同的学习,需要进一步回答"什么学习发生了,什么学习没发生"。这就是说,我们必须进一步讨论中学思政学科可能发生哪些学习及其判别标准。根据本章第二节关于学习分类的阐述,中学思政学科可能发生的学习可以从不同角度考察。

(一) 学习内容和结果的角度: 可能发生认知学习和情感学习

中学思政学科的认知和情感学习是不可分割的,但各自又具有相对独立性,两种学习在一定条件下是可以区分的。从学习发生的时间顺序看,首先可能发生的是认知学习。根据中学思政学科学习发生的一般标准,政治课认知学习的发生标准可以简述为:由于主观能动性的正确发挥而形成和积累了学科特殊认知经验,从而引起了学生认知结构的一般和特殊变化,并且这些变化能够保持相对持久的时间。这种学习发生的关键在于学生的认知能力是否发生变化(即认知结构改变引起的功能性变化),其中所谓"一般变化"是指因学习政治课而产生的具有迁移性质的一般认知能力(如记忆能力、思维能力)的变化;"特殊变化"则是指因学习政治课而产生的学科特有的认知能力(如社会问题的分析能力)的变化,这一变化是政治课认知学习发生最为重要的表现。这些变化必须依赖"学科特殊认知经验",即对政治课所特有的事实、概念、原理、策略等认知的经验;同时又必须"保持相对持久的时间",即超越了仅仅满足一时一事(如考试)需要的时间。

认知学习的发生从知识学习开始,因此,认知能力的变化首先在于知识结构的变化,也就是政治课的特有知识引起的学生原有知识结构的变化。显然,知识学习的发生与否就看政治课知识是否进入学生原有知识结构并且引起变化。知识学习的发生可能会进一步引起技能学习的发生。技能学习发生的关键在于学生是否习得政治课的特有技能(如判断道德价值的技能),也就是能够把政治课的知识陈述转换为程序操作。这一变化是政治课技能学习发生的标志。与此同时,策略学习也可能发生。策略学习发生的标志是学生能够有效运用一定的学习策略(包括方法)进行政治课学习。策略学习比较隐蔽,一般都隐含在知识和技能学习中,判断这种学习的发生就是看学生是否从"不会学"变为"会学"政治课了。

认知学习包含这三种学习,因此健全的认知学习应该是三种学习的共同发生,如果三种学习不能共同发生,而是单独、孤立地发生,那么这种认知学习就是不完整的。认知学习是中学思政学科学习的起点和基础,我们应该努力促使这种学习完整地发生。

在认知学习发生的基础上情感学习才可能发生,要习得某种态度(情感)必须先习得相关知识,"纯粹"的情感学习由于缺乏知识的基础往往会异化为迷信和盲目崇拜。根据中学思政学科学习发生的一般标准,政治课情感学习的发生标准可以简述为:在认知学习的基础上,由于主观体验积极展开以及认知经验的影响而形成和积累了学科特殊情感经验,从而引起了学生情感结构的一般和特殊变化,并且这些变化能够保持相当长的时间。这种学习发生的关键在于学生的情感倾向是否发生变化(即情感结构改变引起的倾向性变化),其中所谓"一般变化"是指因学习政治课而产生的一般情感倾向(如肯定性情感倾向、积极性情感倾向)的变化;"特殊变化"则是指因学习政治课而产生的学科特有的情感倾向(如道德情感倾向、政治情感倾向)的变化,这一变化是政治课情感学习发生最为重要的表现。这些变化必须依赖"学科特殊情感经验",即在理解政治课所特有的事实、概念、原理、策略等知识基础上,经过对其中包涵的价值观等的积极体验形成的情感经验;同时又必须"保持相当长的时间",即长期甚至永远保持,习得的情感一般是不会遗忘的。

情感学习包括功利性情感和超功利性情感的学习。这两种学习往往交织在一起发生,但政治课主要期望发生的是功利性情感学习,因此,情感倾向的变化主要在于功利性情感结构的变化,也就是政治课特有的"情感、态度、价值观"引起的学生原有情感结构的变化。显然,情感学习的发生与否主要就看政治课的"情感、态度、价值观"是否进入学生原有情感结构并且引起变化。根据学习的内容,政治课的功利性情感学习主要包括:第一,心理健康和心理发展方面的学习。通过这一学习,学生应该在兴趣、动机、意志、情感、性格等心理素质上发生良性的变化。第二,道德意识和道德行为方面的学习。通过这一学习,学生应该在公共道德、私人道德和职业道德等道德素质上发生良性的变化。第三,政治意识和政治行为方面的学习。通过这一学习,学生应该在政治信仰、观念、立场和行动等政治素质上发生有利于国家和人民利益的变化。第四,思想观念和思想方法方面的学习。通过这一学习,学生应该在世界观、人生观和价值观等思想素质上发生有利于人类和社会进步的变化。显而易见,以上四方面的学习都必须以认知学习为先导,而又不能停留在认知学习,因此,情感学习的发生比认知学习更难。

超功利性情感学习的发生则在于学生审美结构的变化,也就是政治课特有的"情感、态度、价值观"引起的学生原有情感结构的审美变化。这种变化与情感倾向的功利性有着密切的联系,但又超越这种联系,表现为在功利性之上的"愉快的自由感",因此它比功利性情感结构的变化更深刻,更长久,也更具普遍意义。超功利性情感(审美)学习不会单独发生,它渗透交融在认知和态度学习之中,可遇而不可求。没有认知和态度学习，也就没有审美学习，而有了审美学习，认知和态度学习必定高质量地发生了。

情感学习的发生是政治课学习的核心与关键所在，如果这种学习没有发生，那么中学思政学科的学习就只是"走过场"般的徒有形式了。我们应该在不忽视认知学习的同时，始终"咬定青山不放松"，推动情感学习不断发生。

（二）学习性质和方式的角度：可能发生机械学习和有意义学习、接受学习和发现学习

机械学习是"对任意的（或人为的）和字面的联系的获得过程"，[1]是缺乏逻辑意义的学习。一般发生在下列三种情况下：（1）学习材料本身无逻辑意义；（2）学生的认知结构中缺乏同化新观念的相应知识；（3）学生缺乏有意义学习的心向。由此看来，机械学习缘于"无意义""无知识"和"无心向"三种原因，它们可以单独或者共同促使机械学习发生。一般说来，缘于"无意义"的机械学习是需要的，有一定价值。政治课的学习内容虽然基本上都具逻辑意义，不应该发生机械学习，但有些内容（如一些名称、数字）仍然需要这种方式，不能一概排斥。缘于"无知识"的机械学习在于学习内容相对学生水平显得太深太难，政治课不同程度地存在着这种情况，因此学生是迫不得已，只能被动地进行机械学习。缘于"无心向"的机械学习则不同，是学生不愿意理解学习内容，政治课也不同程度地存在着这种情况，因此学生是主动地进行机械学习。无论缘于什么，机械学习的发生都表现为，通过主观能动性的一定发挥而形成学科特殊的机械记忆经验，从而引起了学生对政治课知识从"不知"到"知"的变化，但这些变化一般只能保持相对较短的时间。这种学习发生的关键在于是否发生"由不知到知"的变化（这里"知"是指知道、了解，而不是指明白、理解，"知"并不包括"懂"）。这种变化必须依赖"学科特殊的机械记忆经验"，即机械记忆政治课内容的特殊经验；也要依赖主观能动性的发挥，没有一定程度的主观能动性发挥，对政治课的"知"也是难以实现的。这种变化所能保持的时间一般都比较短，往往在满足了功利性需要（如考试）后被迅速遗忘。

---

[1] 顾明远.教育大辞典·第5卷·教育心理学[Z].上海：上海教育出版社,1990：239.

政治课发生的机械学习需要作具体分析,不能一概而论,但总体上看,这种学习很难使学生的认知结构产生实质性的改变,难以促使认知水平真正提高,因此,应该努力避免"无心向"和"无知识"机械学习的发生。

有意义学习是"符号表达的新观念与学习者认知结构中的有关观念建立实质性和非人为性联系的过程",[1]就是把学习材料的潜在意义转化为学习者个体的心理意义的过程。这一过程实际上就是有意义的认知学习过程,因此,政治课认知学习的发生标准基本上就是有意义学习的发生标准。如果与机械学习相比,有意义学习发生与否的关键则是看学生对政治课知识是否发生由"不懂"到"懂"的变化。发生这种学习的前提条件是:(1)学习材料是有逻辑意义的;(2)学生的认知结构中具有同化新观念的相应知识;(3)学生具有有意义学习的心向。这三个条件缺一不可,只有条件全部具备,政治课的有意义学习才会发生。由此可见,有意义学习的发生要比机械学习困难得多。但是,这种学习对于政治课学习具有十分重要的意义,必须创造各种条件,促使其全面发生。

接受学习是把学习的内容以定论的形式呈现给学生,他们将其与认知结构中适当的观念建立联系,从而接受性地获得知识。"接受性地获得知识"是接受学习发生与否的关键,该学习不仅要看学生是否发生变化,而且要看变化是否通过"接受"的方式发生的。接受学习可以分为两种:第一,机械接受学习。这是一种"无意义"学习的过程,新旧知识彼此隔绝,"死记硬背"就是对它最生动的描绘。一般而言,政治课应当避免发生这种学习。第二,有意义接受学习。这就不是一个被动过程,而是一个新旧知识相互作用,新知识被认知结构中的原有观念同化,被学生理解,使原有认知结构得以重组或改造的过程。[2]这两种接受学习不可同日而语,我们也大可不必谈"接受"而"色变"。有意义接受学习在中学思政学科学习中仍然是普遍有效的。

发现学习是指学习内容不是以定论的形式呈现给学生,而是要求学生必须先经历一个发现过程,自己得出结论或找到解决问题的答案。显然,"发现性地获得知识"是发现学习发生与否的关键。发现和接受学习的差别主要不在于学习结果(结果往往是

---

[1] 顾明远. 教育大辞典·第 5 卷·教育心理学[Z]. 上海:上海教育出版社,1990:239.

[2] 顾明远. 教育大辞典·第 5 卷·教育心理学[Z]. 上海:上海教育出版社,1990:238.

一样的），而在于学习过程。发现学习导致的学生变化是通过"发现"的方式发生的。发现学习也可以分为两种：第一，独立发现学习。这类似于科学家的科学研究，是一个不依赖外部指导独立发现的过程。政治课要发生这样的学习十分困难。第二，指导发现学习。这是一个需要适当的外部指导、并不完全独立发现的学习过程。[1] 政治课的研究性、探究性学习都属于这种学习。

（三）学习目的和意图的角度：可能发生有意学习、偶然学习和潜伏学习

有意学习是具有预定目的的学习，是与规定任务有关的信息或知识的获得过程。偶然学习则是没有预定目的的、与规定任务无关的学习。[2] 政治课的学习具有明确的预定目的和规定任务，应该发生有意学习，但是，在教学实践中，我们也不能完全排除发生偶然(无意)学习的可能性。例如，学生学习"依法纳税"的内容，其规定任务是了解、理解和遵循这一内容，如果这个任务完成，那么有意学习就发生了；但是，如果学习之后学生记住的是教学中所举的反例，即违法逃税的事例，并且引为自己生活的榜样，那么，发生的就是偶然学习了。

偶然学习一般都比较隐蔽，不易察觉，如果长此以往，就会演变成潜伏学习。潜伏学习一般是泛指没有学习意图而出现的任何学习或行为的持久变化，[3] 类似于通常所说的"潜移默化"。政治课如果发生与教育目标同一方向的潜伏学习，即使出乎意料之外，也不失为好事，但如果发生反向的潜伏学习，那就需要全面反思中学思政学科，并在此基础上深入开展课程改革。

以上从不同角度对中学思政学科可能发生的学习作了概括的阐述，但是，"可能发生"并不等于"一定发生"，也不一定非让其发生，因此，面对这些林林总总的学习，我们应该分门别类、深入具体地考察和分析哪些学习已经发生，哪些学习还未发生，哪些学习需要保持其发生，或促使其发生，或抑止其发生等问题。惟其如此，才可能有对中学思政学科实事求是地思考、实事求是地研究、实事求是地改革。

————————

[1] 顾明远. 教育大辞典·第5卷·教育心理学[Z]. 上海：上海教育出版社,1990：239.
[2] 顾明远. 教育大辞典·第5卷·教育心理学[Z]. 上海：上海教育出版社,1990：239.
[3] 顾明远. 教育大辞典·第5卷·教育心理学[Z]. 上海：上海教育出版社,1990：240.

三、中学思政学科学习发生的条件

无论发生何种类型的学习都需要依赖一定的条件。加涅认为,影响学习发生的情境成分有四种:学习者、刺激情境、记忆内容和反应。学习者是指学习的人;刺激情境是刺激学习者感官的事件;记忆内容是学习者保存的先前学习的内容;反应则是学习者由输入的刺激引起的活动及转换。[1] 由此可见,"学习实质上是学习者、刺激情境、认知结构和反应相互作用而影响学习的信息加工的过程……这四个构成因素便成为影响学习的条件"。[2] 加涅指出:"存在于学习者之外的是刺激情境,它发起并影响学习。存在于学习者之内的是:学习受到学生记忆中恢复的有组织的内容的影响","当刺激情境与记忆内容如此共同影响学习者,以致从它被置于该情境之前一时刻到它被置于那一情境之后一时刻,其作业发生了变化,那么,学习便发生了"。[3] 在这些条件中,"先前习得的性能便构成了学习必要的内部条件",而"学习者外部的刺激情境"则构成学习的外部条件。"我们首先必须注意存在于学习者内部的性能,其次要注意学习者外部的刺激情境。每一种新的性能的学习都有不同的先前学习的起点并且很可能也要求不同的外部情境。"[4] 在此基础上,加涅进一步区分了学习发生的"必要性条件"和"支持性条件"。"必要性先决条件是所习得性能的组成成分,因而其学习必须事先进行。其他的先决条件使某个性能的学习更容易或更迅速,从这个意义上说,它们可能是支持性的。"[5] 换言之,"学习的必要条件是指直接影响学习成败的因素……是必须具备的条件,否则新的学习就不可能发生或不可能成功。学习的支持

[1][美]R. M. 加涅. 学习的条件和教学论[M]. 皮连生,等,译. 上海:华东师范大学出版社,1999:3—4.

[2]杨心德,徐钟庚. 教学设计中的任务分析[M]. 杭州:浙江大学出版社,2008:100.

[3][美]R. M. 加涅. 学习的条件和教学论[M]. 皮连生,等,译. 上海:华东师范大学出版社,1999:4.

[4][美]R. M. 加涅. 学习的条件和教学论[M]. 皮连生,等,译. 上海:华东师范大学出版社,1999:17.

[5][美]R. M. 加涅,等. 教学设计原理[M]. 王小明,等,译. 上海:华东师范大学出版社,2007:150.

性条件与学习的必要条件不同，它们并不影响学习是否发生和成功，主要影响学习的效率"。[1]

中学思政学科学习的条件同样可以区分为必要性条件和支持性条件，但是以往讨论政治课学习条件的时候，往往不作这样的区分，这就把促使学习发生的条件和提高学习效率的条件混为一谈了。虽然这两种条件密切关联，但性质和作用大不相同。事实上，学习发生的条件是更为基本和重要的条件，如果不能使学习发生，那么学习效率就成了空话，甚至还会适得其反。因此，本书在这里集中讨论中学思政学科学习的"必要性条件"。

这一条件在初中和高中政治课学习中有所不同，但从总体上看，都属于"存在于学习者内部的性能"，可以称之为学生"必要的起点能力"。这是广义的"能力"，指综合性的心理素养（参见第八章），不仅涉及认知，而且涉及情感，是一种包括认知、态度和动作技能的"习得的性能"（capability）。它是学生已经具有的"先前习得的性能"，是学习中学思政学科之前必须具备的学科相关知识、技能和态度。这种"必要的起点能力"大体上可以分为"必要的前提知识""必要的先决技能"和"必要的初始态度"三个方面，它们构成了中学思政学科学习发生的三大必要条件。

（一）必要的前提知识——学习发生的知识条件

中学思政学科学习发生的基本条件是学生已经具备的知识基础。从认知学习的角度看，"学习就是一个旧知识同化新知识的过程，是一个认知结构重组的过程。也就是说，在学生学习新知识的时候，必须有一个能同化它的且与它相关联的知识，可以是上位的、下位的或平位的知识结构。"[2]显然，这一知识结构就是必要的前提知识，它是学习发生的基础。

政治课的前提知识至今尚未得到认真研究。它的形成和发展、结构和功能、性质和种类、形式和内容、范围和水平等方面都十分需要进行专门的探究。如果从它的功能，也就是为学习中学思政学科知识作准备这一角度看，那么，它首先应该是一种社会

---

[1] 杨心德,徐钟庚.教学设计中的任务分析[M].杭州：浙江大学出版社,2008：101.
[2] 杨心德,徐钟庚.教学设计中的任务分析[M].杭州：浙江大学出版社,2008：16.

知识。政治课要学的知识主要属于社会科学知识,是对社会生活的反映;同时,"学习者也只有在分析认识各种社会问题当中才能理解和利用所学的知识内容,提高自己的认识能力和思想情感"。[1] 这就要求学生必须首先具有一定的社会生活的相关知识。它不同于自然常识,而是专门关于"社会"的常识。例如,学习"经济生活"就需要先具有一些经济方面的社会知识(如消费知识等),如果不具备这样的知识,学习就难以发生。其次,它又是一种综合性的社会知识。政治课是以马克思主义原理为核心知识的综合性课程,是多种人文社会科学知识和社会生活知识的融会贯通,包括哲学、经济学、政治学、法学、伦理学、社会学、心理学、时事和日常生活等多方面的知识,不是一门单一学科的内容。这就要求学生具有的社会生活知识必须比较宽泛而又相互联系。它不同于分门别类、归属清晰的专业知识,而是结合在一起的各种领域中的常识,博杂而又分界模糊,呈现"大杂烩"般的形态。例如,学习"哲学与生活"就需要先具有比较宽泛的生活知识,它很难明确归属于某一个学科,也不是哲学本身,却又和哲学有着千丝万缕的联系,如果缺乏这样的知识,学习同样难以发生。第三,它是一种经验性的知识。政治课的知识虽然属于理性知识,甚至是理论形态的知识。但却需要学生具有一定的社会生活知识作基础。这种知识不仅要比较具体、感性,而且要比较宽泛。它不同于学科理论知识,而是一种经验,属于下位知识的类型。例如,学习"政治生活"就需要先具有一些感性具体、直接经验性的知识(如实际选举活动的经验等),如果没有这样的知识,学习也难以发生。政治课的前提知识虽然也包括一定的人文社会学科理论知识,但主要是这种综合的社会经验知识。它不同于自然知识,也不同于单一的理论化的学科知识。如果学生缺乏这样的知识,政治课学习发生的基础就从根本上丧失了。

相关的研究认为,学习者的认知结构是影响学习成功与否的一个关键因素。原有认知结构中的相关知识(前提知识)与新知识相互作用,如果新知识被认知结构融合吸收,学习就发生了;如果被拒斥,学习就没有发生。在这一过程中,认知结构的可利用性、可辨别性和稳定性直接影响着学习的发生。可利用性是指认知结构中的知识对新知识融合的可能性。有的具有同化新知识的"上位的、概括程度高的、包容范围广的一

[1] 张建文.思想政治课程与教学论[M].北京:人民出版社,2008:353.

般概念和命题",有的则缺乏。可辨别性是指认知结构中原有知识和新知识区分的可能性。有的"能够高度分化,分辨清晰",有的则"相互混淆,无法识别它们之间的区别与联系"。稳定性是指认知结构中知识保持的可能性。有的"相关知识十分巩固,而且能够迅速提取",有的则"容易遗忘",往往"无法提取"。[1]一般说来,认知结构的这三个特征越明显,学习发生的可能性也就越大。

但是在这三个方面,中学政治课的前提知识有着自己的特点。首先,作为综合的社会经验知识,它的可利用性并不建立在具有"上位的、概括程度高的、包容范围广的一般概念和命题"的基础上,而是建立在下位的、概括程度不高的、但内容范围广的特殊概念和命题的基础上(中学生在学习政治课之前不可能已经习得大量关于社会的"一般概念和命题")。但这并不降低其知识融合的可能性,因为原有知识对新知识的融合不仅仅是从上往下的"同化",也可以是从下往上的"形成"。政治课前提知识的可利用性突出地表现为从个别到一般、具体到抽象的概念和命题的"形成"过程中。当然,如果学生既缺乏"上位知识",又缺乏"下位知识",那么政治课的学习就完全不可能发生了。其次,它的可辨别性比较弱,新旧知识的分化不很明显,上下位关系不够明确,界限比较模糊,往往联系多于区别。这首先是因为社会知识没有自然知识那么精确,分化程度还不够高;同时是在于学科知识本身的综合性更加剧了这一点,使本来已有的区别在"综合"中被淡化了。这就使学生总是觉得学习的内容"差不多",以致阻碍了学习的发生。再次,它的稳定性不强,知识内涵不够确定,常常导致遗忘。这一方面是因为学生对于缺乏高度分化(似是而非)的知识容易遗忘;另一方面,社会知识、特别是经验性的社会知识,经常随着社会的变革而处于变化发展之中,本身缺乏稳定性。这就使有意义学习的发生变得特别困难,于是机械学习就在政治课中大行其道了。

中学政治课前提知识的特殊性和复杂性表明,这一条件在学习发生中既不可或缺,又存在不利的影响。我们应该辩证地对待,一方面充分发掘和利用这一条件,另一方面又要注意克服它的短处,以避免出现"成也萧何,败也萧何"的窘境。

---

[1] 杨心德,蔡维静.社会学科学习与教学设计[M].上海:上海教育出版社,2005:64—65.

（二）必要的先决技能——学习发生的技能条件

中学思政学科学习的发生不仅要依赖传统意义上的"知识"，而且要依赖现代意义上的广义"知识"，即作为程序性知识的技能。技能实际上是知识的操作化，虽然不是所有的知识都可以操作化，但这部分"操作化的知识"对于学习十分关键，它也是政治课学习发生的基本条件。

中学思政学科的技能包括学科运用技能和学科学习技能两个方面。前者是对学科所概括的客观世界的认识和实践技能，是运用学科特有知识的技能（相当于智慧技能），它内含于学科之中，需要在学习中转化为学生具有的技能。后者是学习学科特有知识的技能（相当于认知策略），它并不内含于学科之中，需要在学习中激发的学生潜在的技能。政治课所要习得的技能主要是智慧技能。加涅认为，学习任何智慧技能的必要条件是首先掌握较简单的技能，因为智慧技能是具有层次性的，"表示智慧技能的终点目标通常由两个或更多的下位技能和较简单的技能组成"，"在目标被'组合'之前，必须先习得这些技能"。[1] 因此，政治课学习发生的先决技能应该是与学科相关的初级运用技能（智慧技能）。学习技能（认知策略）虽然也是政治课学习的内容，但学习它是为了"更容易更迅速"地学习运用技能（智慧技能），它只是政治课学习发生的支持性条件。

作为政治课学习发生必要条件的先决技能是一系列初级智慧技能，包括辨别技能、分类技能和程序技能等。这些技能虽然相对于所要学习的技能而言比较简单和感性，但要使政治课的学习发生，学生必须具备这些初级智慧技能。其中，辨别技能是最基本的条件。无论学习哪一种智慧技能，最终都需要辨别技能的基础性作用。正如加涅所指出的："问题解决处在最高层次上，要求以规则为前提，而规则又由定义性概念和具体概念组成，后两者又需要辨别为前提。"[2] 如果学生没有掌握一定的辨别技能，那么政治课的学习就难以发生。

---

[1]［美］R. M. 加涅，等. 教学设计原理[M]. 王小明，等，译. 上海：华东师范大学出版社，2007：141.

[2]［美］R. M. 加涅，等. 教学设计原理[M]. 王小明，等，译. 上海：华东师范大学出版社，2007：140—141.

必须指出的是,这些初级技能既是学习相应高级技能的必要条件,又是学习更高层次智慧技能的必要条件。例如,在分类技能学习中,要习得的相应高级技能是运用中学思政学科特有的分类规则(即概念)对学科所涉对象进行分类的技能。这一"规则支配下的行为"(即技能)比较复杂,是在理解概念定义(即分类规则的陈述)基础上实现分类操作,属于高级智慧技能。而作为其先决技能的初级分类技能,虽然也需要"规则支配",但并不依赖"概念定义",而是主要通过观察形成的"概念例证"来分类。这一技能虽然比较简单和感性,但缺乏这一技能,学科的分类技能(高级技能)就很难形成。同时,这一初级分类技能又是学习程序技能的先决技能。程序技能就是按规则办事的技能,而规则是由不同概念构成的关系,显然,程序技能的学习必须在学生已经习得相关分类技能的基础上才能发生。

上述智慧技能都属于社会技能,这是中学思政学科的先决技能与其他学科最明显的不同。关于社会技能存在着不同的看法,本书把社会技能理解为社会能力的重要构成和集中表现。"技能的实质是一套规则支配下的人的行为",[1]社会技能则是社会规则支配下的人的社会性行为。这种行为包括与自我相关的行为、与他人交往的行为和与任务相关的行为,因此,社会技能就涉及处理自我的技能、与人交往的技能和完成任务的技能等三方面。

作为初级社会技能,这三个方面大多具有感性直观的倾向,通过观察和模仿而习得,一般不需要陈述,也比较难以陈述,往往不是先学会说再学会做,而是会做了也不一定会说。这些技能的学习可能从孩提时期就开始了,但因人而异,会呈现较大差别。

由此可知,中学政治课学习发生的技能条件同样是比较特殊而复杂的。学生在学习政治课之前必须具备一定的与学科相关的初级社会技能,否则发生学习仍然是困难的。

(三) 必要的初始态度——学习发生的情感条件

中学思政学科是一门显性德育学科,是"以学生社会化为根本目标,以主流意识形态为核心内容,以直接教育为基本形式的学校学科……它所承载的教育目的和任务具

---

[1] 杨心德,蔡维静.社会学科学习与教学设计[M].上海:上海教育出版社,2005:143.

有学校教育的全局性意义和影响,与其他学科相比它负有'特殊使命'"。[1]它要使学生"逐步形成正确的世界观、人生观和价值观,培养良好的思想品德,具有振兴中华、服务人类的使命感和社会责任感"。[2]显然,政治课学习的根本目标和任务是培养学生具有正确的生活态度和健康的人类情感,成为中华人民共和国的合格公民乃至于全球大家庭的和谐成员。因此,这一学科的学习发生不仅需要认知条件,而且需要情感条件。

所谓情感条件,是指学生在接受、认同和内化中学思政学科的态度和情感倾向之前,必须要有一定的态度和情感准备。事实上,在学习政治课之前,中学生已经不同程度地形成了一定内容的态度和情感,虽然不一定成熟和稳定,但他们在态度和情感方面并不是一张白纸。也就是说,中学生是在既有的态度和情感的基础上开始政治课学习的。这种"既有的态度和情感"就是"必要的初始态度",就是政治课学习发生的情感条件。

这种情感条件大体上可以分为两个方面。一是学科学习的态度,就是学生对学习政治课的态度,包括学习政治课的需要、兴趣和动机等;一是社会生活的态度,就是学生在现实生活中逐渐形成的对社会生活方方面面的情感体验,与政治课要习得的态度直接关联,包括从日常道德观念到人生理想、信念和价值观等丰富的内容。

从情感条件上看,学科学习态度是政治课学习发生的首要条件。很难设想,学生不想学政治课,或者慑于各种压力装着想学,学习却能够发生。因此,学习态度必须是真实的,也就是真正想学,是发自内心地想学。同时,学习态度又必须是积极和肯定的。积极,就是自愿、主动、充满活力地要学;肯定,就是带着愉快、喜爱和满意的体验来学。如果学生是被迫、被动、死气沉沉地学,是痛苦、厌恶和失望地学,政治课的学习怎么可能真正发生呢?

当然,仅仅具备这样的学习态度并不够,政治课的态度学习是一个情感体验和交流、态度形成和改变的复杂过程,学生还必须具备与中学思政学科特有的态度和情感紧密相联的生活态度。中学思政学科态度是学科内含的情感倾向性,隐含于学科的知

---

[1] 黄建君. 德育学科能力特性刍议[J]. 全球教育展望,2012:11.
[2] 上海市中学思想品德和思想政治课程标准(征求意见稿)[Z]. 上海:上海教育出版社,2004:39.

识体系和技能活动中,透露着该学科对世界的态度。这种态度是国家所倡导的道德观念、民族精神和社会理想,是主导的世界观、人生观和价值观。它主要指向人类社会,而且不仅指向客观社会,也指向人的主观世界。要习得这样高级且复杂的态度和情感,学生不可能毫无准备地、一张白纸似地来承接,而是要有一定的初级、简单的态度和情感作为基础,因此,学生原有的生活态度是政治课学习发生不可或缺的条件。

如果学生完全没有自己的生活态度,那么就很难体验学科特殊的态度和情感,更无法通过交流来内化,学习自然难以发生。但是,学生具有的态度又是比较复杂的,既有性质和方向上的差别,又有水平和强度上的不同,呈现为多样性和多层次的状态。简单地说,大致可以分为正向和反向两种态度。正向态度是与中学思政学科态度相一致的态度,反向态度则是与学科态度相悖的态度。这两种态度都是政治课学习发生的必要条件,而且只要二者居其一,学习就可能发生。这里值得注意的是,反向态度对于学习发生的作用往往并不弱于正向态度,有时候甚至还可能强于它(详见第五章)。我们不必厚此薄彼,应该一视同仁,对两种态度条件给予同样的关注和重视。

第二章
中学思政学科的知识学习

知识学习有广义和狭义之分。广义的知识学习是指与情感学习并列的认知学习,包括知识、技能和策略学习;狭义的知识学习一般是指陈述性知识学习,包括符号和事实学习。本章将在狭义知识学习的基础上讨论中学思政学科的知识学习,包括完全陈述知识(符号和事实)学习和不完全陈述知识("陈述形态"的概念和规则)学习。

第一节　知识和知识学习概述

本节对知识和知识学习作一概述,这是讨论中学思政学科知识学习的基础和前提。

一、知识概述

(一) 知识的内涵

知识是学习的基本对象,这是毋庸置疑的。但是,什么是知识呢? 对这个问题的回答不仅有许多学科参与,而且一直存在着争论。

从哲学上看,知识论始终是其关心的重要领域。20 世纪以来,关于知识的性质、标准和起源等根本问题的讨论更趋热烈,在批判传统知识观的基础上对"什么是知识"作出了一系列的新阐述。进入 21 世纪,国内也有研究者提出,当代知识的性质发生了根本变化,已经由现代科学知识型转变为后现代文化知识型。这种转变主要体现在知识的性质从客观性转向文化性、普遍性转向境域性、中立性转向价值性。这一转变正在影响着教育的变革和发展。[1]

从心理学上看,现代认知心理学从个体知识的产生过程和表征形式等角度提出,"知识是主体与环境或思维与客体相互交换而导致的知觉建构,知识不是客体的副本,也不是由主体决定的先验意识",因此,知识是主体通过与环境相互作用而获得的信息

---

[1] 石中英.知识转型与教育改革[M].北京:教育科学出版社,2001:143—173.

及其组织。[1]

上述关于知识性质和来源的观点对于深入讨论知识和知识学习具有不可忽视的指导意义。但是从教育学的角度看，我们还需要进一步回答作为学习对象的"知识"是"什么"。也就是说，我们应该着重讨论和把握的是——什么是学校教育情境中的知识。

首先，现在"学校教育情境中的知识"是属于"现代科学知识"呢，还是"后现代文化知识"？这不能一概而论。因为不发达国家的教育恰恰需要"大力地普及科学知识、发展科学事业解决日益严重的经济问题以及与之相关的其他问题"，[2]而中国这样的发展中国家，虽然迅猛崛起，却正处在现代化和后现代化的交错叠加进程中，因此还没有完全面对"后现代知识"的可能，或者说，正面临应对两种"知识型"同时在场的微妙境地。这种情况下的"知识"往往兼有两种性质，表现出一定的过渡性或双重性。我们必须看清这一点，兼顾彼此，片面强调某一点都不利于知识学习乃至于教育改革和发展。

其次，"学校教育情境中的知识"是前人已经获得的知识，属于间接经验，具有明显的间接性，虽然需要通过学生（主体）和这种知识（客体）的相互作用才能形成"知觉建构"（获得知识），但这并不是主客体在实践中的相互作用，所获得的也不是直接经验。不仅如此，学生学习这种间接经验也不是直接学习，而是主要通过教师这一中介的传授，因而具有更为强烈的间接性。显然，这一认识在当代并没有被否定。

再次，"学校教育情境中的知识"是经过选择和重新组织的知识，是特殊的有组织的信息。需要我们特别关注的是，这种"特殊的组织性"或重组性集中体现在信息的地位、意义和形态上。所谓"信息的地位"即知识在教育乃至社会中的合法性。只有被国家认可的知识才能获得合法的地位，也才能成为学校中的知识。这是知识学习的前提。所谓"信息的意义"即知识在教育乃至社会中的合理性。只有符合社会需要、具有社会意义的内容才能成为学校中的知识。这是知识学习的核心。所谓"信息的形态"即知识的存在或组织形式。知识存在于人的头脑之中，存在于文本之中的知识物化形

[1] 韦洪涛.学习心理学[M].北京：化学工业出版社,2011：47.
[2] 石中英.知识转型与教育改革[M].北京：教育科学出版社,2001：165.

式最终也须转化为人的心理形式,因此,知识的存在形式实际上就是知识的心理形式。只有能够实现其心理形式的信息才能成为学校中的知识。这是知识学习的结果。概括地说,学校的知识是一种允许学习(合法)、应该学习(合理)并且能够学习(合心)的知识。

对知识的上述理解是进一步讨论知识学习的基础,具有双重性、间接性和重组性特征的知识才是我们必须深入研究和集中学习的对象。

(二) 知识的分类

知识分类是分类学习的前提,具有十分重要的教学意义。根据不同的标准可以把知识分为不同的类型。例如,可以把知识分为现代知识和后现代知识、直接知识和间接知识,等等。但是,作为学校知识,关键要"能够学习",也就是说,知识不仅要合理合法,而且要有明确的形式呈现和转换可能,而学习者则需要对这些形式呈现和转换准确把握。因此,知识的存在形式至少是其分类的基本标准之一。以下几种知识分类系统不仅影响广泛,而且都是基本倾向于这样的分类。

1. 加涅(R. M. Gagné)的知识分类

如第一章所述,加涅根据学习结果即"习得的性能"(capability)的不同类型将学习分为五大类。在这五类性能中,前三类属于认知学习的结果。这样加涅就把知识分成了三类:第一类是言语信息(verbal information),即关于"一个事实或一系列事件"的知识;第二类是智慧技能(interllectual skills),即"使符号应用成为可能的"知识;第三类是认知策略(cognitive strategies),即"用以调控自己注意、学习、记忆和思维的内部过程"的知识。[1]

2. 安德森(J. R. Anderson)的知识分类

美国认知心理学家安德森根据知识的状态和表现方式,把知识分为两类:一类是陈述性知识(declarative knowledge),是关于事实"是什么"的知识,主要说明事物、情况是怎样的,是对事实、定义、规则、原理等的描述。另一类是程序性知识(procedural

---

[1] [美]R. M. 加涅. 学习的条件和教学论[M]. 皮连生,等,译. 上海:华东师范大学出版社,1999:49,55,58.

knowledge），是关于事情"怎么办"的知识，主要说明怎样进行推理、决策和解决问题等活动。这种知识体现在实际活动中，主要不是表现为被回忆起来，而是对所接受的信息进行加工交换。[1]

3. 安德森(L. W. Anderson)的知识分类

美国课程理论与教育研究专家安德森主持修订的《01版教育目标分类学》[2]中区分了知识维度和认知过程维度，将知识分为四个类别：第一类，事实性知识(factual knowledge)，指学生通晓一门学科或解决其中的问题所必须了解的基本要素；第二类，概念性知识(conceptual knowledge)，指在一个更大体系内共同产生作用的基本要素之间的关系；第三类，程序性知识(procedural knowledge)，指做某事的方法，探究的方法，以及使用技能、算法、技术和方法的准则；第四类，元认知知识(metacognitive knowledge)，指关于一般认知的知识以及自我认知的意识和知识。[3]

4. 梅耶(R. E. Mayer)的知识分类

美国教育心理学家梅耶在综合加涅和安德森的知识观的基础上将知识分为三类：第一类是语义知识(semantic knowledge)，指个人关于世界的知识；第二类是程序性知识(procedural knowledge)，指用于具体情境的算法或一套步骤，包括智慧技能和动作技能；第三类是策略性知识(strategic knowledge)，指如何学习、记忆或问题解决的一般策略，包括应用策略进行自我监控。[4]

不难看出，上述分类基本上异曲同工，其中J. R. 安德森的分类最具有概括力。加涅的言语信息、梅耶的语义知识和L. W. 安德森的事实性知识相当于J. R. 安德森的陈述性知识，而加涅的智慧技能和认知策略、梅耶的程序性和策略性知识，以及L. W. 安德森的概念性、程序性和元认知知识则基本上可以归入J. R. 安德森的程序性知识。因此，从广义的知识观看，知识分为两类，一类是陈述性知识，属于"说明性质的数据结构信息"；另一类是程序性知识，属于"步骤性质的程序结构信息"。[5] 有研究者指出

[1] 韦洪涛. 学习心理学[M]. 北京：化学工业出版社，2011：47—48.
[2] 即布卢姆(B. S. Bloom)等编著的《教育目标分类学第一分册：认知领域》(修订版)。
[3] [美]L. W. 安德森，等. 布卢姆教育目标分类学修订版[M]. 蒋小平，等，译. 北京：外语教学与研究出版社，2009.
[4] 韦洪涛. 学习心理学[M]. 北京：化学工业出版社，2011：48.
[5] 李伯黍，燕国材. 教育心理学[M]. 上海：华东师范大学出版社，1993：181.

这两类知识的主要区别在于：第一，前者可以用言语表达交流并加以测量，后者难以用言语表达清楚，只能通过行为间接测量。第二，前者以命题和命题网络形式表征，呈现非独立的网络性；后者以产生式和产生式系统表征，呈现独立的模块性。第三，前者的提取具有有意识的搜寻线索，但激活的速度慢；后者的提取不具有有意识的搜寻线索，但激活速度快。第四，前者的输入和输出具有不一致性，输入往往多于输出，表现为习得快，遗忘也快；后者则具有一致性，输入输出平衡，表现为习得慢，遗忘也慢。第五，前者的迁移具有叠加、扩充、整合、简约等横向联系的特点，后者的迁移则呈现移植、内化等序列转移的特点。[1]

必须指出的是，梅耶的分类进一步明确了程序性知识的两个亚类，即对外办事的程序性知识和对内调控的程序性知识（这在其他分类中也都有体现：加涅的智慧技能和认知策略，L. W. 安德森的概念性、程序性知识和元认知知识）。后一种程序性知识是比较特殊的，因此，我们也可以把知识分为三类：陈述性知识、程序性知识和策略性知识。

二、知识学习的内涵、分类和意义

（一）知识学习的内涵

首先，知识学习是一种特殊的认识活动。"就学生说，学习为前人已经认识并证明了的知识，仍然是一种认识过程，不过这是一种特殊的认识过程……它不同于知识的历史形成过程，不需要通过曲折、漫长的摸索和总结，即主要不是创造新认识，而是去占有前人的认识成果……变前人的知识为自己的知识，所以相对地说其过程是径直而简短的。"[2]这段话虽然是潘菽先生四十多年前关于知识学习特殊性的阐述，但今天重温并不觉得过时。相反，如果否认知识学习的这种特殊性，一味强调学生的"直接经

[1] 杨心德，蔡维静. 社会学科学习与教学设计[M]. 上海：上海教育出版社，2005：76；李伯黍，燕国材. 教育心理学[M]. 上海：华东师范大学出版社，1993：182.
[2] 潘菽. 教育心理学[M]. 北京：人民教育出版社，1980：99—100.

验""创造""探索"等,往往适得其反,会把知识学习引入歧路。当然,"学生学习知识也不是轻而易举的。各门学科学习的研究表明,任何知识的学习过程,都包含一系列复杂的心理活动……是通过教师的传授与学生的积极认识活动实现的,因此师生双方活动都必须依据心理学规律,才能获得良好的效果"[1]。显然,知识学习的特殊性与知识的"探究性""建构性""操作性""发展性"等并不对立,后者实际上赋予了"特殊认识活动"新的内涵。

其次,知识学习是知识的掌握过程。"知识的掌握是指知识传递系统中学生对知识的接受及占有……即通过一系列的心智活动在头脑中建立起相应的认知结构",进一步说,这是"通过新知识的获得以及新旧知识的整合,从而在头脑中建立起相应的认知结构而实现的",因此,"对学生而言,它是一种特殊的学习方式——接受学习"。必须指出的是,"在接受学习中,知识是一种主观经验而不是物,因此知识的传递不同于物的那种直接的、现成形式的传递。换言之,知识的掌握必须通过学习者的一系列内部的主动加工过程才能实现……因此,知识的掌握过程绝不是一种直接的、被动的接受过程"。[2] 可以这么说,知识学习是学生主动而复杂的接受知识过程。

第三,知识学习是一个信息加工过程。从信息加工理论的角度看,人的认知过程可以假设为一个信息加工过程,信息加工的结果就是获得按一定方式贮存的信息,也就是习得了知识。加涅在1974年提出了一个学习的信息加工模型。这个模型包括加工系统、预期系统和执行控制系统(见图2-1)。加工系统由感受器、感觉登记器、短时记忆、长时记忆、反应发生器和效应器构成。这一系统要素间的相互作用形成了信息加工流程。加涅指出,这一流程是例行程序,而学习活动的丰富性与复杂性还表现为另外两个过程,即执行控制过程和预期过程的参与。前者为认知策略,后者为学习动机。它们的功能是决定学习者选择一种或一种以上信息加工的方式,即决定个体如何注意、贮存、编码并提取信息。这两个过程能够影响信息加工流程的任何阶段。[3]在此基础上(同时吸收融合了教育心理学其他相关研究成果),华东师范大学皮连生教

---

[1] 潘菽. 教育心理学[M]. 北京:人民教育出版社,1980:99—100.

[2] 冯忠良,冯姬. 教学新论——结构化与定向化教学心理学原理[M]. 北京:北京师范大学出版社,2011:125.

[3] [美]R. M. 加涅. 学习的条件和教学论[M]. 皮连生,等,译. 上海:华东师范大学出版社,1999:70—78.

授进一步提出了一个广义知识学习阶段与分类模型。这一模型显示广义知识学习经历三个阶段(见图 2-2)。这三个阶段与通常所说的知识理解、保持和应用(或称知识领会、巩固和应用,意义获得、保持和再现等)的三阶段相近,但又存在重要区别。在学习的第一阶段,基本上是一致的,都是对知识的"陈述形态"的掌握。但第二阶段则有了重要变化,"广义知识学习"开始分化,"一部分知识继续储存于命题网络中,通过适当的复习,这部分知识得到巩固,同时原有命题网络得到改组或重建。另一部分陈述性知识(一般而言是概括性命题知识)通过在变化的情境中练习和运用,转化成指导人们做事的规则。这时,陈述性的命题知识转化为以产生式表征的规则"。这就区别了不分"陈述"和"程序"的传统知识学习,也区别了把"知识"和"技能"截然分开的狭义知识学习。第三阶段则继续第二阶段的分化并进一步发展。[1]

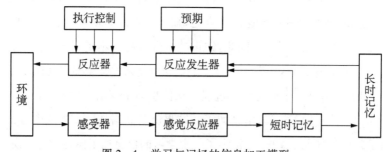

图 2-1 学习与记忆的信息加工模型

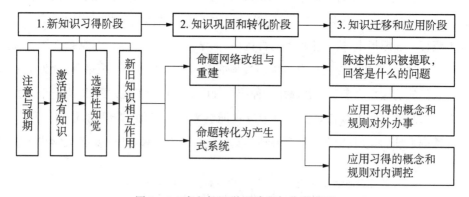

图 2-2 广义知识学习阶段与分类模型

[1] 皮连生.学与教的心理学[M].上海:华东师范大学出版社,2009:96—98.

(二) 知识学习的分类

如前所述,广义知识观把知识分为陈述性知识和程序性知识,程序性知识又分为对外办事(智慧技能)和对内调控(认知策略)知识,因此,知识学习有广狭义之分,广义的知识学习即认知学习,包括陈述性、程序性和策略性三类知识的学习,[1]狭义的知识学习则仅仅指陈述性知识的学习。

陈述性知识的学习是学习"能直接陈述的知识",学习的结果就是能够有序地陈述某种信息,以回答"是什么""为什么"和"怎么样"的问题。这种学习"就是新符号所代表的观念在学习者心理上获得意义的过程"。[2]

程序性和策略性知识的学习是学习"对外办事和对内调控的操作步骤",学习的结果是能够顺利办事或高效学习,以解决"怎么办"的问题。这种学习一般也是从学习"陈述"开始的,因为"程序"必须先以"陈述"的形态呈现才能学习。也就是说,程序性和策略性知识的学习是从学习"陈述中的程序"或"对程序的陈述"开始的。

由此看来,无论狭义还是广义的知识学习,都离不开对知识的"陈述形态"的学习。这就是说,我们可以进一步把知识学习看成是三种有所不同的"陈述学习"。第一种"陈述学习"(陈述性知识学习)是完全或纯粹的陈述学习,所习得的"陈述"无需也不能转变为"程序"。第二种"陈述学习"(程序性知识学习)是不完全或不纯粹的陈述学习,所习得的"陈述"只是这种知识的初始(非唯一)形态,是进一步转变为"程序"的准备形态。第三种"陈述学习"(策略性知识学习)也是不完全的陈述学习,但不同的是,这类知识在教材中并不直接呈现(缺乏系统陈述),也没有明确的教学时间(缺乏陈述的机会),而且一般并不加以测量(也比较难测量),因此,这是一种"不充分"的陈述学习。

这三种陈述学习虽然有所区别,但本质上都"追求符号的意义",而非"获得方法的步骤",都是"新符号所代表的观念在学习者心理上获得意义的过程"。正如奥苏伯尔所指出的,课堂中的知识学习主要是言语信息的学习,其实质是一种意义学习,即符号

---

[1] 更广义的知识学习甚至可以包括动作技能学习,因为动作技能实际上也是一种程序性知识.

[2] 李伯黍,燕国材. 教育心理学[M]. 上海:华东师范大学出版社,1993:183.

所代表的新观念与学习者认知结构中已有的适当观念建立起实质性和非人为的联系。[1] 本书正是在这样的意义上理解并划分出三种知识学习的。这三种学习比广义知识学习的范围要小一些,排除了程序性和策略性知识的"操作形态"学习的部分;又比狭义知识学习的范围要大一些,容纳了程序性和策略性知识的"陈述形态"学习的部分,因此可以将其称为"中义"的知识学习。

(三) 知识学习的意义和地位

根据上述对知识学习的理解,其在学习中的意义和地位显然十分重要。首先,知识学习是认知学习的重要组成部分。认知学习包括知识学习(中义),即不仅包括狭义的知识学习,而且包括陈述形态的程序性和策略性知识学习。如果舍弃或者淡化知识学习,认知学习就失去了一个重要构成,变成残缺的学习了。

其次,知识学习是认知学习的起点。认知学习是对认知能力的学习,而认知能力的形成和发展是从掌握知识开始的。一方面,认知学习首先学习的是陈述性知识,因为如果没有一定量陈述性知识的积累,认知学习是难以进一步展开的;另一方面,学习程序性和策略性知识也是从学习"陈述形态"开始的,越过这一环节认知学习同样难以展开。因此,如果忽略甚至跳过这一学习起点,认知学习就会失去基础,变得既空洞又虚无。

再次,知识学习是情感学习的前提。情感学习虽然主要不在于知识的接受,但无论是情感体验,还是态度认可,其中都包含着认知因素。正如本书第一章中所指出的:"没有认知学习也就没有情感学习。一方面,情感学习只有在认知学习过程中才能进行,如果认知学习不发生,情感学习也就难以发生(当然,也可能发生'纯粹'的'情感学习',但那是类似于宗教活动的'学习')。另一方面,情感学习必须在认知学习的结果上才能展开,如果没有认知学习产生的一系列结果,情感学习就失去了对象和目标,成为完全空洞的'体验'"。因此,作为认知学习起点和重要组成部分的知识学习当然就成为情感学习的必要前提了。如果无视或者否认这一前提,情感学习就可能变成"空中楼阁"或"无头苍蝇",从而适得其反,难以发挥积极作用。

---

[1] 李伯黍,燕国材. 教育心理学[M]. 上海:华东师范大学出版社,1993:183.

最后，知识学习是整个学习的起点和基础。这是一个顺理成章的结论。既然知识学习是认知学习的起点和重要构成，既然知识学习是情感学习的必要前提，那么，一个完整的学校学习自然就是从它开始的。我们应该毫不犹豫地说，知识学习是学生的基础性学习，任何学科概莫能外，轻视这一学习必将对教育造成难以挽回的损失。

第二节　中学思政学科知识学习的性质和分类

知识学习是中学思政学科学习的基础，本节集中讨论这一学习的性质和分类，以明确其学习对象和范围。

一、中学思政学科知识学习的性质

中学思政学科的知识学习具有知识学习的一般性质，同时又具有学科的特殊性，主要表现在以下五个方面。

（一）陈述性知识学习

从知识形式的角度看，中学思政学科的知识学习是"中义"的知识学习。中义知识学习本质上仍然是陈述性知识的学习。但它不同于传统意义上的知识学习，因为传统知识学习是狭义的知识学习；同时它又与传统知识学习有着基本的一致性，即都"追求符号的意义"。因此，这种学习是区别于技能学习（程序性知识学习）和策略学习（策略性知识学习）的知识学习。

这种学习的显著特征是对"陈述形态"知识的学习，也就是对"言语"信息的加工。在学习（信息加工流程）的第一阶段，首先是学生产生对学习目标的注意和预期，处于唤醒状态;然后学生激活与要学习的新知识相关的原有知识;接着学生有选择地接受新的信息,并贮存于短时记忆中;最后新旧知识相互作用,学生获得新知识的心理意义。进入学习的第二阶段,习得的知识继续以命题(陈述)形式表征,并通过适当的复习得到巩固,同时原有命题网络得到改组或重建。学习的第三阶段,知识(概括和非概括性命题)被提取,以回答"是什么""为什么"和"怎么样"的问题。

需要特别指出的是,在这一流程的第二阶段,学习开始分化,习得的一部分知识通过变式练习,不再以命题表征,而是转化为产生式表征,知识开始转变成技能。这表明,在此阶段,知识学习面临不同的发展可能。其一,仅仅继续命题表征和命题网络的发展,而不向产生式转化。这是一种"纯知识"学习,但不符合政治课知识学习的根本要求,割裂了其与技能学习的有机联系。其二,遗弃命题表征,强化产生式表征的独自发展。这是"纯技能"学习,同样割裂了两种学习,而缺了知识基础的技能往往是不牢靠的。其三,在转化中命题表征和产生式表征双向进展,并不偏废,成为既能够"陈述"的知识,又可以"操作"的技能。这是知识和技能并举的学习,显然是最理想的发展。这也表明,中学思政学科的知识学习是一种相对独立的学习,但并不是完全孤立的学习。

(二) 人文社会科学知识学习

从知识内容的角度看,中学思政学科的知识学习是对人文社会科学知识的学习。人文科学研究人文现象,即关于人的存在和精神寄托的文化状态,是以"人类价值和精神表现"为独立对象的学科。社会科学研究社会现象,包括社会主体的本质和活动、主体与客体,以及主体间的关系,等等。[1] 两门学科虽然有所不同,但从根本上说,都是研究人类社会。人类社会既包括"人文现象",也包括"社会现象",人文世界实际上是社会世界的有机组成部分。因此,人文和社会科学具有更多的共通性,一般被通称为"文科"。由于文科知识是对社会世界的反映,与理科知识相比,最大的不同就在于是"人的活动"所构成。由此,知识的客观性、普遍性和中立性都受到了更大的挑战,它与理科知识学习有着很大区别。

不仅如此,中学思政学科的知识学习也不是一般意义上的人文社会科学知识学

---

[1] 欧阳康,张明仓.社会科学研究方法[M].北京:高等教育出版社,2001:61.

习,而主要是马克思主义和中国化的马克思主义理论知识,以及时事政策知识的学习,具有非常明确的意识形态和社会现实倾向性。显然,这种倾向性决定了以情感、态度、价值观目标为主要和最终目标的政治课,主要关心的是主导意识形态的传承和基本社会制度的延续,因此,政治课的知识学习虽然也是基础性学习,甚至"如果没有政治理论认知,就不可能有科学的政治信仰"[1],但并没有成为主要学习,而只是一种辅助学习,是实现课程目标的工具和手段。这就不仅不同于理科的知识学习,而且与其他文科知识学习也不可同日而语了。

(三) 有意义学习

从学习性质的角度看,中学思政学科的知识学习是有意义学习。人文社会科学知识是具有逻辑意义的知识,对它们的学习应该是"有意义"的,虽然不能完全排除机械学习,但从本质上说,政治课知识学习是一种意义学习,只有发生这样的学习才能促使学生的认知结构产生实质性的改变,认知水平得到真正提高。

中学思政学科的认知能力是社会认知能力,因此其知识学习是一种社会认知学习。社会认知比自然认知复杂得多,学习对象(社会的人和人的社会)不仅纷繁复杂,而且往往与学习者融为一体;学习者也不仅是认知者,同时也是亲历者、实践者,在与环境、他人的作用和交往中印证着已学习的知识,实现着社会认知。这种意义学习往往既包含着理解,也渗透着评价,是认知和情感交融的"有意义"学习。

值得注意的是,这种知情交融的有意义学习主要不是对知识现代性的接受,而是倾向于对后现代知识性质的理解。首先,中学思政学科知识的性质与中国(特别是现当代)文化体系中的价值观念、生活方式、语言符号、人生信仰,乃至社会制度等紧密相联,同时也深受文化传统和文化模式的影响,因而不是纯"客观的"而是"文化涉入的";该知识学习也不是纯粹外在的"反映过程",而是包含着复杂的内在"理解过程"。

这种学习大体上经历直观、概括和具体化三个环节。[2]首先是对学习内容的直观,即感知(也包括记忆、想象乃至思维等)学习内容,这是"在形象化教学媒体直接作

---

[1] 吴铎.思想政治教育学[M].杭州:浙江教育出版社,1993:77.

[2] 冯忠良,冯姬.教学新论——结构化与定向化教学心理学原理[M].北京:北京师范大学出版社,2011:129—133.

用下产生的一种认知活动"。通过这种活动学生对学习内容进行表层意义上的加工，反映对象的表面特征和外部联系，形成感性认识。"因此，中学生的政治理论认知，首先需要把抽象的概念具体化，即教师应向学生提供具体、形象和易为他们所理解的相关感性材料，使政治理论教育中的基本概念，同其所反映的客观事物挂起钩来，找到概念的客观承担着。"[1]其次，在直观的基础上对学习内容进行概括，即根据抽象出来的事物的共同的、本质的特征或联系，把同类事物连接起来，包括分解对象的组成要素，区别其中主要次要、本质非本质要素，抽取本质要素，扬弃非本质要素，连接（根据本质要素间的内在联系）同类事物，从而形成概念或命题。这是"对具体材料的抽象认知，是理性认识的获得过程"。"所以，教师应进一步引导学生对感性材料进行分析和比较，以确定它们之间的异同和关系，分清本质特征和非本质特征。然后把具有普遍意义的、起着主要决定作用的特征概括出来，形成概念。"[2]这也就是从具体上升到抽象。最后，在概括的基础上对学习内容具体化，即把抽象和概括出来的一般知识应用到具体的特殊事物上去。这实际上已经超出知识学习，进入了技能学习的范围，但仍然是意义学习不可或缺的重要环节，因为不仅理解需要操作来证明，而且操作更能够加深理解。

（四）接受学习

从学习方式的角度看，中学思政学科的知识学习是以接受学习为基本方式的学习。这是由学生学习的本性决定的。如前所述，学生学习是一个主要以接受方式展开、以掌握间接经验为主要任务的学习，"这种学习本身是占有传授者所提供的经验，掌握前人创造的经验，把别人发现的经验变成自己的经验，使其成为自己辨认事物、处理问题的工具"，[3]所以，接受学习不仅是政治课知识学习的基本方式，而且是其学习的本性。

政治课的知识学习也可以通过发现学习的方式来进行，但这只是一种"表面的"发

[1] 吴铎.思想政治教育学[M].杭州：浙江教育出版社，1993：72.
[2] 吴铎.思想政治教育学[M].杭州：浙江教育出版社，1993：73.
[3] 冯忠良，冯姬.教学新论—结构化与定向化教学心理学原理[M].北京：北京师范大学出版社，2011：77.

现学习,因为这种学习并不完全是"个体在缺乏经验传授的条件下,自身独立去发现经验,创造新的经验的过程",而往往是在教师有意识指导下的"发现"过程。这样的"发现学习"究其实仍然是接受已有的知识,而非发现或创造新的知识。因此,中学思政学科的知识学习可以采取接受学习和发现学习两种学习方式,但其本质是接受学习,是"学生主动而复杂的接受知识的过程"。

(五)显性有意学习

从学习目的的角度看,中学思政学科的知识学习是具有预定目的、与规定任务有关的有意学习,是具有明显学习意图的显性学习。课程标准要求"了解青少年身心发展的基本常识……了解我与他人和集体关系的基本知识……掌握环境保护的基础知识……知道基本的法律知识……知道我国的基本国情";[1]"使学生获得参与社会生活必需的道德和法律、健康心理和国情国策的基础知识"。[2]不仅如此,由于知识学习的测量、诊断和评价比较容易量化和操作,显性和有意学习的特征就比政治课的其他学习明显得多。

中学各个学科的知识学习大体上都表现为显性有意学习,同时绝大部分又都是各自学科的主要学习。例如,语文知识学习和物理知识学习都表现为显性有意学习,同时又都是各自学科的主要学习。但是,政治课的知识学习却比较复杂,它虽然表现为显性有意学习,却并不是学科的主要学习(参见第一章第一节)。这就不仅使政治课的知识学习与其他学科颇为不同,而且在学科学习中的地位十分微妙,似是而非,每每引起认识上和实践中的混乱,甚至走向极端。

一种倾向是片面强化知识学习,把知识学习看作学科的主要学习,过分强调知识掌握的重要性,甚至用知识学习取代其他学习、特别是取代态度学习。造成这种"唯知识学习"倾向的原因尽管是多方面的,但将显性学习等同于主要学习不能不说是一个重要原因。另一种倾向是虚化知识学习,把知识学习视为一种隐性学习,有意模糊知识点和基本概念,强调淡化知识、理论和学科体系,甚至否认知识学习的基础性,以能

[1] 中华人民共和国教育部. 思想品德课程标准[S]. 北京:北京师范大学出版社,2012:6.
[2] 上海中小学课程教材改革委员会办公室.上海市中学思想品德和思想政治课程标准(征求意见稿)[S].上海:上海教育出版社,2004:39.

力和态度学习代替之。造成这种"非知识学习"倾向的原因当然也是多方面的,但把隐性学习和辅助学习划等号恐怕也是重要原因之一。这两种倾向虽然表现为两个极端,实际上异曲同工,都是对政治课显性有意学习的误解。所不同的只是前一种倾向把知识学习硬"推上"主要学习的地位,使保持与显性学习的一致;而后一种倾向则把知识学习强"拉下"显性学习的位置,以能够同辅助学习相称。从根本上看,都是对政治课知识学习的特殊性认识不足。作为显性有意学习,政治课的知识学习应该具有明确的学习目标(成就标准)、学习任务(内容标准)和学习权利(机会标准),[1]是名正言顺的不可或缺的一种学习;但作为辅助学习,政治课的知识学习应该恪守本位,为主要学习(态度学习)目标的达成服务,不能越俎代庖、喧宾夺主。

二、中学思政学科知识学习的分类

如前所述,知识学习可以分成三种不同的"陈述学习",本书在此基础上,从知识形态、学习内容和学习方式三个维度,对中学思政学科知识学习作进一步划分,将其分为三种类型八个亚类。

(一) 完全陈述和不完全陈述知识学习

这是以知识的存在形态为划分标准,可以简称为形态类型。这一类型包括前述的三种"陈述学习",本书在这里将其进一步归结为完全陈述和不完全陈述知识学习两个亚类。

完全陈述知识学习就是狭义的陈述性知识学习,是学习"能直接陈述的知识",即它的学习对象是可以用言语表达的符号和事实知识,学习的结果是学生能够陈述"符号"和"事实"。这种学习所习得的知识始终保持"陈述形态",不需要也不可能转换为"操作形态",是一种纯粹的完完全全的"陈述学习"。

不完全陈述知识学习是学习"陈述形态"的程序性和策略性知识,即它的学习对象

---

[1] 胡惠闵,周坤亮. 关注高中课程改革的根本性问题——钟启泉教授访谈[J]. 全球教育展望,2012(11): 5.

是同样可以用言语表达的概念和规则知识,学习的结果是学生能够陈述"概念"和"规则"。这种学习所习得的知识虽然保持"陈述形态",却需要适时地转换为"操作形态",因此是一种不纯粹不完全的"陈述学习"。但是,作为一种知识学习,它的目标仍然是记忆和理解(与完全陈述知识学习相同),而不是操作和运用。必须明确,这是学习"陈述中的程序",而不是"操作中的程序",不能两步并作一步走,混淆了知识和技能学习。这种学习是中学思政学科知识学习的重头,需要加以特别注意。

(二)马克思主义理论、相关人文社会科学和时事政策知识学习

这是以知识学习的内容为划分标准,可以简称为内容类型。这一类型包括马克思主义理论、相关人文社会科学和时事政策知识学习三个亚类。

马克思主义理论知识学习是对国家主导意识形态的传承,具有鲜明的意识形态倾向性。它主要属于不完全陈述知识学习,大体上可以分为两个部分。一是马克思主义基本原理知识学习,包括马克思主义哲学、马克思主义政治经济学和科学社会主义的基本原理知识学习。这部分学习的理论性和系统性较强,从目前课程和教材的实际情况看,学习的重点在马克思主义哲学。作为不完全陈述知识学习,马克思主义哲学原理知识学习具有抽象层次高、向技能学习转化的中间环节多等特点,是政治课中比较特殊又很有典型意义的一种知识学习。二是中国化的马克思主义基本理论知识学习,包括毛泽东思想和中国特色社会主义理论知识学习。这部分学习的现实性和实践性更强,从目前课程和教材的实际情况看,学习的重点在中国特色社会主义理论。这一学习包括大量完全陈述知识学习(例如国情知识),需要把完全和不完全陈述知识学习更加紧密结合起来,也是政治课中比较特殊又具典型意义的一种知识学习。

相关的其他人文社会科学知识学习是在马克思主义理论这一核心知识学习基础上的延伸和补充,因此仍然具有一定的倾向性。它主要也属于不完全陈述知识学习,大体上包括道德、法律、心理、经济、政治和哲学等知识学习。这一学习具有学科和现实生活紧密结合的特点,表现出较强的学科综合性,不能简单机械地用学术学科的要求和标准去理解、组织和测评。

时事政策知识学习简称时政知识学习,是前两种学习、特别是马克思主义理论知识学习进一步的具体化和生活化。它可以分为两个部分。一是时事知识学习(形势教

育），即关于"社会发展的现状与其呈现出的趋势"[1]的知识学习，这主要是完全陈述知识学习。一是政策知识学习（政策教育），即关于"党和国家以马克思主义理论为指导，提出相应的任务，制定出为实现任务而规定的行动准则"的知识学习，这主要是不完全陈述知识学习。这两部分学习虽然有区别，但又紧密联系，相辅相成。由于直面现实生活，这类知识学习一方面生动活泼，往往很有活力，但另一方面又比较复杂多变，呈现一定的不稳定性。

（三）"无意义"机械学习、有意义接受学习和指导发现学习

这是以知识学习的方式和性质为划分标准，可以简称为方式或性质类型。这一类型包括"无意义"机械学习、有意义接受学习和指导发现学习三个亚类。必须指出的是，虽然方式类型还有其他亚类，但这三个亚类是基本的，需要予以特别关注，甚至应该倡导、培养和推动。

我们知道，存在着三种不同原因引起的机械学习（参见第一章第三节），"无意义"机械学习是其中一种，它是"学习材料本身无逻辑意义"引起的学习。这种学习需要依赖"学科特殊的机械记忆经验"，即机械记忆政治课中"无逻辑意义"知识的特殊经验，也需要一定程度地发挥主观能动性（例如主动运用"记忆术"等）。政治课的知识学习不仅在特定内容上（如各种符号）需要这种学习，而且这种学习还能够使学生的认知结构产生一定的改变，从而促使认知能力（记忆能力）得到增强。当然，这并不意味着要提倡机械学习，而是要对机械学习作出具体的分析和区别。我们应该防止和避免的是"无知识"和"无心向"的机械学习。

有意义接受学习是在理解基础上接受已有知识的学习。这种学习首先是接受学习，即学生直接学习以定论的形式呈现的政治课的知识内容，而不必进行任何独立发现；同时又是有意义学习，即政治课知识的潜在意义转化为学生个体的心理意义，与学生已有知识建立实质性和非人为性联系的过程。有意义接受学习是政治课知识学习的主要形式。这不仅因为政治课知识学习的"意义转化"从根本上说仍是学生占有教师所提供和诠释的已有知识，掌握前人创造的知识，把别人发现的知识变成自己知识

---

[1] 吴铎. 德育课程与教学论[M]. 杭州：浙江教育出版社，2003：113（下引同）.

即"接受"知识的过程，而且因为"有意义地接受"是一个高效率的学习过程，学生可以用较少的时间获得较多的知识。不过，接受学习通常表现为言语学习，而言语学习是"知觉言语材料和认知概念、命题意义的双重过程"，[1]可以是有意义学习，也可以是机械学习，或者是二者并重。在政治课知识学习中，我们应该防止和避免机械接受学习，而不是一股脑地把接受学习和机械学习全部排除。

指导发现学习是在教师指导下发现已有知识的学习。作为发现学习，学生不是直接学习以定论形式呈现的政治课的知识内容，而是学习与定论相关的线索或例证，并据此进行探索，从而发现定论。这是一个"意义的发现性获得"过程，与接受学习相比，学生经历了一个"发现过程"，虽然本质上仍然是"接受"，却是"间接的"接受，产生的体验是有所不同的。作为一种学习方式，发现学习有自己的优势，它能够促使学生更加积极主动地学习。但是，这种学习必须是有教师指导的。学生学习当然离不开教师指导，但发现学习的指导特别重要，因为这种学习的不确定因素比较多，如果缺乏在学习方向（目标）、范围（内容）、方法（技术）和机会（权利）等方面有的放矢的指导，那么这种学习的"发现"就只能是事倍功半。事实上，现在应该特别注意防止和避免两种似是而非的"发现学习"。一种是"无指导发现学习"，完全没有教师指导，全都由学生自由"发现"。另一种是"机械发现学习"，虽然有教师指导，但变成了一种八股"程式"，总是迫使学生"发现"。这两种学习异化了学生的学习，我们在倡导发现学习的时候，更需要对其作出鉴别。

在上述三种类型中，形态类型是最为基本的。本书将围绕这一类型并结合其余类型进一步分析中学思政学科的知识学习心理。

第三节　中学思政学科的完全陈述知识学习

完全陈述知识学习包括符号知识和事实知识学习，是中学思政学科的基础知识学

---

[1] 李伯黍，燕国材. 教育心理学[M]. 上海：华东师范大学出版社，1993：186.

习,为学科核心知识学习作准备,属于辅助学习。

一、符号知识学习

符号学习最初是由美国心理学家 E. C. 托尔曼提出来的,但本书主要依据加涅的理论展开讨论。

(一) 什么是符号知识学习

1. 符号知识学习的内涵

加涅根据命题结构复杂程度的不同把言语信息分为三类,"(1)名称或符号(labels);(2)单一命题或事实;(3)在意义上已加以组织的大量命题",并指出"符号是物体或一类物体的名称",[1]因此符号学习也可以叫作名称学习(也有称为"符号表征学习""符号与名称学习""代表学习""配对联想学习""言语连锁学习"等)。他认为:"名称的学习不过是指获得以命名方式对客体或客体类别做出一致性言语反应的性能。"[2]这就是说,符号学习是要掌握所学符号代表什么对象,也就是符号的意义,"即从实物与认知内容的联系过渡到符号与认知内容的等值关系的建立"。[3]例如学习人名、地名、事物名等。

但是,符号学习一般要涉及所学符号的形状(形)、发音(音)和意义(义)三方面内容,在掌握"义"之前,必须先学习符号的"形"和"音"。例如,学习"W 代表商品"这个"义"之前,先要掌握 W 的"形"和"音"。形、音是学习义的基础,没有这个学习,义就难以习得。因此,符号学习其实包括两部分,符号形音的学习(符号本身的学习)和符号意义的学习(符号代表的学习)。符号知识学习主要是指符号意义的学习,但在有些情况下,两部分学习往往紧密结合,难以绝然分开。

---

[1] [美]R. M. 加涅. 学习的条件和教学论[M]. 皮连生,等,译. 上海:华东师范大学出版社,1999:154—155.

[2] [美]R. M. 加涅,等. 教学设计原理(第五版)[M]. 王小明,等,译. 上海:华东师范大学出版社,2007:80.

[3] 韦洪涛. 学习心理学[M]. 北京:化学工业出版社,2011:56.

必须指出的是,虽然符号学习主要是对符号意义的学习,并且又称名称学习,但不能据此就认为也是对名称意义的学习,因为符号的意义和名称的意义是有区别的。学习"符号的意义"是了解对象的名称是什么,而学习"名称的意义"则是了解对象名称的含义是什么。显然,前者主要是记忆,而后者更多的是理解,涉及事物或概念内涵的习得。

2. 符号知识学习的种类

符号学习可以分为不同的种类。从符号的形式看,可以分为言语符号和非言语符号学习。言语符号学习即文字符号学习,主要是语词学习,即以汉语言文字为基本材料、以词汇为基本对象的学习。非言语符号学习包括图画、数字等符号学习。从符号所代表的对象看,可以分为类别名称和个别名称学习。类别名称学习即概念名称学习(这是心理学意义上的"概念"),主要是定义性概念名称学习。个别名称学习是非概念名称学习,指对唯一客体、事件、情境或属性名称的学习,内容比较庞杂。

在不同的教育目标分类研究体系中,符号学习有不同的体现和表述。例如,《布卢姆教育目标分类学》的修订版中提出了"术语知识","术语知识包括关于言语和非言语的特殊标记与符号(例如,文字、数字、记号、图画)的知识"。[1] 美国佛罗里达国际大学教授 A. D. 豪恩斯坦的行为整合统筹分类学中提出了"符号性信息","符号性信息是一系列信号和符号,旨在表征观念和概念,为达成沟通理解服务。如书面语词、口头语言、声音、形状、触摸、闻、尝等感知的东西是用符号来表意或释义的(编码与译码)"。[2] 美国课程改革专家 R. J. 马扎诺的四大系统一致分类学中提出了"词汇术语","词汇术语是信息领域知识最具体的层次,位于信息领域的最底层。一个词汇术语通常就是一个单词或短语,知道一个词汇术语意味着理解一个词的意思。学生对它要有正确的理解,但不一定有深层次的理解"。[3] 由此可见,对于符号学习,研究者大体上已经形成了共识。

(二) 中学思政学科的符号知识学习

中学思政学科的符号知识学习是对学科相关知识内容名称的学习。例如,对学科

---

[1]〔美〕L. W. 安德森,等. 布卢姆教育目标分类学修订版[M]. 蒋小平,等,译. 北京:外语教学与研究出版社,2009:36.

[2] 盛群力,等. 21 世纪教育目标新分类[M]. 杭州:浙江教育出版社,2008:28.

[3] 黎加厚. 新教育目标分类学概论[M]. 上海:上海教育出版社,2010:10.

相关人物的姓名、相关事件的叫法、相关概念的名称等的学习。这是政治课最为基础或"底层"的学习，且相对比较简单，容易被忽略，却又不可或缺。

1. 中学思政学科符号知识学习的种类

对政治课符号知识学习的研究十分鲜见。笔者从符号学习的角度，对上海市高级中学《思想政治》（上海教育出版社 2004 年 8 月版）中需要学习的部分符号（名称）作了初步梳理、统计和划分（见表 2－1）。政治课的符号知识学习从符号形式上看，包括言语和非言语符号学习。言语符号学习主要为汉语语词（词汇和短语）符号学习，也有英语等外语（单词和字母）符号学习。非言语符号学习包括数字和图画（图像、图标、图形）等符号学习。从符号对象上看，包括概念和非概念名称学习。概念名称学习是主要的学习，非概念名称学习则名目繁多。本书将其分为实体、虚体和活动三类名称学习。如人和物（实体）的名称学习、时间和地方（虚体）的名称学习、事件和工作（活动）的名称学习。从教材编排的角度看，符号学习分为"正文"和"栏目"（操作平台、知识窗、相关链接等）两部分名称学习。

表 2－1　高一经济生活（第一课）符号知识统计

	概念	人物	物体	资料	组织	制度	思想	时间	地方	事件	工作	规则	其他	合计
语词	137	8	2	3	3		1					4	1	159
字母	1				3									4
数字								1						1
图画					1									1
其他														0
合计	138	8	2	3	7	0	1	1	0	0	0	4	1	165

2. 中学思政学科符号知识学习的特点

根据上述的研究并结合散见的相关教学经验论述，本书尝试粗略地概括出政治课符号知识学习的特点：

第一，政治课符号学习具有依附性和隐蔽性。它通常和概念学习一起进行，"在学习概念时，符号与概念通常是一同习得的"。[1] 例如，在学习"商品"这一概念时，学

---

[1] ［美］R. M. 加涅. 学习的条件和教学论[M]. 皮连生，等，译. 上海：华东师范大学出版社，1999：155.

生同时（或是首先）习得了"商品"这一名称，名称是附着在概念内涵上，几乎不为所觉地获得的。即使非概念学习，如对"马克思""儒家""《共产党宣言》"等名称的学习，也不是单独、专门进行的，而是在一系列事实学习中顺便"捎带"学习的。它不易被察觉，甚至近似于不是有意为之的潜伏学习。这与数学、外语、化学、音乐等"符号性信息的学科"的符号学习有很大不同。

第二，政治课符号学习并不是纯粹的机械学习，因为它不是完全孤立单独的学习，而是总和事实或概念学习紧密结合在一起，是"知觉言语材料和认知概念、命题意义的双重过程"。在这一双重过程中，符号的意义和名称的意义往往会相互渗透和影响，从而使"刺激——反应——反馈——强化"的过程表现得不那么"机械"，而是掺杂着一定的"意义"。同时，有研究者也指出："学生并不是像联想主义心理学家所设想的那样完全以无意义的、机械的强化来学习符号"，"学生经常采用各种记忆策略，特别是精加工策略来帮助学习名称"。[1]

第三，政治课符号学习以语词符号为主，主要是词汇学习，其他符号学习所占比例极小。词汇学习又以概念名称为主，主要是正文中的概念名称学习，正文中的非概念名称学习所占比例很小，而栏目中的概念和非概念名称虽然占一定比例，却只是辅助学习。有的研究者认为政治课的符号学习所占比例不大，这是没有认识到政治课以语词符号学习为主的特点。

需要指出的是，语词符号的基本单位是文字，一般而言，这些文字（符号）的形、音、义学生大都早已习得，但是，一旦构成词汇，学生仍然需要再学习。不仅学习词汇（符号）的意义，而且学习词汇的形状（如文字排列顺序）和读音（如轻声、多音等变化）。例如，"生""产""关""系"四个字组成"生产关系"这个词，学生不仅要学习后者所指称的对象（符号意义），而且要学习后者的文字排列（符号形状），甚至还要学习读音上的微妙变化（符号发音）。因此，政治课的符号学习不仅仅是符号代表（意义）的学习，也包括符号自身（形音）的学习。

第四，政治课符号学习的内容既丰富又繁杂。从名称的数量上看，"经济生活""政治生活""生活与哲学"三种教材的每一课所需要学习的名称基本都在 100 个以上。特

---

[1] 杨心德，蔡维静.社会学科学习与教学设计[M].上海：上海教育出版社，2005：86.

别是概念名称学习(这不等同于概念学习)数量庞大,与其他社会科学课程相比毫不逊色。从名称(符号)的形式上看,言语和非言语符号俱备,语词、字母、数字、图画等符号悉数在列,言语符号学习既有汉语也有外语,既有汉字也有字母,既有单词也有短语;非言语符号学习则数字、图形、图像、图标等一应俱全。从名称所代表的对象上看,学习的内容涉及方方面面,几乎可以说是包罗万象。概念名称学习既有具体概念也有抽象概念,既有事物概念也有语词概念,既有实质概念也有关系概念,特别是既有基本概念也有非基本概念的学习(基本概念是必须深入理解、牢固掌握和需要测评的学习对象,一般都呈现定义和例证;非基本概念则只须了解且不一定测评的学习对象,往往不呈现定义甚至例证)。非概念名称学习更是五花八门、名目繁多,大体上可以归结为人物、物体、资料、组织、制度、思想、时间、地方、事件、工作和规则等种类。

针对上述特点,政治课符号知识学习应该采用相应的策略进行学习(详见第四章)。

二、事实知识学习

加涅的言语信息学习中"最基本的信息类型是标记或名称",而"单一信息的最典型形式是事实,它是以简单的命题来表示的",此外"信息也会以一系列相关的事实或整块的知识习得"。[1] 显然,后两种信息学习可以理解为都是关于事实知识的学习,前者是简单事实的学习,而后者是复杂事实的学习。

在其他知识学习分类系统中也有类似的划分。安德森主持修订的《布卢姆教育目标分类学·认知领域》中,事实性知识被分为术语知识与具体细节和要素知识两种,前者是符号知识,而后者"具体细节和要素的知识包括关于事件、地点、人物、日期、信息源等的知识……这些具体事实是专家用于描述本领域以及思考本领域的具体问题或论题的基本信息",[2] 类似于加涅的(简单和复杂)事实知识。马扎诺的信息领域知

[1] [美]R. M. 加涅. 学习的条件和教学论[M]. 皮连生,等,译. 上海:华东师范大学出版社,1999:60—61.

[2] [美]L. W. 安德森,等. 布卢姆教育目标分类学修订版[M]. 蒋小平,等,译. 北京:外语教学与研究出版社,2009:37.

识分为细节(detail)和有组织的观念(organizing ideas)两类。细节知识包括词汇术语、事实、时间顺序、因果顺序和情节。其中,"事实是一类相对具体的类型,表达的是关于具体的人物、地点、生物、非生物以及事件的信息","时间顺序是发生在两个时间之间的重要事件","因果顺序是说存在因果关系的事件","情节是具体的事件"。[1] 这实际上把事实知识进一步细化了。豪恩斯坦则提出了"描述性信息"(descriptive information),即"用来表示某种现象(一种可观察的事实和事件)及其相互关系……常常体现为'过去是什么''现在是什么'以及'将来是什么'"。[2] 美国著名教学设计理论家 A. J. 罗米索斯基在事实性信息中区分了事实和程序两种知识,并进而划分出具体事实、言语符号信息和事实系统,其中具体事实"包括通过直接经验获得的各种知识",事实系统"包括了人们获得的各种事实性知识的复杂的内在联系"。[3]

(一) 中学思政学科的简单事实知识学习

1. 中学思政学科简单事实知识学习的内涵

如前所述,简单事实知识学习就是加涅所说的事实学习。加涅指出,"事实是表示两个或多个有名字的客体或事件之间关系的言语陈述",[4]"我们借以知晓事实是否习得的方式是让学习者陈述事实,而陈述需要单词。可合理地假定:事实的记忆要求单词以某种语言形式加以贮存……事实信息是以有意义命题的形式习得和贮存的"。[5] 而伊根(P. D. Eggen)等人则认为"事实性知识是一种单独出现的、存在于过去和当前的、不具有预测价值并且只能通过观察过程而获得的内容类型"。[6] 由此可知,事实学习实际上是对事物(语词表示的客体)之间"关系"的学习。这种关系以命题的形式呈现,表示特殊(具体)事物之间的关系。这些关系有的十分具体,有的比较抽象;有的存在于过去,有的则表现于当下;有的相对孤立,有的则与其他事实相互联

[1] 黎加厚. 新教育目标分类学概论[M]. 上海:上海教育出版社,2010:11.
[2] 盛群力,等. 21 世纪教育目标新分类[M]. 杭州:浙江教育出版社,2008:29.
[3] 盛群力,等. 21 世纪教育目标新分类[M]. 杭州:浙江教育出版社,2008:212—213.
[4] [美]R. M. 加涅,等. 教学设计原理[M]. 王小明,等,译. 上海:华东师范大学出版社,2007:81.
[5] [美]R. M. 加涅. 学习的条件和教学论[M]. 皮连生,等,译. 上海:华东师范大学出版社,1999:160—161.
[6] 王小明. 学习心理学[M]. 北京:中国轻工业出版社,2009:51.

系,成为一个事实集合中的一部分。无论何种情况,对于学习者来说,这种关系都是有意义的,他们所学习的是一件"有意义的事情"。背诵一个命题(关系)并不就是事实学习,只有把这种语词表达的客体间关系的意义转变为"实质性和非人为的心理意义"才是事实学习。因此,概而言之,简单事实知识学习是一种"非概括性"的有意义命题学习。

中学思政学科的简单事实知识学习(以下简称"简单事实学习")是对学科相关事实知识的学习。这些知识是具体而有意义的各种"关系",以"简单的命题来表示"。例如,"马克思诞生于1818年""袁隆平被称为'水稻杂交技术之父'""达尔文创立了生物进化论",等等。这也是政治课的基础或"底层"学习,也相对比较简单,容易被忽略,却同样不可或缺。

2. 中学思政学科简单事实知识学习的特点

有研究者指出事实性知识具有"点滴性""具体性""基础性"等特点,[1]而政治课的简单事实学习在此基础上又表现出一些学科自身的特殊性。

第一,学习的内容广博而复杂,涉及自然和社会、历史和现实、人物和事件、政治和经济、艺术和科学等各个领域,非常丰富宽泛,而且并不分门别类地呈现,而是与所要学习的相关概念、原理(规范)和观点紧密结合着出现。仅以上海教育出版社《思想政治》"经济生活"第一课第一节为例,其中就出现了关于马克思、哈默、袁隆平和别克轿车、神舟航天飞船以及德国工业品等六个知识集合的内容,每个集合都包含着若干简单事实知识。

第二,政治课的简单事实知识多集中在各种栏目中,教材的正文较少出现。如上海教育出版社的《思想政治》教科书中,简单事实知识基本集中在"知识窗""阅读与思考""××观察""相关链接"等栏目中。因此,它并非政治课学习的主要内容,而是一种为概念、原理(规范)和观点学习作铺垫和准备的辅助性学习。

第三,政治课的简单事实知识与复杂事实知识学习有着十分紧密的联系,复杂事实由若干简单事实构成,简单事实极少单独孤立地呈现,它难以完全脱离复杂事实而存在。例如,关于马克思的任何点滴知识都是与马克思的生平、马克思的历史贡献等

---

[1] 王小明.学习心理学[M].北京:中国轻工业出版社,2009:51—52.

整体性知识分不开的。因此,这种学习具有联动性,它们相互影响,很难单独发生。

第四,这种学习通常没有明确的教学要求和测评标准,往往在"不知不觉"或"半知半觉"中就发生了,具有一定的隐蔽性。同时,这些知识往往又不是全新的,对学生来说缺乏陌生感和吸引力,因此,这种学习的动力比较弱。

针对上述特点,政治课简单事实知识学习应该采用相应的策略进行学习(详见第四章)。

(二) 中学思政学科的复杂事实知识学习

1. 中学思政学科复杂事实知识学习的内涵

"有组织的言语知识的学习"(加涅语),或者叫整体性知识学习,是建立在事实知识学习基础上的成块知识的学习。学习的内容是"由相互联系的事实构成的更大的知识体系",[1]即两个或以上简单事实知识组合而成的比较复杂的事实知识,因此,本书称其为复杂事实知识学习。这种学习注重对象的整体性,是对事物之间更为复杂关系的学习。这些"关系"通常以时间或逻辑顺序构建,但并不十分严格,如果调整其顺序,在大多数情况下不会导致意义的歧解。复杂事实知识学习更需要对意义的把握,而不是机械记忆。

中学思政学科的复杂事实知识学习(以下简称"复杂事实学习")其对象也由简单事实知识组成,也不受制于原有的组合顺序,不仅可以重新组合,而且可以分解(还原)为两个(含)以上独立的简单事实知识来专门学习。它所表达的是两个以上客体间(所谓客体,包括实在事物(实体),如人物、物体等;虚构事物(虚体),如理论、艺术形象等;过程本身(动体),如事件、活动等)已经发生或正在发生的关系。它们可以构成十分复杂的各种关系,例如人物生平、历史事件、思想沿革、社会新闻、生活故事,等等。这些关系都属于现实关系(而非可能关系),展现过去和当下的事实(不涉及未来)。它们比较具体,抽象概括水平比较低,是一种特殊关系。也就是说,事实知识是对客体及其关系的直观、表面化描述(主要是言语陈述),而不是对概念、原理(规范)和观点内涵的抽

---

[1] [美]R. M. 加涅,等. 教学设计原理[M]. 王小明,等,译. 上海:华东师范大学出版社,2007:82.

象、概括性阐述。但是，由于对象不同，具体化程度也会有所不同。加涅曾指出事实知识"有些非常具体，如'自由女神像手中举着一把火炬'。有些事实则比较抽象，如谚语'需要是发明之母'"。[1]

根据笔者对高中一至三年级《思想政治》教科书中"知识窗""阅读与思考""××观察"和"相关链接"四个栏目的梳理和统计（正文和其他栏目也包含一定的复杂事实知识，仅统计以上四个栏目是因为复杂事实知识在这些栏目中比较集中和典型），与上述条件相符的复杂事实知识约有 300 例，[2]其中"经济生活"107 例（平均每课 11.9例），"政治生活"102 例（平均每课 11.3 例），"生活与哲学"91 例（平均每课 13 例）。这些知识在各课的分布并不均衡，"经济生活"中最多的课有 15 例，占 14%，最少的课 9例，占 8.4%；"政治生活"最多 18 例，占 17.6%，最少 7 例，占 6.8%；"生活与哲学"最多达 19 例，占 20.8%，最少仅为 4 例，占 4.4%（见表 2-2）。

表 2-2　《思想政治》复杂事实知识分类表 1

	经济生活	例证	政治生活	例证	生活与哲学	例证	合计
前言	9	中华商业第一街	7	上海渔阳里 6 号	11	毛泽东《送瘟神》诗	27
第一课	11	"神舟"	8	中国的各级社团	17	康德等的"星云假说"	36
第二课	13	"都市新贫族"	9	收回港澳主权	17	"生物钟"	39
第三课	15	第二产业	8	申纪兰	10	田忌赛马	33
第四课	12	中国的国防开支	16	历届人大常委会委员长	13	工业革命	41
第五课	13	上海浦东陆家嘴	12	村民自治制度	19	包起帆	44
第六课	13	民营企业工作人员	14	中国历史上的第一次大统一	4	《历史上最有影响的 100 人》	31

[1] [美]R. M. 加涅. 学习的条件和教学论[M]. 皮连生，等，译. 上海：华东师范大学出版社，1999：160.
[2] 吴铎. 思想政治. 高中一、二、三年级（试验本）[Z]. 上海：上海教育出版社，2004，2005，2006，2007.

	经济生活	例证	政治生活	例证	生活与哲学	例证	合计
第七课	9	VCD影碟机	18	联合国	—	—	27
第八课	12	跨国公司	10	中国的民主党派	—	—	22
合计	107	—	102	—	91	—	300

这些知识所涉内容丰富宽泛,比较难以明确归类。本书以某一复杂事实的核心内容或陈述对象为标准(即"关于××的复杂事实知识"),大体上将其分为八类。这八类知识在数量上存在很大差异。其中关于"人物"的事实知识最多,包括历史和当代、知名和普通、个人和群体等各种人物,占全部知识的31%;关于"事件"和"组织"的事实知识其次,前者包括宏观和微观、历史和现实、政治和其他等各类事件,后者包括政治、经济、文化和综合等各类组织,分别占22%;而最少的如关于"制度"的事实知识仅占4%。在三门子课程中,不同内容所占比例也很不相同。"经济生活"中"组织"和"人物"的知识居多,分别占29.9%和27.1%,而"其他"知识为0;"政治生活"中"事件"和"组织"的知识居多,分别占32.3%和31.3%,而"物体"知识最少,占1.9%;"生活与哲学"中"人物"的知识特别多,占48.3%,"文献"知识居次,占16.4%,而"地方"和"制度"知识为0(见表2-3)。

表2-3 《思想政治》复杂事实知识分类表2

	经济生活	例证	政治生活	例证	生活与哲学	例证	合计
人物	29	袁隆平	20	胡锦涛	44	马克思	93
事件	19	第二次科技革命	33	海峡两岸的首航	14	兴建长江三峡工程	66
物体	5	纸币	2	民族团结宝鼎	7	狼孩	14
地方	11	上海的高等教育	5	中国西部地区	0	—	16
组织	32	集体经济的发展	32	中国的行政区划	2	十一届三中全会	66
制度	9	劳动法诞生	3	人大制度由来	0		12

	经济生活	例证	政治生活	例证	生活与哲学	例证	合计
文献	2	世界发展报告	4	国家权利义务宣言草案	15	共产党宣言	21
其他	0	—	3	人权一词的由来	9	世界哲学日	12
合计	107	—	102	—	91	—	300

在知识呈现形式上也十分多样化,大体上有新闻报道与述评、历史资料、科学资料、调查与统计数据、人物传记、名人语录、社会故事、寓言和诗歌等。其中"新闻"最多,占25%;"数据"居次,占17.3%;"历史"第三,占13.6%;而最少的"寓言"仅占1%。这些形式在三门子课程中的分布也有很大差别。"经济生活"中"新闻"和"数据"居多,分别占38.3%和23.3%,而"诗歌"为0;"政治生活"中"新闻""数据"和"历史"较多,分别占29.4%、26.4%和25.4,而"科学"和"寓言"为0;"生活与哲学"中"科学""传记"和"语录"较多,分别占27.4%、23%和19.7%,而"数据"为0(见表2-4)。

表2-4 《思想政治》复杂事实知识分类表3

	经济生活	例证	政治生活	例证	生活与哲学	例证	合计
新闻	41	节假日调整	30	农民告政府	4	世界哲学日	75
历史资料	11	环境问题	26	村民自治制度	4	工业革命	41
科学资料	5	吉芬之谜	0	—	25	星云假说	30
统计数据	25	工业的分类	27	中国的社团	0	—	52
人物传记	5	麦当劳兄弟	5	焦裕禄	21	孔子	31
社会故事	11	消协主持公道	5	三村的选举	6	两家制鞋公司的竞争	22
语录	3	柏拉图	3	邓小平	18	圣经	24
寓言	2	中美老太太的对话	0	—	1	城门失火,殃及池鱼	3

	经济生活	例证	政治生活	例证	生活与哲学	例证	合计
诗歌	0	—	2	陈毅诗	6	毛泽东诗	8
其他	4	斑马与狮子	4	新疆少数民族的礼貌语言	6	实事求是一词的来历	14
合计	107	—	102	—	91	—	300

这些知识大多数属于具体知识,不能迁移,不具有普遍意义,但也存在一些抽象程度比较高的,可以有限迁移的知识(见表2-5)。

表2-5　《思想政治》复杂事实知识分类表4

	经济生活	例证	政治生活	例证	生活与哲学	例证	合计
具体	80	上海通用汽车有限公司	72	中国的国徽	81	姆潘巴现象	233
抽象	27	过度包装的商品	30	担任国家领导的民主党派人士	10	大学生创业	67
合计	107	—	102	—	91	—	300

2. 中学思政学科复杂事实知识学习的特点

从上述情况可以发现,政治课复杂事实学习的博杂性特点变得更加明显、典型了,这至少表明:第一,中学思政学科还没有完全形成自己特有的事实知识体系。众所周知,"每门学科都包括一些事件、地点、人物、日期以及其他细节,专家熟悉并认为它们代表该领域的重要知识,这些具体事实是专家用于描述本领域,以及思考本领域的具体问题或论题的基本信息。"[1]然而中学思政学科似乎缺乏这样明确的具有学科专门性质的"基本信息"。它所学习的事实知识数量庞大、内容宽泛、形式多样、具体和抽象类型兼备,特别是在三门子课程以及各课中的分布很不均衡。这些知识或与别的学科共享(例如"人物"),或借用于别的学科(例如"科学"),或虽属学科专有却稳定性欠

[1] [美]L. W. 安德森,等. 布卢姆教育目标分类学修订版[M]. 蒋小平,等,译. 北京:外语教学与研究出版社,2009:37.

佳(例如"新闻"),可以说,大杂烩式的事实知识构成了政治课事实知识学习的突出特征。第二,中学思政学科需要建构更适合"经济""政治"和"哲学"子课程的专门事实知识。上述知识虽然博杂,仍表现出一定的倾向性,不同学科有不同的事实知识喜好或需要。例如,关于"组织"的内容在"经济""政治"中较多,在"哲学"中则很少;关于"文献"的内容在"经济""政治"中很少,在"哲学"中则较多;关于"地方""制度"的内容在"经济"中较多,"政治"中较少,而"哲学"中则没有。再如,"新闻""数据"的形式在"经济""政治"中较多,"哲学"中很少;"科学""传记""语录"的形式"哲学"中较多,"经济""政治"中却很少。这些差别可能是编写者有意无意的选择结果,却在不经意间透露了各学科的不同需要。中学思政学科包含了多种人文社会学科,不同学科所拥有或要求的"基本信息"是不同的。博杂性正是这一特殊情况的反映。我们既要正视这一特殊性,又不能任其"博杂",而应该从社会、学科和学生的实际出发,全面地梳理、选择、整合、构建属于中学思政学科(包括各子学科)的专门事实知识体系。

中学思政学科复杂事实学习也保持着辅助性特点。很明显,在政治课中,学习复杂事实知识的目的并不在这些知识本身,而是通过这些知识来进一步学习事实后面的理论性或道理性知识。事实知识通常作为例证,为概念、原理(规范)和观点等学习服务。复杂事实学习与简单事实学习一样,并不构成政治课的主要学习,而是一种辅助性学习。例如,关于马克思生平的知识是和马克思主义产生的必然性原理学习相联系的。又如,关于生物进化论的知识是和物质统一性原理学习相联系的。根据笔者对上述四栏目的梳理和统计,复杂事实学习所服务的对象包括概念、原理、规范(原理和规范都属于广义的规则,详见第三章)和观点(观点往往包含若干原理)四类。其中服务于"观点"的最多,达62%,"概念"和"原理"(包括"规范")仅分别占20%和18%。三门子课程中也都以"观点"为多,"经济生活"占64.4%,"政治生活"占62.7%,"生活与哲学"占58.2%(见表2-6)。虽然事实知识的"服务"往往兼容并包,具有相对性,但核心是"观点"则很明显。这实际上对复杂事实知识提出了更高的要求,因为相比较概念和原理(规范),证明或诠释观点要复杂得多。

表 2 - 6 《思想政治》复杂事实知识分类表 5

	经济生活	例证	政治生活	例证	生活与哲学	例证	合计
概念	36	荣毅仁家族	10	民主一词的含义	14	19、20 世纪之交的科学发现	60
原理	2	南方的旅游	0	—	24	狭义相对论	26
规范	0	—	28	中国的监督机构	0		28
观点	69	上海的环保	64	上海的昨天和今天	53	苏轼的诗	186
合计	107	—	102	—	91	—	300

　　由此可见,中学思政学科事实知识(尤其是复杂事实)学习是"不专门"和"非主要"的学习,同时学习"这些知识往往又不是全新的,对学生来说缺乏陌生感和吸引力",而且"通常没有明确的教学要求和测评标准",因此,在对象博杂、目标和任务模糊,以及动力缺乏等诸多因素影响下,这种学习往往表现出不稳定不成熟的状态,甚至陷入随意散漫、可有可无的境地。这种情况必然对其学习心理产生很大影响。作为中学思政学科完全陈述知识学习中最为重要的学习,如果不正视上述情况,不加以规范和引导,不仅复杂事实学习会失去意义,而且对于政治课的主要学习也将产生负面影响。

　　针对上述特点,政治课复杂事实知识学习同样需要采用相应的策略进行学习(详见第四章)。

第四节　中学思政学科的不完全陈述知识学习

　　不完全陈述知识学习包括概念知识和规则知识学习,也包括策略知识学习。由于策略知识很少以陈述形态呈现,本节将集中讨论概念和规则知识学习,这两种知识学习是中学思政学科的核心知识学习。

一、概念知识学习

概念知识学习是概念学习的重要组成部分,因此,这里先从总体上阐明什么是概念学习,然后再讨论中学思政学科的概念学习和概念知识学习。

(一) 概念和概念学习

1. 概念概述

(1) 概念的含义和特征

概念的含义在不同学科有一定的差别。逻辑学意义的概念"是反映思维对象特有属性的思维形态"。[1] 心理学意义的概念则是指"符号(主要是词或词组)标志的具有共同关键特征的一类客体、事件、情境或属性"。[2] 虽然都承认概念是关于对象(客体等)特有属性(关键特征)的认识,但心理学更强调概念是对"一类"对象,即两个以上客体、事件等的共同特征的概括。这就是说,逻辑学中的"单独概念"在心理学就不属于概念,而只是事实性知识。

概念有两个基本的逻辑特征:内涵和外延。"概念的内涵,就是概念所反映的事物的特有属性","概念的外延就是具有概念所反映的特有属性的事物"。[3] 在心理学看来,内涵就是概念正例都具有的"共同关键特征",而外延则是该概念的所有肯定例证(正例)。例如,鸟的内涵是有羽毛和角质喙,这是所有的鸟都具有的共同关键特征,而外延就是所有的鸟(个体)。

作为概念的基本特征,内涵和外延及其关系的变化会影响概念的其他特点。对于学习来说,概念的以下特点特别值得注意:第一,概念的明晰性,这是指概念是否明确。这取决于内涵和外延是否明确,二者越是明确,概念的明晰性就越强。它表明了

---

[1] 梁永春. 逻辑学新编[M]. 北京:北京大学出版社,2005:57.
[2] 顾明远. 教育大辞典·第5卷·教育心理学[Z]. 上海:上海教育出版社,1990:263.
[3] 金岳霖. 形式逻辑[M]. 北京:人民出版社,1979:23.

概念的界定程度。第二,概念的一般性,这是指概念的普遍意义。这取决于内涵和外延的大小,一般而言,内涵越小,外延则越大,概念的一般性就越强,反之亦然。它表明了概念的概括程度。第三,概念的学习性,这是指概念是否适合学习。这受到内涵和外延的不同影响,比较复杂。概言之,明晰性强的概念比较容易学习,而一般性的强弱对学习的影响却不一定。概念内涵小可能利于学习,也可能不利于学习。外延也同样如此。概念的学习性表明了概念的难易程度,需要具体概念具体分析。第四,概念的动力性,这是指概念在学习其他概念时的促进作用。这也受到内涵和外延的不同影响。一般而言,明晰性和一般性都强的概念促进作用就大,动力性就强,但如果二者一强一弱,动力性的强弱就不确定了。概念的动力性表明了概念的影响程度。第五,概念的应用性,这是指概念在认识和解决问题时的使用频率。这与前四个特点都有关系,其中概念的一般性更为重要。概念的应用性表明了概念的有用程度。

(2) 概念的结构

从结构上看,概念包含四个构成要素:概念名称、概念属性、概念例证和概念定义。概念名称是概念所反映的事物的名称,或者说是代表同类对象的符号(通常为语词)。概念名称和概念内涵是名和实的关系。在概念学习中,这对关系有时会表现出"名不副实"的现象。一种情况是知道内涵,但说不出名称;另一种情况是说得出名称,但并不代表概念(与内涵不符)。

概念属性是概念所反映的事物的属性。属性可以分为特有属性和非特有属性。特有属性"就是某类事物都具有而别的事物都不具有的那些属性",[1]能够把不同的事物区别开来。其中一部分特有属性还能够从根本性质上规定事物,使事物成为自身。因此,概念属性实际上是指概念的特有属性,特别是指既具有区别性,又具有规定性的那部分特有属性,即本质属性或关键特征。由此可见,概念属性就是概念内涵。

概念例证是概念所反映的事物的个体,即同类的个别事物。属于某一概念的全部"个别事物"构成该概念的外延,例证是外延的个别表现,而外延则是例证的总和。但必须注意的是,上述例证只是概念的"适当例证",而"每一概念都有适当例证和不适当

---

[1] 金岳霖.形式逻辑[M].北京:人民出版社,1979:15.

例证"。[1] 适当例证(正例)是具有概念关键特征的个别事物,不适当例证(反例)则是不具有概念关键特征的个别事物。但反例往往还有一些正例也具有的无关特征(非特有属性)。比如,鲸鱼作为鱼类的反例就具有鱼的外形等无关特征。这就使其具有迷惑性,能够在一定程度上混淆概念。反例之所以也被作为概念例证就在于它能够从反面深化对概念内涵的认识。

概念定义是对概念所反映的事物属性的概括,即"对属性及属性间关系的言语陈述"。[2] 如果说语词是概念的语言形式,概念是语词的思想内容,那么,定义就是内涵的表现形式,内涵则是定义的表现内容。定义一般通过语词表达,由三部分构成:被定义项、定义项和定义联项。被定义项是被揭示内涵的语词(概念本身),定义项是揭示内涵的语词,定义联项则是联结前两项的语词。三部分中定义项最为重要。定义项由属和种差组成。这是亚里士多德提出的基于古典逻辑的定义方法,至今仍被广泛地认同和运用。这里的"属"是指被定义概念的上位概念,而且是"最邻近"的上位概念。比如,"人"的最邻近的上位概念是"动物",而不是"生物""物质"等。"种差"是指被定义概念(种)的特殊性(差别),也就是它的特有属性。比如,"人"的特有属性有"制造和使用工具""有语言""理性""文化"等。概念定义可以分为事物定义和语词定义两类。事物定义是揭示事物特有属性的定义,又称为真实定义。事物定义包括性质定义(揭示对象的本质属性)、发生定义(揭示对象的发生过程)、关系定义(揭示对象之间的关系)和功用定义(揭示对象的功用)等。语词定义是说明或规定语词意义的定义,又称为名义定义。语词定义分为说明定义(说明语词意义,如"犊就是小牛")和规定定义(规定语词新意,如"GDP 是国内生产总值的简称")。[3]

(3) 概念的种类

概念可以根据不同标准划分为不同的种类。从心理学的角度看,概念可以划分为:

1) 日常概念和科学概念。这是前苏联心理学家维果茨基的划分。日常概念是日

[1] 顾明远. 教育大辞典·第 5 卷·教育心理学[Z]. 上海:上海教育出版社,1990:265.
[2] [美]R. M. 加涅,等. 教学设计原理[M]. 王小明,等,译. 上海:华东师范大学出版社,2007:62.
[3] 金岳霖. 形式逻辑[M]. 北京:人民出版社,1979:44—50.

常生活中形成的概念,"其内涵受狭隘的知识范围所限制,往往被不适当地扩大或缩小"。科学概念是"在有计划的专门教学条件下掌握的概念。科学概念的意义只有在概念体系中通过概念的相互关系才能被揭露出来"。[1]

2)初级概念和二级概念。这是美国心理学家奥苏伯尔的划分。初级概念是"儿童从亲身经历的概念的正、反例证中概括出来的概念",也就是"从亲身接触的具体经验中进行抽象,从而掌握同类事物的共同属性"。二级概念是"通过二级抽象习得的概念……它是通过掌握概念的定义获得的"。[2]

3)具体概念和定义性概念。这是美国心理学家加涅的划分。具体概念"能通过被指认的方式来体现,换句话讲,它们是可观察的概念"。[3]定义性概念不能直接通过观察,"而必须以定义的方式习得"。[4]

4)易定义概念和难定义概念。前者是"定义特征明显且易于用某种规则描述的概念……它们易于通过概念的定义进行教学"。后者是"定义特征及联结这些特征的规则不明确的概念……一般不通过定义,而通过实例对这类概念进行教学"。[5]

5)精确概念和模糊概念。精确概念是内涵稳定、外延明确的概念,也就是内涵和外延都具有确定性的概念。模糊概念是内涵不稳定、外延不明确的概念,也就是内涵和外延都具有不确定性的概念。1965年,美国控制论专家 L. A. 查德发表《模糊集合》一文,提出了"模糊语言"的概念。模糊语言是"一种没有严格划分应用范围、所表示的概念的内涵和外延难以确定的语言现象"。[6]模糊语言和模糊概念紧密联系,前者表达后者,后者内含于前者。模糊概念不同于概念混乱。概念混乱是语言错误、心理混乱的表现,是可以避免的。模糊概念则主要是因为对象的复杂性、思维的概括性和语言的局限性造成的。作为模糊思维的基本形式,它不仅难以避免,而且有其特殊价值,甚至代表了人类思维活动的本质。查德曾指出:"对于人文系统,大概不可能达到

[1]顾明远.教育大辞典·第5卷·教育心理学[Z].上海:上海教育出版社,1990;264.
[2]顾明远.教育大辞典·第5卷·教育心理学[Z].上海:上海教育出版社,1990;265.
[3][美]R. M. 加涅.学习的条件和教学论[M].皮连生,等,译.上海:华东师范大学出版社,1999;94.
[4][美]R. M. 加涅.学习的条件和教学论[M].皮连生,等,译.上海:华东师范大学出版社,1999;109.
[5]顾明远.教育大辞典·第5卷·教育心理学[Z].上海:上海教育出版社,1990;265.
[6]顾明远.教育大辞典·第5卷·教育心理学[Z].上海:上海教育出版社,1990;303.

既精确又符合实际的结果。在这个意义上,模糊集理论特别是语言变量的应用,将试图达到一种对于现实世界中普遍存在的模糊性和不精确性的适应,而放弃这样一种想法:即认为硬的数学对于人的判断和直觉起重要作用的那些复杂系统能提供合适的概念性结构。"[1]事实上,精确概念仅仅是相对模糊概念而言的,精确认识包含着模糊因素,没有绝对"精确"的概念。

2. 概念学习概述

(1)概念学习的内涵

在加涅的学习分类中,概念学习是智慧技能学习的一个亚类。通过学习,"学习者能以简单的方式把众多物体作为一个类作出反应,这个类超越原先呈现的个别项目"。[2]也就是说,概念学习"其实质是个体通过积极的思维活动把握同类事物或现象的共同关键特征(或本质特征)",[3]即掌握一类事物的共同本质属性。掌握对象的"共同本质属性"也就意味着能区别同类事物的本质属性和非本质属性,或者能确定一个类别正例的关键特征,同时排除其非关键特征。这实际上是运用概念进行分类的技能,因此,概念学习本质上是一种技能(程序性知识)学习。

但是,程序性知识学习包括"陈述的程序"学习和"操作的程序"学习。这就是说,"'概念学习'既可以理解为知识学习,也可以理解为技能学习。如果我们把概念学习理解为人类的一种能力的学习,即把事物归成类,并对作为该类一个成分的任何事例作出反应,这就属于智力技能的学习。为了加以区分,这种学习通常称之为'概念行为的学习'。只有当我们把概念视作一种事实意义的描述结果时,'概念学习'才是一种知识学习"。[4]由此看来,概念学习有广义和狭义之分。广义的概念学习是知识和技能学习的统一,包括概念的名称(符号)学习、属性(例证或定义)学习和应用(程序)学习。概念的名称学习是学习概念符号的意义,即学习符号代表什么概念。概念的属性学习是学习概念内涵的意义,即通过学习例证或定义来掌握概念的内涵。概念的应用学习是学习分类的操作程序,即运用概念内涵进行对象划分。概念名称和属性学习

[1] 齐振海. 认识论新论[M]. 上海:上海人民出版社,1988:254.

[2] [美]R. M. 加涅. 学习的条件和教学论[M]. 皮连生,等,译. 上海:华东师范大学出版社,1999:89.

[3] 顾明远. 教育大辞典·第5卷·教育心理学[Z]. 上海:上海教育出版社,1990:262.

[4] 李伯黍,燕国材. 教育心理学[M]. 上海:华东师范大学出版社,1993:184—185.

属于概念知识学习,概念应用学习属于概念技能学习。狭义的概念学习是指概念知识学习,特别是指概念的属性学习。概念属性学习可以通过观察对象来学习,也可以通过言语陈述来学习,但主要是通过定义(言语陈述)来学习,是一种不完全陈述知识的学习。

当然,无论是概念知识学习,还是概念技能(行为)学习,实质上都是对概念内涵的学习。概念知识学习是学习内涵的意义,概念技能学习是学习内涵的操作化。因此,如何理解内涵就成了概念学习的关键。在这个问题上,除了上述经典观点(认为内涵就是概念全部例证的共同关键特征,即定义性特征)之外,还存在其他观点。其中,原型观点认为,内涵就是概念的"典型"例证(全部例证的特点性特征的抽象),即原型。样例观点认为,内涵就是概念的一些个别例子,即样例。理论观点认为,内涵应该包括与概念相关的领域知识。双层表征观点认为,内涵分为两种成分:核心成分和原型(包括样例)。核心成分类似于定义性特征,具有理性倾向;原型比较具体,具有感性特征。[1] 由此可见,即使是狭义的概念学习,其学习内容也不是单一的,而广义的概念学习就更加复杂了。

(2) 概念学习的特点

从广义概念学习的角度看,概念学习首先是知识和技能的统一。概念知识和概念技能是概念学习不可或缺的两个内容。概念知识学习是概念学习的基础和起点,概念技能学习是概念学习的实质和完成。没有知识学习,概念学习如同无本之木,很难有实在收获;而缺了技能学习,概念学习就成了无的放矢,不但目标难以达成,而且扭曲了学习本身。

其次,概念学习是理解和应用的统一,概念学习是有意义学习。这就不仅仅需要记忆,更需要理解。离开理解,概念学习就会走向其反面,因为死记硬背不可能形成真正意义上的智慧技能。当然,概念知识的获得仅仅靠理解并不完全,如果学生能够将学到的概念知识用来说明实际问题,那才是真正完全地获得概念。理解固然是对概念的掌握,但应用更是对理解的证明,并且又将推动理解深化。理解和应用的相互作用正是概念知识和技能学习相统一的具体写照。此外,强调概念的应用也就是强调知识

---

[1] 王小明.学习心理学[M].北京:中国轻工业出版社,2009:80—85.

的迁移,因此,概念学习也是知识学习和迁移的统一过程。

再次,概念学习是思维和直觉(记忆)的统一。无论从知识和技能相统一的角度,还是从理解和应用相统一的角度,概念学习都可以被认为是一种逻辑思维训练,但这种思维能力的获得并不是以牺牲别的能力为代价的。恰恰相反,通过对这种思维能力的反复训练就会逐渐达到熟练的程度,以至原先的思维能力会转变为一种新的记忆能力。这种记忆不同于学习刚刚发生时的记忆,更不同于死记硬背,它是理解之后的记忆,是思维达到熟练之后的记忆,通常表现为不假思索的直觉,这是更高一筹的能力,是积淀了理性的"感性直觉"。

最后,概念学习是认知和态度的统一。概念学习本身属于认知学习范围,但是,任何德育过程都不能与智育过程截然分开,态度学习恰恰是以认知学习为基础的。没有一定的认识,何来态度? 任何学科的概念体系本身都隐含着情感和态度,是一系列态度的体现,概念获得的同时也就为形成一定的态度打下了基础。由此可见,概念学习不仅是认知学习的基础,而且是态度学习的开端,是形成或改变态度的滥觞。

(3) 概念学习的一般形式

根据概念学习中新旧知识之间的不同关系,可以把概念学习分为三种一般形式,即总括学习、类属学习和并列结合学习。[1]

总括学习亦可称上位学习,或概念形成。这种学习的新知识相对处在上位,学生原有的相关知识处在下位,新旧知识构成上位(总括)关系,形成从下往上的学习。学习的心理过程始于辨别概念例证或下位概念的异同,继而从中抽取并提出上位概念本质属性(共性)的假设并检验假设,然后概括确定的本质属性,从而获得(形成)概念。这是一种归纳过程。

类属学习亦可称下位学习,或概念同化。这种学习的新知识相对处在下位,学生原有的相关知识处在上位,新旧知识构成下位(类属)关系,形成从上往下的学习。学习的心理过程始于辨别新概念与原有上位概念的异同,继而将新概念纳入原有相关概念的网络系统,原有上位概念同化[2]新概念,从而获得概念。

---

[1] 皮连生. 学与教的心理学[M]. 上海:华东师范大学出版社,2009:93.
[2] 奥苏伯尔的同化概念是指新知识被原有知识吸收,新知识获得心理意义,原有认知结构发生变化的过程.

类属学习有两种。一种是派生的类属学习。这种学习的特征是,一方面上位概念同化新概念使其获得心理意义,另一方面自身内涵得到证实,外延得到充实,而本质属性并不发生根本改变。这就是说,习得的新概念可以从原有上位概念中直接推演出来,新旧概念之间是一种派生的类属关系。这是一种演绎过程。

另一种是相关的类属学习。这种学习的特征是,一方面上位概念同化新概念使其获得心理意义,另一方面自身内涵得到扩展、深化或限制,外延也随之发生变化,而本质属性有所修正。与派生学习相比,相关学习所习得的新概念难以从原有上位概念中直接推演出来,新旧概念之间的类属关系不很鲜明。这是一种不纯粹的演绎过程(结论并不完全依赖演绎)。

并列结合学习的新知识和学生原有的相关知识处在同等位置,新旧知识不是上下位而是并列关系,这种学习或可称为"同位学习"。同位学习始于确定新旧概念间非上下位关系,继而比较新旧概念的异同,明确彼此的联系和区别,特别是共同的关键特征,从而获得概念。这主要是一种类比过程。

概念学习的这些形式对于政治课的知识学习都有实践意义,但不同形式的意义有所不同,需要具体学习具体分析。

(二) 中学思政学科的概念和概念学习

1. 中学思政学科的概念

一门学科就是一个概念体系,所包含的概念是非常多的。中学思政学科的概念在这里并不是指学科所包含的全部概念,而是指要达成学科目标必须学和教的基本概念。作为一门学校德育学科,中学思政学科既不同于学术学科,也不同于其他教学学科,其概念具有十分明显的特殊性。

(1)中学思政学科概念的特点

首先,中学思政学科的概念具有较强的一般性,它是心理学意义上的概念,即概念是对两个以上客体、事件等对象的共同特征的概括。逻辑学中反映独一无二对象的"单独概念"不属于中学思政学科的概念知识,而属于符号和事实知识。例如中国、马克思主义、人民币等就都不属于政治课的概念知识。

其次,中学思政学科的概念具有模糊性,其内涵和外延呈现出不同程度的不确定性。这虽然是文科学科概念的共同特点,但在中学思政学科尤为突出。一方面,政治课与日常生活关系密切,学科概念和日常生活概念常常相互联结、嵌套,甚至混为一体;另一方面,政治课的知识和技能往往表现出综合性的特征,概念应用的领域宽泛而弥散,缺乏明确的边界。例如生产、消费、运动、矛盾、民主、权益等概念都是如此。

第三,中学思政学科的概念具有鲜明的思想性,即意识形态倾向性。政治课以国家主导意识形态为核心内容,以直接的意识形态教学为课程呈现和传递形式,进行比较系统的意识形态教育,它所关心的是主导意识形态的传承,其概念只是载体、工具和手段。

第四,中学思政学科的概念具有强烈的政治性,即现实政治倾向性。政治课的教育内容是与社会制度相适应的,"是一种政治性的社会化形式,即确保未来的公民形成与社会政治体系相适应的知识、态度和价值观念"。[1]概念的内涵与现实政治的变化有着密切的关联,往往随其变而变。

最后,中学思政学科的概念具有较弱的学习性。政治课的概念表面上似乎很适合学习,但实际上却并不容易学习。这不仅在于一般性引起的抽象程度高,也不仅在于模糊性导致的复杂难辨,更在于思想政治性带来的大量的"价值判断"淹没了"事实判断"。前者的学习显然受到更多"文化性""境域性"和"价值性"的影响而变得困难。

(2) 中学思政学科概念的分类

根据加涅的概念分类,政治课的概念也可以分为具体概念和定义性概念两类。由于具体概念数量很少,[2]而且基本上也是通过定义来学习,因此,本书从概念定义的角度,根据下定义方法的不同对中学思政学科高中阶段的"经济""哲学"和"政治"三门课的概念作了进一步的统计和分类。[3]这三门课需要学习的概念虽然有所简化,但

---

[1] [美]David A. Welton. 美国中小学社会课教学策略[M]. 吴玉军,等,译. 北京:华夏出版社,2004:30.

[2] 上海教育出版社2015年7月和2016年1月版的《思想政治》全四册中,具体概念仅占7%。

[3] 以上海教育出版社2015年7月和2016年1月分别出版的《思想政治》(试用本)四册为研究对象。

仍然不少。为了使研究简明扼要，本书仅选取了与教学目标直接相关的概念作为统计和分类的对象。具体的做法是，以框（目）为基本单位，根据每一框（目）的基本内容，再参考课和节的内容以及该门课的性质，确定每框的入选概念（不是所有框都有入选概念）。例如，"经济"第一册第一课第一节的第一框入选四个概念：生产、交换、分配、消费，第二框则无概念入选。

通过筛选，确定思想政治三门课共有基本概念 212 个。其中，"经济"最多，105个，占 50％；"哲学"居中，62 个，占 30％；"政治"最少，45 个，占 20％。这些概念（根据定义不同）大体上可以分为四类。第一类，真实定义概念，共 154 个，约占 73％；第二类，名义定义概念，共 19 个，约占 9％；第三类，类似定义概念（这类概念只具有形式类似的"定义"，没有揭示概念的特有属性），共 27 个，约占 13％；第四类，无定义概念（这类概念在正文和辅助文中均无定义和"定义"），共 12 个，约占 6％。

这四类概念又可以进一步细分为 10 小类，其中以下 5 种数量居前：（1）实质（性质）定义概念，属于真实定义概念，其定义揭示对象的本质属性（种差），是"属加种差"最为典型的表现。这类概念最多，占全部概念的 54％，真实概念的 74％，是概念学习的主要对象。（2）目的（功用）定义概念，属于真实定义概念，其定义揭示对象的作用、地位、意义等（种差），占全部概念的 15％，居第二位。（3）外延定义概念，属于类似定义概念，其"定义"以列举例证为种差，展示对象的外延。这类概念占全部概念的11％，居第三位。（4）名义定义概念，其定义说明或规定对象名称（语词）的意义，占全部概念的 9％，居第四位。（5）无定义概念，占全部概念的 6％，居第五位。其余几种概念数量都很少，本书将在"学习策略"中进一步介绍（见表 2-7）。

表 2-7　思想政治课基本概念分类

		经济	哲学	政治	小计	合计
真实定义	实质定义	53	42	19	114	
	关系定义	0	2	1	3	
	目的定义	19	8	5	32	
	发生定义	4	1	0	5	
	小　计	76	53	25		154

		经济	哲学	政治	小计	合计
名义定义	说明定义	8	4	4	16	
	规定定义	1	0	2	3	
	小　计	9	4	6		19
类似定义	外延定义	14	0	9	23	
	描述定义	1	2	0	3	
	比喻定义	0	0	1	1	
	小　计	15	2	10		27
	无定义	5	3	4	12	12
	总　计	105	62	45		212

上述概念种类在思想政治三门课中的分布并不一致,反映出经济、政治和哲学概念的一定差别(见表 2-8)。

表 2-8　思想政治课经济、哲学、政治概念分类比较

		经济概念		哲学概念		政治概念		全部概念	
		全比	类比	全比	类比	全比	类比	全比	类比
真实定义	实质定义	0.50	0.70	0.68	0.79	0.42	0.76	0.54	0.74
	关系定义	0	0	0.03	0.04	0.02	0.04	0.01	0.02
	目的定义	0.18	0.25	0.13	0.15	0.11	0.20	0.15	0.21
	发生定义	0.04	0.05	0.016	0.018	0	0	0.02	0.03
	真实定义	0.72	—	0.85	—	0.56	—	0.73	—
名义定义	说明定义	0.08	0.89	0.06	1.00	0.09	0.67	0.08	0.84
	规定定义	0.01	0.11	0	0	0.04	0.33	0.01	0.16
	名义定义	0.09	—	0.06	—	0.13	—	0.09	—
类似定义	外延定义	0.13	0.93	0	0	0.20	0.90	0.11	0.85
	描述定义	0.01	0.07	0.03	1.00	0	0	0.01	0.11
	比喻定义	0	0	0	0	0.02	0.10	0.005	0.04
	类似定义	0.14	—	0.03	—	0.22	—	0.13	—

		经济概念		哲学概念		政治概念		全部概念	
		全比	类比	全比	类比	全比	类比	全比	类比
	无定义	0.05	—	0.05	—	0.09	—	0.06	—
	概念总数	105		62		45		212	

注:"全比"为该栏概念在概念总数中的比率,"类比"为该栏概念在该类概念中的比率。

"哲学"概念在真实定义中全比最高,在实质定义中全比和类比也都最高,而在名义定义和类似定义中则最低。定义是揭示概念内涵的逻辑方法,能够用真实定义、特别是实质定义来揭示概念的内涵,表明人们对被定义对象的认识已经比较深入,而不是停留在对象的非本质属性或表面现象上。因此,这表明"哲学"概念比较严谨和成熟,或者说,在"哲学"中学生学习的是比较严谨和成熟的概念。

"政治"概念与"哲学"概念正相反,在真实定义和实质定义中全比都最低,而在名义定义和类似定义中则都最高。名义定义是对语词的意义加以界定,也就是阐释概念名称的意义。这虽然也是对概念内涵的揭示,但毕竟比较间接,难以深入。而类似定义只是对被定义对象表面现象的罗列和形容,更缺乏对本质的把握。较多地使用这两类定义显然表明"政治"概念尚不严谨和成熟,或者说,在"政治"中学生学习的是尚不严谨和成熟的概念。但是,"政治"概念并不全是如此,在实质定义及其关系定义中,它们的类比并不低,分别高出"全部概念"2个百分点,也高于"经济"概念。这表明有一部分"政治"概念比较严谨和成熟。因此,我们可以说,在"政治"中学生学习的概念具有两可性:可能比较严谨和成熟,也可能相反。

"经济"概念在真实定义、名义定义和类似定义中全比都居中,在实质定义、说明定义、规定定义、外延定义和描述定义中也居中,唯独在目的定义和发生定义中比率最高。这表明"经济"概念的严谨和成熟程度都处在中间水平,而且更倾向于应用性。因此,在"经济"中学生学习的是不很严谨和成熟却较为"实用"的概念。

值得注意的是,三类概念都有无定义概念。无定义而又必须学习,这是一个特殊问题,需要进行专门的研究和讨论。

2. 中学思政学科的概念学习

（1）中学思政学科概念学习的含义和特点

中学思政学科的概念学习同样属于智慧技能学习，也是知识和技能学习的统一，包括概念的名称（符号）学习、属性（例证或定义）学习和应用（程序）学习。概念名称和属性学习属于概念知识学习，概念应用学习属于概念技能学习，二者合起来就是政治课广义的概念学习。这种学习的结果是既要叫得出概念名称，又要说得清概念意义，更要分得明概念例证。三者紧密相联，缺一不可。

政治课的概念学习同样具有概念学习的一般特点，即"四个统一"。但是，在学和教的实践中，片面强调一个方面忽略另一个方面的倾向并不鲜见。这对概念学习产生了各种不利的影响。我们必须充分认识这些偏向的危害，同时又要承认学习具有侧重性，应该既不走极端，也不搞"平均主义"，这样才能真正完成政治课概念学习的任务。

在知识和技能的统一性上，片面强调知识学习忽略技能学习会使概念学习停滞和退化为"定义学习"，从而导致概念学习的最终目标难以实现；而片面强调技能学习忽略知识学习则会使概念学习沦为"例证学习"，最终目标仍然难以实现。当然，相比较而言，概念知识和概念技能虽然是政治课概念学习不可或缺的两个内容，但概念知识学习更为重要。这不仅因为知识学习是基础，也不仅因为政治课概念知识的特殊性，更因为中学思政学科所培养的学科核心能力是一种认识能力。[1]

在理解和应用的统一性上，片面强调理解忽略应用就会脱离实际而耽于纸上谈兵，但片面强调应用忽略理解则更会流于例证识别的机械操练，从而导致真正的应用难以实现。当然，概念学习是有意义学习，这就更需要理解。只有通过理解，才能迅速掌握概念内涵的意义，也才能为应用作好充分的准备。

在思维和直觉（记忆）的统一性上，片面强调思维忽略直觉（记忆）既抹杀了思维的必要前提（没有记忆难以思维），又无视思维的重要成果（直觉思维），实际上是在扼杀思维；而片面强调直觉（记忆）忽略思维，不仅容易导向死记硬背，而且往往会产生神秘主义影响。显然，思维在政治课概念学习中更应该加强，这不仅有上述各项理由支持，

---

[1] 参见本书第八章。

而且还在于政治课的思维是指向社会指向人的,不同于自然科学和数学中的思维训练。

在认知和态度的统一性上,片面强调认知学习忽略态度学习既不符德育学科的特性,也违背德育学科的初衷;而片面强调态度学习忽略认知学习不仅抹杀了教学学科的特性,而且态度学习最终也难以完成。政治课虽然是一门德育课程,但仍然需要建立在认知学习的基础上。

(2)中学思政学科概念学习的形式

概念学习的三种一般形式在政治课概念学习中都存在,但不是并列的,而是有主次轻重之分。从总体上看,下位—类属—同化学习是主要形式,上位—总括—形成学习和同位—并列结合学习相对少一些,是次要形式。之所以如此,是出于这样两个原因:首先是中学生已经具备了一定的抽象思维能力和一定量的抽象概念,这是采用下位学习的必要前提,否则要展开从上往下的学习是十分困难的。其次是下位学习的效率比较高,上位学习则费时费力,只有在特定条件下才会采用。当然,初中和高中是有一定差别的,而政治课概念的特点对于学习形式的选择也不无关系。

在下位学习中,派生的和相关的两种亚形式也同时存在。一般而言,派生的下位学习居多数,是主要的形式。但是,我们尤其需要关注相关的下位学习,因为这种学习在政治课中不仅时有所见,而且有特殊意义,能够较好地处理类属关系不很鲜明的概念的学习。例如,社会主义市场经济、社会主义民主、社会主义法治、待业、下岗等概念的学习就不能以派生的下位学习展开,因为它们的上位概念同化新概念时,自身内涵不是单纯获得证实,而是得到扩展、深化或限制,由此外延也随之发生变化,而本质属性有所修正。与派生学习相比,相关学习所习得的新概念更复杂,难以从原有上位概念中直接推演出来。

下位学习有时并不是完全独立地展开,而是和上位学习紧密结合着进行。这种结合并无刻板的程序,有时是"先下后上",有时是"先上后下",但无论孰先孰后,最终仍然会落实到下位学习上。这是因为在这种结合中下位学习始终是主角,结合上位学习是为了使学习更有效。

如果从课程内容的角度看,越是成熟、严谨的概念,采用下位学习的可能性就越大,反之,就越小。因此,"哲学"的概念学习多采用下位学习,而"政治"和"经济"的概念学习则会采用一些上位学习。

(三) 中学思政学科的概念知识学习

1. 中学思政学科概念知识学习的内涵和意义

政治课的概念知识学习是指狭义的概念学习,也包括概念名称学习和属性学习。名称学习在本章第二节已有阐述,因此,这里所讨论的概念知识学习主要是指概念属性学习。

概念属性学习是学习概念内涵的意义,这可以通过对象观察来学习,也可以通过言语陈述来学习。前者为观察学习,用于具体概念的学习;后者是陈述学习,主要用于定义性概念学习,也可以用于具体概念学习。

陈述学习可以是对例证(包括原型、样例)描述的学习(这不能混同于观察学习),但主要是对定义陈述的学习(包括各种不同类别的定义陈述)。从这个意义上说,政治课的概念知识学习主要表现为定义学习,是对定义(内涵)意义的学习。

概念知识学习虽然并不等同于概念学习,但是对其会产生影响,具有不可低估的实践意义。首先,它落实了概念名称学习。无论是记忆"符号的意义"(了解对象的名称是什么),还是理解"名称的意义"(了解对象名称的含义是什么),名称学习最终都必须落实到概念的内涵,否则就会"名不副实",名称也就如同空中楼阁,难以代表概念。如果名称学习徒有虚名,那就并没有真正形成知识。其次,它开启了概念应用学习。概念学习的本质是技能学习,是学习分类的操作程序,即根据概念内涵划分对象。为了达到这一目标,必须先把握概念的内涵,理解其意义。因此,完成概念属性学习也就为进一步学习分类技能打开了门户。最后,它准备了规则知识学习。规则知识是以概念知识为基础的,没有概念知识,难以形成规则知识。规则知识实际上是概念间关系的知识,要学习这种"关系"知识,当然先要学习构成"关系"的"要素"的知识。所以,概念知识学习不仅为概念学习的最终完成作了准备,而且也为规则知识学习作了准备。

2. 中学思政学科概念知识学习的特点

概念知识学习和其他知识学习一样,首先注重的是学习的保持(而非迁移),即对知识的记忆。无论知识学习的对象是事实还是概念,抑或是其他,其目标都是要能够陈述对象，即"从长时记忆中提取相关知识"。[1] 政治课的概念知识学习同样注重记忆，学习的结果首先是能够复述概念。这种"复述"通常表现为两种形式，一是辨认，即"在长时记忆中查找与呈现材料相吻合的知识"[2]（如教师给出定义，学生能说出相应的概念名称）；一是回忆，即"从长时记忆中提取相关知识"（如教师给出概念名称，学生能说出定义）。

但是，这种记忆不是死记硬背，而是建立在理解基础上的有意义学习（记忆）。理解"就是新符号所代表的观念在学习者心理上获得意义的过程"，是对事物联系、关系、本质和规律的认识，是一种思维活动。[3] 理解和记忆是相互联系和影响的。记忆是理解的基础，如果没有基本的记忆，理解就无从谈起；而理解则能推动记忆，提升记忆的质量，只有理解了才能更好地记住。作为一种认知过程，理解已经开始从注重保持转向注重迁移，因此，概念知识学习并不仅仅强调记忆。政治课的概念知识学习同样甚至更需要理解。这种理解在 L. W. 安德森看来就是"从口头、书面和图像等交流形式的教学信息中构建意义"，"在将要获得的'新'知识和已有知识之间建立起联系"。[4] 从知识（而非技能）学习的角度看，理解主要表现为能够解释和概括概念。解释是"将信息从一种表示形式（如数字的）转变为另一种表示形式（如文字的）"。[5] 这实际上是一种"转述"，即转换一种形式来陈述或描述概念（如把"GDP"的文字阐释转换成数学公式）。这还可以表现为一种"变述"，即用自己的话语来陈述或描述概念。无论是转述还是变述，其实质都是理解之后的"复述"。概括"是用一句话来描述呈现的信息或概括出信息的主题"或者"概括总主题或要点"。[6] 对概念的进一步理解就是要概括出概念内涵的要点，通过要点来更为深入地理解概念。

[1]［美］L. W. 安德森，等. 布卢姆教育目标分类学修订版[M]. 蒋小平，等，译. 北京：外语教学与研究出版社，2009：51.

[2]［美］L. W. 安德森，等. 布卢姆教育目标分类学修订版[M]. 蒋小平，等，译. 北京：外语教学与研究出版社，2009：51.

[3] 潘菽. 教育心理学[M]. 北京：人民教育出版社，1980：100.

[4]［美］L. W. 安德森，等. 布卢姆教育目标分类学修订版[M]. 蒋小平，等，译. 北京：外语教学与研究出版社，2009：51，54.

[5]［美］L. W. 安德森，等. 布卢姆教育目标分类学修订版[M]. 蒋小平，等，译. 北京：外语教学与研究出版社，2009：55.

[6]［美］L. W. 安德森，等. 布卢姆教育目标分类学修订版[M]. 蒋小平，等，译. 北京：外语教学与研究出版社，2009：56，51.

理解和应用的关系也同样密切。不理解的"应用"充其量是机械的条件反射,而不会应用不仅难以证明已经真正理解,而且更阻碍了理解的深入,因此,政治课的概念知识学习并不排斥应用。但是,这种"应用"还不是完全现实意义上的应用,而是带有"模拟"和"实验"性质的,是一种"模拟应用"。这主要表现为举例和归类。举例是列举概念的具体例子,归类是确定某事或某物属于某个类别。[1] 显然,作为一对互补的认知类别,这已经是两种不同的应用了。不过,这里举例和归类所涉及的内容应该是和教学中出现过的相近似,而不应该是全新的(如果是全新的就是真正的应用了)。这实际上是一种"练习""作业",具有模拟的性质(这在理科的学习中是司空见惯的)。通过这种模拟应用可以加深理解,巩固记忆,同时使知识学习较平缓地从理解过渡到应用。

除了上述记忆、理解和应用方面的特点外,政治课概念知识学习还具有日常概念和科学概念、模糊概念和精确概念交叉、包含、混杂在一起学习的特点。政治课学习的是学科概念,学科概念具有科学性和精确性,但是,有一部分学科概念兼有日常概念和模糊概念的性质,这就使学习变得复杂起来。兼有日常概念的概念学习往往不是纯粹地习得一个新概念,而是在改变已有日常概念的过程中习得概念。"许多研究发现,日常观念一旦形成就很难改变,即使直接向学习者讲授正确的观念也不可能改变它,这反映出日常观念的顽固性。"[2]因此,学习这类概念特别要注意克服日常概念的干扰(例如"物质")。兼有模糊概念的学习也不是纯粹地习得一个新概念,而是一个概念的多重意义同时习得,完全忽略概念应用的具体语境。因此,学习这类概念一定要廓清概念的应用语境,注意克服多重意义的干扰,使模糊概念转变为精确概念(例如"土地")。

3. 中学思政学科概念知识学习的分类

根据前文的划分,政治课的概念知识学习大体上可以分为三类:定义概念知识学习、类定义概念知识学习和无定义概念知识学习。

(1)定义概念知识学习

这种学习的对象是具有明确的定义陈述的概念,包括真实定义和名义定义概念。

---

[1][美]L. W. 安德森,等.布卢姆教育目标分类学修订版[M].蒋小平,等,译.北京:外语教学与研究出版社,2009:55.

[2]王小明.学习心理学[M].北京:中国轻工业出版社,2009:88.

真实定义和名义定义有较大不同,真实定义又包含着若干亚类,它们在学习上有不同要求和条件。根据这些差别,定义概念知识学习可以进一步分为实质定义、目的定义和名义定义概念学习。

实质定义是对对象本质属性的概括,以命题或命题网络的形式呈现,比较精炼也比较抽象,因此,实质定义概念学习是一种概括性命题的学习。这种命题和事实性命题(非概括性命题)相比有所变化。实质定义中的关系成分(定义联项)通常只有一个,一般由"是"来表示;论题包括主论题和次论题,主论题是被定义项(概念本身),次论题是定义项。显然,主论题和关系成分十分简明,无须梳理,学习的重心是次论题。次论题表现为"属+种差"的形式。"属"是被定义概念的上位概念,表明了主论题的归属;"种差"则是对"属"的各种限定,揭示了主论题的特殊性,进一步界定了概念。特殊性有主次轻重之分。例如,"真理是人们对客观事物及其规律的正确反映"[1]这一定义,其中"反映"是属,从总体上指明了真理不同于物质。种差则需要进一步分析。首先,"反映"的主体是"人们",这就进一步明确了真理属于意识范畴;其次,"反映"的对象是"客观事物及其规律",这表明真理不仅区别于物质,也区别于规律;第三,"反映"的性质是"正确的",这又进一步区别了真理和谬误。这些"种差"一个也不能忽略,但首先要注意的是反映的"对象"。这一"种差"和"属"共同确定了真理是一种意识。这是基本而又关键的界定,为"真理"定了调。在实质定义中,属或者属和基本种差一起决定了"大局",而其他种差则说明"细节"。学习必须首先关注"大局",在"大局"的基础上再去理解"细节"。

目的定义是对对象的作用、地位或意义的概括,同样以概括性命题的形式呈现。之所以称其为"目的"定义,是因为陈述对象的作用、地位和意义其实就是在揭示对象的目的性,是以"目的"为其"种差"。但是,政治课的这类定义与通常的功用定义有所不同,它们一般不涉及"属"(或者有意省略)。例如,"社会生产是社会存在和发展的基础,社会财富增长的源泉";"司法机关是维护正义和保证社会稳定的重要力量";"前进性是事物发展的总方向",等等。显然,"基础"和"源泉"不是"生产"的属,"力量"和"方

---

[1] 见上海教育出版社 2015 年 7 月和 2016 年 1 月分别出版的《思想政治》(试用本). 以下所引未注者均同此.

向"也不是"司法机关"和"前进性"的属。"属"的缺失使命题不完整,更使作为"种差"的目的(作用、地位、意义)陈述没有了落脚点。这就难以明确界定对象"是什么",而变为说明其"怎么样"甚至"为什么"了。这样的陈述实际上是一种变相的原理(规则)陈述,把概念学习变成了原理(规则)学习。这种跳过概念直接进行的原理(规则)学习把概念和原理混在一起,不但概念没有习得,而且原理也很难真正掌握。面对这样的情况,本书认为,还是应该明确对象的"属",只有在此基础上目的性的"种差"才能落实,目的性概念才能既作为一种知识被有效习得,又作为一种技能被后续学习。例如,把"生产"界定为"社会存在和发展基础的经济活动"就比较明晰,更易于参照实质定义来学习。

真实定义概念中还包括发生定义和关系定义概念,但在政治课中很少见。发生定义是对对象的发生过程和原因的概括,是以"发生"为"种差"。例如,"财政收入是国家通过征税等所取得的收入";"经济全球化是在现代高科技条件下全球性的经济融合的体现",等等。学习这类概念可以忽略"属",重点关注"种差"。但要分清所陈述的是发生的"过程"还是"原因",以利于记忆和理解。关系定义是对对象和其他事物之间关系的概括,是以"关系"为种差。例如,"静止是运动的特殊状态"这一定义,"特殊状态"是种差,表示了静止和运动的关系,而"运动"则是属。学习这种概念也要把重点放在"种差"上,搞清楚"关系"的联系体(即对象和什么事物的关系)和内容(即什么关系)。

关系定义有一种特例,就是对最大的类概念(没有上位概念)的概括。这种定义没有属,也没有种差。例如,物质"是不依赖人的意识,并能为意识所反映的客观实在"这一定义,"物质不依赖意识又被其反映"揭示了物质和意识的"关系",但"客观实在"并不是物质的上位概念(属),而是"同位概念",因此,这并不是"属+种差"而是"同位概念+关系"的形式;是通过陈述"关系"来揭示物质的本质属性,再以"同位概念"概括之。学习这种概念绝不能忽略"同位概念",它虽然不能作为"属"来理解,却概括了概念(对象)的本质属性;同时要深入理解"关系",因为它是对"同位概念"的具体说明,阐释了最大类概念的本质。

名义定义是对代表对象的符号(语词)意义的概括,"是一种由语词意义方面来揭示概念内涵的逻辑方法,是一种特殊的定义"。[1] 与真实定义不同的是,命题的主论

---

[1] 金岳霖.形式逻辑[M].北京:人民出版社,1979:48.

题(被定义项)并不表示某类事物,而仅仅表示语词自身,次论题(定义项)阐释的是这个语词的意义(间接界定了某类对象)。例如,"GDP(这个英文缩写)表示国内(或地区)生产总值""国家行政机关(这个词)是指各级人民政府""实事求是(这个成语)意谓尊重客观规律,按照客观规律办事"等。这类定义基本不呈现为"属+种差"的形式。学习这类概念无须考虑"属"和"种差",而要从整体上记忆和理解定义项,在理解的基础上记忆,在记忆的前提下理解。必须注意的是,这类概念知识更接近事实知识,要使它真正转化为"分类规则"知识关键在于是否真正掌握定义项的具体内涵。

根据以上所述,学习定义概念知识可以采用一些基本策略(详见第四章)。

(2) 类定义概念知识学习及其策略

这种学习的对象是具有类似定义陈述的概念。所谓"类似定义"是指形式上具有言语陈述的"定义",但实质上并不是真正的定义。这类"定义"不具有"属+种差"或者"同位概念+关系"的构成,也不同于名义定义的语词阐释,它只是对概念所属对象进行列举、描述或形容,没有提供任何形式的"分类规则",难以转化为技能(程序性知识)。因此,学习类定义概念近似于学习事实知识,但是,它比事实知识抽象,陈述的是概念与事物或属性之间关系的知识。

类定义概念主要为外延定义概念。"外延定义"就是列举概念的外延,但并不是列举概念所包含的个体,而是列举所包含的全部子类别,以此来界定对象。例如,"政治文明包括政治理念文明、政治制度文明和政治行为文明等多方面内容""第一产业是指农业、林业、畜牧业和渔业""财政主要就是指国家的财政收入和财政支出活动"等。这实际上是不同于定义的另一种明确概念的方法,即揭示概念外延的逻辑方法——划分。划分明确了概念的外延,对于学习概念是有一定帮助的。但是,划分并没有揭示概念的内涵,它只是陈述了分类的结果,没有告诉分类的依据,而这种依据正是"分类规则"。因此,外延定义并不是真正的定义,不具有"预测价值",难以据此展开新的分类操作。也就是说,习得这类定义只是知晓了"是什么"(知识),而不能藉此以"怎么做"(技能)。外延定义的学习首先要明确外延所包括的全部子类别,然后了解每一类别的基本内涵和各个类别间的主要区别。如果能够把定义和划分结合起来学习,以内涵定义为主,外延定义为辅,那就可以兼顾知识和技能,一举而两得。

类定义概念还包括描述定义和比喻定义概念,政治课中也很少见。"描述定义"就是描述对象的外部状态和特征(具体形象)。这种"定义"往往会有貌似"属+种差"的形式,但其"种差"仅仅是对象的外部形象,没有揭示概念的内在属性,因而并不是真正的定义。例如,"科学精神是人的以求真、求实为基本特征的自觉意识","价值选择是人们在从事实践活动时对'能不能做、该不该做'等问题的考虑"等。"比喻定义"就是用具体、形象和通俗的事物来形容对象。这种"定义"形象、生动,但同样没有揭示概念的内在属性,也不是真正的定义。例如,"人民军队是人民民主专政的坚强柱石,是保卫人民江山、维护国家主权和安全的钢铁长城。"这两种"定义"于概念学习只具有辅助作用,要真正习得概念必须回到真实定义。

学习类定义概念知识可以采取以下基本策略:第一,明确这类"定义"不是真正的定义,不将其作为概念学习的主要内容。第二,结合例证学习。类定义比较具体、形象,结合例证有利于理解和记忆。第三,以此类定义学习为过渡,回归内涵定义学习。定义是明确概念内涵的逻辑方法,学习定义就是明确概念的内涵,明确了概念的内涵才能真正把握对象,同时进一步指认和归类新的对象。

(3) 无定义概念知识学习及其策略

无定义概念就是在教科书正文和辅助文中均无定义和类定义陈述,但又必须学习的概念。这类概念虽然不多(见表2-9),却值得注意。

表2-9 思想政治课无定义概念统计

	第二课	第三课	第四课	第六课	第七课	第八课	合计
经济	＊劳动合同	＊理性消费 ＊消费者权益 ＊消费争议			＊社会主义市场经济		5
政治	＊国家权力机关		＊社会主义民族关系 ＊宗教信仰自由政策	＊多党合作			4
哲学	＊意识能动作用	＊主观能动性				＊社会主义文化	3
合计							12

概念知识学习主要是通过学习定义来掌握概念的内涵，从而习得概念。如果不提供概念定义，那么就失去了学习概念的基本路径，这对于概念学习以及后续的一系列学习都是极其不利的。因此，必须恢复定义，而且应尽可能使用真实定义。只有在没有真实定义的情况下才可以考虑提供名义定义和外延定义。至于描述和比喻定义则应该尽量不用。

在一时无定义可学的情况下，可以采用推论和融合的方法来学习。例如，"社会主义市场经济"这一概念，可以先学习"市场经济"，再结合"社会主义"的内涵，融合为一体来理解。也可以从实际出发，借助已经形成的日常概念、具体概念，"从分析这些日常概念作为出发点，逐步引导学生理解科学概念"。[1]

二、规则知识学习

规则知识学习是规则学习的重要组成部分，因此，本书同样先从总体上阐明什么是规则学习，然后再讨论中学思政学科的规则学习和规则知识学习。

(一) 规则和规则学习

1. 规则概述

(1) 规则的内涵

规则的一般含义多指规范，即标准、法式，有时也泛指规律。[2] 这就是说，规则既包括人类社会的活动规范，也包括物质世界的运动规律，是以客观规律性为基础的活动（运动）标准。心理学则从形式结构的角度指出，规则是"以句子或其他符号组合表达的几个概念之间的关系。包括原理、法则、公式和定理等"。[3] 显然，规则不同于概念，概念表达的是一类事物，而规则表达的是两类或两类以上事物的关系。这些关系涉及了自然和人类、物质和精神、个人和社会等各种活动（运动），因此，规则是指

[1] 秦璞. 搏动的讲台——我教思想政治课[M]. 上海：上海教育出版社,2009：187.
[2] 夏征农. 辞海(缩印本)[Z]. 上海：上海辞书出版社,2000：1743.
[3] 顾明远. 教育大辞典·教育心理学分卷[Z]. 上海：上海教育出版社,1990：344.

通过概念间的关系展示出来的各种活动（运动）的标准。

作为标准，规则具有普遍意义，因为它所表达的不是个别关系，而是一般关系，是各种活动（运动）领域的一般标准，具有高度概括性。正如 L. W. 安德森所指出的："原理和通则汇集大量的具体事实和事件，描述这些具体细节之间的过程和相互关系（从而形成分类和类别），并进一步描述分类和类别之间的过程和相互关系，从而使专家能够以简洁连贯的方式使整体系统化。"[1]作为关系，规则具有程序特征，因为概念间关系表达的是"步骤性质的程序结构信息"，总会显示出一个"序列"。加涅也指出，"规则有时也叫作步骤，或程序性知识"，"从其基本的性质来讲，操作步骤是规则。它们是由将一些概念与另一些概念按许多不同方式联系起来的步骤构成的"。[2]

加涅将规则归入智慧技能，并指出："规则必须是支配个体行为并使之演示某种关系……规则是被推论出来的性能，它使个体能用某种适当类别的行为样例对某类刺激情境的任何样例作出反应。"[3]这就是说，具有普遍性和程序性特点的规则，不能仅仅理解为人为制定的"标准"，或纯粹客观的"规律"，而应该进一步理解为"一种控制人们行为的内部状态，它所描述的是概括化条件与人们行为之间的关系，也就是回答'如何做'的问题"，[4]是一种关于"怎么办"的智慧技能。

（2）规则的构成

从结构上看，规则也包含四个构成要素：规则名称、规则内涵、规则例证和规则命题。

规则名称是规则所反映的事物（概念）关系的名称，即规则的概括性称谓。例如，"交通规则""学生守则""供求规律"等。规则名称和规则内涵是名和实的关系。在规则学习中，这对关系也会表现出"名不副实"的现象。一种情况是知道内涵，但说不出名称；另一种情况是说得出名称，但并不代表规则（与内涵不符）。

［1］［美］L. W. 安德森，等. 布卢姆教育目标分类学修订版［M］. 蒋小平，等，译. 北京：外语教学与研究出版社，2009：39.

［2］［美］R. M. 加涅. 学习的条件和教学论［M］. 皮连生，等，译. 上海：华东师范大学出版社，1999：119，121.

［3］［美］R. M. 加涅. 学习的条件和教学论［M］. 皮连生，等，译. 上海：华东师范大学出版社，1999：116—117.

［4］李伯黍，燕国材. 教育心理学［M］. 上海：华东师范大学出版社，1993：185.

规则内涵是规则所反映的事物(概念)关系的内涵,即能够通过言语清晰表达出来的该关系的认知内容。换言之,规则内涵就是规则正例都具有的"共同一般关系"的意义。这种关系既有一般性,又有特殊性。一般性在于它不是指个别事物的具体关系,而是指两类(或以上)事物之间具有一定普遍意义的关系;特殊性在于它又是特有的关系,能够与其他关系区别开来。例如,生产力和生产关系的关系内涵,它不是仅仅指某种生产力和生产关系的关系,而是涵盖了各种生产力和生产关系的关系;同时,它也不同于经济基础和上层建筑、价值和使用价值、生产和消费、供给和需求等的关系内涵。

规则例证是规则所反映的事物(概念)关系的个案,即同类关系的个别案例。例证比较具体,形象地演示了规则,是规则的操作形态。学习规则往往不是通过命题陈述,而是依靠例证演示,甚至习得了规则也不一定会(或者需要)陈述命题,因此,例证在规则学习中十分重要。与概念例证相似,规则也有适当例证和不适当例证。适当例证(正例)是具有规则共同关系的个别案例,不适当例证(反例)则是不具有规则共同关系的个别案例。

规则命题是对规则所反映的事物(概念)关系的概括(概括性命题),是对规则内涵的言语陈述,即规则的陈述形态。命题是内涵的表现形式,内涵则是命题的表现内容。命题通常由两类概念组成:事物概念和关系概念(即论题和关系成分)。事物概念是情境性的,代表情境的某个方面,一般有两个以上;关系概念属于转换性的,代表运算或操作,一般只有一个。[1] 例如,"生产力决定生产关系"中,"生产力"和"生产关系"属于情境性概念,"决定"属于转换性概念。了解命题的这一基本结构有利于较为迅速地掌握命题,从而提高规则学习的效率,因为"言语陈述在新规则的学习过程中常常是很关键的……使用言语陈述可以极大地促进学习过程,这些陈述是学习新的定义性概念及规则的线索"。[2] 命题作为语词表达意义的最小单位,有时和规则名称相似,规则的命题学习和名称学习往往比较接近。

(3) 规则的种类

规则同样可以根据不同的标准划分为不同的种类。

[1] 韦洪涛. 学习心理学[M]. 北京:化学工业出版社,2011:70.

[2] [美]R. M. 加涅. 学习的条件和教学论[M]. 皮连生,等,译. 上海:华东师范大学出版社,1999:118.

其一，简单规则和复杂规则。加涅认为，"规则是两个或两个以上事物的关系"，而"通过学习可以将规则结合成更为复杂的规则，可以把它们叫作高级规则"。[1] 这就是说，根据规则的构成可以将其分为简单规则（单一规则构成）和复杂或高级规则（多重规则构成）。加涅还进一步指出："高级规则产生于学习者在问题解决情境中的思维。在试图解决一个具体问题时，学习者可能会为了得到一个可解决该问题的高级规则而将不同内容领域的两个或两个以上的规则予以组合。"[2]

其二，程序规则和原理规则。根据规则的功能可以将其分为程序性规则（程序）和相关规则（原理）。程序"告诉我们特定的步骤应该遵循的顺序"，"通常对其中包含的所有步骤进行严格的限定，并且每一步骤都限定得很清楚"。[3] 也就是说，"程序是指在达成目标、解决问题或生产产品时的一系列过程或步骤"。[4] 原理"则通过描述对某些情况的自然或有意识的反应来帮助我们预测、解释或控制环境中的这些特定情况"。[5] 也就是说，"原理用于解释和预测事情为什么会发生，一般采用因果关系或相关关系"。[6]

美国课程改革专家马扎诺进一步指出，与学校教育相关的陈述性知识中，主要包括两类原理：因果原理和相关原理。因果原理反映因果关系；相关原理描述的是一个因素发生变化会引起其他因素变化的关系（但不是因果关系）。[7]

美国教学设计理论家罗米索斯基则把原理分为自然原理和行动原理。前者是制约周围环境行为的规则，包括处理周围世界时能观察到的各种原理；后者是制约主体行为的规则，指人们拥有对特定的情境作出适当的行动或反应的知识。[8]

---

　　[1]［美］R. M. 加涅. 学习的条件和教学论［M］. 皮连生，等，译. 上海：华东师范大学出版社，1999：53，54.
　　[2]［美］R. M. 加涅. 学习的条件和教学论［M］. 皮连生，等，译. 上海：华东师范大学出版社，1999：54.
　　[3]［美］P. L. 史密斯，T. J. 雷根. 教学设计［M］. 庞卫国，等，译. 上海：华东师范大学出版社，2008：117，282.
　　[4] 黎加厚. 新教育目标分类学［M］. 上海：上海教育出版社，2010：175.
　　[5]［美］P. L. 史密斯，T. J. 雷根. 教学设计［M］. 庞卫国，等，译. 上海：华东师范大学出版社，2008：117.
　　[6] 盛群力，等. 21 世纪教育目标新分类［M］. 杭州：浙江教育出版，2008：180.
　　[7] 黎加厚. 新教育目标分类学［M］. 上海：上海教育出版社，2010：12.
　　[8] 盛群力，等. 21 世纪教育目标新分类［M］. 杭州：浙江教育出版社，2008：216.

除了以上的划分,我们还可以从规则内容和形式的角度来划分。从内容看,可以分为自然规则和社会规则,前者是自然运动的规则,后者为社会活动的规则;也可以分为物质规则和精神规则,即关于物质运动和精神活动的规则。从形式看,可以分为显性规则和隐性规则,前者是成文的规则,后者为不成文的规则;也可以分为例证规则和命题规则,例证规则是通过例证形象表达的规则,命题规则是通过命题抽象陈述的规则。

2. 规则学习概述

(1)规则学习的含义和特点

加涅认为,"当学习者已经习得一条规则时,就会表现出受规则支配的行为",[1]因此,尽管"规则是概念间关系的陈述",但仅仅会陈述规则并没有完全习得规则,只有"当学习者能够在多种具体情境中以一致的方式应用某条规则或原理时,他就习得了这一规则或原理。换句话说,学习者证实了他能应用各类客体和事件中的某一类关系做出反应"。[2]这就是说,"所谓规则学习,实质上就是能用大量的例证来说明规则反映的关系,或者说,能运用规则在其适用的各种不同情境中办事"。[3]规则是最典型的智慧技能形式,规则学习是最主要的智慧技能学习。

但是,规则学习同样可以分为知识学习和技能学习。"如果我们是从掌握规则命题所包含的事实意义角度来学习,这种学习通常是用另外一个词'命题学习'来表述……指一种知识学习"。[4]由此看来,规则学习也有广义和狭义之分。广义的规则学习也是知识和技能学习的统一,包括规则的名称(符号)学习、内涵(例证或命题)学习和应用(程序)学习。规则的名称学习是学习规则符号的意义,即学习符号代表什么规则。规则的内涵学习是学习概念间关系的意义,即通过学习例证或命题来掌握规则的内涵。规则的应用学习是学习办事的操作程序,即运用规则内涵处理问题。规则名称和内涵学习属于规则知识学习,规则应用学习属于规则技能学习。狭义的规则学

[1]〔美〕R. M. 加涅.学习的条件和教学论[M].皮连生,等,译.上海:华东师范大学出版社,1999:51.

[2]〔美〕R. M. 加涅,等.教学设计原理[M].王小明,等,译.上海:华东师范大学出版社,2007:63.

[3]皮连生.学与教的心理学[M].上海:华东师范大学出版社,2009:105.

[4]李伯黍,燕国材.教育心理学[M].上海:华东师范大学出版社,1993:185.

习是指规则知识学习,特别是指规则的内涵学习。这可以通过观察对象来学习,也可以通过言语陈述来学习,但主要是通过命题(言语陈述)来学习,也是一种不完全陈述知识的学习。

规则知识学习和技能学习实质上都是对规则内涵的学习。规则知识学习是学习内涵的意义,规则技能学习是学习内涵的操作化,因此,掌握规则内涵是规则学习的关键。

规则学习的特点和概念学习相似,表现出知识和技能、理解和应用、思维和直觉、认知和态度的统一。但这种统一更为复杂和困难。此外,规则学习和事实学习有相似之处,都是对"关系"的学习,但前者是一种"概括性关系"(命题)的学习,是学习若干概念联合所构成的"复合意义",更为抽象和复杂。

(2) 规则学习的一般形式

规则学习的一般形式有两种,即例-规法和规-例法。[1]

例-规法就是从例子到规则的学习形式。学生从学习规则例证开始,辨别和分析例证,继而提出规则内涵假设和检验假设,最后概括出规则命题。这一过程顺利进行的内部条件是学生必须掌握构成规则的基本概念,外部条件是教师必须呈现规则例证。这种学习和概念形成相似,倾向于发现学习。例-规法有利于培养学生的探索精神,但耗时过多,教学效率比较低。

规-例法就是从规则到例子的学习形式。学生从学习规则命题开始,了解和记忆命题,继而比较规则例证和命题,最后理解命题。这一过程顺利进行的内部条件同样是学生必须掌握构成规则的基本概念,外部条件是教师必须呈现和阐释规则命题。这种学习和概念同化相似,倾向于接受学习。规-例法的教学效率比较高,但对学生探索精神的培养相对比较弱。

(二) 中学思政学科的规则和规则学习

1. 中学思政学科的规则

政治课所要学习的规则基本属于社会领域的规则,包括社会运动规律和人的行为

[1] 皮连生.学与教的心理学[M].上海:华东师范大学出版社,2009:105—106.

规范,是广义的社会活动的标准。这种规则同时又可以理解为加涅所说的智慧技能,一种需要习得的性能——社会技能,包括遵循社会规律和社会规范等技能。

(1)中学思政学科规则的特点

社会领域的规则和人的活动紧密相联,这和自然规则有较大差别。而作为中学思政学科的学习对象,社会规则又具有学科教育的特殊性。综合来看,这些特殊性主要表现为:

第一,社会性。政治课学习的规则多直接指向人类社会,即使如哲学层面的规律也主要和社会世界相联系,具有很强的社会意义和价值。社会规则不同于自然规则的关键,就是它只有在社会关系和联系中才能生成和起作用,脱离社会关系和联系,社会规则就不复存在了。这一特点使社会规则的客观性、普遍性相对较弱,而复杂性则大大增强。

第二,教育性。政治课学习的规则并不是全部的社会规则,而是为促进中学生的社会性发展,培养有利于社会进步的合格公民所必须学习的规则。因此,中学思政学科的规则具有鲜明的思想性和政治性,即意识形态和现实政治的倾向性。政治课的规则教育是以国家主导意识形态为核心内容,与现实社会制度相适应的。这一特点使社会规则更凸显了"文化性""境域性"和"价值性"。[1]

第三,宏观性。政治课学习的规则主要涉及的是人类、社会和国家等宏观层面,对于微观层面比较具体的社会活动则涉及较少。宏观规则概括范围大,层次高,比较抽象,离日常生活比较远,通常更难以理解和掌握。

第四,模糊性。政治课学习的规则,其内涵和适用范围都有不同程度的不确定性。这与社会规则的复杂性、宏观性,以及学科教育的倾向性均有一定的关系,但中学思政学科规则本身的实然性和应然性并重,不能不说也是一个重要原因。规则的实然性是指"按规则必须这样做",应然性则是指"按规则应该这样做"。实然规则和应然规则适用于不同的领域、范围,如果不加区分,混为一谈,就会增强其不确定性。

以上特点表明,中学思政学科的规则十分特殊,不能将其与自然规则和一般社会规则简单类比。

---

[1] 石中英.知识转型与教育改革[M].北京:教育科学出版社,2001:143—159.

（2）中学思政学科规则的类型

根据不同的标准可以对政治课规则进行不同的分类。例如，根据规则所涉的领域不同将其分为社会规则和宇宙规则，根据规则表达的形式不同将其分为命题规则和例证规则，根据规则构成的复杂程度不同将其分为简单规则和复杂规则，等等。但是，如果从教育的角度看，根据规则的内容和作用来分类将更有利于学习规则。本书试从这一角度将政治课的规则分为三类：规范、原理和观点。

其一，规范。规范的一般含义是"约定俗成或明文规定的标准"。[1]在政治课中主要是指明文规定的各种行为（活动）标准，特别是道德、法律和政治行为（活动）标准等规范性知识。规范的内容比较具体、明确，操作性比较强，程序性特征比较明显，往往呈现为某种制度。例如，人民代表的任期制、选举制，主权国家的基本权利，消费者的权益等制度规定。这和数学学习中的程序性命题（公式、法则）比较接近，是"解决一类问题的规则和程序"。[2]这可以归属为程序规则，它"告诉我们特定的步骤应该遵循的顺序"。

其二，原理。原理"通常是指科学的某一领域或部门中具有普遍意义的基本理论。以大量实践为基础，正确性为实践所检验与确定。从原理出发可以推演出各种具体的定理、命题等，从而对进一步实践起指导作用"。[3]在政治课中主要是指哲学、经济学等的规律性知识。原理的内容比较抽象、概括，普遍性特征比较明显。例如，对立统一规律、人民群众创造历史的规律、剩余价值规律，等等。这和数学学习中的推理性命题（公理、定理）比较接近。[4]这可以归属为原理规则，它"解释和预测事情为什么会发生"。

其三，观点。观点是"观察事物时所处的位置或采取的态度"，[5]也就是观察事物时所处的立场或出发点。在政治课中是指从马克思主义的立场或角度出发，对事

　　[1]中国社会科学院语言研究所词典编辑室.现代汉语词典.修订本[Z].北京：商务印书馆，2001：474.
　　[2]孔凡哲，曾峥.数学学习心理学[M].北京：北京大学出版社，2012：93.
　　[3]夏征农.辞海[Z].上海：上海辞书出版社，2000：179.
　　[4]孔凡哲，曾峥.数学学习心理学[M].北京：北京大学出版社，2012：92.
　　[5]中国社会科学院语言研究所词典编辑室.现代汉语词典.修订本[Z].北京：商务印书馆，2001：463.

物、现象或问题所持的比较系统的看法。观点的内容不仅抽象、概括,而且宏观、复杂,既蕴含着若干原理,又隐藏着潜在的规范,可以说是一个规则系统,宣示和输送的是世界观、人生观和价值观层面的信息。例如,实践的观点、社会主义市场经济的观点、依法治国的观点,等等。这类似于高级规则,它可以"应用于更为广泛的情境"。

规范、原理和观点虽然有所区别,但又密切联系。一般而言,三者呈现为层级递进的关系,由规范而原理再观点,渐次复杂,逐级上升,是一个从简单有序到复杂有序的系统。同时,三者间又往往表现出你中有我我中有你,难以绝然分隔的状态。规范中有原理,以原理为底蕴和根据;原理中也有规范,"通常情况下,应用程序是应用原理的一种简化替代方式……采取程序学习路线……强调的是相对的简单化;而当采取原理学习路线时,强调的则是应用的意义性和广度"。[1] 至于观点,已如前述,而且,无论规范或原理其实都展现着一定的倾向和立场。

2. 中学思政治学科的规则学习

(1)中学思政学科规则学习的含义和特点

政治课的规则学习是最重要的智慧技能学习,也是知识和技能学习的统一,包括规则的名称(符号)学习、内涵(例证或定义)学习和应用(程序)学习。规则名称和内涵学习属于规则知识学习,规则应用学习属于规则技能学习,二者合起来就是政治课广义的规则学习。这种学习的结果是既要叫得出规则名称,又要说得清规则意义,更要分得明规则例证。三者紧密相联,缺一不可。这一结果实质上就是能用大量的例证来说明规则反映的社会关系,或者能运用规则在其适用的各种不同社会情境中办事。

政治课规则学习和概念学习的特点相似,也表现出知识和技能、理解和应用、思维和直觉、认知和态度的统一。但由于规则是概念间的关系,这种统一就要比概念学习复杂和困难得多。同时,这种统一的基本倾向仍然以知识、理解、思维和认知为重,即以规则陈述学习为主、规则应用学习为辅。

政治课规则学习和事实学习也有相似之处,都是对"关系"的学习,但前者是一种"概括性关系"(命题)的学习,是学习若干概念联合所构成的"复合意义",因此也更为

[1][美]P. L. 史密斯,T. J. 雷根. 教学设计[M]. 庞卫国,等,译. 上海:华东师范大学出版社,2008:309.

抽象和复杂。同时,两种"关系"又有着十分密切的联系,必须结合在一起,即以规则命题学习为主、规则事实学习为辅。

(2) 中学思政学科规则学习的形式

政治课规则学习的一般形式包括例-规法和规-例法,但以规-例法为主。这同样是因为中学生已经具备了一定的抽象思维能力和一定量的相关概念,这是采用规-例法的必要前提,否则使用规-例法(从上往下)的学习是十分困难的。同时,规-例法的学习效率比较高,例-规法则费时费力,只有在特定条件下才会采用。当然,政治课规则的特点对于学习形式的选择也不无关系。

采用规-例法学习的重点是学习规则命题,学生必须了解、记忆和理解命题。同时,也不能忽略规则例证,学生必须结合例证来学习命题。因此,规-例法并不排斥例-规法,而是经常结合在一起,以规-例法为主、例-规法为辅,或者,就是以"接受"为主、"发现"为辅的学习。

(三) 中学思政学科的规则知识学习

1. 中学思政学科规则知识学习的内涵和意义

政治课的规则知识学习是指狭义的规则学习,包括规则名称学习和内涵学习。名称学习在本章第二节已有阐述,因此,这里所讨论的规则知识学习主要是指规则内涵学习。

规则内涵学习是学习内涵的意义,这既可以通过对象观察来学习,也可以通过言语陈述来学习。前者为观察学习,后者是陈述学习。由于"规则经常是在不经过言语阶段的情况下习得的",[1]所以观察学习也很重要。但是,政治课的规则学习难以离开"言语阶段",基本上不采用观察学习,而是一种陈述学习。

陈述学习可以是对例证描述的学习(这不能混同于观察学习),也可以是对命题陈述的学习(包括各种不同类别的命题陈述),但主要表现为命题学习,是对命题(内涵)意义的学习。需要注意的是,这种学习虽然是陈述学习,却往往建立在大量的日常观

---

[1] [美]R. M. 加涅. 学习的条件和教学论[M]. 皮连生,等,译. 上海:华东师范大学出版社,1999:119.

112

察学习基础上,因为"对于这些基本社会规律,学生在日常生活中已经积累了大量经验、事实,教师只要提示一个事例,学生自然会激活许多相关的原有知识"。[1]

规则知识学习虽然并不等同于规则学习,但是对其会产生影响,具有不可低估的实践意义。首先,它落实了规则名称学习。无论是记忆"符号的意义"(了解对象的名称是什么),还是理解"名称的意义"(了解对象名称的含义是什么),名称学习最终都必须落实到规则的内涵,否则就会"名不副实",名称也就如同空中楼阁,难以代表规则。如果名称学习徒有虚名,那就并没有真正形成知识。其次,它开启了规则应用学习。规则学习的本质是技能学习,是学习办事的操作程序,即根据规则内涵处理(包括阐释、预测和控制)问题。为了达到这一目标,必须先把握规则的内涵,理解其意义。因此,完成规则内涵学习也就为进一步学习程序技能打开了门户。最后,它巩固了概念知识学习。规则知识以概念知识为基础,没有概念知识,难以形成规则知识,而缺乏规则知识,概念知识只能是一盘散沙。学习规则知识,实际上是既复习了概念知识,又运用了概念知识,使概念知识在新的条件下进一步得到巩固。

2. 中学思政学科规则知识学习的特点

政治课的规则知识学习首先注重的也是学习的保持(而非迁移),即对规则知识的记忆,学习的结果首先是能够复述规则。这种"复述"通常也表现为两种形式,一是辨认,即"在长时记忆中查找与呈现材料相吻合的知识"(如教师给出命题,学生能说出相应的规则名称);一是回忆,即"从长时记忆中提取相关知识"(如教师给出规则名称,学生能说出命题)。

同样,这种记忆不是死记硬背,而是建立在理解基础上的有意义学习(记忆)。这在政治课规则知识学习中更为突出,因为规则内涵的记忆比概念内涵更复杂,如果不建立在理解的基础上将会变得十分困难,而且硬记住的规则也只会成为毫无意义的一堆符号,与此相应的学习也就沦为连锁学习。政治课规则知识的理解主要表现为能够解释和概括规则。解释规则就是能够"转述"或"变述"规则的内涵。"转述"规则就是转换一种形式来陈述或描述规则内涵(如把某规律内涵的文字阐述转换成数学公式或图表)。"变述"规则就是用自己的话语来陈述或描述规则内涵。无论是转述还是变

---

[1] 杨心德,蔡维静.社会学科学习与教学设计[M].上海:上海教育出版社,2005:134.

述,其实质都是理解之后对规则内涵的"复述"。概括规则就是能够把规则内涵归结为若干要点来理解(如把矛盾特殊性原理概括为三个要点来理解)。对规则内涵的概括是更为深入理解规则的表现。

政治课的规则知识学习也不排斥应用。但是,这种"应用"同样不是完全现实意义上的应用,而是带有"模拟"和"实验"性质的,也是一种"模拟应用"。这主要表现为四种认知类别,即举例、归类、比较和说明。[1]举例是列举体现规则的具体例子。概念举例是列举"事物",而规则举例则是列举"事件"。这些事件是相应规则的具体化。由于规则是概念间的关系,因此列举事件也就是列举事物和事物(环境)之间的相互作用过程和关系。归类是确定某事件体现和属于某项规则。这"涉及查明与具体例子和概念或原理两者都'相符'的相关特征或模式",[2]也就是发现事件中某项规则所揭示的关系。比较是对比规则和相关对象并发现它们的对应关系。这"涉及查明两个或更多对象、事件、观点、问题或者情境之间的相似点与不同点",[3]也就是通过比较去发现规则和比较对象间的异同(比较的对象比较复杂,包括命题和事件)。说明是阐明规则和事件的对应关系。这实际上是"要求学生建构和运用某一系统的因果模型",[4]也就是运用规则去说明事件(也包括说明规则命题的真假和规则例证的对错)。当然,无论是举例和归类,还是比较和说明,所涉及的内容仍然是近似于教学中出现过的例子,而不是全新的。这仍然是一种"练习""作业",具有模拟的性质。通过这种模拟应用可以加深理解,巩固记忆,使知识学习较平缓地从理解过渡到应用、过渡到技能学习。

除了上述记忆、理解和应用方面的特点外,政治课规则知识学习还受到规则自身特点的影响。这种影响主要表现为规则知识的稳定性比较弱,社会的发展、教育的变革都会引起它的变动,从而导致规则知识学习也不够稳定。此外,规则知识比概念知识复杂得多,学习也更加困难。

---

[1] L. W. 安德森将这四种认知过程都归在理解类别中,本书有所不同。
[2] [美]L. W. 安德森,等. 布卢姆教育目标分类学修订版[M]. 蒋小平,等,译. 北京:外语教学与研究出版社,2009:55.
[3] [美]L. W. 安德森,等. 布卢姆教育目标分类学修订版[M]. 蒋小平,等,译. 北京:外语教学与研究出版社,2009:57.
[4] [美]L. W. 安德森,等. 布卢姆教育目标分类学修订版[M]. 蒋小平,等,译. 北京:外语教学与研究出版社,2009:55.

3. 中学思政学科规则知识学习的分类

根据前文的划分,政治课的规则知识学习大体上可以分为三类:规范知识学习、原理知识学习和观点知识学习。规范、原理和观点也可以看成是规则知识学习的三种图式。

(1)规范知识学习

规范知识学习的对象是各种明文规定的社会行为(活动)标准,特别是政治和法律行为(活动)标准等规范知识,主要表现为各种制度性规定。从内容上看,规范知识可以分为两种。一种是关于"做什么"的知识,另一种是关于"怎么做"的知识。"做什么"的知识是社会特定领域和范围内的主体行为(活动)的内容标准,例如,国家对内和对外职能的内容,主权国家基本权利的内容,劳动者权利和义务的内容,消费者权益的内容,等等。"怎么做"的知识是社会特定领域和范围内的主体行为(活动)的方法标准,例如,履行国家对内对外职能的方法,维护主权国家基本权利的方法,处理劳动争议和消费争议的方法,等等。政治课中"做什么"的知识占压倒多数,这就使得其程序性特征并不明显,因为"做什么"的规定只是明确行为(活动)"是什么",而不涉及行为(活动)的步骤,虽然内容排列有先后,但并不一定表明行为(活动)的顺序。从形式上看,规范知识以命题和命题网络的形式呈现,由抽象的概括性命题构成,所包含的命题数量多,以并列关系为主,也有包含关系,内涵丰富,往往具有多重意义,与复杂事实知识学习相比有很大不同和更大难度。

规范知识学习可以参照复杂事实知识学习的图式策略和命题策略进行(详见第四章)。

(2)原理知识学习

原理知识学习的对象是社会规律和宇宙规律,特别是各种社会规律的原理知识,表现为系统的理论性概括。从内容上看,"在一个演绎系统中,不需要证明而把它们作为判断其他命题的真假的初始命题称为公理。从公理或从已被证明的其他命题出发,用逻辑推理的方法推导出来,并可以进一步作为判断其他命题真假的真命题,称为定理",[1]政治课中的原理是社会人文科学领域中具有普遍意义的基本理论,主要是马

[1] 孔凡泽,曾峥.数学学习心理学[M].北京:北京大学出版社,2012:90.

克思主义理论及其发展,相当于公理和定理(二者尚未严格区分)。但是,反映社会规律的"公理"和"定理"不同于数学和自然科学,受到人的活动的巨大影响,知识的"文化性""境域性"和"价值性"特征更加明显。这类原理知识可以分为两种,一种是反映社会规律的原理,仅适用于人类社会,例如,生产力和生产关系的辩证关系原理,人民群众创造历史的原理,等等;另一种是反映宇宙规律的原理,适用于人类迄今认识的整个世界(包括人类社会),例如,对立统一规律原理,质量互变规律原理,等等。前者的客观普遍性相对较弱,而后者则更为抽象概括。从形式上看,原理知识同样以命题和命题网络的形式呈现,由抽象的概括性命题构成。命题网络通常有两种类型:一种是命题之间的关系比较紧密,有递进性,命题中概念间的辩证关系(区别和联系)阐述明确、充分(如矛盾普遍性和特殊性的辩证关系原理、客观规律性和主观能动性的辩证关系原理等),可以称为"强关系原理"。另一种是命题之间的关系比较松散,呈并列性,命题中概念间的辩证关系阐述不很明确、充分,往往侧重表达"关系"的某一方面,而把"关系"隐没了(如意识能动性原理、人民群众创造历史的原理等),可以称为"弱关系原理"。

原理知识学习也可以参照图式策略和命题策略进行(详见第四章)。

(3)观点知识学习

观点知识学习的对象是世界观、人生观和价值观层面的信息,特别是马克思主义政治、经济和哲学观点知识,表现为糅合了原理和规范的综合性阐述。从内容上看,观点知识可以分为马克思主义政治、经济和哲学观点知识。政治和经济观点是从社会政治和经济领域的角度表达"三观",相对比较具体,如依法治国的观点、和平与发展的观点、社会主义市场经济的观点等。哲学观点则是从人类社会乃至整个宇宙的角度表达"三观",相对更为抽象,如实践的观点、矛盾的观点、唯物论的观点等。从形式上看,观点知识也是以命题和命题网络的形式呈现,但命题网络的结构更为复杂,一般包含三个部分:(1)观点的概述(是什么);(2)观点的意义(为什么);(3)观点的落实(怎么办)。每一个部分又都包含若干命题和子命题,从而构成一个子网络。观点知识中的每一个命题都可能是一个简单规则,这些简单规则结合在一起共同组成了一个规则系统(高级规则)。因此,政治课的观点知识学习可以理解为高级规则知识的学习。这也类似于布卢姆知识分类中的"理论、模型和结构的知识",是"包括原理和通则及其相互关系的知识……用于描述、理解、说明和预测现象的各种范式、认识论、理论和模型"。[1] 这类知识含量最为丰富,也最为复杂。在规范知识和原理知识学习中,其实也都包含着高级规则的学习,但与观点知识相比,它们高级规则的构成(即高级规则和简单规则间的关系)比较单纯、明确,学习也就相对简单一些。

观点知识一般总是含有若干原理和规范,这些原理和规范如果已经学习过,那么观点学习的过程就会有所简化;但是,观点知识并不是原理和规范的堆砌,原理和规范的学习并不能代替观点学习,观点知识学习过程是一个独立的专门学习过程。这一学习仍然可以参照图式策略和命题策略进行(详见第四章)。

[1] [美]L. W. 安德森,等. 布卢姆教育目标分类学修订版[M]. 蒋小平,等,译. 北京:外语教学与研究出版社,2009:40.

第三章

中学思政学科的技能学习

技能学习是广义知识学习的一部分,即程序性知识学习。程序性知识包括认知技能和动作技能,但中学思政学科基本上没有动作技能学习,因此本章主要讨论认知技能学习。认知技能包括智慧技能和认知策略,前者是对外办事的技能,后者是对内调控的技能,两者存在较大差别。本章将集中讨论智慧技能学习,第四章则讨论认知策略学习。

作为程序性知识的智慧技能由"陈述形态"和"操作形态"两部分构成,"陈述形态"的学习属于知识学习(即概念和规则知识学习),已在前一章讨论,本章将在此基础上集中讨论"操作形态"的学习(简称技能学习)。首先对中学思政学科智慧技能学习作一概述,然后分别讨论中学思政学科的辨别、分类、简单和复杂规则运用技能学习。

第一节　技能和技能学习概述

本节对技能和技能学习作一概述,这是讨论中学思政学科技能学习的基础和前提。

一、技能概述

(一) 技能的内涵

技能通常被定义为:"运用一定的知识和经验顺利完成某种活动的方式。"[1]这一界定强调了技能是对知识的运用,不同于知识本身。但是,现代认知心理学提出了广义知识观,认为知识可以分为陈述性知识和程序性知识两大类,技能也是一种知识,是关于"怎么办"的程序性知识。这就是说,广义的知识包括了技能。作为程序性知识,"技能的实质是一套规则支配下的人的行为",[2]这"行为"之所以成为"技能",关键在于"规则"支配了行为,规则知识操作化了,因此,技能不仅以知识为本,而且本身就是知识,是知识的操作形态。把技能归入广义的知识范畴是对技能本质的深入认识,能够避免脱离知识空谈技能的倾向,有利于技能的更好学习和掌握。不过,技能和知识(狭义)又各有特点,必须加以区别。有专家指出:"说明性质的数据结构信息,通常被称之为'知识';而步骤性质的程序结构信息,通常被称之为'技能'"。[3]也有专

---

[1] 朱作仁. 教育辞典[Z]. 南昌:江西教育出版社,1987:323.
[2] 杨心德,蔡维静. 社会学科学习与教学设计[M]. 上海:上海教育出版社,2005:143.
[3] 李伯黍,燕国材. 教育心理学[M]. 上海:华东师范大学出版社,1993:181.

家认为,技能是一种活动方式,是主体的动作经验,不同于知识是对客观事物的认知经验。[1]本书从学习的角度看,知识以命题和命题网络的形式表征,而技能以产生式和产生式系统表征,对于学习而言,这是技能和知识十分关键的区别,导致了两种不同的学习。[2]

技能和能力的关系也十分密切,但并不等同于能力。能力是人内潜的个性心理特征,它不完全是学习的结果,而是"先天的遗传素质和后天的一般环境影响的结果";[3]而技能是人外显的活动方式,它必须通过专门学习才能获得。能力虽然可以分为一般和特殊能力,但与技能相比更具一般性,技能则是具体的专门的行为方式。能力是技能的基础和底蕴,它隐于无形;而技能是有形的,它的获得要依赖一定的能力天赋。能力需要通过技能(认识和实践活动)才能表现出来,并且被进一步激活和发展;而技能不仅是能力的重要构成,更是能力的具体化和集中表现。

(二) 技能的分类

根据技能的性质和特点,或者"根据技能所涉及的规则或程序指向的目标的不同,可以区分出旨在完成智慧任务(或认知任务)的技能和旨在完成身体协调任务的技能,前一种技能称之为认知技能,后一种技能称之为动作技能"。[4]这两类技能的实质都是规则支配下的人的行为(活动),动作技能(亦称运动或操作技能)是规则支配下人的外显的身体协调行为,而认知技能(亦称智力或心智技能)则是规则支配下人的内隐的智力协调活动。

认知技能和动作技能都可以进一步分类。在R. M. 加涅的学习结果分类中,智慧技能和认知策略可以归属于认知技能。这实际上就是把认知技能分为两种,第一种是智慧技能,即运用概念和规则对外办事的技能;第二种是认知策略,即运用概念和规则对内调控的技能。

---

[1] 冯忠良,冯姬.教学新论——结构化与定向化教学心理学原理[M].北京:北京师范大学出版社,2011:171.
[2] 技能和知识的更多区别可参见本书第二章中"知识的分类"。
[3] [美]R. M. 加涅.学习的条件和教学论[M].皮连生,等,译.上海:华东师范大学出版社,1999:序10.
[4] 王小明.学习心理学[M].北京:中国轻工业出版社,2009:128.

在此基础上,R. M. 加涅又从特殊性和自动化两个维度对认知技能作了划分。根据特殊性维度,可以分为专门和非专门领域的认知技能。前者是仅形成和运用于专门领域的技能,如阅读、写作和计算等技能;后者是适用于各种认知活动、跨领域跨情境的技能,如思维、记忆等技能。根据自动化维度,可以分为能够自动化和难以自动化的认知技能。前者是通过系统练习形成并能自动激活的技能,如小学的加减乘除、拼音识字等技能;后者是受意识控制难以自动激活的技能,如文章中心思想的概括、应用题的解题等技能。[1]

罗米索斯基则将技能分为四种类型:(1)认知技能,主要为思维技能;(2)动作技能,即心理动作技能;(3)反应技能(reactive skill),是"管理自我"情感的技能;(4)交互技能(interactive skill),是"管理他人"情感即人际交往的技能。这一划分将技能及其学习扩展到了情感领域。研究者发现,这些技能在运用中,有些表现出较强的重复性和稳定性,而另一些则表现出较强的变通性和灵活性。这就呈现出两种不同的技能类型,前者可以称之为"再生性技能"(reproductive skills),如打字、礼节性表示谢意等;后者可以称之为"产生性技能"(productive skills),如解数学难题、做思想工作等。[2]

从认知技能的角度看,上述的分类呈现了智慧技能和认知策略、专门和非专门技能、自动化和非自动化技能、再生性和产生性技能等四个划分维度,为技能学习研究提供了很有价值的参照系。

二、技能学习的内涵、分类和意义

(一) 技能学习的内涵

技能学习"是让个体学会当面临一个问题状态时,如何在目标的指示下,通过一系列操作(或智力操作,或运动操作)来达到目标状态",也就是"学习在特定目标指示下

---

[1] 王小明.学习心理学[M].北京:中国轻工业出版社,2009:126—127.
[2] 盛群力,等.21世纪教育目标新分类[M].杭州:浙江教育出版社,2008:217—218.

的操作顺序"。[1]这就是说,技能学习是一个操作程序的掌握过程,其实质是"获得方法的步骤"。通过技能学习是要达到"会做"而不是仅仅"会说",这不同于知识学习(无论"是什么""为什么""怎么样",或者"做什么",甚至"怎么做",作为"知识"都有一个陈述即"会说"的问题)。

但是,技能学习又紧密联系着知识学习,是在知识学习的基础上展开的。在广义知识学习的第二阶段,学习开始分化,陈述性知识继续在命题表征中复习巩固,而程序性知识则转化为产生式表征。程序性知识的这一转化过程也就是技能学习的过程,它包含着两个不同的转化。第一个转化是命题陈述向产生式陈述转化。"产生式"这一术语来自计算机科学,是指计算机所具有的形式编码的规则。"产生式是一种'条件—行动'的规则,简称 C - A 规则,它包括两个部分:一是需要满足的条件,这里的条件不一定就是单一条件,很多情况下是指满足行动发生的多个条件;二是行动,即如果前面的条件为真。那么行动发生……这里的行动不仅是指外显的行为反应,还包括内隐的心理活动或心理运算","对人而言,产生式实质上是能够执行的一组内隐的指令,其规则适当、条件符合时就导致一定的行为发生"。[2]程序性知识最初由命题和命题网络表征,当这些知识要转变为技能,也就是从陈述形态转变为操作形态时,就必须转换为产生式来表征,因此需要把命题中条文化、理论化的陈述转化为明确的利于操作的"条件—行动"陈述,即"如果(条件)……那么(行动)"的形式来陈述。这一转化的结果是命题的"产生式化",即转化成产生式的言语陈述,可以称作"操作性陈述"(一般采用内部言语,并且简约化)。操作性陈述虽然留有知识学习的痕迹,但已经属于技能学习范畴,因为它为实际操作呈现了次序和路径,提供了线索和思路,不仅是实际操作的必要准备,而且是不可分割的一部分。第一个转化的关键是在理解命题的基础上分清"条件"和"行动"。如果分不清二者,下一步操作就难以进行。

第二个转化是产生式陈述向产生式操作转化,转化的结果是言语信息的"操作化",即转化成产生式的实际操作活动,可以称作"操作性活动"。有专家指出,要真正

[1] 李伯黍,燕国材.教育心理学[M].上海:华东师范大学出版社,1993:199.
[2] 杨心德,徐钟庚.教学设计中的任务分析[M].杭州:浙江大学出版社,2008:78—79.

掌握技能，"不仅要掌握这些操作性知识，还要通过实际操作，获得动觉经验，才有可能实现……技能不仅与陈述性知识不同，即便是操作性知识，虽与技能密切相关，但两者分别属于认知经验与动作经验，因而也不能等同"。[1] 因此，第二个转化也可以理解为是认知经验向动作经验的转化。通俗地说，就是由"会说"向"会做"转化。这一转化的实质是规则变成了行为（包括外显和内隐两种活动），如果转化成功人就真正习得了技能。转化的内容是一系列 C - A 规则的具体化和系统化。具体化涉及单一规则，是简单规则的行为化；系统化涉及多项规则，是复杂规则的行为化。

具体化就是把需要解决的具体问题内容代入产生式。一个产生式包括"如果"和"那么"两个部分。"如果"部分规定了满足行动的一系列条件，"那么"部分列出了符合条件即激活的相应行动。具体化首先是确定条件，即在"如果"部分进行规则条件和问题事实的匹配。也就是将规则提供的条件和事实具有的条件进行比较和鉴别，确定是否匹配（即符合规则），如果匹配就把事实的条件代入规则。然后是导入行动，即一旦确定条件匹配并代入规则，就在"那么"部分激活相应行动，也就是根据得到满足的条件采取特定的行动。

系统化就是在具体化的基础上把若干个产生式组合成产生式系统。单一的产生式只能完成简单的活动，要进行比较复杂的活动必须运用多个产生式，形成一个产生式系统。"一个产生式系统代表了人在从事某一特定任务时的一系列复杂行为。"[2] 相关研究指出："一个产生式系统由模式识别系统和行动系统组成，模式识别系统对应一系列的条件特征的鉴别。"[3] 这可以理解为对有效解决问题的若干适用规则的识别，即确定哪些规则适用于该问题解决。处理实际问题时并不需要把所有已知规则都提取出来考虑，而是先进行模式识别。这和具体化中的确定条件有相似之处，只不过模式识别的对象更多、范围更大、目的更复杂。模式识别之后就会产生一系列的行动。行动系统的运作实际上就是多个产生式的不断连接过程（也可以理解为把若干简单规则结合成高级规则的过程）。"产生式通过控制流而形成联系。当一个产生式的活动

[1] 冯忠良，冯姬. 教学新论——结构化与定向化教学心理学原理[M]. 北京：北京师范大学出版社，2011：171.
[2] 韦洪涛. 学习心理学[M]. 北京：化学工业出版社，2011：64.
[3] 杨心德，徐钟庚. 教学设计中的任务分析[M]. 杭州：浙江大学出版社，2008：78.

为另一个产生式的运行创造了所需要的条件时,则控制流从一个产生式流入另一个产生式。"[1]无论是正向产生式还是逆向产生式,"每一产生式均含有一个目标或子目标,并以此作为自己的一个条件;这些目标和子目标能使所有的产生式联结成一个有组织的目标层级的整体"。[2]

系统化和具体化并非完全独立地进行,而是交织、渗透、融合着展开。模式识别往往包含着条件确定,而产生式的连接过程中也总是伴随着具体化。两个转化也同样不能截然分开,不仅相互依赖,而且相互渗透、影响。正因为如此,知识学习中的"模拟应用"就兼有了知识和技能学习的双重特征。

(二) 技能学习的分类

根据前述的技能分类,可以将技能学习分为认知技能和动作技能两类学习。认知技能学习包括智慧技能学习和认知策略学习。智慧技能学习是学习运用规则对外办事的技能,学习的结果是形成规则支配下人处理外部事物的智力协调活动,也就是学会"动脑"于外部世界。这既不同于规则支配下人外显的身体协调行为,即"动手"于外部世界的学习(动作技能学习),也不同于规则支配下人调控内在心理的智力协调活动,即"动脑"于内部世界的学习(认知策略学习)。

加涅进一步划分了智慧技能的亚类,并且深入讨论了这些更为具体的技能学习。它们包括:(1)辨别学习。这是"可以指出某一特殊物体属性上的差异"的学习,[3]学习的结果就是能够区分不同的个别事物。(2)概念学习。这是"使得个体有可能把事物或事件作为一个类来进行反应"的学习,[4]学习的结果就是能够对事物进行归类。(3)规则学习。这是"能对各类客体和事件中的某一类关系作出反应"的学习,[5]学习的结果就是能够按步骤处理各类关系。(4)高级规则学习。这是学习"简单规则的

[1] 韦洪涛. 学习心理学[M]. 北京:化学工业出版社,2011:63.
[2] 韦洪涛. 学习心理学[M]. 北京:化学工业出版社,2011:64.
[3] [美]R. M. 加涅. 学习的条件和教学论[M]. 皮连生,等,译. 上海:华东师范大学出版社,1999:53.
[4] [美]R. M. 加涅. 学习的条件和教学论[M]. 皮连生,等,译. 上海:华东师范大学出版社,1999:94.
[5] [美]R. M. 加涅,等. 教学设计原理(第五版)[M]. 王小明,等,译. 上海:华东师范大学出版社,2007:63.

复杂组合",学习的结果"是为了解决某一实际问题或一类问题"。[1]

我们还可以根据特殊性维度把智慧技能学习分为一般智慧技能和专门智慧技能的学习,根据自动化维度分为自动激活的智慧技能和受意识控制的智慧技能的学习,根据稳定性维度分为再生性智慧技能和产生性智慧技能的学习。

(三) 技能学习的意义和地位

作为广义知识学习不可或缺的一部分,技能学习(认知技能)比知识学习(中义)更为重要。首先,技能学习是认知学习的核心部分。认知学习不仅要学习客观世界和主观世界"是什么",更要学习面对主客观世界"怎么办",技能学习就是学习"怎么办"的。无论完全陈述知识学习还是不完全陈述知识学习,最终都要落实到技能学习,为技能学习服务。

其次,技能学习同样是情感学习的前提。情感学习包含着认知因素和行为因素,而技能不仅是广义知识的一部分,而且是知识的操作化,与行为有着不可分割的联系,因此,技能学习更是情感学习的必要前提。如果技能学习不发生,不仅情感学习缺乏载体和目标,以致"皮之不存,毛将焉附",而且即使勉强发生情感学习,由于没有实际操作和行为经验,最终难以形成真实、坚定的态度和情感。

最后,技能学习是能力学习的先导。"能力的类化经验说认为,作为个体心理特性之一的能力,乃是类化了的经验,是概括化、系统化的知识与技能。知识与技能是能力结构的基本构成要素,是活动的作为调节系统中不可缺少的构成成分。""能力作为活动的稳定调节机制是在获得知识、心智技能与操作技能的基础上,通过广泛迁移,不断概括化、系统化,即类化而实现的。所以,能力的形成与发展,不仅依赖于知识与操作技能的获得及类化,同时也依赖于心智技能的获得及类化。"[2]这也表明,无论认识能力,还是实践能力,首先是建立在认知学习特别是技能学习基础上的。所谓能力培养,关键在于技能的习得。

---

[1] [美]R. M. 加涅,等. 教学设计原理(第五版)[M]. 王小明,等,译. 上海:华东师范大学出版社,2007:64.

[2] 冯忠良,冯姬. 教学新论——结构化与定向化教学心理学原理[M]. 北京:北京师范大学出版社,2011:173—174.

第二节　中学思政学科技能学习的性质和分类

中学思政学科的技能学习在这里是指智慧技能学习，认知技能特别是智慧技能是中学思政学科认知学习的核心，也是其学科能力培养的核心。本节将从智慧技能学习的角度阐明其性质和分类。

一、中学思政学科技能学习的性质

（一）程序性知识学习

智慧技能学习是一种程序性知识学习，即学习处理外部世界（客观事物）关系的程序，或者叫对外办事的步骤。由于程序性知识"陈述形态"的学习属于知识学习，因此技能学习是指程序性知识"操作形态"的学习，也就是程序性知识"产生式表征"的转化过程。这一过程同样包括"操作性陈述"和"操作性活动"两个转化，同样要经历"具体化"和"系统化"环节。这一学习的基本对象是"产生式"，学习的结果不是获得关于外部世界的意义，而是掌握应对外部世界的方法。

技能学习实际上是从广义知识学习的第二阶段（即"知识巩固和转化阶段"）开始的（参见第二章）。值得注意的是，政治课的技能学习往往就停留在这一阶段，而难以进入第三阶段（即"知识迁移和应用阶段"）。"在社会学科中的概念和原理学习一般不转化为办事的技能，较好的情形是学生能举出一事例说明习得的概念和原理……所以社会学科概念和原理学习一般处于陈述性阶段，其心理表征仍然是命题或命题网络"。[1] 我们应该实事求是地面对这一现实,一方面具体分析、区别对待政治课中的不同技能学习,不搞"一刀切"式的教学;另一方面创造条件、努力推动学习进入第三阶段,使政治课技能学习能够真正发生和完成。

(二) 社会技能学习

政治课技能学习是一种专门的智慧技能学习。其学习对象是社会领域的规则,是这些规则所反映的社会中的各种关系。学习的结果是学会处理各种社会关系的程序,也就是认识和办理社会事务的步骤,因此,这是一种社会技能的学习。社会技能的内涵十分复杂,研究者对其的理解和界定也存在很大差别。但一般都认为社会技能和人的行为密切相连,包括与他人交往的行为(如接受权威、谈话技巧、合作行为等),与自我有关的行为(如情感表达、道德行为、对自我的积极态度等),与任务有关的行为(如参与行为、任务的完成、遵循指导等)。本书把社会技能理解为是社会规则支配下的人的行为,是操作形态的社会信息及其组织。这就是说,作为一种技能,它是社会规则(而非自然规则)支配的"行为";作为一种知识(广义),它是"操作"中的社会信息(而非物理信息)组织。社会技能学习就是对这种"行为"和"操作"的学习。

这种行为和操作技能包括社会认知技能和社会交往技能。社会认知是"人对社会性客体之间的关系,如人、人际关系、社会群体、自我、社会角色、社会规范等的认知,以及对这种认知与人的社会行为之间的关系的理解和推断"。[2] 社会认知不同于物理认知,是"个体对社会世界的认识过程",是"一种基本的社会心理活动,人的社会动机或社会态度的形成、社会化过程的进展、社会行为的发生,都以社会认知为基础"。[3] 显然,社会认知技能是以人和社会为对象,是一种认识活动的技能。社会交往的内涵同样十分复杂,是多学科共同使用的概念。本书从哲学层面把握社会交往,将其理解为"人所特有的相互往来关系的一种存在方式,即一个人在与其他人的相互联系中的一种存在方式"。[4] 社会交往技能是人与人相互作用的技能,包括个人之间、个人和

---

[1] 杨心德,蔡维静. 社会学科学习与教学设计[M]. 上海:上海教育出版社,2005:146—147.

[2] 林崇德. 教育与发展[M]. 北京:北京师范大学出版社,2004:492.

[3] 中国大百科全书图文数据光盘. 社会学[Z]. 北京:中国大百科全书出版社,1999.

[4] 赵家祥. 马克思主义哲学原理[M]. 北京:经济科学出版社,1999:228.

群体之间相互作用的技能。这种技能虽然离不开认识活动,甚至也包含着认知成分,但和实践活动有更多的联系,是较倾向于行动的技能(但并非动作技能)。

社会技能一般属于非自动化技能。无论社会认知还是交往技能都要受到意识控制,难以通过练习自动激活。社会技能一般缺乏重复性和稳定性,往往因地因时因人因事而发生变化,属于产生性技能。因此,社会技能学习是一种更为复杂的学习。

必须指出的是,政治课的社会技能学习是建立在马克思主义理论知识基础上的,不仅同样包含一般智慧技能的成分,在一定条件下可以发生迁移,而且具有一般方法论意义,表现出跨领域的一般智慧技能的普遍价值。但是,在实际的学习中很难将专门和一般技能截然分开,它们是相互交织和渗透在一起的。我们首先应该注重学科特殊技能的学习和教学,以学科特殊性为学习的起点与重点。

(三) 有意义的操作学习

政治课的技能学习是一种操作学习,不同于前述的知识学习。知识学习是"陈述"学习,习得的是关于对象"是什么""为什么""怎么样",乃至"做什么""怎么做"的认知经验,而技能学习是"操作"学习,习得的是关于作用对象的各个步骤和整个过程的操作经验(虽然操作中也包含认知,但这一认知已经操作化了)。操作学习是关于"做"本身的学习,所以有专家指出:"它是主体对动作对象作用的主体动作经验……所要解决的是完成活动要求的动作会不会及熟练不熟练的问题。"[1]

但操作学习并不是动作技能学习。动作技能学习是习得外显的机体运动的执行经验,而智慧技能学习则是习得内隐的智力活动的执行经验。冯忠良指出,心智活动具有三个特点,即动作对象的观念性、动作执行的内潜性和动作结构的简缩性。[2]这就比较具体和深入地区分了两种技能。因此,智慧技能学习虽然是一种操作学习,但并不是学习机体外部动作的控制执行,而是学习人脑内部动作的控制执行,即使用内部言语和简缩形式,对事物的主观表征进行加工、改造的过程。当然,这也不同于认

---

[1] 冯忠良,冯姬. 教学新论——结构化与定向化教学心理学原理[M]. 北京:北京师范大学出版社,2011:171.

[2] 冯忠良,冯姬. 教学新论——结构化与定向化教学心理学原理[M]. 北京:北京师范大学出版社,2011:171—172.

知策略学习。智慧技能和认知策略虽然都是人脑内部动作的控制执行过程,但前者是着眼于处理外部世界的关系,而后者是处理内部世界即心理世界关系的。

这种操作学习是有意义学习。虽然知识学习强调习得事实的意义,技能学习则强调习得方法的步骤,但并不等于技能学习没有意义。实际上,方法的获得、程序和步骤的把握都是建立在理解基础上的,任何一种方法、一个程序都是有意义的,也就是都具有"语言文字或其他符号在个体头脑中唤起的清楚表达和精确分化的意识内容"。[1]因此,政治课的技能学习不是机械学习,不能通过单纯模仿和重复练习进行。它同样需要符号代表的新程序(而非观念)和个体认知结构中的适当程序建立实质性与非人为性联系的过程。

值得注意的是,政治课的有意义学习往往是一种内涵意义(connotative meaning)即"词或符号引起的除基本意义之外的联想意义或情绪反应"[2]的学习。这就比外延意义(decotative meaning)即纯粹基本意义的学习复杂得多,既充满着创造性,又容易引起歧义。这种情况在知识学习中同样存在。

(四) 显性的模拟学习

政治课的技能学习是有意学习,具有明确的教学目标、任务和内容,也辅以一定的教学形式、途径和方法,并且建立了一定的测量、诊断和评价体系,因而表现为显性学习。

但这种显性学习是一种模拟学习。"模拟是指如果两个系统能够显示出功能上的平行(在关键性的特征上能够产生一一对应),那么,一个系统就是另一个系统的模拟。"[3]模拟学习先要建立一个与原型在功能、形状、特性等方面相似的模型,然后学习模型,从而习得原型。因此,模拟学习就是对模型,也就是模拟对象的学习。

政治课的学科技能是社会技能,这可以通过社会实践直接去学习,也可以通过教学活动间接地学习。由于社会技能系统十分复杂,始终与人的活动及利益紧密相连,因此,在社会实践中学习不但成本高、风险大,而且效率也比较低,通过教学间接地学

[1] 顾明远.教育大辞典・教育心理学分卷[Z].上海:上海教育出版社,1990:267.
[2] 顾明远.教育大辞典・教育心理学分卷[Z].上海:上海教育出版社,1990:267.
[3] [美]G.H.鲍尔,等.学习论[M].邵瑞珍,等,译.上海:上海教育出版社,1987:438。

习则能够一定程度克服这些缺陷。

间接学习就是一种模拟学习,是通过学校教学系统对社会技能系统的某些方面的模拟来实现的。这种学习在模拟情境中进行,比如模拟的社会情境、家庭情境等;学习中的任务也是模拟的,比如对某类事物的归类、某项规则的执行、某条原理的应用等;完成任务的条件也是模拟的,比如模拟的经济条件、政治条件和生活条件等。通过情境模拟、任务模拟和条件模拟最终达到功能模拟,即利用教学模型和社会技能原型之间功能上的相似性,用模型代替原型来学习,最终实现对社会技能的掌握。

必须注意的是,模拟学习排除了大量的偶然性,创建了理想化的情境、任务和条件,并且预设了既定目标,由此形成的社会技能显然不是全真的。因此,政治课习得的社会技能在很大程度上是一种准备性技能,必须在社会实践中不断锤炼和检验,才能最终成为真正有用的社会能力。

二、中学思政学科技能学习的分类

根据技能的作用性质、作用领域和习得方式,可以把政治课的技能学习分为三种类型十个亚类。

(一) 辨别、分类和规则运用技能学习

根据加涅的分类,智慧技能学习分为由低到高的四种学习。这其实也区别了四种作用性质不同的技能。政治课同样存在这四种技能学习,可以简称为技能学习的性质类型。

1. 辨别技能学习

即辨别学习。这种学习是要学会区分具体对象之间的不同点,或者说要获得对不同刺激作出不同反应的技能。政治课的辨别学习是一种比较隐蔽的学习,不易被察觉,甚至仿佛没有发生学习。但是,这种"隐蔽的学习"不应该被轻视。因为它不仅凸显了智慧技能学习的关键特征——直接运用规则、把握操作的程序,而且"学会辨别在

日常生活及学校学习中起着极其重要的作用",[1]是其他智慧技能学习的基础。

2. 分类技能学习

即概念学习。这种学习是要学会对对象进行归类,或者说要获得把事物或事件作为一个类来进行反应的技能。概念学习的先决条件是辨别,辨别技能是分类技能的基础。分类中包含着辨别,但辨别只是区分个体,而分类则区分了类别。

政治课概念学习的对象虽然比较复杂,包括定义概念、类定义概念和无定义概念三类,但学习的目标是一致的,就是要使学生获得与这些概念内涵相一致的分类技能。或者说,是要培养学生具有中学思政学科特有的分类技能,也就是学会运用分类规则(即概念)对学科所涉对象进行归类,而不仅仅知道概念"是什么"。因此,概念陈述(定义)十分重要,是概念学习必经的环节。省略或忽视这个环节,分类技能将难以形成。无论哪一类概念都是对一类对象的概括,都是"将物体或事件加以归类的规则",区别只在于规则表述(定义)的形式、方法、角度、程度等不同,也就是概括形式的差别。但是,作为技能学习,政治课的概念学习不能停留和满足于"定义陈述"学习,而必须适时地推动命题表征转化为产生式表征,并进而转化为操作(行动),即由"知道是什么"转化为"知道怎么做",进而转化为"实际做"。具体说来,就是能够根据概念对相关对象分(归)类。例如,学了"商品"概念,就不仅要能够识别已知商品,而且能够分辨新的未知的商品。也就是能够正确地对新的对象进行商品与否的区分。只有这样才真正习得了分类技能。

3. 简单规则运用技能的学习

即规则学习。这种学习就是要学会运用规则在其适用的各种不同情境中做事,或者说,要获得用例证来说明规则反映的关系的技能。

规则实际上是做事的步骤,它通常把一类刺激(如任何具有"主要矛盾"特性的矛盾)与一类行为(如把握任何具体的"主要矛盾"的活动)联系起来。它所反映的是具有一定普遍意义的"概括性关系"(不是个别关系,而是"类关系")。因此,规则学习的关键是把握这种类关系,并使之支配自己的行为。把握类关系要从把握概念开始,因为

---

[1][美]R. M. 加涅. 学习的条件和教学论[M]. 皮连生,等,译. 上海:华东师范大学出版社,1999:89.

规则由若干概念构成,离开概念,规则难以形成,规则学习当然更无从谈起。把握概念之后,需要进一步把握概念间的关系。这首先表现为规则陈述学习。规则陈述学习类似于概念定义学习,是不可或缺的一环,但又不是规则学习的终结。仅仅能够陈述表达规则的命题并不能证明已经习得规则,或形成办事技能。这就是说,规则学习类似于概念学习,同样要完成两个转化,最终实现能"做事",而不是只会"说事"。

政治课规则学习的对象和内容十分复杂,通过学习所形成的按规则做事的技能与社会现实联系紧密,具有很强的社会功利性倾向,不同于自然学科那样精确清晰的规则技能。

4. 复杂规则运用技能的学习

即高级规则学习。这种学习就是要学会组合运用多项规则去解决问题,或者说,要获得在问题解决情境中的思维技能。因此,这通常被称为解决问题技能的学习。解决问题技能的习得并不仅仅是"解决了这个问题",而是"也学会了某些新的东西"。这个新东西就是一个"高级规则"。高级规则是若干简单规则的结合,具有更高的概括性,是更加复杂的规则,可以应用于更为广泛的情境。特别是再遇到同类情境时,它可以作为一个独立的高级智慧技能去解决问题。

政治课的高级规则学习也是建立在"陈述学习"基础上的,也都要经历两个转化。由于高级规则学习的转化更加复杂,停留在"陈述学习"而裹足不前的可能性更大,这是尤其需要注意的。

要使高级规则学习真正成为技能学习,关键在于问题解决。这就有必要对"问题"进行研究。政治课技能学习中所面对的"问题"至少需要先搞清楚两点:第一,什么是问题。心理学意义上的所谓问题是指,"在事物的初始状态和想要达到的目标状态之间存在障碍的情境"[1]。这就是说,问题由三个成分构成:初始状态、目标状态和中间状态(障碍)。但具备这三个成分的情境还不一定就是问题,因为问题还必须是"个体面临的不能直接用已有的知识、经验和方法加以处理,而必须重组自己已有的知识信息或认知结构才能使之得到解决的疑难情境"[2]。如果能直接用已有知识处理,

---

[1] 王小明. 学习心理学[M]. 北京:中国轻工业出版社,2009:231.
[2] 韦洪涛. 学习心理学[M]. 北京:化学工业出版社,2011:120.

那只是记忆的作用(运用简单规则),不是真正的问题;如果用已有知识无论如何都不能处理,那也不是问题,因为现有知识不敷所用,需要学习新知识。政治课的"问题"必须是学生间接运用(重新适当地组织)已有学科知识从而能够处理的情境。如果不需组织已有知识就能处理,或者组织已有知识无效,这样的"问题"就不是问题。

第二,问题的类型。一般可以把问题分为结构良好(明确问题)和结构不良(模糊问题)两类。结构良好的问题具有明确的初始状态、目标状态和克服障碍的方法,而结构不良的问题正好相反。政治课的问题大多属于后者。显然,这两种解决问题技能不可同日而语。一般说来,解决结构不良问题的技能学习更复杂,形成这一技能也更困难,因此,政治课的高级规则学习应该十分审慎地进行,绝不能好高骛远,脱离实际。

(二) 道德、法律、经济、政治和哲学技能学习

根据技能发生作用或运用领域的不同,可以把政治课的技能学习大致分为五种,简称为技能学习的领域类型。

1. 道德技能学习

道德是"以善恶评价的方式调整人与人、个人与社会之间相互关系的标准、原则和规范的总和,也指那些与此相应的行为、活动"。[1]道德技能学习就是学习这些道德规则(标准、原则和规范)的操作,也就是学习操作化的道德程序性知识。这种"操作",在政治课的学习中首先表现为道德认识活动,也就是道德认知技能(智慧技能)的学习。"道德认识是对于道德规范和道德范畴及其意义的认识",[2]它通过道德辨别和分类、简单和复杂道德关系的认识,使道德思维发展,道德观念形成并完善,从而习得一定的道德认知技能。这种"操作"也表现为道德实践活动,也就是道德行为技能学习。"道德行为就是人在一定的道德认识指引下,在一定的道德情感激励下,表现出来的对他人或社会所履行的具有道德意义的一系列具体行动。"[3]因此,道德行为技能的习得必须以道德认知技能为基础,与其有着不可分割的联系。只有在道德思维有所发展,道德观念有所形成和完善的基础上,道德行为发生和道德习惯养成才成为可能。

[1] 中国大百科全书(第二版精粹本)[Z].北京:中国大百科全书出版社,2013:252.
[2] 林崇德.品德发展心理学[M].上海:上海教育出版社,1989:36.
[3] 李伯黍,燕国材.教育心理学[M].上海:华东师范大学出版社,1993:73.

没有道德认识难以产生真正的道德行为。此外,道德行为技能学习还包含着情感、意志等态度学习的因素,不完全属于认知学习领域。正因为如此,政治课的道德技能学习虽然包含认知和行为两种技能学习,但主要是道德认知技能学习。

道德技能学习的内容可以分为两个方面。[1] 第一方面包括社会公德、家庭道德和职业道德的技能学习。社会公德是社会交往和公共生活中应遵循的行为准则。家庭道德是家庭生活中应遵循的行为准则。职业道德是职业活动中应遵循的行为准则。这方面的学习是道德技能的基本学习,具有较强的基础性和普遍意义。第二方面包括"五爱"教育和集体主义教育。"五爱"教育包括爱国、爱人民、爱劳动、爱科学和爱社会主义教育。集体主义是公民道德建设的原则,集体主义教育是学校德育的基本内容。这方面的技能学习是道德技能的核心学习,具有很强的指导性和特殊意义。

2. 法律技能学习

广义的法律包括宪法和法律(狭义),即"由国家制定或认可,规定权利、义务、权力,并由国家强制力保证其实施的调节公民行为的规范。法律通常规定社会、政治、经济及其他社会生活中最基本的社会关系或行为准则。"[2]法律技能学习就是学习这些法律规则(规范和准则)的操作,也就是学习操作化的法律程序性知识。这种"操作",在政治课的学习中首先表现为法律认识活动,也就是法律认知技能(智慧技能)的学习。法律认识是对于法律规范和准则的认识,它通过法律辨别和分类、简单和复杂法律关系的认识,使法律思维发展,法律观念形成并完善,从而习得一定的法律认知技能。这种"操作"也表现为法律实践活动,也就是法律行为技能学习。中学生的法律行为主要表现为守法和一些护法行为,而"守法行为是法律教育的目的和归宿",[3]因此,法律行为技能学习主要是守法行为技能的学习。但是,法律行为技能的习得同样必须以法律认知技能为基础,只有在法律思维有所发展,法律观念有所形成和完善的基础上,法律行为发生才成为可能。没有法律认识同样难以产生真正的法律行为。同时,法律行为技能学习也包含着情感、意志等态度学习的因素,不完全属于认知学习领域。所以,政治课的法律技能学习虽然包含认知和行为两种技能学习,却同样主要是

[1] 吴铎. 德育课程与教学论[M]. 杭州:浙江教育出版社,2003:40—43.
[2] 中国大百科全书(第二版精粹本)[Z]. 北京:中国大百科全书出版社,2013:356.
[3] 吴铎. 德育课程与教学论[M]. 杭州:浙江教育出版社,2003:57.

法律认知技能学习。

法律技能学习的内容可以分为两个方面。[1] 第一方面是宪法的技能学习。宪法是国家的根本大法,具有最高的法律效力,构成国家法治的基础。这方面的学习是法律技能学习的必修课,是最重要的学习。第二方面是相关法律的技能学习,即和中学生关系密切的若干法律的技能学习。包括《中华人民共和国义务教育法》《中华人民共和国未成年人保护法》《中华人民共和国治安管理处罚条例》等。这方面的学习是法律技能学习的选修课。无论是哪方面的学习,都以法律知识学习为基础,但并不等同于知识学习,而是在理解知识意义的基础上对法律程序的思维把握,或者说,是能够进行实施法律步骤的"演算"。这种"演算"的关键不在于知识的记忆,而在于观念的确立。

3. 经济技能学习

经济是指配置和利用有限(稀缺)资源以满足人的无限需要(欲望)的活动,也就是物质资料生产、交换、分配和消费活动的总和。[2] 这种活动有一定的规律,并且反映为一定的规范。经济技能学习就是学习这些经济规则(规范和规律)的操作,也就是学习操作化的经济程序性知识。这种"操作",在政治课的学习中首先表现为经济认识活动,也就是经济认知技能(智慧技能)的学习。经济认识是对于经济规范和规律的认识,它通过经济辨别和分类、简单和复杂经济关系的认识,使经济思维发展,经济观念形成并完善,从而习得一定的经济认知技能。这种"操作"也表现为经济实践活动,也就是经济行为技能学习。但是,经济行为技能的习得同样必须以经济认知技能为基础。相关专家指出,中学生的经济基础知识教育具有以下基本要求:(1)了解我国社会主义经济的状况,明确社会主义现代化建设的任务和方向。(2)提高参与经济活动的能力,做有经济头脑的人。(3)增强法制和道德观念,自觉规范自己在经济生活中的行为。(4)引导学生确立正确、合理的消费观念。[3] 不难看出,这些要求虽然涉及认识和行为两个方面,但主要是认识方面的,而且还包含着情感、意志等态度学习的因素,所以,政治课的经济认知技能学习同样是主要学习。

---

[1] 吴铎. 德育课程与教学论[M]. 杭州:浙江教育出版社,2003:54—56.
[2] 刘建铭. 经济学概论[M]. 北京:清华大学出版社,2012:2.
[3] 吴铎. 德育课程与教学论[M]. 杭州:浙江教育出版社,2003:93—94.

经济技能学习的内容可以分为两个方面。[1]第一方面是政治经济学理论的技能学习。马克思主义政治经济学是中学经济学习的基础性内容,具有理论指导意义,构成经济技能学习的基础学习。第二方面是中国社会主义经济理论的技能学习。这方面的学习内容丰富复杂,与现实有密切联系,具有强烈的实践意义。这是经济技能学习的核心学习。

4. 政治技能学习

政治是"在一定的经济基础之上的社会公共权力的活动、形式及其关系"。[2]这一活动的运作、关系的形成和形式的构建都要遵循一定的规律,同时又体现为一定的制度。政治技能学习就是学习这些政治规则(制度和规律)的操作,也就是学习操作化的政治程序性知识。这种"操作",在政治课的学习中首先表现为政治认识活动,也就是政治认知技能(智慧技能)的学习。政治认识是对于政治制度和规律的认识,它通过政治辨别和分类、简单和复杂政治关系的认识,使政治思维发展,政治观念形成并完善,从而习得一定的政治认知技能。这种"操作"也表现为政治实践活动,也就是政治行为技能学习。但是,相比较道德、法律和经济行为技能学习,中学生政治行为技能学习的范围比较小,内容也比较少。相关专家指出,加强社会主义政治文明教育的任务主要有两个方面:一是政治理论的认知,二是培养正确的政治观。[3]显然,这两方面所涉及的主要是政治认知技能的学习。

政治技能学习的内容可以分为两个方面。[4]第一方面是马克思主义政治理论的技能学习,这是中学政治学习的基础性内容,具有理论指导意义,构成政治技能学习的基础学习。第二方面是中国社会主义政治理论的技能学习,这方面的学习内容丰富复杂,与现实有密切联系,具有强烈的实践意义,构成政治技能学习的核心学习。

5. 哲学技能学习

"哲学的对象是人与世界的关系,重在从整体上把握人与世界关系的一般内容和

[1] 吴铎. 德育课程与教学论[M]. 杭州:浙江教育出版社,2003:92.

[2] 孙关宏,胡春雨,任军锋. 政治学概论[M]. 上海:复旦大学出版社,2017:10.

[3] 吴铎. 德育课程与教学论[M]. 杭州:浙江教育出版社,2003:101—102.

[4] 吴铎. 德育课程与教学论[M]. 杭州:浙江教育出版社,2003:103—104.

普遍形式……哲学就是关于人与世界关系的一般结论。"[1]因此,哲学不是局限于某种具体对象的知识体系,而是人与世界之间一般关系的学问,哲学涉及的是最一般的"规则"。哲学技能学习就是学习这些最一般规则的操作,也就是学习操作化的哲学程序性知识。这种"操作",在政治课的学习中主要表现为哲学认识活动,也就是哲学认知技能(智慧技能)的学习。哲学认识是对于人与世界一般关系的认识,它通过哲学辨别和分类、简单和复杂哲学关系的认识,使哲学思维发展,哲学观念形成并完善,从而习得一定的哲学认知技能。政治课的哲学教育主要是人生哲理教育,即"对中学生进行人生哲理教育,使他们了解马克思主义关于世界观、人生观和价值观的基本理论观点,学会观察和正确处理社会和人生道路上遇到的各种问题",[2]因此其认知技能主要是关于社会和人生一般问题的认知技能。这种认知技能的学习涉及的范围比较广,内容十分丰富,表现出更大的思维深度和难度,比其他认知技能学习更不容易。这种"操作"也表现为哲学实践活动,也就是哲学行为技能学习。所谓哲学行为技能就是把哲学思想运用于实践的技能,也就是哲学理论与实际生活相结合的技能。进一步说,就是马克思主义世界观、人生观和价值观理论与现实社会生活相结合的技能。这种学习不仅涉及的范围广、内容丰富,而且是与其他行为技能学习结合在一起进行,不表现为一种明确的、独立的行为技能学习,因此,它的学习难度更大,测量评价也十分困难。

哲学技能学习的内容可以分为两个方面。[3]第一方面是世界观教育,包括一切从实际出发等五方面的基本理论观点内容。这是中学哲学学习的基础性学习。第二方面是人生观和价值观教育。人生观教育包括个人和社会关系等四方面的基本观点内容。价值观教育实际上是人生观教育的一部分,主要是人生价值的教育。这是中学哲学学习的核心学习。"三观"教育是紧密联系的,"世界观是人生观、价值观的基础""人生观、价值观既反映世界观同时又影响世界观",[4]因此,基础与核心学习是统一的,互相影响,缺一不可。

[1] 李秀林,王于,李淮春. 辩证唯物主义和历史唯物主义原理[M]. 北京:中国人民大学出版社,2004.3—4.

[2] 吴铎. 德育课程与教学论[M]. 杭州:浙江教育出版社,2003:76.

[3] 吴铎. 德育课程与教学论[M]. 杭州:浙江教育出版社,2003:76—88.

[4] 吴铎. 德育课程与教学论[M]. 杭州:浙江教育出版社,2003:87—88.

(三) 有意义接受学习和指导发现学习

根据技能习得方式的不同,可以把政治课的技能学习分为有意义接受学习和指导发现学习两种,简称为技能学习的方式类型。

政治课的技能学习作为广义知识学习首先同样是接受学习。无论是命题陈述向产生式陈述转化,还是产生式陈述向产生式操作转化(两个转化),抑或是具体化(把具体问题代入产生式)和系统化(把若干个产生式组合成产生式系统),都已经是一种规定(被前人所发现的)程序,学习技能就是学习执行这些程序。与知识接受学习相比,不同仅仅在于,知识学习是接受定论形式的陈述内容和意义,而技能学习是接受规定的操作步骤和方式。当然,在接受既定程序的过程中,不仅同样需要理解其意义,而且因为操作中更多变数,更需要发现其意义。正因为如此,指导发现学习在政治课技能学习中变得更为重要。

指导发现学习是在教师指导下发现已有技能(广义知识)的学习。这种学习,学生学习与规定程序相关的线索或例证,并据此进行探索,从而操作化(发现)程序。与接受学习相比,学生经历了一个"发现过程",虽然本质上仍然是"接受",却要比单纯接受复杂得多,遇到的困难也大得多。显然,这种学习更需要教师指导。因为这种学习的不确定因素更多,在学习方向(目标)、范围(内容)、方法(技术)和机会(权利)等方面都充满变数,没有教师的有效指导,"发现"是很难实现的。因此,我们既要十分重视技能的发现学习,又不能盲目推行"发现学习",特别是"无指导发现学习"和"机械发现学习"。

第三节　中学思政学科的辨别和分类技能学习

辨别和分类技能学习的基础是符号、事实和概念知识学习,是后者学习的延续与深化,学习的结果是能够区分不同个体和类别的对象。这是中学思政学科的两种基本学科技能学习。

一、辨别技能学习

辨别技能是最为基本的智慧技能,辨别技能学习是其他智慧技能学习的基础。

(一) 什么是辨别技能学习

1. 辨别技能学习的内涵

加涅认为,"可以指出某一特殊物体属性上的差异被称为辨别",或"能对一个特定集合的不同成员作出不同的反应,这便是辨别"。[1] 具体一点说,"辨别是在知觉特征基础上将一个客体与另一个客体、一个特征与另一个特征、一个符号与另一个符号区分开的能力"。[2] 由此可知,辨别学习就是学习通过知觉对象特征以区别不同个体的技能,是习得知觉规则支配下的分辨个别刺激物的行为方式。美国知觉心理学家E.J.吉布森指出,辨别学习导致五种媒体(物体、空间、事件、图画、符号)的知觉分化。分化由物体和空间知觉开始,进而是事件,再后是图画和符号。[3] 因此,辨别技能学习也可以说是一种知觉技能学习。

在其他教育目标分类研究体系中,辨别学习也有意义相近但着重于学习心理机制的表述。例如,在《布卢姆教育目标分类学》的修订版中提出了"识别或辨认"的认知目标维度,"在识别这一认知过程中,学生搜寻其长时记忆,寻找与被呈现的信息(有工作记忆所表征)相同的或极为相似的信息,从而确定被呈现的新信息是否对应于已学过的知识,也就是寻找已学知识的对应物"。[4] 又如豪恩斯坦提出了"识别"的认知子

---

[1] [美]R. M. 加涅. 学习的条件和教学论[M]. 皮连生,等,译. 上海:华东师范大学出版社,1999:53,88.

[2] [美]M. P. 德里斯科尔. 学习心理学[M]. 王小明,等,译. 上海:华东师范大学出版社,2008:304.

[3] [美]R. M. 加涅. 学习的条件和教学论[M]. 皮连生,等,译. 上海:华东师范大学出版社,1999:91—92.

[4] [美]L. W. 安德森,等. 布卢姆教育目标分类学修订版[M]. 蒋小平,等,译. 北京:外语教学与研究出版社,2009:53.

目标,指出其是"在某一特定情境中将具体的信号、符号与观念、客体或现象联系起来并予以识记的能力"。[1]

从程序性知识表征的角度看,有研究者指出"辨别是最低级的程序性知识,它是对物体间物理特征差异的识别能力。辨别产生式中的条件是物体物理特征的确定,行动是差异物体名称的提取"。[2] 因此,辨别学习和符号(名称)学习有着更为密切的联系。

2. 辨别技能学习的特点和类型

辨别学习具有以下特点:第一,隐蔽性。"我们绝大部分人所能表现出来的辨别都是在生活的早期获得的,且是在无意的情况下获得的。"[3]这种先期获得和无意性使得"辨别的需要可能被忽略",因而辨别学习通常不易被察觉,往往隐蔽地完成。第二,多种知觉共同参与。"辨别学习常常涉及刺激物的独特特征……要学会对能将物体彼此区分的各种特征作出不同反应。"[4]辨别学习虽然一般以视觉为主,但多种知觉系统往往会自发参与辨识。第三,"辨别还具有前命名性,这就是说某些差异是察觉出来了,但学习者不能命名或解释这一差异"。[5]第四,感性和理性交相作用。有研究者指出"辨别能力的习得过程可以用模式识别解释……模式识别可以分两个阶段。在感性阶段的识别是刺激模式的外部识别;在理性阶段的识别是概念的运用"。[6]第五,直接的操作学习。辨别学习通过知觉诉诸对象的特征,也就是主要通过"观察"来展开学习,省略了"陈述形态"的学习。或者说,对于辨别的规则和过程(步骤)以及需要辨别的特征,学生并不去"陈述"(说),而是直接就去"辨认"(做)。

辨别学习包括简单(单一)辨别学习和多重辨别学习,前者是对辨别单个对象特征

[1] 盛群力,等.21世纪教育目标新分类[M].杭州:浙江教育出版社,2008:40.
[2] 杨心德,徐钟庚.教学设计中的任务分析[M].杭州:浙江大学出版社,2008:79.
[3] [美]R. M. 加涅.学习的条件和教学论[M].皮连生,等,译.上海:华东师范大学出版社,1999:93.
[4] [美]R. M. 加涅.学习的条件和教学论[M].皮连生,等,译.上海:华东师范大学出版社,1999:90.
[5] [美]M. P. 德里斯科尔.学习心理学[M].王小明,等,译.上海:华东师范大学出版社,2008:304.
[6] 皮连生.学与教的心理学[M].上海:华东师范大学出版社,2009:101.

的学习,比较简单;后者是对辨别多个对象特征的学习,要复杂和困难得多。

(二) 中学思政学科的辨别技能学习

中学思政学科的辨别技能学习是对学科相关知识名称(符号)的辨别学习,也包括一定的学科具体事物(实体、虚体和活动)的辨别学习。它主要是符号知识学习的操作化。例如,对学科相关人物的姓名、相关事件的叫法、相关概念的名称等的辨别。这是政治课最为基础的技能学习。

1. 中学思政学科辨别技能学习的特点

根据符号辨别技能学习的一般特点并结合政治课符号知识学习的特点,本书认为政治课符号辨别技能学习具有以下特点:

第一,直接的操作学习。辨别学习都是通过"观察"来进行,省略了"陈述形态"的学习。对于辨别的规则和过程(步骤)以及对象的特征,学生并不去"陈述"(说),而是直接就去"辨认"(做)。它和符号知识学习结合得特别紧密,以至难以区分这两种学习。这一特点是其他技能学习所不具备的。

第二,隐蔽的学习。首先是语词辨别具有隐蔽性。由于语词辨别和概念区分紧密结合在一起,而概念区分更受到注意和重视,发生于前的语词辨别反而会被忽略。例如,学生对"公民"和"人民"的区别首先是字音字形上的语词(符号)辨别,却往往被看成是概念上的区分,语词辨别学习完全被忽略甚至抹杀了。其次是图表等辨别也具有隐蔽性。由于对图表不是先学习后辨别,而是即辨别即学习,知识学习和技能操作合而为一,很大程度上也就隐没了学习。例如,对各类图表中的线条、图形都是通过"观察"直接辨别,似乎不需要先学习。

第三,以感性辨别为主,但也渗透一定的理性。对图表中的线条、数字、颜色和图形等的辨别都是依靠知觉的,属于感性辨别;而对语词的辨别则比较复杂,语词虽然也是符号,但又联结着概念,对它们的辨别往往与概念的意义相联系,渗透着理性的因素。例如对"公民"和"人民"的辨别,既有字音、字形上的差别,也有词意上的差别,不完全是依靠感性来辨别的。

第四,具有前命名性。这主要表现在图标等感性辨别为主的学习中。学生察觉了对象间的差异,却不能命名或解释这一差异,例如对各种标记、徽章的辨别。

2. 中学思政学科辨别技能学习的类型

从辨别的对象看,政治课的辨别学习涉及两种辨别技能:符号(名称)辨别和具体事物辨别的技能,具体事物辨别是学以致用的实践问题,而政治课的技能学习主要是认知技能学习,因此符号辨别技能是主要的学习对象。

政治课大体上涉及五种符号(名称)辨别学习:(1)图表辨别。图表不是符号,而是由图形和语词等符号组合而成的符号集合体,图形符号是其基本构成,所以图表是"直观展示统计信息的图形结构"。图表辨别既有结构间的辨别,如各种图表的辨认和识别,也有结构内的辨别,如图表中各种符号的辨认和识别。这种辨别在"经济生活""政治生活"中较为多见。(2)图标辨别。图标是具有指代意义的图形符号,但比单纯的图形符号具象一些,具有高度浓缩并快捷传达信息、便于记忆的特性。这种辨别在"经济生活""政治生活"中也较为多见,如各种经济、政治和社会组织或活动的标志、徽号的辨认和识别。(3)公式辨别。公式也是一种符号集合体,主要由数学符号构成。政治课虽然没有数学课那么多公式,但也有专属于本学科的公式需要辨别。这种辨别集中在"经济生活"。(4)语句辨别。这属于阅读心理过程的感知(初始)阶段。政治课虽然不同于语文课,但同样需要阅读学习课文。课文由语句组成,语句由语词和标点符号组成,因此,语句辨别的基础是语词辨别,语词辨别实际上是政治课最普遍的辨别。但是,中学生已经具备了一定水平的阅读技能,在政治课上学生并不是泛泛地学习阅读技能,而是主要集中在学科专业语词的辨别技能上。这包括外语词和汉语词两种辨别,前者如对 GDP 和 GNP 的辨认和识别,后者如对税率、利率、汇率的辨认和识别等。(5)图像辨别。图像是客观对象的视觉反映,是最为具体形象的信息载体。这里主要是指教科书中的各种插图。插图能够对课文作形象生动的诠释,理解插图有助于理解课文,而图像辨别是理解插图的前提。图像辨别在政治课中普遍存在,应该加以注意,但它不是政治课的主要辨别技能。

二、分类技能学习

分类技能学习连接着辨别技能和规则运用技能的学习,它是智慧技能学习中十分重要的一环。

(一) 什么是分类技能学习

1. 分类技能学习的内涵

分类技能是运用概念对事物进行归类的技能。"概念是一种性能,它使个体有可能将某一刺激识别为具有一些共同特征的一类刺激的一员,尽管这些刺激彼此明显不同",[1]因此,正如第二章所述,概念学习就是要学生获得一类事物的共同本质属性,从而能够识别某类事物的任一对象,"概念学习本质上是一种技能学习";也因此,分类技能学习是概念学习的重要组成部分。

分类技能不同于辨别技能,前者是"通过命名或其他方法来识别出事物",而后者仅仅是"对差异做出反应"。[2]分类技能也不同于规则运用技能,前者是概念运用技能(尽管概念也是一种规则,但仅限于分类),而后者是规则运用技能,所涉及的规则要宽泛、复杂得多。由此可知,分类技能学习以辨别技能学习为基础,又是规则运用技能学习的必要前提。

在其他教育目标分类研究体系中也提出了类似分类技能的教育目标。例如,《布卢姆教育目标分类学修订版》在认知过程维度的"理解"目标中就有"分类(归类、归入)"的子目标:"分类要求学生识别某事/某物(如某一事件或例子)属于某一类别(如某一概念或原理),这涉及查明与具体例子和概念或原理两者都'相符'的相关特征或模式"。[3]又如,马扎诺的教育目标分类学中有"概括"的目标:"概括是对一类人、地点、生物、非生物以及事件特征进行识别,可以用具体的事实去支持它"。[4]

2. 分类技能学习的特点和类型

分类技能学习具有以下特点:

---

[1] [美]R. M. 加涅,等. 教学设计原理(第五版)[M]. 王小明,等,译. 上海:华东师范大学出版社,2007:60.

[2] [美]R. M. 加涅,等. 教学设计原理(第五版)[M]. 王小明,等,译. 上海:华东师范大学出版社,2007:61.

[3] [美]L. W. 安德森,等. 布卢姆教育目标分类学修订版[M]. 蒋小平,等,译. 北京:外语教学与研究出版社,2009:55.

[4] 黎加厚. 新教育目标分类学概论[M]. 上海:上海教育出版社,2010:12.

第一,操作性。与概念知识学习相比,分类技能学习更强调应用,强调运用概念定义进行实际操作(分类),而不是仅仅满足记忆和理解概念定义。概念知识学习虽然也需要应用,但只是为了证明和加深理解,是为理解服务,而分类技能学习是学习应用,应用本身就是目的和结果,记忆和理解只是应用的准备。也就是说,在技能学习的两个转化中,第一个转化(即转化为"操作性陈述")只是为分类操作作准备,实现第二个转化(即转化为"操作性活动")才真正习得分类技能。第二个转化在分类技能学习中占有十分突出的位置。

　　第二,完整性。与辨别技能学习相比,分类技能学习并不是直接的操作学习,而是陈述和操作学习紧密结合,缺一不可。第二个转化固然重要,但第一个转化也不可或缺,两个转化按部就班,循序渐进,整个学习过程呈现出明显的完整性。也正因为如此,分类技能学习和概念知识学习往往难以截然分开,也往往会混为一体。

　　第三,理性为主。"概念学习的意义在于使个体免受具体刺激的支配。所以毫不奇怪,概念是否形成的检验是看能否进行概括。"[1]显然,分类技能的习得必须依赖思维,依赖对概念本质属性的理性把握。离开一定的抽象和概括,概念难以形成,分类也就无从谈起。虽然分类技能也并不完全排除感性参与,但即使是通过观察习得的具体概念最终也仍然需要一定程度的抽象和概括,否则很难形成确定的结果,以便"根据一些共同的抽象属性对它们作出反应"。

　　分类技能学习的类型和概念类型紧密相联。加涅指出:"有些概念可通过与学习者所处环境的直接相互作用而习得,而有些概念则须通过使用语言而习得。"[2]前者是指具体概念的学习,后者是指定义性概念的学习。与之相应,分类技能学习也就可以分为形象分类和抽象分类两种技能学习。形象分类技能是通过观察学习形成的、主要以对象外观特征为标准进行分类的技能。抽象分类技能是通过陈述和操作学习形成的、主要以对象内在属性为标准进行分类的技能。

---

　　[1] [美]R. M. 加涅. 学习的条件和教学论[M]. 皮连生,等,译. 上海:华东师范大学出版社,1999:104.

　　[2] [美]R. M. 加涅. 学习的条件和教学论[M]. 皮连生,等,译. 上海:华东师范大学出版社,1999:109.

(二) 中学思政学科的分类技能学习

中学思政学科的分类技能学习是对学科相关概念的应用学习,是学习学科特有分类的操作程序,即运用学科概念内涵进行对象划分。它是概念知识学习的操作化,是政治课的基本技能学习。

1. 中学思政学科分类技能学习的特点

根据分类技能学习的一般特点并结合政治课概念和概念知识学习的特点,本书认为政治课分类技能学习具有以下特点。

第一,政治课的分类技能学习也是一种操作学习,强调在应用中学习,在学习中应用,但是,这种应用更为复杂,比一般操作困难得多。首先,政治课的分类基本上是在宏观层面上进行的,具有较高的概括性和抽象性,比较"高、大、上"。这和政治课的概念具有较大的一般性有密切关系。其次,政治课的分类渗透着德育性,具有明确的思想政治倾向性,强调主导意识形态的教育,强调态度和认知学习的统一。这对分类技能学习有很大影响。政治课的分类技能是以"从善"为首,"求真"次之。这和其他学科特别是自然科学有很大不同。再次,政治课的概念往往具有多重意义,又和日常概念多有混合、嵌套,分类操作就可能超出概念的基本意义,表现出"模糊"的分类。

第二,政治课分类技能学习以陈述学习为基础,并且本身就包含陈述学习。这个陈述学习就是由概念的命题表征转化为产生式表征,即"操作性陈述"。这和辨别学习有很大区别。辨别学习省去了"陈述",通过"观察"直接进行辨别操作,而分类学习并不通过"观察",而是通过掌握定义所陈述的概念内涵,因此不仅不能省略"陈述",而且必须经过这一学习。只有"把命题中条文化、理论化的陈述转化为明确的利于操作的'条件—行动'陈述",才能进一步展开分类操作活动。但是,这个转化一般是一个心理内隐过程,大多通过内部言语完成,不易被察觉,因而往往被忽略。因此,必须明确,分类技能学习是一个完整的包含着两个转化的学习过程。我们不能跳过第一个转化,从命题陈述直接转向分类操作,忽略命题和产生式的差别,试图超越产生式陈述这一环节,就会欲速则不达,往往只能退回或停滞在命题陈述,最终仍然停留在知识(狭义)学习上。

第三,政治课分类技能学习以理性学习为主、感性学习为辅。政治课所习得的是抽象分类技能,即使学习的是具体概念也是通过定义来学习,学习中抽象和概括是基本的不可或缺的,因此主要诉诸的必然是理性思维的形式。但是,政治课的概念学习也并不完全拒绝感性参与。在概念的例证学习、类定义学习,甚至真实定义(如发生定义)的学习中,会有一些感性形式的加入和渗透,这有利于概念的掌握,分类技能的形成,并不是坏事情。不过,这只是辅助性的,不能过分强调,更不能喧宾夺主。

2. 中学思政学科分类技能学习的类型

政治课概念学习以定义学习为主,因此,虽然不排除形象分类技能学习,但主要是抽象分类技能的学习。在抽象分类技能学习中,由于定义方法不同(参见第二章),又可以分为以下几种分类技能学习。

第一种,以实质定义为基础的分类技能学习。实质定义明确揭示了概念的本质属性,呈现了分类规则(标准)。学生通过学习掌握并运用该分类规则,从而形成真正的分类技能。实质定义概念占全部概念的 54%,是政治课主要的分类技能学习对象。

第二种,以目的定义为基础的分类技能学习。目的定义没有明确揭示概念的本质属性,所阐明的概念的目的属性(作用、地位或意义)往往过于宏观,较易失之"定义太宽"。例如,"社会生产是社会存在和发展的基础,社会财富增长的源泉"阐明了社会生产的地位和作用,但具有此等地位和作用的并不只有生产。这种定义的定义项外延多大于被定义项外延,二者不是全同的。这就难以构成准确的分类规则,根据这种定义进行的分类也就难以精准,因此,这种学习很难获得真正的分类技能。当然,目的定义对于分类也不是完全没有帮助,目的毕竟也是概念的一种属性,也有一定的分类意义。

第三种,以名义定义为基础的分类技能学习。名义定义是对语词(符号)意义的概括,通过这种概括揭示了语词和对象间的关系,因而也间接地揭示了概念的内涵。但是,由于是"间接"的揭示,定义并没有直接呈现分类规则,而是仅仅告知这个语词表示什么意思。这更像是一种"名称意义"的学习。例如,"GDP 表示国内(或地区)生产总值"就是仅仅告知"GDP"这个英文缩写(名称)表示什么意思。要真正把握 GDP 的内涵就需要进一步把握定义项的内涵,也就是要对定义项进行定义,阐明"国内生产总值"的内涵。正因为如此,名义定义的学习大多也很难获得真正的分类技能。

第四种,以外延定义为基础的分类技能学习。外延定义本身就是分类,呈现的是分类结果,不是分类规则,因此,外延定义学习只能获得类别知识,而不能获得分类技能。

　　以上目的、名义和外延定义概念分别占全部概念的 15％、9％ 和 11％，合计为 35％，占了概念学习的三分之一强，但通过这些学习却难以获得真正的分类技能。在政治课的概念学习中，只有实质定义概念学习才能够习得分类技能，而这种学习只占 54％，即一半多一点。而且这一半中，仅仅停留在知识学习阶段，不转变为技能学习的也仍有可能。面对政治课分类技能学习的这一现实，我们既要自觉组织和推动这一学习，又不要过于苛求这一学习，以免适得其反。

　　根据以上所述，学习分类技能可以采用显性化、具体化和变式练习等基本策略（详见第四章）。

第四节　中学思政学科的规则运用技能学习

　　规则运用技能学习的基础是概念和规则知识学习，是后者学习的延续与深化，学习的对象是操作形态的规则，学习的结果是能够运用规则对外办事（即按程序操作）。这是中学思政学科的高级学科技能学习。规则运用技能学习包括简单和复杂规则运用技能学习。

一、简单规则运用技能学习

　　简单规则运用技能是高级智慧技能的重要构成，简单规则运用技能学习是形成高级智慧技能的起点和关键环节。

（一）什么是简单规则运用技能学习

1. 简单规则运用技能学习的内涵

简单规则运用技能就是按照相对简单的程序（步骤）处理客观世界各种关系的技能，也就是执行简单的对外办事程序的技能，因此，简单规则运用技能学习是学习执行简单程序的技能（以下简称"简程技能学习"）。这种学习"就是要学会运用规则在其适用的各种不同情境中做事，或者说，要获得用例证来说明规则反映的关系的技能"。

简程技能学习属于简单规则学习（即加涅的规则学习）中的应用（程序）学习，既不同于规则知识学习，也不同于复杂规则运用技能学习，而分类技能学习则是其特例，它是智慧技能最具典型意义的学习。

其他教育目标分类研究体系也提出了类似简程技能的教育目标。《布卢姆教育目标分类学(修订版)》的认知过程维度中提出了"应用"目标："应用涉及使用程序去完成练习或解决问题，因此，应用与程序性知识有着紧密的联系。"[1]应用包括执行和实施两个子目标。马扎诺教育目标分类学提出了心智过程领域知识，其中"一类是在实践中可以被自动执行的或者是需要很少的有意识思考的"，如策略、运算法则和单个规则。[2]豪恩斯坦的"应用"目标则是"澄清某一问题或情境及运用适当的原理与程序解决具体问题或满足情境需要的能力"，包括澄清和解答。[3]

2. 简单规则运用技能学习的特点和类型

我们已经知道，分类技能学习也是一种规则运用技能学习，因此，简程技能学习与分类技能学习的特点相近。它以应用为目的和基本途径，重视理性思维，强调操作和陈述的完整把握，也是一种以理性为主的、完整的操作性学习。但是，相比之下，简程技能学习所要把握的规则、执行的程序和处理的关系更为多样、复杂，因为"规则还包括除了分类之外的其他类别，它们处理像'相等''相似''大于''小于''之前''之后'之

---

[1] ［美］L. W. 安德森，等. 布卢姆教育目标分类学修订版［M］. 蒋小平，等，译. 北京：外语教学与研究出版社，2009：58.

[2] 黎加厚. 新教育目标分类学概论［M］. 上海：上海教育出版社，2010：16—17.

[3] 盛群力，等. 21 世纪教育目标新分类［M］. 杭州：浙江教育出版社，2008：41.

类的关系"。[1]这就是说,虽然学习的都是简单规则,但简程技能所涉及的概念间关系或办事之步骤显得多样化,不像分类技能比较单纯。分类技能学习"使学习者识别关系,并将这一概念与其他概念区分开来",而简程技能学习则使"个体通过应用各类关系对各种具体情境作出反应","在个体碰到许多具体问题时……起着导向个体行为的作用"。[2]作为一种学习结果,这种导向作用显然要比分类识别作用更加难以习得。

当然,如果相比于复杂规则运用技能学习,简程技能学习则又是比较简单的。它仅仅是执行程序,而前者是编制程序和执行程序兼而有之。

根据规则的类型不同,简程技能学习可以分为程序学习和原理学习两种。程序学习是学习对外办事的特定步骤及其顺序。"程序通常对其中包含的所有步骤进行严格的限定,并且都限定得很清楚。"[3]这是一种比较单纯的以完成任务为目标的简程技能。原理学习则并不限于学习办事的步骤,而是更着重于学习对象(概念)间的各种关系。"原理描述了两个或两个以上概念之间的关系。这些关系经常用'如果—那么'的形式,或者用'原因—结果'之间的关系进行描述。"[4]通过原理学习要使学生形成"预测、解释或控制一些事情"。[5]这是一种比较复杂的、更具综合意义的简程技能。

两种学习有着密切的关系。程序中渗透着原理,原理中包含着程序,所以,"学习某个程序以完成一些任务,然后再学习程序中蕴藏的原理(作为程序使用的结果)是很常见的事。与之相反的顺序,即先学习原理再学习程序,也有可能会出现"。[6]不仅如此,有关专家还指出:"通常情况下,应用程序是应用原理的一种简化替代方式……

[1] [美]R. M. 加涅,等. 教学设计原理[M]. 王小明,等,译. 上海:华东师范大学出版社,2007:64.
[2] [美]R. M. 加涅. 学习的条件和教学论[M]. 皮连生,等,译. 上海:华东师范大学出版社,1999:110,118.
[3] [美]P. L. 史密斯,T. J. 雷根. 教学设计[M]. 庞卫国,等,译. 上海:华东师范大学出版社,2008:282.
[4] [美]P. L. 史密斯,T. J. 雷根. 教学设计[M]. 庞卫国,等,译. 上海:华东师范大学出版社,2008:308.
[5] [美]P. L. 史密斯、T. J. 雷根. 教学设计[M]. 庞卫国,等,译. 上海:华东师范大学出版社,2008:142.
[6] [美]P. L. 史密斯,T. J. 雷根. 教学设计[M]. 庞卫国,等,译. 上海:华东师范大学出版社,2008:282.

当采取程序学习路线并且这样做有意义时,这种退而求其次的作法一般强调的是相对的简单化;而当采取原理学习路线时,强调的则是应用的意义性和广度。"[1]专家进一步建议"教学者应该把两种类型的教学联系起来:教给学生程序,以使学习者有足够的应对给定情境的手段;教学者还应该在基本原理的背景下对程序作出解释说明,这样信息就会更有意义,因而更好记忆和迁移"。[2]

(二) 中学思政学科简单规则运用技能学习

中学思政学科的简程技能学习是对学科相关简单规则的应用学习,是学习处理学科特有关系的操作程序,即运用学科简单规则对外(人类社会)办事。它是简单规则知识的操作化,是政治课的关键技能学习。

1. 中学思政学科简单规则运用技能学习的特点

根据简程技能学习的一般特点并结合政治课规则和规则知识学习的特点,本书认为政治课简程技能学习与分类技能学习具有基本一致的特点如下。

第一,政治课的简程技能学习同样是一种操作学习,同样强调在应用中学习,在学习中应用,但是,这种应用比分类操作更为困难、复杂。首先,政治课的规则基本上是宏观层面的,具有较高的概括性和抽象性。把握尚且不易,运用就更加困难。其次,政治课的规则具有强烈的德育性,表现出明确的思想政治倾向性,更加强调主导意识形态的教育,强调态度和认知学习的统一。这对简程技能学习有更大影响。政治课的简程技能更以"从善"为首,"求真"次之。这同样和其他学科,特别是自然学科有很大不同。再次,政治课的规则有"实然"和"应然"之分,但又往往混合不加区别,按此操作就可能超出规则的作用范围,表现出模糊的缺乏针对性的"应用"。

第二,政治课简程技能学习同样以陈述学习为基础。这个陈述学习是建立在已经掌握命题所陈述的规则内涵的基础上,由规则的命题表征转化为产生式表征,即"操作性陈述"。简程技能学习同样不能省略"陈述",必须"把命题中条文化、理论化的陈述

---

[1] [美]P. L. 史密斯,T. J. 雷根. 教学设计[M]. 庞卫国,等,译. 上海:华东师范大学出版社,2008:309.

[2] [美]P. L. 史密斯,T. J. 雷根. 教学设计[M]. 庞卫国,等,译. 上海:华东师范大学出版社,2008:282.

转化为明确的利于操作的'条件—行动'陈述",才能进一步展开简程操作活动。同样,这个转化也是一个心理内隐过程,大多通过内部言语完成,不易被察觉,往往被忽略。因此,同样需要强调,简程技能学习也是一个完整的包含着两个转化的学习过程。我们不能跳过第一个转化,从命题陈述直接转向简程操作。在简程技能学习中忽略命题和产生式的差别,试图超越产生式陈述这一环节,后果可能更糟,因为这一学习所习得的是最为典型的智慧技能,如果欲速不达,不仅退回或停滞于命题陈述,而且还会影响分类技能学习的价值。

第三,政治课简程技能学习也以理性学习为主、感性学习为辅。政治课所习规则的宏观性和社会性决定了学习的抽象性和概括性是基本的,因此主要诉诸的必然是理性思维的形式。但是,政治课的规则学习同样不拒绝感性参与。规则的例证学习是不可或缺的,这就会有一些感性形式的加入和渗透,这有利于规则的掌握,简程技能的形成。不过,这同样只是辅助性的,不能过分强调,更不能喧宾夺主。

2. 中学思政学科简单规则运用技能学习的类型

根据简程技能学习和政治课规则的分类,政治课的简程技能学习可以分为两种,即简单规范技能学习和简单原理技能学习。简单规范技能学习以单一规范知识学习为基础,是学习对单一规范知识的运用。政治课的规范知识分为"做什么"和"怎么做"两类,因此,简单规范技能学习也可以分为"做什么"和"怎么做"两种技能学习。

"做什么"的技能学习是学习运用规范的"内容标准"判断与规范相关行为一致性的技能。也就是说,学习之后不仅要知道"是什么"和"该做什么",而且要形成能够确定某一行为是否遵循或违反某一规范的技能。这主要在于明确规范的内容,例如,要确定是否获得"平等就业"权利,就必须明确"平等就业"权利的具体内容,不能和劳动者其他权利内容相混淆。准确把握"内容标准"是形成这项技能的关键。同时,还需要明确相关行为的表现,以对照鉴定。这种技能学习的程序性特征不明显,不能简单归入程序学习。它与分类技能学习比较相似,是一种比较特殊的社会规则学习。"怎么做"的技能学习是学习运用规范的"方法标准"具体执行规范的技能。也就是说,学习之后要形成能够按照某一规范的操作程序去处理(解释或落实)事物的技能。例如,履行国家对内或对外职能的程序步骤的技能,处理劳动争议或消费争议的程序步骤的技能,等等。这种技能学习的程序性特征比较明显,属于比较典型的程序学习。但是,在政治课中,"怎么做"的内容非常少,即使有也总是和"做什么"的内容混合在一起,很难分清。这使得这类技能学习十分困难。

简单原理技能学习以单一原理知识学习为基础,是学习对单一原理知识的运用。政治课的原理知识可以分为"强关系"和"弱关系"两类,因此,简单原理技能学习也可以分为"强关系"和"弱关系"两种技能学习。

"强关系"的技能学习是学习运用原理所揭示的概念间辩证关系(区别和联系)的某一方面内容处理(解释、预测或控制)事物的技能。例如,运用"量变是质变的准备"原理处理具体事物的技能,运用"生产力决定生产关系"原理处理具体事物的技能,等等。"弱关系"的技能学习是学习运用原理所揭示的概念间的主要关系(作用、依据、条件等)处理(解释、预测或控制)事物的技能。例如,运用"新生事物不可战胜"原理处理具体事物的技能,运用"人民群众创造历史"原理处理具体事物的技能,等等。上述两种学习虽然把握概念间关系的侧重点有所不同,但基本上具有原理学习的特征,都属于原理学习。

无论规范技能还是原理技能学习,由于同人类社会的功利性有着直接联系,以主观目的性(人类的、社会的、国家的、民族的、阶级的,等等)为重要根据,人为色彩比较强烈,很难保持自然技能学习那样的客观性,形成的技能融合着情感技能,不是纯粹的认知技能。

根据以上所述,学习简程技能同样可以采用显性化、具体化和变式练习等基本策略(详见第四章)。

二、复杂规则运用技能学习

复杂规则运用技能是高级智慧技能的重要构成,复杂规则运用技能学习是形成高级智慧技能的最后也是最困难环节。

（一）什么是复杂规则运用技能学习

1. 复杂规则运用技能学习的内涵

复杂规则运用技能学习是组合并运用多项规则去解决问题，或者说，是获得在问题解决情境中的思维技能，这也被称为解决问题技能的学习。"问题解决涉及习得对多种规则的选择和应用的能力……学习者必须从许多可能的规则中选出特定的规则，无论是相关的还是程序性的，然后以独特的顺序和组合应用这些规则来解决之前没有遇到的问题。"[1]显然，这一过程不仅仅是执行既定的程序，而且是在编制新的程序（相当于"编程"）。因此，复杂规则运用技能是按照相对复杂的程序（步骤）处理客观世界各种关系的技能，是编制和执行复杂的对外办事程序的技能，也因此，复杂规则运用技能学习是学习编制和执行复杂程序的技能（以下简称"复程技能学习"）。这一技能具有更大的普遍性，可以应用于更为广泛的情境，可以作为一个独立的高级智慧技能去解决同类问题。

复程技能学习属于复杂规则学习（即加涅的高级规则学习）中的应用（程序）学习，既不同于规则知识学习，也不同于简程技能学习，它是智慧技能最为困难而又最具实践价值的学习。

其他教育目标分类研究体系也分别讨论了类似复程技能的教育目标。《布卢姆教育目标分类学（修订版）》在"应用"目标的基础上进一步提出了"分析""评价"和"创造"的认知目标。这些目标又细分为若干子目标，包含了与复程技能相类似的丰富内容。[2]马扎诺教育目标分类学在心智过程领域知识的基础上进一步分析了其层级结构，同时又提出认知系统中第四层次的"知识运用"四阶段，与复程技能十分相近。[3]豪恩斯坦则在"应用"目标之后进一步提出了"评价"和"综合"目标，同样包含了丰富的类似复程技能的内容。他还特别强调了四类教学信息中的"技术性信息"，指

---

[1]［美］P. L. 史密斯，T. J. 雷根. 教学设计[M]. 庞卫国，等，译. 上海：华东师范大学出版社，2008：117.

[2]［美］L. W. 安德森，等. 布卢姆教育目标分类学修订版[M]. 蒋小平，等，译. 北京：外语教学与研究出版社，2009：52.

[3]黎加厚. 新教育目标分类学概论[M]. 上海：上海教育出版社，2010：30.

出其"涉及'做什么'和'如何做'两方面的内容"。[1] 总之,复程技能作为教学目标已经为研究者广泛认可和重视。

2. 复杂规则运用技能学习的特点和类型

复程技能学习以简程技能学习为基础,因此,后者的特点也为前者所具有。但是,复程技能学习最突出的特点,或者说与简程技能学习最大的不同之处,则在于"高级规则产生于学习者在问题解决情境中的思维",[2] 而"问题解决是通过让学习者解决问题来教的"。[3] 这就是说,这一学习始终和问题解决连接在一起,问题解决过程就是其学习的过程。

从这一意义上说,复程技能学习的特点和问题解决过程的特点密不可分。有研究者提出了问题解决的五大特征:(1)情境性,问题解决由一定的问题情境引发;(2)认知性,问题解决主要是综合性的系列认知过程;(3)目标性,问题解决是有明确目标定向的自主性行为;(4)操作性,问题解决是一系列的心理操作过程;(5)情感性,问题解决是多种心理成分相互作用的复杂过程。[4] 这些特征比较深入地揭示了问题解决过程(也可以理解为是复程技能学习)的具体特点。其中,情境性、目标性和操作性是操作应用特点的深化和具体化;认知性和情感性是理性为主特点的深化和具体化,这些都是智慧技能学习特点在最高层次上的表现。需要说明的是,复程技能学习也是陈述学习和操作学习的统一,只不过其陈述学习一般已经在简程技能学习阶段完成了。

复程技能学习的类型划分同样以简程技能学习类型为基础。复杂规则由简单规则组合而成,简单规则一般分为程序规则和原理规则,复杂规则也就可以相应地分为复杂程序规则和复杂原理规则。不过,复杂规则也可能由程序规则和原理规则共同组合而成。因此,复程技能学习可以分为复杂程序、复杂原理和程序 & 原理三种技能学习。

但是,复程技能学习的类型还受到所要解决问题类型的影响。问题类型不同学习

[1] 盛群力,等. 21 世纪教育目标新分类[M].杭州:浙江教育出版社,2008:29.

[2] [美]R. M. 加涅.学习的条件和教学论[M].皮连生,等,译.上海:华东师范大学出版社,1999:54.

[3] [美]R. M. 加涅,等.教学设计原理[M].王小明,等,译.上海:华东师范大学出版社,2007:65.

[4] 韦洪涛.学习心理学[M].北京:化学工业出版社,2011:122—123.

也会有变化。复程技能学习面对的是心理学意义上的"问题",即"个体面临的不能直接用已有的知识、经验和方法加以处理,而必须重组自己已有的知识信息和认知结构才能使之得到解决的疑难情境"。[1]根据不同标准可以把问题分为:[2](1)封闭性问题和开放性问题。前者是只有一个答案(标准答案)的问题,后者则有两个或以上答案(无标准答案)的问题。(2)确定性问题和模糊性问题。前者也称为结构良好问题,指具有明确的条件、目标和解决方法的问题。后者也称为结构不良问题,指不具有明确的条件、目标和解决方法的问题。也就是"对问题的初始状态、目标状态及转换状态的方法中的一项或几项缺乏明确的界定"。[3]这四种问题类型显然会对复程技能学习产生不同的影响,进而形成不同的学习亚型。

(二) 中学思政学科复杂规则运用技能学习

中学思政学科的复程技能学习是对学科相关复杂规则的应用学习,是学习处理学科特有复杂关系的操作程序,即运用学科复杂规则对外(人类社会)办事。它是复杂规则知识的操作化,是政治课的最高智慧技能学习。

1. 中学思政学科复杂规则运用技能学习的特点

政治课的复程技能学习不仅受到简程技能学习特点的影响,而且由于和问题解决过程紧密结合在一起,因此表现出更为复杂的特点。

第一,更为复杂的操作学习。复程技能学习不仅是一个执行程序,也是一个编制程序过程,是在选择、组合和运用相关规则中形成和习得高级规则。这无论在操作的宏观性、德育倾向性还是模糊性方面都上了更高台阶,变得更加错综复杂。另一方面,问题解决是一个综合性的系列认知过程,规则和问题类型的多种组合更使思维操作趋于曲折繁复,其间会有多种心理成分参与和相互作用,甚至还包括一定的外显性活动。这一过程的复杂程度是简程技能学习难以比肩的。

第二,陈述简约化的学习。政治课的高级规则学习也是建立在"陈述学习"基础上的,也要经历两个转化,但复程技能学习涉及的是一个产生式系统,包括多个操作性陈

---

[1] 韦洪涛.学习心理学[M].北京:化学工业出版社,2011:120.

[2] 韦洪涛.学习心理学[M].北京:化学工业出版社,2011:121.

[3] 王小明.学习心理学[M].北京:中国轻工业出版社,2009:232.

述和操作性活动的转化,这比单一的产生式转化要复杂得多。而这个产生式系统是需要构建的,要经过回忆—选择—提取—组合这样一个繁复的过程。这就会促使"操作性陈述"的转化变得快速和简略。复程技能学习虽然包含着陈述学习,但这只是在简程技能学习基础上的快速"复习",往往会合并、省略和简化一些陈述,表现出简约化的趋向。

第三,多种因素协同作用下的学习。复程技能学习是一种高级智慧技能学习,但问题解决并不仅仅依赖智慧技能,它还需要多种因素的协同配合。其中,"与所遇到的问题相关的组织化的言语信息"和"修正学习者自己的学习和思维过程的内部组织起来的技能"(认知策略)[1]的作用举足轻重。此外,兴趣、动机、意志和情感等多种非智力因素对其的影响也不容小觑,因为"问题解决者必须有问题解决的意愿、心向和动机,认同、接受问题,并乐于解决问题,对问题的最终解决有信心、决心和恒心"。[2]

第四,复制为主的学习。高级规则是在问题解决过程中构建和生成的,"问题解决的一个结果是获得了一个新的、联结了一些简单规则的更为复杂的规则",[3]因此,一般而言,复程技能学习首先是一个构建过程。但是,政治课所涉及的高级规则思想性政治性强,往往直接面对社会现实,学生自己构建的难度很大。同时,政治课学习的规则(特别是原理和观点)本身就具有高级规则的性质。这就使政治课的复程技能学习和完全构建过程有所不同,其更多的是对现成高级规则的学习。这是一个运用已有原理或观点(高级规则)进行问题解决的过程。它不需要从零开始选择和组合简单规则,也不形成新的复杂规则,只是将已有的原理和观点(高级规则)运用于问题解决,因此,它不是"新"的构建,而是一个复制(运用)过程。"复制"并不是坏事,它同样包含创造的成分,这不仅因为"复制"并非绝对的复制,而且因为"对于学生来说,创造性的标准不一定是前人未提出过的,而是要超越学生自身"。[4]当然,政治课并不排除构建"新规则",只要内外条件都具备,就可以尝试这种学习。

---

[1] [美]R. M. 加涅. 学习的条件和教学论[M]. 皮连生,等,译. 上海:华东师范大学出版社,1999:193.

[2] 韦洪涛. 学习心理学[M]. 北京:化学工业出版社,2011:123.

[3] [美]R. M. 加涅. 学习的条件和教学论[M]. 皮连生,等,译. 上海:华东师范大学出版社,1999:189.

[4] 杨心德,蔡维静. 社会学科学习与教学设计[M]. 上海:上海教育出版社,2005:185.

2. 中学思政学科复杂规则运用技能学习的类型

根据复程技能学习和政治课规则的分类,政治课的复程技能学习可以分为复杂规范技能、复杂原理技能和观点技能三种基本学习。

复杂规范技能学习是学习组合运用不同规范以解决问题的技能。复杂规范是简单规范的各种组合,包括"做什么"规范的组合、"怎么做"规范的组合,以及"做什么"与"怎么做"规范的组合,复杂规范技能学习也就可以分成这三种不同组合的学习亚型。这些学习是倾向于"构建"的学习。

复杂原理技能学习是学习运用及组合原理以解决问题的技能。复杂原理是简单原理的组合,这种组合一般是既定的,也就是说,一条原理本身就是一个复杂原理,即稳定的原理系统。它由若干简单原理联结,形成逻辑严谨的内在结构,这些简单原理不能彼此分离,如果分离就会失去或异化原来的意义。这种复杂原理的学习是倾向于"复制"的学习。当然,复杂原理之间也可以组合以解决问题。这样的学习则是倾向于"构建"的学习。因此,复杂原理技能学习是侧重"复制"兼顾"构建"的学习。

观点技能学习是学习运用观点以解决问题的技能。观点包含着相关原理和规范的内容,但不是原理和规范的简单集合,而是"糅合了原理和规范的综合性阐述"。在此基础上,观点实际上是新生成的规则(高级规则),它的内容丰富,结构复杂,是一个相对稳定的规则系统。因此,观点技能学习是以"复制"为主的学习。

上述的三种学习仅仅是政治课复程技能学习的基本类型。在实践中,通过规则和问题类型的不同组合,可以产生更加多样的学习亚型。

根据以上所述,学习复程技能可以采用分类学习策略、重点学习策略和循序学习策略来进行(详见第四章)。

第四章

中学思政学科的策略学习

策略学习也是广义知识学习的一部分,但是,它既不同于狭义的知识学习,也不同于智慧技能学习,它是关于内部调控技能的学习。本章首先对中学思政学科策略学习作一概述,然后分别讨论中学思政学科的硬策略和软策略学习。

第一节　策略和策略学习概述

本节对策略和策略学习作一概述,这是讨论中学思政学科策略学习的基础和前提。

一、策略概述

(一) 策略的内涵

策略一般是指计策谋略(见《辞海》),在这里特指认知策略,即加涅所说的:"是学习者用以调控自己注意、学习、记忆和思维的内部过程。"[1]这是一种调控内部认知过程的技能。也就是说,认知策略和智慧技能虽然同为认知技能,但它"是内部组织化的技能,其功能是调节与控制概念与规则的应用",[2]而智慧技能是外部组织化的技能,其功能是应用概念和规则处理外部世界的客体和事件。二者的根本区别在于对象不同,"认知策略是以学习者自己的认知过程为对象"的。[3]

认知策略和学习策略的关系十分密切,但又比较复杂。"学生用认知策略来管理他们自身的学习。有时它们被称为学习策略(Weinstein & Mayer, 1986)",或者,"支

---

[1] [美]R. M. 加涅. 学习的条件和教学论[M]. 皮连生,等,译. 上海:华东师范大学出版社,1999:55.

[2] [美]R. M. 加涅. 学习的条件和教学论[M]. 皮连生,等,译. 上海:华东师范大学出版社,1999:137.

[3] [美]R. M. 加涅. 教学设计原理(第五版)[M]. 王小明,等,译. 上海:华东师范大学出版社,2007:70.

持学习的认知策略有时又被称作是'学习策略'"。[1] 由此看来,认知策略和学习策略似乎是等同的。但是,加涅曾经把认知策略区分为两种基本类型:学习策略和思维策略。[2] 这样,学习策略又可以理解为是认知策略的一部分。还有研究者则认为学习策略包含着认知策略等不同类型的策略。[3] 本书对学习策略作以下理解:"学习者用来提高学习的效果和效率的任何活动",[4] 因此,两种策略在学习情境中是可以统一的,不作严格区分。

学习策略不同于学习方法。学习方法是学生进行学习活动的动作体系,也就是为完成学习任务所采用的、具有一定逻辑关系的学习动作(外显或内隐)的关联方式。学习方法比较具体,总是和特定的学习任务相联系,表现出特定的逻辑顺序,有明显的技术特征。学习策略则比学习方法概括,更具一般意义,更关注根本学习目标的实现。学习策略包括对学习方法的控制、选择和调节。不过,二者虽然有所不同,但学习方法也是"提高学习的效果和效率的活动"方式,因此它同样属于策略的范围之内。

(二) 策略的分类

策略存在不同的功能类型,主要有以下几种分类。

1. 特殊策略和一般策略

加涅列举了一些已经被实验证明并得到公认的认知策略:注意策略、编码策略、提取策略等。[5] 这些策略都是与任务有关的具体认知策略,即特殊策略。怀特(R. T. White)和维特罗克(M. C. Wittrock)则提出了四种一般认知策略:寻求深层意义策略、接受部分目标策略、灵活探索策略和把部分综合成整体策略。这些策略适用于各种跨学科的问题解决。[6]

[1][美]P. L. 史密斯,T. J. 雷根. 教学设计(第三版)[M]. 庞伟国,等,译. 上海:华东师范大学出版社,2008:117,374.

[2][美]P. L. 史密斯,T. J. 雷根. 教学设计(第三版)[M]. 庞伟国,等,译. 上海:华东师范大学出版社,2008:117,374.

[3]韦洪涛. 学习心理学[M]. 北京:化学工业出版社,2011:172.

[4]杨心德,蔡维静. 社会学科学习与教学设计[M]. 上海:上海教育出版社,2005:110.

[5][美]R. M. 加涅. 学习的条件和教学论[M]. 皮连生,等,译. 上海:华东师范大学出版社,1999:138—146.

[6]顾明远. 教育大辞典·教育心理学分卷[Z]. 上海:上海教育出版社,1990:272.

2. 认知策略和情感策略

有研究者指出："虽然从本质上来说策略是一些以认知为基础的心理过程,但它们却常常被归入认知或情感类别。"[1]认知领域的策略是用来支持信息加工的。温斯坦(Weinstein)和梅耶(Mayer)把认知策略划分为复述策略、精加工策略、组织策略和理解监控策略。[2]情感领域的策略也被称为支持性策略。用于学习者的自我激励,影响他们的学习参与和维持。例如,控制焦虑策略、时间管理策略,等等。[3]

丹塞伦(D. F. Dansereau)把学习策略分为基础策略和支持策略。"基础策略是指直接操作材料的各种学习策略。主要包括信息获得、储存、信息检索和应用的策略……支持策略主要指帮助学习者维持适当的认知氛围,以保证基础策略有效操作的策略。"[4]这类似于认知策略和情感策略的划分。

3. 认知策略、元认知策略和资源管理策略

迈克卡(McKeachie)把学习策略分为三类。第一,认知策略。这是学生用来加工和组织学习材料的策略。第二,元认知策略。这是学生用来计划、评估、监控、调节自己的学习过程和结果的策略。第三,资源管理策略。这是学生用来管理学习环境和资源的策略。[5]

除了上述分类,《布卢姆教育目标分类学》也提出了与策略相近的元认知知识维度。元认知知识是关于一般认知的知识,以及自我认知的意识和知识。它包括策略性知识(关于学习、思维和解决问题的一般性策略的知识);关于认知任务的知识(与策略最相适用的任务和条件的知识);关于自我的知识(学习者对自己的认知和学习方面的知识)。[6]

---

[1] [美]P. L. 史密斯,T. J. 雷根. 教学设计(第三版)[M]. 庞伟国,等,译. 上海:华东师范大学出版社,2008:375.
[2] [美]R. M. 加涅,等. 教学设计原理(第五版)[M]. 王小明,等,译. 上海:华东师范大学出版社,2007:67.
[3] [美]P. L. 史密斯,T. J. 雷根. 教学设计(第三版)[M]. 庞伟国,等,译. 上海:华东师范大学出版社,2008:375.
[4] 韦洪涛. 学习心理学[M]. 北京:化学工业出版社,2011:172.
[5] 韦洪涛. 学习心理学[M]. 北京:化学工业出版社,2011:172.
[6] [美]L. W. 安德森,等. 布卢姆教育目标分类学修订版[M]. 蒋小平,等,译. 北京:外语教学与研究出版社,2009:42—45.

二、策略学习的内涵、分类和意义

(一) 策略学习的内涵

策略学习首先是一种知识学习（策略性知识），是对有组织的（尽管属于特殊的一类）信息的学习。作为广义知识学习，它同样要经历"陈述形态"和"操作形态"的转化。策略学习更是一种技能学习，它不仅要理解策略的"意义"，更要掌握策略的"步骤"。作为一种程序性知识的学习，知道策略"是什么"固然重要，但更重要的是知道如何实施策略。

策略学习不同于智慧技能学习。"随着学习者不断地学习以及不断地贮存智慧技能及其他性能，他们也发展了用以提高其内部学习过程自我调控的方式。换句话讲，他们学会了如何学习、如何记忆、如何进行导致更多学习的反省思维和分析思维……这是因为学习者日益获得有效的策略来调节自己的内部过程。"[1]加涅这段话也许能够使我们比较具体地理解策略学习的内涵。策略学习实际上就是学习"如何学习"，就是对学习技能的学习，或者也如加涅所言，是对"动脑的方法"的学习。这种"动脑"和智慧技能学习也有很大区别，它不是"模拟"的，而是"实用"的。如果说智慧技能学习是一种间接的技能学习，那么策略学习则是直接的技能学习，它通过运用来学习，甚至运用就是学习。

(二) 策略学习的分类

根据前述的策略分类，策略学习可以分成多种不同类别，但从教学的角度看，把策略学习分为一般策略学习和特殊策略学习比较合乎实际情况。一般策略学习是学习具有一般意义的策略，"这些策略在性质上具有一般性，大概可以应用于多种问题"，[2]

[1] [美]R. M. 加涅. 学习的条件和教学论[M]. 皮连生，等，译. 上海：华东师范大学出版社，1999：137.
[2] [美]R. M. 加涅. 学习的条件和教学论[M]. 皮连生，等，译. 上海：华东师范大学出版社，1999：144.

是跨领域、跨学科,不为某个具体任务所囿的学习技能,学习的结果是能够运用这些策略有效地进行各种学科学习,也就是学会"一般"地学习。特殊策略学习是学习具有特殊意义的策略,这些策略专门针对某一领域、学科或任务,是具有确定对象和范围的学习技能,学习的结果不仅能够提高某一学科具体学习任务的完成效率,而且还有助于该学科特定问题的解决,也就是学会"专门"地学习。"心理学家称这些特殊策略为强方法。"[1]

迈克卡所划分的三类策略都可以是一般策略学习的对象,因为"这些策略适用于各学科的学习,也适用于学习的整个过程"。[2] 本书把这三类策略的学习都看作是一般策略学习。第一,认知策略学习。这是对"直接用来调节学习的信息加工过程以提高信息加工效率的有关方法和技术"[3]的学习。它包括:(1)复述策略的学习,是学习重复学习材料(目标信息)的技能,有机械复述和精心复述两种形式。[4](2)精加工策略的学习,是学习深入加工学习材料(目标信息)的技能,有类比、比较、质疑、扩展与引申、先行组织者等多种方法。[5](3)组织策略的学习,是学习使学习材料(目标信息)有序化的技能,有归类、概括、描述等多种方法。[6] 第二,元认知策略学习。这是对学习过程和结果的自我计划、监督、调节技能的学习,也就是对"认知的认知"的方法和技术的学习。[7] 它大体上包括:(1)计划策略的学习,是学习预先安排与评估学习过程和结果的技能。(2)监督策略的学习,是学习即时反馈与评估学习过程和结果的技能。(3)调节策略的学习,是学习随机调整与改变学习过程和方法的技能。[8]第三,学习资源管理策略学习。这是对学习资源的投入、利用和开发等方法与技术的学习。它包括:(1)学习环境管理策略的学习,是对学习时间和空间管理技能的学习。(2)心理资源管理策略的学习,是对学习心理管理技能的学习。(3)支持资源管理策略

[1] 杨心德,蔡维静. 社会学科学习与教学设计[M]. 上海:上海教育出版社,2005:164.
[2] 杨心德,蔡维静. 社会学科学习与教学设计[M]. 上海:上海教育出版社,2005:163.
[3] 杨心德,蔡维静. 社会学科学习与教学设计[M]. 上海:上海教育出版社,2005:163.
[4] 顾明远. 教育大辞典·教育心理学分卷[Z]. 上海:上海教育出版社,1990:283.
[5] 韦洪涛. 学习心理学[M]. 北京:化学工业出版社,2011:177.
[6] 韦洪涛. 学习心理学[M]. 北京:化学工业出版社,2011:180—181.
[7] 韦洪涛. 学习心理学[M]. 北京:化学工业出版社,2011:181.
[8] 杨心德,蔡维静. 社会学科学习与教学设计[M]. 上海:上海教育出版社,2005:115.

的学习,是对学习工具和人力资源管理技能的学习。[1]

特殊策略学习是对具体学科学习技能的学习,也可以称为学科策略学习。根据教学学科的不同,可以把特殊策略学习分为不同类别,如语文策略学习、数学策略学习等。每一门学科的内容都不同,所形成的适合特定学科内容学习的策略也大相径庭,具有很强的独立性。

(三) 策略学习的意义和地位

加涅特别强调策略学习的重要性,"人类习得的第二种同时也是最为重要的性能类型叫做认知策略","学者们通常将认知策略确定为最重要的学习结果",[2]因此,"教育目标的陈述通常最优先考虑认知策略"。[3]这表明,策略学习实际上是认知学习中最为重要的学习,因为"认知策略不指向于具体外部内容,如言语或数字,而是普遍地适合于各种各样的知识内容","比智慧技能更一般也更泛化的一种认知性能",[4]它要教会学生的是如何学习、特别是如何思维。

具体说来,策略学习的意义首先在于有利于提高学习效率。学生是在应用策略中学习策略,在学习中应用,在应用中学习,策略学习和策略应用是一个统一的过程。在这一过程中,学生既习得了策略,同时也使学习效率得到了提高。

其次,策略学习能够提高学习自觉性,改善学习态度。学生能够在学习中应用策略,不管主动或被动都或多或少表现出一点自觉学习的倾向,而随着策略应用的延续和深入,就会不断强化这一倾向,使学习自觉性逐渐提高。无论是知觉策略、注意策略或记忆策略,都会指引学生有意识地去学习,特别是思维策略,更促使他们自觉运用学习方法,甚至反思学习过程和结果。这样,学习态度自然就会发生良好的变化。

最后,策略学习最重要的是有助于培养学生的创造性思维能力。虽然创造性思维

[1] 韦洪涛.学习心理学[M].北京:化学工业出版社,2011:188—191.

[2] [美]R. M. 加涅.学习的条件和教学论[M].皮连生,等,译.上海:华东师范大学出版社,1999:55,138.

[3] [美]P. L. 史密斯,T. J. 雷根.教学设计(第三版)[M].庞伟国,等,译.上海:华东师范大学出版社,2008:70.

[4] [美]R. M. 加涅.学习的条件和教学论[M].皮连生,等,译.上海:华东师范大学出版社,1999:55,138.

能力与先天遗传有密切关系,但后天学习仍然是必须的。策略的习得不仅可以获得解决问题的具体方法,更在于可以迁移到新问题的解决情境中去,也就是表现出"泛化作用"。这种"泛化"就是"授之以渔"的结果。

第二节　中学思政学科策略学习的性质、特点和分类

中学思政学科策略学习作为一种认知技能学习,和智慧技能学习有共同性,但又有不同之处,本节旨在明确这些特殊性。

一、中学思政学科策略学习的性质

(一) 程序性知识学习

策略学习也是一种程序性知识学习,但它不是对外办事而是对内调控的程序性知识学习,即学习处理内部世界关系(认知活动)的程序,或者叫对认知调控的步骤。这种认知调控是围绕着学习展开的,是对学习中的认知过程的调控。也就是说,策略学习是学习认知(学习)活动的内部调控程序,简言之,就是学习"如何学习"(学习的步骤)。

作为程序性知识学习当然也包括"陈述形态"和"操作形态"两种学习,但其陈述学习并不明显,"陈述"和"操作"似乎合而为一,很难加以区分。事实上,策略学习一般都隐含在学科知识和技能的学习中,尽管它可以通过专门的策略教学来展开,但学科渗透的形式显然更为有效。正如有研究者所指出的,"社会学科的基础知识是有效利用策略的前提条件……学习策略应该结合社会学科的教学内容来进行,脱离知识内容的

单纯训练往往容易导致形式化倾向,难以保证学习策略在社会学科知识学习过程中的调节作用"。[1] 在这种情况下,策略学习更注重实用性。学生和教师关心的重心在于解决学科学习中的问题,策略知识与策略技能相比,只是一种铺垫和准备,在学习上难以有直接的立竿见影的效果。只要能够运用策略提高学习效率,完成学习任务,策略的陈述与否就变得无关紧要了。因此,策略的陈述学习极少独立地进行。

当然,策略学习并不是完全删除"陈述",而是简略化。与政治课主要学习内容(无论以正文或辅文呈现)相比,关于学习策略和方法的陈述往往高度概括,表现为一种宽泛而一般性的非典型陈述。在教材或教学陈述中,一种策略或一个方法的具体内容(步骤)是粗略的提示性的,难得其详。学生学习策略更多的是在实际运用中进行,也就是在操作中学习。同时,策略作为对内调控的技能,它的内隐性特点更为强烈,根本无法直接观察,即使展开一定的陈述学习也多采用内部言语进行,这就更会被误以为策略学习不需要陈述了。

基于此,策略学习中的知识学习需要更高的学习自觉性,否则学习的发生就大有困难。而如果策略知识不能很好掌握,那么策略的运用就会大打折扣,"只重视操作步骤的掌握而不重视相关概念原理的理解,会导致对操作步骤盲目地运用"。[2]

(二) 学习技能学习

策略学习是关于学科学习技能的学习,这是它和智慧技能学习最大的不同,因为智慧技能学习是对学科社会技能的学习。学习技能是"学习者用以帮助自己有效学习的技术"。[3] 显然,其学习对象是学习活动的规则,是这些规则所反映的学习中的各种关系。学习的结果是学会处理各种学习活动的程序,也就是认识和实行学习规则的步骤。本书把学习技能进一步理解为是学习规则支配下的人的行为,是操作形态的学习信息及其组织。这就是说,作为一种技能,它是学习规则支配的"行为";作为一种知识(广义),它是"操作"中的学习信息组织。学习技能学习就是对这种"行为"和"操作"的学习。

[1] 杨心德,蔡维静. 社会学科学习与教学设计[M]. 上海:上海教育出版社,2005:170.
[2] 王小明. 学习心理学[M]. 北京:中国轻工业出版社,2009:138.
[3] 顾明远. 教育大辞典·教育心理学分卷[Z]. 上海:上海教育出版社,1990:272.

学习技能学习包括跨学科学习技能和学科学习技能两种学习。跨学科学习技能的学习就是一般策略学习。学习的对象是对不同学科都具有应用价值的一般策略,学习的结果是能够运用这些策略于政治课的学习中,提高其学习效率。学科学习技能的学习就是学科策略学习。学习的对象是中学思政学科的特殊策略,学习的结果是不仅能够一般地提高学习效率,而且能够解决政治课学习中的特有问题。

(三) 指导发现学习

加涅指出:"许多指向任务的认知策略是由学习者发现的。……学习者会在许多例子中发现记忆策略。同样,学习者在没有具体指导的情况下会尝试使用编码策略。在有些例子中,学习者获得各种解决问题的策略可能也是归于发现。"[1]还有研究者认为:"学习策略通常是不能直接教授的(Norman,1980),它们常常由好学生来发现。"[2]这些研究都表明,策略学习更多依赖于发现学习。但是,"令人遗憾的是,学习不好的学生很难发现它们(Brown,1978;Torgesen,1979)",而且"研究表明,许多学习者并不会自发地使用认知策略","因此,对许多学习者来说,直接教授认知策略可能会对他们有所帮助"。[3]鉴于以上研究,同时根据政治课策略学习的实际情况,本书认为,中学思政学科的策略学习是一种教师指导下的发现学习。

作为发现学习,策略主要不是通过"陈述形态"来传递,而是通过"操作形态"来学习,也就是在策略的运用中发现策略。好学生是如此,学习不好的学生同样也要引导和推动他们如此。

必须明确的是,这种发现学习是在教师有意识指导下进行的。这主要是因为存在着一些妨碍策略运用的因素:[4]第一,学生运用策略不熟练;第二,学生运用策略的动机水平低;第三,学生对学习的自我效能感低,并且倾向于外部归因;第四,学生的

---

[1] [美]R. M. 加涅. 学习的条件和教学论[M]. 皮连生,等,译. 上海:华东师范大学出版社,1999:149—150.

[2] [美]P. L. 史密斯,T. J. 雷根. 教学设计(第三版)[M]. 庞伟国,等,译. 上海:华东师范大学出版社,2008:374.

[3] [美]P. L. 史密斯,T. J. 雷根. 教学设计(第三版)[M]. 庞伟国,等,译. 上海:华东师范大学出版社,2008:374,389.

[4] [美]P. L. 史密斯,T. J. 雷根. 教学设计(第三版)[M]. 庞伟国,等,译. 上海:华东师范大学出版社,2008:389—391.

元认知缺乏;第五,学生对学习任务缺乏明确认识;第六,学生用于策略学习的时间不够;第七,学生对学习内容过于陌生。由于这些因素的影响,策略学习往往受到阻碍,或者低水平进行。教师必须主动引导学生,克服上述各种不利因素,从而促进策略学习。

二、中学思政学科策略学习的特点

在政治课认知学习中,策略学习和符号、事实、辨别等比较低级的认知学习有着一些相似性。符号学习的依附性、事实学习的辅助性、辨别学习的直接操作性,以及这些学习都具有的隐蔽性,等等,策略学习都具有。这也许是策略学习虽然被看作"最重要的学习",却又经常受到忽视的原因吧!不过,这些相似性并不等于完全相同,特别是策略学习所"依附"和"辅助"的对象是整个认知学习,其深度和广度是不可同日而语的。此外,策略学习和比较高级的认知学习也具有一些共同点。比较典型的是,策略学习和复程技能学习都"始终和问题解决连接在一起,问题解决过程就是其学习的过程",所不同的仅仅是解决的问题,策略学习解决学习问题,而不是外在世界的问题。由此可见,策略学习是一种比较特殊的学习,既与知识和技能学习有所相似,又有别于这些学习。概括地说,策略学习具有以下特点。

第一,运用即学习。学习策略不是先呈现策略本身,然后去学习,也不是先习得策略,再去运用,而是集呈现、运用和学习于一体,三者是同步进行的。其中运用是核心,运用的过程就是呈现和学习策略的过程,因此,策略运用就是学习策略的过程。

第二,操作即陈述。学习策略不是先学习策略的陈述,而是一开始就操作策略,以解决学习中的问题。在学习中,陈述不是孤立地出现和进行,而是跟随着操作,边操作边陈述,在操作中实现陈述,因此,策略操作就是陈述策略的过程。

第三,技能即知识。策略学习包含策略知识和策略技能两方面的学习,但二者紧密结合在一起,几乎难分彼此。因为策略学习是要把知识直接变为技能,应用于学习中,解决学习问题。策略知识如果独立存在和单独学习,就会变得没有意义,从而失去存在的价值,因此,脱离技能谈不上真正的知识,策略技能就是策略知识。

三、中学思政学科策略学习的分类

根据前述策略和策略学习的分类,中学思政学科策略学习可以从功能和心理特性两个维度加以划分。

(一) 硬策略和软策略学习

根据策略作用(功能)的性质不同,本书把策略学习分为硬策略和软策略两种学习,这可以称为策略学习的功能类型。

硬策略学习即特殊策略、学科策略学习,也就是"强方法"的学习。所谓"硬策略"就是专门针对某一具体学科(如政治课)学习形成的策略。它紧密结合学科学习的实际内容,比较具体而又针对性强,能够直接解决学科学习特有的问题,显著提高学习效率。但是,硬策略仅适用于某一学科的学习,对其他学科学习一般难以发挥作用。政治课的硬策略学习包括学科知识策略学习和学科技能策略学习。

软策略学习即一般策略、跨学科策略学习,也就是"弱方法"的学习。所谓"软策略"就是不专门针对某一具体学科学习,而是面向所有学科的一般学习所形成的策略。它虽然也要结合具体学科学习的实际情况,但比较抽象和一般化,难以直接解决学科学习的特有问题,只是宽泛而渗透性地影响学习,间接地提升学习效率。软策略具有较强的综合性,适用于各个不同学科的学习。政治课的软策略学习包括认知策略学习、元认知策略学习和学习资源管理策略学习。

硬策略和软策略的划分不是绝对的,它们往往相互结合、相互渗透,因此,两种学习也往往交叉重叠,联结在一起展开。

(二) 感性策略和理性策略学习

根据策略学习的心理活动性质不同,也可以把策略学习分为感性策略和理性策略两种学习,这可以称为策略学习的心理类型。

感性策略学习是通过感性认识来学习策略,其学习对象比较具体、形象,可以直观地感受而把握,学习的结果是感性策略的获得和运用。这主要为知觉策略学习,也包括一部分记忆和注意策略学习。

理性策略学习是通过理性认识来学习策略,其学习对象比较抽象、概括,不能直观感受,只能借助抽象思维来把握,学习的结果是理性策略的获得和运用。这主要为思维策略学习,也包括一部分记忆和注意策略学习。

上述两种类型的策略学习是相互交叉包容的,软、硬策略学习中有感性和理性策略学习,感性和理性策略学习中也包含着软、硬策略学习。本书将主要从功能类型的角度进一步讨论政治课的策略学习。

第三节　中学思政学科的硬策略学习

硬策略学习是中学思政学科特有策略的学习,不仅对策略学习,而且对知识和技能学习都具有非常重要的意义。它包括学科知识策略学习和学科技能策略学习。

一、学科知识策略学习

学科知识策略是最为基本的学习技能,学科知识策略学习不仅是硬策略学习也是全部策略学习中最为基本的策略学习。

（一）学科知识策略学习的内涵和类型

学科知识策略是指学习具体学科专业知识的策略,即学科知识学习的策略。它紧密结合学科知识学习的内容,能够直接解决学科知识学习特有的问题,显著提高学科知识学习的效率。学科知识策略学习就是对学科知识学习策略的学习,也就是学习

"如何学习学科知识"。由于不同学科的知识在性质、类型和内容等方面大不相同，知识学习的策略也就有较大差别。可以说，每一门学科的知识策略学习都具有较强的特殊性和独立性。

要准确把握学科知识策略学习，必须区别以下几种学习：首先，学科知识策略学习不同于学科知识学习。后者是学习特定学科的具体知识，而前者则学习"该学习"（后者）的策略。其次，学科知识策略学习也不同于学科技能学习。虽然这两种学习都属于技能学习，但前者属于学科学习技能（认知策略）的学习，而后者则属于学科应用技能（智慧技能）的学习。再次，学科知识策略学习和学科技能策略学习也不能混同。虽然它们都是学科学习技能的学习，而且知识学习和技能学习的关系十分紧密，但两种学习的策略仍然存在差别。简言之，前者是重在把握如何准确理解"意义"的策略，后者是重在习得怎样熟练操作"程序"的策略。最后，学科知识策略学习中的策略知识和技能学习虽然几乎融为一体，但仍然存在差别。知识是策略学习的基础，但如果不能转化为技能的话，就只是纸上谈兵；技能是策略学习的目的，但没有知识的基础，就变成空中楼阁。二者不能割裂，但又各具不同的地位和作用。

学科知识策略学习可以按学科分为若干类型，主要有：（1）语文知识策略学习，包括识字、阅读和写作等知识的策略学习；（2）数学知识策略学习，包括概念和命题等知识的策略学习；（3）外语知识策略学习，包括词汇和语法等知识的策略学习；（4）科学学科知识策略学习，包括物理、化学和生物等知识的策略学习；（5）社会学科知识策略学习，包括思想政治、历史和地理等知识的策略学习；（6）艺术学科知识策略学习，包括音乐和美术等知识的策略学习；（7）体育知识策略学习。

（二）中学思政学科知识策略学习

中学思政学科知识策略学习包括符号、事实、概念和规则知识等策略学习。这些策略学习和政治课知识学习联系紧密，实际上是不同的策略在不同的知识学习中的运用。由于策略学习的对象在教学信息和材料中很少呈现，因此以下阐述主要集中在策略本身及其运用方面。

1. 符号知识学习的策略及其运用

首先，分类学习的策略。根据符号形式不同，可以分成非言语、字母和语词三种符号来学习;根据符号对象不同,可以分成非概念、非基本概念和基本概念三种名称来学习。

其次,重复学习的策略。在政治课教材中,同一个名称往往前后多次出现。我们必须充分利用这一现象,不断重复学习。即使教材中没有重复出现的名称,也要有意识创造机会重复学习,以及时得到巩固。

第三,有意义学习的策略。词汇学习是政治课符号学习的主要学习,这就决定了这种学习具有较强的意义性。我们应该创造各种条件,使学习获得意义。一是联系事实使学习获得意义,如名人姓名就要在名人事迹学习中习得。二是结合概念学习以获得意义,孤立的概念名称学习效果往往不好,和概念内涵结合起来学习就会好得多。但是教材中有大量的非基本概念需要学习,它们一般没有定义和例证,这就要人为地造出"意义"来学习。

第四,有意学习的策略。针对政治课符号学习依附性和隐蔽性的特点,我们必须强调这一学习,使之显性化,成为具有预定目的、与规定任务有关,有明显学习意图的有意学习。为此可以采用提示、预告、小结等方法,以明确这种学习。

2. 简单事实知识学习的策略及其运用

"从学习程度看,事实性知识的学习至少涉及三种学习的程度。第一种程度是记忆,即学习者能以大致相同的形式保持教学中呈现的事实性知识。第二种程度是理解,即学习者能将学习的新的事实性知识与其头脑中原有的知识联系起来。第三种程度是运用,即在一定的问题情境中将事实性知识提取出来用于解决问题。"[1]政治课的简单事实学习大体上也涉及这三种学习程度,其中理解是最重要的。由于这种学习的主要目的是为概念、原理(规范)和观点等主要学习打基础、作准备,具有对主要学习对象进行诠释、佐证,甚至模拟运用的作用,因此理解就成为基础中的核心。不理解事实就难以记忆事实,即使记住也只是死记硬背的结果,难以持久保持;不理解事实也难以运用事实说明概念、原理(规范)和观点,更难以运用于新的情境去解决问题。同时,理解又必须以记忆为前提,缺乏记忆,理解无从谈起;而运用更能够影响理解,使理解对象化,并且深化或扩展。显然,这三种学习水平是彼此联接、相互影响的,因此,有效达成这三种水平的学习策略也应该是紧密结合、相互影响的综合性策略。

---

[1] 王小明. 学习心理学[M]. 北京:中国轻工业出版社,2009:53.

政治课的事实知识基本上是通过语词表达的，对事实知识的学习实际上是一种言语学习。心理学对言语学习进行了一系列研究，取得了不少成果。以这些研究成果为基本指导，针对政治课简单事实学习的上述特点，可以考虑运用以下学习策略。

第一，"情境化"策略。"情境化指在一定的情境中呈现和学习事实性知识"，"当人们在有意义的活动情境中学习新知识时，他们更可能将知识视作工具，这样有助于克服只记住而不会运用的'惰性知识'"。[1]这是一条公认的事实性知识学习的一般规律。政治课简单事实学习特别适合运用情境化策略。因为这种学习是辅助性的，必须将简单事实知识和被说明的概念、原理（规范）或观点紧密结合起来，在特定概念、原理（规范）或观点运用的"情境"中学习。只有这样才能避免成为"惰性知识"学习，也才能把简单事实知识变为"工具"，真正做到学以致用。

第二，"自由回忆"策略。"自由回忆学习也要学习一系列的项目，不过不需要学习项目的顺序，换言之，学习者在回忆时可以任何顺序来回忆，而不必与项目呈现的顺序一致。"[2]自由回忆学习是言语学习的三种基本范型之一。这种学习方式同样特别适合政治课简单事实学习。一方面，简单事实虽然构成复杂事实，但只是大体上呈现一种知识集合，结构并不严谨，也不要求必须按照既定的顺序呈现；另一方面，学生对简单事实的自由回忆一般不会引起对整体知识的误解，有时候甚至还会提高记忆和理解的效果。此外，同一个概念、原理（规范）或观点往往可以通过不同性质、类型的事实加以说明，"自由回忆"显然在这种博杂的学习中更为有效。

第三，"主观组织"策略。在自由回忆学习中研究者发现，"尽管回忆顺序不限，但被试回忆出来的项目表现出一定的结构，此种现象称主观组织"。[3]"主观组织的实质是被试运用其原有知识将类似或相关的项目组合在一起……这种组织活动既可以减轻他们的记忆负担，又能够影响他们回忆项目的顺序，在回忆时还有助于指引对记忆的搜索。"[4]加涅十分重视这一学习规律，他讨论了事实学习中出现的各种"组织"。[5]

───────────

[1] 王小明.学习心理学[M].北京：中国轻工业出版社，2009：55—56.

[2] 王小明.学习心理学[M].北京：中国轻工业出版社，2009：62—63.

[3] 顾明远.教育大辞典·教育心理学分卷[Z].上海：上海教育出版社，1990：277.

[4] 王小明.学习心理学[M].北京：中国轻工业出版社，2009：64.

[5] R·M·加涅.学习的条件和教学论[M].皮连生，等，译.上海：华东师范大学出版社，1999：162—165.

首先，"事实是以命题的形式贮存的……每一个命题都有确定的句法结构，至少有主谓语"。因此，学生应该首先掌握事实知识的句法结构，把握主谓语，这是学习事实知识的基本路径。政治课虽然并不严格要求记忆事实知识，但了解和通晓这一路径仍然是很有助益的。其次，"与事实本身有所不同的组织可帮助事实信息的学习与记忆"。这种组织属于记忆术，其中"生成规则"和"等级提取法"比较适合于政治课学习。生成规则"就是用一条规则生成提取事实的通路"。这种方法往往可以通过表格形式表现出来，表格的"行与列的标题提供了生成规则的线索"。等级提取法"就是根据逐渐具体的类型对将要习得与识记的事实加以组织"。例如，学习高一"思想政治"第一节"阅读与思考"中关于上海通用汽车有限公司产品高速度发展的条件，[1]就可以把条件分为"硬件"和"软件"，把车型、制造工艺和设备归为硬件条件，把管理方法、经营策略和计算机技术归为软件条件，尔后逐级分层记忆。再次，"由课文段落提供的组织"，"要习得的新事实通常出现在已表明组织的课文中或口头会话中。如对于由一些不同事实构成的课文段落，用一个主题句加以组织"。这种主题句的核心是其中的关键词，而每一个关键词都显示着一个知识点，因此，这种组织可以概括为"点、词、句"组织。通过学习和记忆"点、词、句"就能够清晰准确地把握事实知识。最后，"通过插入问题提供组织"，"为事实信息提供组织的另一种方法是将问题插入课文段落中……问题插入对要习得和识记的事实有着明显的影响"。同样，带着问题学习政治课的事实知识也是比较有效的。

3. 复杂事实知识学习的策略及其运用

政治课与中学其他学科复杂事实学习的很大不同集中体现为：政治课复杂事实学习的目标主要不在于准确记忆事实本身，而在于理解事实的一般意义，即能把握事实与相关理论或道理的实质性联系，也就是能够阐释事实对相关理论或道理如何体现。这种学习所关注的不是其全部内容和细节，而是基本结构和要点。掌握基本结构有利于整体把握事实，了悉要点（要素构成）便于明确事实与理论、道理的基本联系，因此，政治课复杂事实学习的重点是知识的结构。

知识结构在人脑中表现为信息的呈现和记载方式，即认知心理学家所称的"知识表征"。显然，政治课复杂事实知识的结构方式（表征形式）是直接影响其学习的关键

---

[1] 吴铎.思想政治.高中一年级（试验本）[Z].上海：上海教育出版社，2004：26.

因素,虽然符号学习和简单事实学习的策略大多也适合于复杂事实学习,但其主要的学习策略应该围绕知识表征形式这一关键因素来确定,这可以称之为表征策略。

所谓表征策略,首先是指复杂事实学习必须以学习对象的表征形式为学习的基本路径,通过掌握表征形式的结构性特点来导引复杂事实学习,对不同的表征形式要制定不同的学习策略,以达到事半功倍的效率;其次是指要以表征形式为学习的核心内容,要通过复杂事实具体内容的学习深化表征认识,以达到举一反三的效果,而不是仅仅满足于事实的掌握。陈述性知识一般以命题(Proposition)、命题网络(Propositional)和图式(Schema)表征。复杂事实知识则基本为命题网络和图式表征,因此表征策略可以具体分为命题学习和图式学习两大策略。

(1)命题学习策略

“知识的基本单元是命题”,[1]命题是意义的最小单位。它“由一种关系和一组论题构成,用句子表达”,但“命题不等于句子,而是句子表达的意义”。[2]也就是说,“命题是观点,而句子是我们通常用来表达这些观点的”。[3]命题的一个成分是论题(一般不只一个),基本由名词、代词表示(也可以由动词、形容词表示),另一个成分是关系,基本由动词表示(也可以由形容词、副词表示)。例如,“中华商业第一街”这一复杂知识中,[4]“南京路横贯上海市区中心”这一命题,论题是“南京路”和“上海市区中心”,关系是“横贯”。通过“关系”联结并限定了两个“论题”,表达了一定的意义。

一个句子可能只表达一个命题,也可能表达多个命题。“任何两个命题,如果它们具有共同成分,则可以通过这种共同成分而使彼此联系起来。许多彼此联系的命题组成命题网络。”[5]仍以“中华商业第一街”为例,在“南京路东起外滩,穿越 26 条马路,横贯上海市区中心,西至静安寺与延安西路交汇,全长 5.5 公里”这一句子中包含了六个命题,分别为:P1 南京路东起外滩;P2 南京路穿越 26 条马路;P3 南京路横贯上海市区中心;P4 南京路西至静安寺;P5 南京路与延安西路交汇;P6 南京路全长 5.5 公

[1] 韦洪涛.学习心理学[M].北京:化学工业出版社,2011:50.
[2] 董蓓菲.语文学习心理学[M].北京:北京大学出版社,2015:49.
[3] [美]P. L. 史密斯,T. J. 雷根.教学设计(第三版)[M].庞伟国,等,译.上海:华东师范大学出版社,2008:225.
[4] 吴铎.思想政治.高中一年级(试验本)[Z].上海:上海教育出版社,2004:3.
[5] 韦洪涛.学习心理学[M].北京:化学工业出版社,2011:51.

里。这六个命题的共同成分是"南京路",它把六个命题联结在一起,形成一个关于南京路地理位置知识的命题网络。在这个命题网络中,除了"南京路"这一共同论题外,还包括"外滩、26条马路、上海市区中心、静安寺、延安西路、5.5公里"六个个别论题和"东起、穿越、横贯、西至、交汇、全长"六种关系。六种"关系"分别联结并限定了"共同论题"和"个别论题",表达了一组完整的意义(如图4-1所示)。

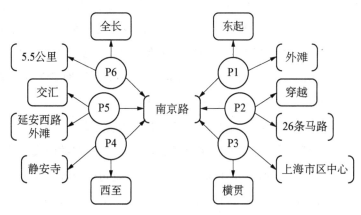

图 4-1 命题网络

命题网络的结构特点一般呈现为:第一,拥有一个共同成分;第二,包含两个或以上命题;第三,共同成分联结各个命题,形成命题网络;第四,句子中往往包含不同命题,可能呈现层级结构。针对这些特点,学习一般可以采用以下步骤。

首先,确定共同成分。共同成分是联结各个命题形成命题网络的关键,只有先确定共同成分,才能够明确命题网络的组成范围和界限,从而比较清晰地区分出一个命题网络。共同成分大多呈现为一个论题(即共同论题),但也可以呈现为一种关系(即共同关系),因此,不能把论题和共同成分等同。此外,命题网络往往长句短句都有,短句中表达共同成分的词一般只会出现一次,长句中也不会多次重复出现,因此,需要对原句作一定的分解,补上省略的词,从而使共同成分现形。

其次,梳理命题。命题通过句子表达,但一个句子往往包含若干命题,这就需要厘清句子中命题的数量及其关系。命题间的关系一般有并列和包含两种,如果是后者,那么这个命题网络就存在子网络,具有层级关系。如果不能厘清命题网络的层级,就将直接影响到对命题网络完整意义的准确理解。

再次,解读各个命题。命题是命题网络的基本构成和基础,如果不能解读各个命题的意义,那么命题网络也就无从理解。解读命题的关键在于把握关系,因为关系不仅联结论题,更重要的是限定论题,在联结和限定中意义就凸显了。

最后,综合与概括意义。命题网络的学习最终就是要获得一组完整的意义。这组意义建立在单个命题意义的综合与概括基础之上,但又不等同于单个命题意义,因此,不能综合与概括,或者综合概括得不完整不准确,这种学习就会落空。对命题网络意义的综合与概括必须紧紧抓住共同成分。如果共同成分是关系,那么意义基本在关系中就直接得到了揭示;如果共同成分是论题,那么意义就需要通过综合与概括多种关系来进一步揭示。由于大部分共同成分由论题担当,所以命题网络学习最终需要通过从多种具体关系中综合与概括出一般意义来实现。

按照上述步骤学习"南京路东起外滩,穿越 26 条马路,横贯上海市区中心,西至静安寺与延安西路交汇,全长 5.5 公里"这一复杂知识,首先确定共同成分是论题"南京路"(只有一个短句出现该词,需要补词);然后从五个短句中梳理出六个并列命题(有一个句子含两个命题,需要分解);再解读六个命题的意义(准确把握六种关系);最后综合概括命题网络意义(需要从六种关系中准确综合并概括出基本意义)。通过以上学习,不仅有效地掌握了南京路的相关知识,更重要的是加深了命题网络结构特点的认识,为以后类似的学习积累了经验。

(2) 图式学习策略

图式的概念由英国心理学家巴特莱特(F. C. Bartlett)提出,他"用图式一词来指涉及主动组织过去经验的一种组织性和定向性态度"。此后,研究者们又作出了一些新的界定:"图式是'一个表征记忆中储存的一般概念的数据结构'(Rumelhart, 1980, p. 34)";[1]"图式是我们头脑中关于一类客体、事件或情境的一般知识结构(R. E. Mayer)";[2]"图式是物体、事件及行为背后的一般观念。它们是学习者要学习课文或口头交流时所具有的知识'结构'"。[3] 由此可见,图式首先是一种内在的认知结

[1][美]M. P. 德里斯科尔. 学习心理学——面向教学的取向[M]. 王小明,等,译. 上海:华东师范大学出版社,2008:106.

[2]王小明. 学习心理学[M]. 北京:中国轻工业出版社,2009:99.

[3][美]R. M. 加涅. 学习的条件和教学论[M]. 皮连生,等,译. 上海:华东师范大学出版社,1999:166.

构,"是我们头脑内部的表示一类事物共同特征的一种'表格'"。[1]其次,这种认知结构具有一般意义,它不是具体对象(实体、虚体或动体)的描述,而是同类客体的概括。"图式不是命题的简单扩展,而是对同类事物的命题或知觉的共性编码方式。"[2]第三,这种一般认知结构的概括不同于概念定义,它包含对象本质和非本质属性的内容,具有广泛的知识性。因此,图式是概括了对象本质和非本质属性的一般认知结构,"图式代表了长时记忆中人们知识组织的一种方式"。[3]

例如,关于"中华商业第一街"的知识,如果采用图式表征的形式来学习,头脑中呈现的就应该是一个图式结构(见图4-2)。这一结构不是关于南京路的具体知识,而是关于南京路所属的所有城市街道共同特征的知识。它并不直接揭示南京路"在哪儿""怎么样"等等,而是高屋建瓴地指引学习者按照城市街道共同特征的知识,对号入座地迅速明确南京路相关(包括本质和非本质属性)知识的要点。以此分析,前文列举的"南京路东起外滩……"的知识就大体上可以归入城市街道图式中位置方面的知识(见图4-3)。

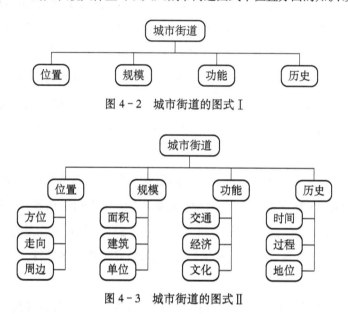

图4-2　城市街道的图式Ⅰ

图4-3　城市街道的图式Ⅱ

[1]王小明.学习心理学[M].北京:中国轻工业出版社,2009:99.

[2]韦洪涛.学习心理学[M].北京:化学工业出版社,2011:53.

[3][美]R.M.加涅.学习的条件和教学论[M].皮连生,等,译.上海:华东师范大学出版社,1999:166.

图式结构的特点可以概括为以下几点：第一，图式具有主题，"图式所代表的知识是围绕一定主题组织起来的"。[1] 第二，图式包含着对象的各种属性，主要表现为变量（图式理论称为"槽"，也包括常量）。第三，每一种变量都有值，值是对变量的具体描述。第四，变量之间、变量和值之间相互限制。第五，图式的变量间一般具有顺序性。第六，图式的变量间可能具有层级性。第七，"每一个图式都有一个特殊的变量，那就是它的上位集合"。[2] 针对这些特点，学习一般可以采用以下步骤：

首先，明确主题。主题是纲，图式所蕴含的知识是目，纲举目张。学习"中华商业第一街"的知识就必须先明确其图式主题是"城市街道"，然后以"城市街道"图式来导引学习。导引的第一步就是把"南京路"代入"城市街道"从而使主题具体化。

其次，变量赋值。变量是主题（即学习对象）的属性。一个主题包含着多个属性，从而构成一个图式。当主题具体化后，它所属的各个变量也必须相应地具体化，即将学习内容中的相关信息填入图式的各个变量中。变量被赋予具体的"值"，整个图式也就具体化了。"中华商业第一街"的变量主要涉及位置、规模和功能，赋值就是把"知识窗"栏目中提供的相关信息填入这三个变量中。例如，位置这一变量，栏目提供了"东起外滩，穿越 26 条马路，横贯上海市区中心，西至静安寺与延安西路交汇"的信息，其中"横贯上海市区中心"填入"方位""东起外滩，西至静安寺"填入"走向""穿越 26 条马路，与延安西路交汇"填入"周边"。这样，南京路的地理位置就比较清晰地呈现出来了。

变量赋值不能随意进行，它受到一定的限制。第一，变量本身的限制。如"方位"就不能填"穿越 26 条马路"。第二，其他变量的限制。如"方位"内容对"周边"内容的限制。第三，变量间"线性序列"的限制。变量并不是简单罗列的，而是有一定次序，有的图式的变量联系甚至有很强的逻辑性，因此赋值必须按顺序进行。如先"位置"后"规模"等。

再次，厘清图式的层级结构。一个图式往往包含若干子图式，甚至一而再、再而三，层层相连，十分复杂。如"城市街道"图式就包含着至少两级图式。分清层次才能

[1] 王小明. 学习心理学[M]. 北京：中国轻工业出版社，2009：101.
[2] 韦洪涛. 学习心理学[M]. 北京：化学工业出版社，2011：53.

明确变量,也才能逐级正确赋值。

最后,补充赋值。每一个图式都有其上位集合,如"道路"就是"城市街道"的上位集合。由于政治课事实知识学习的特殊性,所学知识往往仅仅为某一目标服务,因此知识本身会有所缺漏,表现得不完整或不周全。如果知晓了上位集合,就可以根据上位集合的属性推出缺漏的变量,从而根据实际需要来进行补充赋值。如"中华商业第一街"的"功能",教科书出于教学需要涉及很少,学习者就可以根据"道路"图式的变量推出和赋予更多功能值,以弥补实际学习的不足。

综上所述,图式的学习过程可以说就是一个变量赋值的过程,也就是图式的具体化过程。通过学习,一方面,图式获得一次具体化(学生习得一种复杂事实知识);另一方面,图式得到一次激活和深化(学生习得或复习一种图式),这就不仅有效地掌握了诸如南京路的相关知识,更重要的是加深了某一图式结构及其特点的认识,为以后类似的学习积累了经验。

加涅认为图式有很多形式,可以是概念的原型或活动图式,也可以是脚本,还可以是方案或目标式的。[1] 国内有研究者以表征内容为标准把图式分为客体图式、事件图式、文本图式、学科结构图式、计划和策略图式。[2] 不同的图式具有不同的变量,变量赋值(学习)也就不同。从政治课复杂事实知识的实际情况看,可以主要根据内容的不同来划分图式。本书已将复杂事实知识分为八种内容类型(见第二章表2-3),初步可以视为八种图式。这些图式的构成是有所不同的。例如,"人物"图式的构成(变量)基本为:姓名、年龄、身份、时间、地点、事迹。其中事迹又构成一个子图式。"事件"图式的构成则为:名称、时间、地点、主体、过程、意义。其中过程和意义往往可能构成两个子图式。学习不同的图式,侧重点是不一样的,因此,运用图式策略首先必须分清图式类型。

图式策略和命题策略各有所长,但又是紧密联系的,应该结合在一起运用。命题策略主要用于一个具体复杂事实知识内容的理解,图式策略主要用于一类复杂事实知识结构的把握。前者有利于知识的微观解读,后者则有利于知识的宏观梳理。一般而

[1] [美]R. M. 加涅. 学习的条件和教学论[M]. 皮连生,等,译. 上海:华东师范大学出版社,1999:168.

[2] 董蓓菲. 语文学习心理学[M]. 北京:北京大学出版社,2015:51.

言,学习一种复杂事实知识,应先运用图式策略,将其归类,然后运用命题策略,剖析、审读,最终转化为学习者的心理意义。

4. 概念知识学习的策略及其运用

政治课定义类概念是主要的学习对象,因此这里讨论的是定义概念知识学习的策略,不包括类定义和无定义概念学习的策略(这两类策略可见第二章)。

第一,分清定义类型。首先,必须区别真实定义和名义定义。识别名义定义的主要标志是,定义项不是由"属 + 种差"构成,它既没有"属"也没有"种差"(注意,不是省略而是没有),也不是"同位概念 + 关系"的形式。其次,要区别真实定义的不同亚类。这主要看以什么内容为"种差"。比如实质定义是以对象的本质属性(根本的特有属性)为种差,目的定义则以对象的作用、地位、意义等特有属性为种差。

第二,以"属 + 种差"为基本学习图式。首先,在实质定义中坚持以"属 + 种差"为基本图式来展开学习(可以参照"图式学习策略")。其次,以实质定义学习为范型,在其他真实定义学习中参照进行。

第三,灵活变通,不拘一格。首先,不必拘泥于"属 + 种差"的形式,要具体情况具体对待。比如名义定义和关系(特例)定义的学习就须变通。其次,要对"种差"作具体分析,分别对待。种差本身也有主次、内容的差别。再次,以定义学习为主,适当辅以例证。定义必须下功夫吃透,但不能仅仅学习定义,而要结合例证来学习。例证既有助于理解定义,又为应用作了准备。学习例证要以正例为主,辅以变例和反例。正例具有概念的特有属性、特别是本质属性。学习正例是从正面学习概念。变例也具有概念的特有属性,但不具有正例的某些非特有属性。学习变例是从不同侧面学习概念。反例不具有概念的特有属性,但具有正例的某些非特有属性。学习反例是从反面学习概念。

5. 规则知识学习的策略及其运用

(1) 规范知识学习的策略

第一,运用图式策略。首先是确定规范知识的图式类型。规范知识的图式类型大体可以归结为两种:"做什么"和"怎么做"图式。图式不同知识结构就不同。"做什么"的结构以并列关系为主,"怎么做"的结构则步骤性比较明显,以递进关系为主。在确定了图式类型之后,要着力厘清图式的层级结构,不仅要分清楚子图式及其关系,而且要明确子图式的类型,这样才能准确进行变量赋值(例如,当确定了图式为"做什么",变量赋值的内容就应该是"做什么"而不是"怎么做"或者"为什么做"),从而提高学习效率。

第二,运用命题策略。首先是确定命题网络的共同成分,这相对比较容易,一般包括共同论题和关系。论题表现为概念或命题,关系基本用"有""是"或"包括"等词来表达。梳理命题则比较繁杂。这既要结合句子分析,也要结合图式分析来进行。最重要的是解读各个命题。解读命题一是要紧扣论题,与论题不符的内容可以忽略;二是要紧扣图式类型,与图式不符的内容也可以忽略;三是要在前两点基础上理解和记忆命题内涵。正确解读命题之后还需要综合与概括意义,以获得一组完整的命题网络意义。规范知识学习的综合与概括的难度依图式类型不同而不同。如果是"做什么"类型,那么意义基本在并列关系中就直接得到了揭示;如果是"怎么做"类型,那么意义就需要通过综合与概括递进关系来进一步揭示。

(2)原理知识学习的策略

第一,运用图式策略。首先要确定原理知识的图式类型。由于社会原理和宇宙原理在图式上并没有多少差异,因此可以根据形式差别把原理划分为"强关系"和"弱关系"两种图式。"强关系"图式是显性"关系"图式,一般通过"区别"和"联系"两个子图式来全面展示概念间的辩证关系,因此,可以在此基础上厘清层级结构和进行变量赋值。"弱关系"图式是隐性"关系"图式,一般不全面展示概念间的辩证关系(区别和联系),而是集中展示"关系"的主要方面,通常形成以下子图式:(1)对象;(2)关系。"对象"是指关系的主要联系对象(一般以名词概括)。"关系"是指关系的主要方面(一般以动词概括),它又包含若干子图式以展示关系主要方面的不同内容(作用、依据、条件等)。在厘清图式层级结构的基础上就可以进行变量赋值。例如,对人民群众创造历史的原理进行变量赋值:(1)对象——人民群众(阐明其内涵);(2)关系——创造(概括了人民群众和社会历史间关系的主要方面)。在"关系"(创造)中又包含了两个子图式:作用和条件,这就需要进一步赋值。

第二,运用命题策略。首先要确定命题网络的共同成分。原理知识的共同成分基本表现为命题或词组,由论题和关系紧密结合组成,完全融为一体。这一共同成分往往也就是原理的名称,如真理绝对性和相对性辩证关系原理、新事物不可战胜的原理等。梳理命题则要结合图式分析区别对待。强关系原理一般有"区别"和"联系"两个子命题,它们又分别包含若干子命题。弱关系原理一般有"对象"和"关系"两个子命题,其中"关系"命题又包含若干子命题。解读命题也需要区别对待。强关系原理的"区别"命题往往缺乏明确的区别阐述,这就需要比较概念(论题),在比较中掌握它们的区别。弱关系原理的解读重点在"关系","关系"解读的重点则要具体情况具体对待。例如,人民群众创造历史的原理,命题解读的重中之重是人民群众创造历史的具体表现(作用);而新事物不可战胜的原理,命题解读的重中之重则是新事物不可战胜的基本理由(依据)。对命题网络意义的综合与概括也要根据图式类型不同而不同。如果是"强关系"类型,那么就要在"区别"和"联系"的综合与概括中揭示意义(一般重点在"联系");如果是"弱关系"类型,那么就要通过综合与概括"关系"的若干方面来揭示意义。

(3) 观点知识学习的策略

第一,运用图式策略。首先也要确定观点知识的图式类型,观点和规范、原理不同,它只有一种类型,但内部结构比较复杂,包含着"观点概述""观点意义"和"观点落实"三个部分(子图式)。这三个子图式表面上看是并列的,实际上有着紧密的逻辑递进关系,必须在此基础上厘清层级结构和进行变量赋值。

第二,运用命题策略。首先也要确定命题网络的共同成分。观点知识的共同成分基本表现为命题或概念。这一共同成分往往也就是观点的名称,如实践的观点、和平与发展是当今时代主题的观点等。梳理命题则要结合图式不同部分区别对待。"观点概述"部分的命题较少,但关系比较复杂;"观点意义"部分的命题较多,但关系比较明确;"观点落实"部分的命题之间则多为递进关系。解读命题也需要区别对待。特别要注意对"观点概述"的解读不能仅仅理解为"概念内涵"。例如,实践观点的"概述"绝不能仅仅解读为实践的定义,而要全面、综合地理解这一观点的基本内容。由于观点知识的综合性强,内在联系紧密,意义的揭示要求更加全面、完整,这对综合和概括提出了更高的要求。

二、学科技能策略学习

学科技能策略是最为关键的学习技能,学科技能策略学习不仅是硬策略学习,也是全部策略学习中最为关键的策略学习。这一学习的成功与否甚至对整个认知学习都会产生重要影响。

(一)学科技能策略学习的内涵和类型

学科技能策略是指学习具体学科的专门技能的策略,即学科技能学习的策略。这里的"学科技能"专指学科的应用技能,不包括学习技能,因此,学科技能策略就是学科应用技能的学习策略。它紧密结合学科应用技能学习的内容,能够直接解决学科应用技能学习特有的问题,显著提高学科应用技能学习的效率。学科技能策略学习就是对学科应用技能学习策略的学习,也就是学习"如何学习学科应用技能"。由于不同学科的应用技能在性质、类型和内容等方面同样很不相同,技能学习的策略也就有较大差别。每一门学科的技能策略学习也都具有较强的特殊性和独立性。

学科技能策略学习和学科技能学习的关系十分密切,两种学习都属于技能学习,前者是学科学习技能(认知策略)的学习,后者是学科应用技能(智慧技能)的学习。前者不是一般的学习技能学习,而是以后者为基础,是专门针对应用技能的学习技能学习。学科应用技能是一门学科的核心技能,如何习得这一核心技能就是学科技能策略学习的基本内容。

学科技能策略学习同样可以按学科分为若干类型,主要有:(1)语文技能策略学习,包括识字、阅读和写作等技能的策略学习;(2)数学技能策略学习,包括运算和解题等技能的策略学习;(3)外语技能策略学习,包括听、读、说、写等技能的策略学习;(4)科学学科技能策略学习,包括物理、化学和生物等学科技能的策略学习;(5)社会学科技能策略学习,包括思想政治、历史和地理等学科技能的策略学习;(6)艺术学科技能策略学习,包括音乐和美术等技能的策略学习;(7)体育技能策略学习。

(二)中学思政学科技能策略学习

中学思政学科技能策略学习包括分类、简程和复程技能策略学习。这些策略学习和政治课技能学习联系紧密,是不同的策略在不同的技能学习中的运用。技能学习的策略在教学信息和材料中同样很少呈现,因此以下的内容也主要集中在策略本身及其运用上。

1. 分类技能学习的策略及其运用

分类技能学习是概念学习的重要组成部分,分类技能是概念学习的重要内容和目标,因此,讨论分类技能学习策略首先必须充分考虑概念学习的一般特点,特别是政治课概念知识学习的特点和策略,不能把分类技能学习和概念知识学习对立起来或割裂开来,要注意保持概念学习本身的完整性和连续性。在上述基础上,针对分类技能学习的自身特点,本书尝试提出以下学习策略。

(1) 显性化策略

在分类技能学习中,命题陈述向产生式陈述转化是第一步。这一步实际上是对概念的命题表征进行加工、改造,也就是对观念对象(不同于物质对象)的加工、改造。这种加工、改造"既不像操作活动(即动作技能学习活动,引者注)那样,以外显的形式(在头脑外部)通过肢体运动来实现,也不像言语活动那样,可以借助于言语器官或口腔肌肉的运动信号而觉察活动的实在。心智动作(即智慧技能学习活动,引者注)的实现是借助于构造上与机能上不同于外部言语的内部言语进行的……因而心智动作的执行,是在头脑内部进行的,具有内潜性"。[1] "显性化"就是要把这种内潜性转变成外显性(这里主要是指"操作性陈述"的显性化),使产生式表征以外部言语的形式来表达。这种表达可以采取口头言语或书面言语的形式,也就是要明确说出或者写出经过加工、改造的概念产生式。在学习中,必须有意识加强这种"显性化"。这不仅强化了"操作性陈述"的学习,使分类技能学习的阶段性更加明显和完整,而且使产生式对象化,从而加深印象,巩固记忆,为"操作性活动"的学习作了更充分的准备。

有效实施显性化策略的前提是正确构建概念产生式,而"在概念产生式中,条件部分是对概念本质特征的描述或概念的实例,动作部分是对概念名称的提取",[2]因此,准确把握概念的条件因素即概念本质特征或实例就是关键。例如,"真理是人们对客观事物及其规律的正确反映"这一概念的命题陈述中,条件因素包括:(1)反映;(2)人的反映;(3)对客观事物和规律的反映;(4)正确的反映。这里特别要注意的是,定义中的各个种差固然属于条件,而作为属的"反映"也属于条件。据此,"真理"的产

[1] 冯忠良,冯姬. 教学新论——结构化与定向化教学心理学原理[M]. 北京:北京师范大学出版社,2011:172.

[2] 杨心德,徐钟庚. 教学设计中的任务分析[M]. 杭州:浙江大学出版社,2008:79.

生式就可以用外部言语表达为：

如果，有一种反映；

如果，这种反映是人的反映；

如果，这种反映是对客观事物和规律的反映；

如果，这种反映是正确的反映；

那么，这种反映就是真理。

（2）具体化策略

概念的"操作性陈述"阶段（即第一个转化）完成之后，就进入了"操作性活动"阶段（即第二个转化）。这个阶段是"把主体在头脑中应建立起来的活动程序计划，以外显的操作方式付诸执行"，[1]也就是进行具体的分类操作。"具体化"就是把需要分类的具体对象代入已经建立的概念产生式。首先是条件具体化，即在"如果"部分进行概念属性和对象特征的匹配，也就是将概念规定的条件（属性）和对象具有的条件（特征）进行比较和鉴别，确定是否匹配，如果匹配就把对象的条件代入产生式。然后，是行动具体化，即一旦条件具体化完成，就在"那么"部分激活相应的具体行动，也就是根据得到满足的条件进行分类（提取概念名称）。"具体化"同时还要求操作活动以展开的方式出现，即"主体要依据活动的原型，把构成这一活动的所有动作系列，依次按照一定的顺序作出，不能遗漏或缺失"。只有这样，"主体才能确切了解活动的结构，才能在头脑中建立起完备的动作映象，同时也才能获得正确动觉经验及确保活动方式的稳定性，为形成动力定型打下基础"。[2]"具体化"这一要求可以克服由内部言语带来的认知操作"简缩性"的局限。我们以"真理"概念为例，具体化的操作过程大致如下：

如果，有一种反映——马克思主义是一种反映（认识）；

如果，这种反映是人的反映——马克思主义是马克思的反映（认识）；

如果，这种反映是对客观事物和规律的反映——马克思主义是关于客观世界、特

[1] 冯忠良，冯姬. 教学新论——结构化与定向化教学心理学原理[M]. 北京：北京师范大学出版社，2011：177.

[2] 冯忠良，冯姬. 教学新论——结构化与定向化教学心理学原理[M]. 北京：北京师范大学出版社，2011：178.

别是人类社会规律的反映(认识);

如果,这种反映是正确的反映——马克思主义是正确的反映(认识);

那么,这种反映就是真理——马克思主义就是真理。

必须明确的是,上述过程不仅仅是一个陈述过程,更是一个操作(归类)过程。就如同理科的技能学习,这是展开和完成了一次"演算"。

(3) 变式练习策略

"变式练习是指在其他教学条件不变的情况下,概念和规则的例证的变化。"[1]实际上,变式练习就是不断变更操作活动的对象和情境,使产生式得到广泛印证和概括,并巩固和迁移,逐步成为一种自动化的技巧。对分类技能学习来说,这种练习更为重要,因为它已不是概念知识学习时的"模拟",而是现实情境中的"实习"。

概念的变式练习包括概念例证的变化和概念运用情境的变化。概念例证的变化主要是正例的变化。正例是具有概念特有属性、特别是本质属性的例证,一般属于概念的原型、样例,比如各种实物形态的商品。变例则是也具有概念特有属性,但不具有概念正例的某些非特有属性的例证,比如各种非实物形态的商品。概念例证的变化也包括呈现反例。反例是不具有概念特有属性,但具有概念正例的某些非特有属性的例证,比如实物形态的非交换产品。概念运用情境的变化是指概念运用于不同的情境,包括相似情境和相异情境。相似情境是类似教材中所举的情境,比如税收概念运用的相似情境就可以有中央(国家)、省、市、县等不同情境。相异情境是与教材所举情境差别较大的情境,比如,税收概念运用的相异情境就可以有不同国家、不同时代等情境。无论哪种情境,概念运用都可以分为两种。一种是直接的分类操作,即根据概念内涵对一定情境中的各种相关对象直接归类,如对中国社会主义市场经济中的商品进行归类。这种操作是基本的,被普遍采用。另一种是间接的分类操作,即对一定情境中的各种相关对象并不直接归类,而是根据概念内涵在与所学概念相关的问题中进行推论(推论中隐含了归类),从而间接进行了分类。之所以有时会采用这种操作,是因为"一些定义性概念,例如'改革'和'美丽',并不总是具有清晰的或意义明确的例子。学习者对这类术语的理解可以用其他方式而得到更好的

---

[1] 杨心德,徐钟庚. 教学设计中的任务分析[M]. 杭州:浙江大学出版社,2008:81.

测量"。[1] 例如,"公平"概念的运用就可以在相关的经济和政治等问题中进行推论,从而间接地对经济和政治生活中的"公平"进行了归类。当然,这种操作难度比较大,存在一定的教学失控风险。

通过不同例证的辨别和运用情境的变化,可以加深学生对产生式的理解,推动技能学习的"两个转化",同时扩展了产生式的应用范围,为分类技能的习得和熟练创造了有效的条件和路径。

2. 简单规则运用技能学习的策略及其运用

简程技能学习是规则学习的重要组成部分,简程技能是规则学习的重要内容和目标。因此,讨论简程技能学习策略同样必须充分考虑规则学习的一般特点,特别是政治课规则知识学习的特点和策略,不能把简程技能学习和规则知识学习对立起来或割裂开来,同样要注意保持规则学习本身的完整性和连续性。同时,由于简程技能学习的特点类似于分类技能学习,因此,借鉴和吸取分类技能学习策略显得更为必要。在此基础上,结合简程技能学习自身的特点,本书尝试提出以下学习策略。

(1) 显性化策略

在简程技能学习中,命题陈述向产生式陈述转化同样是第一步。这一步是对规则的命题表征进行加工、改造。这种加工、改造同样是在头脑内部进行,具有内潜性。"显性化"也是要把这种内潜性转变成外显性,使产生式表征以外部言语的形式来表达。这种表达同样可以采取口头言语或书面言语的形式,也就是要明确说出或者写出经过加工、改造的规则产生式。由于"规则的产生式通常是采取典型的'如果……则……'的形式来表现的。其中的条件部分是规则的前提,而动作部分则是由前提导出的结论",[2]因此,分清规则的前提和结论是正确构建规则产生式的关键。政治课简单规则包括规范和原理,比较复杂,对前提(条件)和结论(行动)两个部分的把握需要针对不同规则进行具体分析,才能作出相应的划分。

1) "做什么"的规范技能。这种规范产生式的前提部分主要是对规范内容的梳理,结论部分是对规范名称的提取。例如,"劳动者就业权平等是指不因民族、种族、性

[1] [美]M. P. 德里斯科尔. 学习心理学[M]. 王小明,等,译. 上海:华东师范大学出版社,2008:305.
[2] 杨心德,徐钟庚. 教学设计中的任务分析[M]. 杭州:浙江大学出版社,2008:80.

别、宗教信仰不同而受歧视"这一规范的命题陈述中,条件因素包括:Ⅰ.劳动者就业权利;Ⅱ.劳动者就业不受民族、种族、性别、宗教信仰歧视的权利。这里要注意的是,每一条件还可以进一步细分,以便操作更细致、缜密。据此,"平等就业"的产生式就可以表达为:

如果,有一项劳动者权利;

如果,这项权利是关于就业权的;

如果,这项权利是关于就业不受民族歧视;

如果,这项权利是关于就业不受种族歧视;

如果,这项权利是关于就业不受性别歧视;

如果,这项权利是关于就业不受宗教信仰歧视;

那么,这项权利就是劳动者的平等就业权利。

2)"怎么做"的规范技能。这种规范产生式的前提和结论结合得很紧密,往往一个前提就跟着一个结论,呈现紧凑、密集的形态。由于政治课"怎么做"和"做什么"内容大多混为一体,而且还伴有大量"为什么做"的内容,因此,首先需要排除"为什么做"的内容,然后从"做什么"中剥离和归纳出"怎么做"的内容。例如,关于如何承担依法纳税义务的技能学习,首先排除承担依法纳税义务意义的内容,然后从依法纳税的主要义务中剥离和归纳出依法纳税的基本程序:纳税申报——提供纳税信息——按时纳税。根据上述程序(命题陈述),履行依法纳税义务的产生式可以表达为:

如果,有一位纳税人;

如果,该纳税人要履行依法纳税义务;

那么,要进行纳税申报;

如果,已进行了纳税申报;

那么,要提供纳税信息;

如果,已提供了纳税信息;

那么,要按时纳税;

如果,已按时纳税;

那么,该纳税人就履行了依法纳税义务。

需要指出的是,以上程序只是非常基本的步骤,实际上每一基本步骤往往还包括若干子程序,还可以区别为"决策步骤"和"操作步骤"。[1]

3)"强关系"原理技能。这种原理所表达的是概念间辩证关系的一个方面,比较宏观、概括,其产生式的前提也就比较简明。例如,质量互变规律中的"量变是质变的必要准备"原理(命题)就可以表达为:

如果,有一种变化;

如果,这种变化是量变;

那么,这种变化就为质变作了必要准备。

4)"弱关系"原理技能。这种原理所表达的是概念间的主要关系,比较微观、具体,其产生式的前提也就比较复杂。例如,"人民群众创造历史"原理,人民群众和社会历史间的主要关系是前者"创造"后者,这种创造有三方面表现,产生式就要表达为:

如果,人民群众创造了物质财富;

如果,人民群众创造了精神财富;

如果,人民群众决定性地变革了社会;

那么,人民群众就是社会历史的创造者。

(2) 具体化策略

"具体化"就是把需要解决的具体问题内容代入已经建立的规则产生式。首先是前提(条件)具体化,即在"如果"部分进行规则内容和对象特征的匹配,也就是将规则明确的条件(内容)和对象具有的条件(特征)进行比较和鉴别,确定是否匹配,如果匹配就把对象的条件代入产生式。然后,是结论(行动)具体化,即一旦条件具体化完成,就在"那么"部分激活相应的具体行动,也就是根据得到满足的前提条件得出具体结论。

"具体化"可以克服由内部言语带来的认知操作"简缩性"的局限。它要求操作活动以展开的方式出现,即"主体要依据活动的原型,把构成这一活动的所有动作系列,依次按照一定的顺序作出,不能遗漏或缺失"。只有这样,"主体才能确切了解活动的

---

[1] [美]P. L. 史密斯,T. J. 雷根. 教学设计[M]. 庞卫国,等,译. 上海:华东师范大学出版社,2008:284.

结构,才能在头脑中建立起完备的动作映象,同时也才能获得正确动觉经验及确保活动方式的稳定性,为形成动力定型打下基础"。[1]

政治课的简单规则虽然有多种类型,具体化也有所不同,但万变不离其宗,总体上就是把具体内容代入一般规则。比如,"量变是质变的必要准备"原理具体化的操作过程大致如下:

如果,有一种变化——水的温度升或降;

如果,这种变化是量变——水的温度在1℃—99℃的升或降;

那么,这种变化就为质变作了必要准备——这种变化就为结冰或汽化作了必要准备。

再如,"劳动者就业权平等是指不因民族、种族、性别、宗教信仰不同而受歧视"这一规范的具体化操作过程:

如果,有一项劳动者权利——应聘者A的权利;

如果,这项权利是关于就业权的——应聘者A的应聘权利;

如果,这项权利是关于就业不受民族歧视——应聘者A的应聘未受民族歧视;

如果,这项权利是关于就业不受种族歧视——应聘者A的应聘未受种族歧视;

如果,这项权利是关于就业不受性别歧视——应聘者A的应聘未受性别歧视;

如果,这项权利是关于就业不受宗教信仰歧视——应聘者A的应聘未受宗教信仰歧视;

那么,这项权利就是劳动者的平等就业权利——应聘者A获得了平等就业权利。

同样,上述过程都不仅仅是一个陈述过程,更是一个操作过程,是展开和完成了一次"演算"。

(3)变式练习策略

规则的变式练习包括应用对象和情境的变化。应用对象的变化是指规范和原理适用的不同对象的变化,如国家职能适用的不同国家的变化,人民群众创造历史适用的不同时代人民群众的变化。应用情境的变化是指规范和原理适用的不同情境的变

---

[1] 冯忠良,冯姬. 教学新论——结构化与定向化教学心理学原理[M]. 北京:北京师范大学出版社,2011:178.

化,如供求规律适用的不同市场的变化,质量互变规律适用的自然和社会不同情境的变化。当然,对象和情境的区分不是绝对的,二者往往是相互交叉、包容的。例如,"不同时代的人民群众"就既包含着对象,也包含着情境。

变式练习还包括"逆向产生式"的练习。逆向产生式"是一种由目的到条件的逆推形式的产生式"。[1]从条件到行动(目的)的产生式是正向产生式,"即活动的发生以条件的出现为前提,当条件得到满足,行动自然发生"。[2]但在实践中,往往是从问题开始进行逆向的探寻,找出解决问题的各种条件。这种产生式的形式通常表达为"如果要达到(解决)……目的(问题),那么就要……"。[3]这种练习一般是把正向产生式倒过来表达。例如,关于劳动者平等就业权就可以表达为:

如果,这项权利是劳动者的平等就业权利;

那么,这项权利就必须包括劳动者就业不因民族、种族、性别、宗教信仰不同而受歧视的内容。

变式练习更重要的是指"反向操作"的练习,即通过产生式操作不是顺理成章地得出一个正面结论,而是产生一个反面结论。例如,通过"平等就业"规范的产生式操练,得出某人未获得平等就业权利,或者某单位侵犯求职者平等就业权利的结论。这种"反向操作"类似于分类技能学习中的反例变式练习,对于巩固和提升规范和原理技能学习更有助益,同时也扩展了产生式的应用范围,为简程技能的习得和熟练创造了更为有效的条件和路径。

3. 复杂规则运用技能学习的策略及其运用

复程技能学习和简程技能学习、规则知识学习乃至于规则学习均有广泛联系,是政治课规则学习的重要组成部分,因此可以借鉴以上诸学习的策略,但是,高级规则和问题类型的复杂性又使复程技能学习必须具有自己独特的学习策略。

(1) 分类学习策略

分类学习就是针对政治课复程技能学习的不同类型开展不同的学习。不同的学习类型需要设计不同的学习目标,安排不同的学习任务,创设不同的学习条件,选择不

[1] 杨心德,徐钟庚. 教学设计中的任务分析[M]. 杭州:浙江大学出版社,2008:79.
[2] 杨心德,徐钟庚. 教学设计中的任务分析[M]. 杭州:浙江大学出版社,2008:79.
[3] 杨心德,徐钟庚. 教学设计中的任务分析[M]. 杭州:浙江大学出版社,2008:79.

同的学习方法和测量评价形式,从而达成不同的学习结果(这些学习结果实际上是异中有同的)。实施这一策略的关键是准确分类。如果仅以三种基本类型组织学习,不但比较笼统宽泛,而且不结合问题类型,就会无的放矢,容易使复程技能学习停滞于规则知识层面。

本书试以复程技能学习的三种基本类型为横轴,同时把四种问题类型重新组合为三种类型(参见第三章),并以此为纵轴,构成复程技能学习的类型Ⅰ(见表4-1)。横轴和纵轴相交形成9个交汇点,组合为9种具体的复程技能学习类型。例如,在"复杂规范技能学习"和"封闭的确定性问题"相交处,就是"运用复杂规范解决封闭的确定性问题的技能学习"(简称"规范封闭技能学习")。如果进一步以复杂规范和复杂原理技能学习的亚型作为横轴,以问题类型为纵轴,就构成复程技能学习的类型Ⅱ(见表4-2)。横轴和纵轴相交形成15个交汇点,组合为15种更为具体的复程技能学习类型。例如,在"W规范技能学习"和"封闭的确定性问题"相交处,就是"运用复杂'做什么'规范解决封闭的确定性问题的技能学习"(简称"W规范封闭技能学习")。

表4-1　思想政治课复程技能学习类型Ⅰ

	封闭的确定性问题	开放的确定性问题	模糊性问题	学习类型合计
复杂规范技能学习	规范封闭技能学习	规范开放技能学习	规范模糊技能学习	3
复杂原理技能学习	原理封闭技能学习	原理开放技能学习	原理模糊技能学习	3
观点技能学习	观点封闭技能学习	观点开放技能学习	观点模糊技能学习	3
学习类型合计	3	3	3	9

表4-2　思想政治课复程技能学习类型Ⅱ

	封闭的确定性问题	开放的确定性问题	模糊性问题	学习类型合计
W规范技能学习	W规范封闭技能学习	W规范开放技能学习	W规范模糊技能学习	3
H规范技能学习	H规范封闭技能学习	H规范开放技能学习	H规范模糊技能学习	3
S原理技能学习	S原理封闭技能学习	S原理开放技能学习	S原理模糊技能学习	3
W原理技能学习	W原理封闭技能学习	W原理开放技能学习	W原理模糊技能学习	3

	封闭的确定性问题	开放的确定性问题	模糊性问题	学习类型合计
观点技能学习	观点封闭技能学习	观点开放技能学习	观点模糊技能学习	3
学习类型合计	5	5	5	15

注：W(what)规范技能学习为"做什么"规范技能学习；H(how)规范技能学习为"怎么做"规范技能学习；S(strong)原理技能学习为"强关系"原理技能学习；W(weak)原理技能学习为"弱关系"原理技能学习。

有了上述分类，就可以分门别类、对号入座地有序展开学习。大致的步骤是：确定基本学习类型——确定学习类型Ⅰ——确定学习类型Ⅱ——确定学习目标、任务、方法、条件和测评形式——展开学习。

当然，上述类型并没有穷尽政治课复程技能学习的分类，事实上有更多更复杂的高级规则组合和学习，如不同复杂原理的组合、不同复杂规范的组合和不同观点的组合，等等。但是，类型Ⅰ和类型Ⅱ是首要和基本的学习。

（2）重点学习策略

重点学习就是针对政治课复程技能学习的代表性类型进行重点学习。代表性类型是具有典型意义和较大普遍性、代表了政治课复程技能学习基本活动的类型。实施这一策略的关键是确定重点（代表性类型）。政治课的复程技能学习以复制高级规则为主，这虽然和加涅的本意有所不同，却是政治课这一学习的突出特点，非常具有代表性。因此，政治课首要要以复制学习为重点。复制学习主要发生在原理和观点学习中。一般而言，原理的结构要比观点清晰简明，而观点又往往包含着原理和规范，内容更为复杂，这就使应用原理比应用观点要简单一些。而在政治课中，原理学习不仅覆盖面比较大，而且具有一定的示范性，能够影响其他学习。因此，原理学习作为重点显然更合适。

确定了重点就可以有所侧重地展开学习，大致的步骤是：确定原理学习类型Ⅰ（明确问题类型）——确定原理学习类型Ⅱ（明确原理类型）——明确原理构成——展开学习。在这一过程中，"明确原理构成"十分重要。因为"复制"原理并不是简单纯粹的复制，而是包含着解构和重组等因素，如果对原理结构不清楚，那就难以"复制"。以原理为重点的学习一般首先是根据问题情境选择一条复杂原理（高级规则），然后把该原理分解为若干简单原理(解构),再安排这些简单原理的运用顺序(重组),从而解决问题。例如,质变和量变相互转化的原理(高级规则)就可以分解为量变向质变转化和质变向量变转化两个下一级原理,运用的顺序也可以因问题不同而变化。

明确构成可以运用图式策略。S原理的基本内容是相关概念间的辩证关系,一般由两个下一级原理构成。其图式是显性"关系"图式,一般通过"区别"和"联系"两个子图式来全面展示概念间的辩证关系,因此,可以在此基础上把握结构。W原理的基本内容是概念间的主要关系,往往由两个以上下一级原理构成。其图式是隐性"关系"图式,一般不全面展示概念间的辩证关系,而是集中展示"关系"主要方面的不同内容(作用、依据、条件等),因此,需要根据具体问题来把握关系的结构。

(3) 循序学习策略

循序学习就是针对政治课复程技能学习的多种类型展开循序渐进的学习。面对复杂多样、难度不一的多种学习类型,不能全面同时进行学习,而要按照从简到繁、先易后难的顺序逐步展开。实施这一策略的关键是合理排序,也就是理清学习类型的难易顺序。学习类型取决于规则类型和问题类型的不同组合,规则和问题的难易程度直接影响学习类型的难易程度,因此,排序首先需要给规则和问题排序。

规则的排序可以分两步。第一步是基本类型排序:复杂原理技能学习——复杂规范技能学习——观点技能学习。"原理"排在"规范"前面,因为它以复制为主,比构建为主的"规范"容易学习。第二步是亚型排序,以第一步为前提:S原理技能学习——W原理技能学习——W规范技能学习——H规范技能学习——观点技能学习。"S原理"结构比较简明,排在结构相对繁杂的"W原理"前面;同理,"W规范"也要比"H规范"容易学习;而"观点"始终排在最后,因为它的结构最为复杂,是最困难的学习。

问题的排序比较简单:封闭的确定性问题——开放的确定性问题——模糊性问题。很明显,确定性问题要比模糊性问题简单,封闭性问题则比开放性问题容易解决。

在此基础上,分别为规则排序和问题排序的各项从低到高赋分(如复杂原理技能学习1分,复杂规范技能学习2分,余类推),然后根据分值对两种学习类型排序(低分在前,高分在后,同分则根据问题类型排序):

学习类型Ⅰ:原理封闭技能学习——规范封闭技能学习——原理开放技能学习——观点封闭技能学习——规范开放技能学习——原理模糊技能学习——观点开

放技能学习——规范模糊技能学习——观点模糊技能学习

学习类型Ⅱ：S原理封闭技能学习——W原理封闭技能学习——S原理开放技能学习——W规范封闭技能学习——W原理开放技能学习——S原理模糊技能学习——H规范封闭技能学习——W规范开放技能学习——W原理模糊技能学习——观点封闭技能学习——H规范开放技能学习——W规范模糊技能学习——观点开放技能学习——H规范模糊技能学习——观点模糊技能学习

根据上述排序，在学习类型Ⅰ中，运用原理解决封闭性问题的技能学习最容易，而运用观点解决模糊性问题的技能学习最困难；在学习类型Ⅱ中，运用强关系原理解决封闭性问题的技能学习最简单，而运用观点解决模糊性问题的技能学习仍然是最复杂的。以此为序，复程技能学习大体上就能够比较科学地循序渐进了。

但是，循序渐进并非在所有的学习类型上都展开，而是要选学习条件（主要是必要条件）具备的类型，要敢于取舍，有所为有所不为——条件不具备的类型就坚决摒除或搁置，因为即便展开，学习也难以发生。在政治课中，要解决的问题基本都是开放性、模糊性问题，"社会性的问题很少有唯一的答案，也没有绝对好坏的区分"，"社会学科中的绝大部分问题都是结构不良的问题"。[1]也就是说，政治课的复程技能学习可能面对的绝大部分是模糊性问题，即使有结构良好的问题，基本也是开放性的。这就表明，第一，封闭性问题的学习基本可以摒除；第二，模糊性问题的学习对中学生来说难度很大，难以具备必要条件，可以考虑搁置；因此，第三，开放的确定性问题的学习是主要的类型。

以开放的确定性问题为对象的复程技能学习，在学习类型Ⅰ中有三种，在学习类型Ⅱ中有五种，它们的排序就是政治课复程技能学习循序渐进的基本路线图，体现了从简到繁、先易后难的学习策略：

学习类型Ⅰ：原理开放技能学习——规范开放技能学习——观点开放技能学习

学习类型Ⅱ：S原理开放技能学习——W原理开放技能学习——W规范开放技能学习——H规范开放技能学习——观点开放技能学习

循序学习不同于重点学习。重点学习是集中于原理应用的学习，而循序学习则不限于原理，更强调学习的连续性。如果说重点学习是"定点"学习，那么循序学习就是

---

[1] 杨心德，蔡维静.社会学科学习与教学设计[M].上海：上海教育出版社，2005：177.

"流动"学习。现以学习类型Ⅰ为例,进一步具体说明循序学习。

例1.运用内外因辩证关系的原理,分析学校学习活动中教师的教和学生的学各起怎样的作用?[1]

例2.小张四年未休过探亲假。这次他母亲病了,他向单位提出休假探亲,单位不批准。小张应该怎样依法维护自己的权益?[2]

例3.某少数民族地区地处边陲,风景秀丽,但比较落后。该地区制定了"建立绿色经济产业带,民族文化特色区"的发展战略。试用实事求是的观点分析此战略。[3]

例1是运用原理解决开放的确定性问题的学习。问题的初始状态是"学校学习活动中教师的教和学生的学",目标状态是"教师的教和学生的学在学习中的作用",从初始状态到目标状态的转化条件或方法是"内外因辩证关系原理",构成问题的三个要素都很明确(符合确定性),而问题最后要达到的目标(答案)则并不是只有一个(符合开放性)。解决这一问题首先是复制(解构和复述)原理(内外因辩证关系),然后将命题转化为产生式,最后将产生式具体化,得出结论。这一过程不仅解决了一个问题,而且证实了一个原理(普遍性)。这就是一次高级规则的习得。

例2是运用规范解决开放的确定性问题的学习。问题的初始和目标状态都很明确,转化的条件有:"四年未休探亲假""母亲病了"和"依法维护自己的权益"(基本符合确定性),而问题解决的最终结果也不是只有一个(符合开放性)。解决这一问题首先需要构建(回忆、选择、组合)相关规范(《劳动法》),然后将命题转化为产生式,最后将产生式具体化,得出结论。这一过程比例1困难,因为"构建"比"复制"高级规则难得多,需要学生自己去搜寻和组合。

例3是运用观点解决开放的确定性问题的学习。问题的初始状态是"某少数民族地区的发展战略",目标状态是"评价该战略",转化的条件有"少数民族地区、地处边陲、风景秀丽、比较落后"和"实事求是观点"(符合确定性),问题解决的结论显然不会是单一的(符合开放性)。解决这一问题首先也是复制,但观点的结构比原理复杂,复制中也不仅仅是解构和复述,还包括一定的重建(根据问题对观点内部结构作相应调

[1] 吴铎.思想政治(试用本)[Z].上海:上海教育出版社,2015:78.
[2] 余静,等.思想政治1[Z].北京:人民教育出版社,2008:44.
[3] 孙熙国.思想政治4[Z].北京:人民教育出版社,2008:40.

整）。在这一过程中往往还会涉及相关的原理和规范（如矛盾特殊性原理）。因此，例3 比例 1 和例 2 都要困难，通过学习所获得的高级规则也要宏观和复杂得多。

第四节　中学思政学科的软策略学习

软策略不是中学思政学科的特有策略，但一旦应用于中学思政学科的学习也就有了一定的学科特殊性。软策略学习包括认知策略、元认知策略和学习资源策略三种学习。这些学习同样主要表现为策略运用，因此，以下主要介绍的仍然是策略内容及其运用。

一、认知策略学习

作为学习策略的认知策略是指学生用来加工和组织学习信息的策略，它是软策略中最直接面向学科学习内容的策略，因此，认知策略学习和硬策略学习最为接近。认知策略学习主要包括复述策略、精加工策略和组织策略三种学习。

（一）复述策略学习

复述策略是运用多种形式并通过内部言语在大脑中多次重现已学习信息，以集中注意力，提高记忆力的策略。这基本属于注意和记忆策略。主要包括：

1. 及时复述

在遗忘尚未发生时对学过的内容进行复述，这种复述必须多次进行，并且一开始间隔的时间越短越好。

2. 限时和目标复述

限定每次复述的时间和制定复述的目标（任务），在限定的时间里必须达成制定的目标(任务)。

3. 集中和分散复述

集中复述就是在一段时间里连续、多次复述已学习内容,这是一种连续性复述;分散复述则是在若干段时间里分别复述,这是一种间断性复述。

4. 整体和分段复述

整体复述就是对已学习的全部内容进行完整复述;分段复述则是把已学习内容分为不同部分,对不同部分分别进行复述。

5. 过度复述

在复述已达成目标时,继续复述前复述量的 50%,即为"过度"复述。低于或高于这个量的复述效果都不好。

6. 多形式复述

复述的形式是多样化的。比如,口头或书面复述,独白或对话复述,内外部言语结合或单纯内部言语复述,母语或非母语复述,等等。总之,采用以视听为主的多感官通道同时启用的方式复述。

对政治课而言,以上策略主要适用于知识学习,特别是不完全陈述知识学习。同时,这些策略是相互联系的,应该结合在一起灵活运用,切忌将它们孤立隔绝。

(二) 精加工策略学习

精加工策略是运用多种形式深入加工新学习信息,充实其意义,加强其和已掌握信息的联系,以促进理解力,增强记忆力的策略。这基本属于记忆和思维策略。主要包括:

1. 记忆术

人为地给无意义的学习信息赋予一定意义,以已知信息融合未知信息的记忆技术。例如,位置记忆法、首字联想法、谐音联想法、关键词法、视觉联想法、语义联想法等。

2. 做笔记

听课和读书都需要做笔记。笔记可以有多种形式,主要有:(1)复述笔记。即用自己的语言概述原文的基本内容。目的在于把握原文,加深理解。(2)纲要笔记。即用自己的语言概述要点,通常有加标题、写节段概括语、写结构提纲等;或者,直接在原文的关键词、句下划线并编号。目的在于识别结构,理清头绪。(3)摘要笔记,分为"系统摘要"和"非系统摘要"。前者是按原文结构顺序摘抄要点,后者则不按原文结构顺序,只根据自己需要摘抄若干要点。目的在于明确要点,突出重点。(4)批注笔记,可以分为"点滴批注"和"系统批注"。前者只针对原文中某些内容写出自己的心得体会(理解、启发、联想、批驳等),后者则针对全文循序逐次写出自己的心得体会。目的在于清理思路,摄取思想火花。

3. 质疑

就是对所学内容提出疑问并自己给予回答。提问的内容主要是关于"为什么"的问题,但也可以是关于"是什么""怎么样"和"怎么办"的问题;提出问题后,提问者要尽力给出答案,联想、推论、引申、拓展、否定、认同甚至猜测等都无不可。质疑并不是怀疑和否定一切,而是以批判的态度来学习,因此,质疑不是要否定学习内容,而是借此加深对内容的理解,从而深化学习。

4. 比较

就是对两个或两种相关学习对象进行对比,以发现它们之间的共同点和不同点。比较可以分为:(1)对立比较。这种比较的双方差别明显,已经达到对立的程度。因此,比较的重点在于发现双方的对立点,而不是一般不同点。(2)差异比较。这种比较的双方差别不很明显,往往似是而非似非而是,比较容易混淆。因此,比较的重点在于发现双方的主要不同点,而不是所有不同点。(3)相似比较。这种比较的双方主要是形式(表面)有差别,实质(内容)上并没有差别。因此,比较的重点在于发现双方的基本共同点,而不是不同点。

5. 先行组织者

"学习新材料之前给学习者呈现的一种引导性材料。它在概括和包容水平上高于学习新材料,但以学习者熟悉的语言陈述。"[1]这可以分为陈述性组织者和比较性组织者。陈述性组织者以简化的形式呈现(如原理、公式或概念等),提示其与新学习内容间具有一般和个别的关系,主要用于新学习内容和已有知识没有联系的情况。比较性组织者一般以简短的文字呈现,提示已有知识与新学习内容的基本区别和联系,主要用于新学习内容和已有知识存在各种联系的情况。

---

[1] 顾明远. 教育大辞典·教育心理学分卷[Z]. 上海:上海教育出版社,1990:349.

以上策略对于政治课的知识和技能学习都有用,可以选择性地结合运用。

(三) 组织策略学习

组织策略是运用多种形式建构新学习信息,使其形成组织化的结构,以促进理解力,增强记忆力的策略。这和精加工策略相似,也基本属于记忆和思维策略。不过精加工策略重在联结新学习内容和已掌握内容,而组织策略重在联结新学习自身的内容。主要包括:

1. 归类

根据统一的标准将具有相同属性或特征的学习对象归入一类,形成有序的结构组织。归类是以划分为基础的,因此必须遵循划分规则,特别是要遵循前后一致的分类标准。归类包括相似归类、对比归类、从属归类、递进归类等。

2. 概括

作为一种学习策略,概括表现为抽取和抓住学习内容的整体框架和要点,忽略局部和具体细节,以简化的形式再现学习内容。概括有多种形式,主要包括:(1)列提纲。用简短的文字(关键词、主题句)概括出学习内容的要点(主题、基本观点或核心事实等),同时按要点之间不同的层级关系排列成行,并在各行前标以表示不同级别的标号(多为数字),以显示内容的内在结构。(2)图解。运用各种图形符号(包括线条、箭头等)连接学习内容的要点,以呈现它们之间的内在联系。图解也有多种形式,如概念图、系统结构图、流程图、模式图等。(3)表格化。运用各种表格对学习内容重新组织,以揭示其内在结构。制作表格的关键是正确标明表格横轴(栏)和纵轴(列)的名目,以使学习内容合理地纳入其中,并准确呈现它们的内在联系。

组织策略和精加工策略的关系十分密切,甚至彼此渗透,经常结合在一起运用。

二、元认知策略学习

元认知(metacognition)是美国心理学家约翰·弗拉维尔(John Hurley Flawell)提出来的。他认为:“元认知通常被广泛地定义为任何以认知过程与结果为对象的知识,或者是任何调节认知过程的认知活动,它之所以被称为元认知,是因为其核心意义是对认知的认知。"[1]运用元认知于学科学习中就形成了元认知策略学习。

元认知策略同样包括"陈述形态"(知识)和"操作形态"(技能)两部分。元认知知识就是关于认知的知识,包括三个方面:第一,关于认知个体的知识(个体自身的认知特点、个体间认知差异、个体间认知的相似性);第二,关于认知任务的知识(认知材料和认知目标);第三,关于认知策略的知识。[2]元认知技能则是运用上述知识,对自己的认知(学习)过程进行反思和调控的技能。这种学习技能(元认知策略)和前述的学习技能有很大区别。硬策略(学科知识策略和学科技能策略)是直接针对学习内容的特殊性,由学科学习的内在需要而生成的特殊学习技能。它能够使学科学习活动取得直接的、学习内容上的进展。认知策略作为最近似硬策略的一种软策略,同样也是直接针对学习内容的特殊性,但它不是学科内在生成的,而是将一般策略结合到学科学习内容中去,从而"外在"产生的学习技能。它是一般策略的特殊化,也能使学科学习活动取得内容上的进展,但直接性稍逊于硬策略。元认知策略不同于上述两种策略。它不是针对学习内容,而是针对学习过程形成的学习技能,只致力于改善学习过程,因此,只能使学科学习活动取得间接的、学习形式上的进展。但是,这种作用十分重要,因为它为学科学习发展创设了多种可能性,大大拓展了学习进展的前景。难怪乎"已有研究表明,学生学习的自我监控水平已成为影响其学习成功的关键因素"。[3]元认知策略之所以有此功效,在于它是对自身学习(认知)的反思和调控,"学习中缺乏反思的学习者,往往难以取得巨大的学习成效"。[4]对学习过程的反思就是所谓"对认知的认知",对学习过程的调控则是建立在反思基础上,对反思结果的落实。元认知策略实际上就是反思之后形成的调控策略(技能),主要包括计划、监督和调节策略(技能)。

(一) 计划策略学习

计划策略是在学习活动前(也有活动中)对学习的预想和安排,以期将要开始的

[1] 韦洪涛.学习心理学[M].北京:化学工业出版社,2011:181.
[2] 韦洪涛.学习心理学[M].北京:化学工业出版社,2011:182.
[3] 韦洪涛.学习心理学[M].北京:化学工业出版社,2011:183.
[4] 王小明.学习心理学[M].北京:中国轻工业出版社,2009:143.

学习活动达到自觉、高效和有序,具有预见性和理想性。这一策略由以下五个方面构成:

1. 学习信息计划

学习信息是指所要学习的内容。信息计划主要包括:(1)预告学习内容。就是预先了解将要学习什么课程信息。这不同于预习,不是对内容的预先学习,只是总体上了解学习对象,以作好学习准备。(2)预定学习任务。就是根据学习目标和内容预先制定学习任务。任务不同于目标,主要是指应该完成的学习量。

2. 学习标准计划

学习标准是指通过学习必须达到的规定性要求。标准计划主要包括:(1)预设学习目标。就是预先设定要达到的学习目标,也就是学习的结果。这个目标包括阶段目标和最终目标或局部目标和整体目标。(2)预估学习效率。就是预先估计能够达到的学习投入和习得之比。效率越高,就越能实现学习目标,因此,预估效率和预设目标的关系十分密切。

3. 学习过程计划

过程计划就是对一个完整(无论长短)的学习活动的预先设想和安排。主要包括:(1)预估整个学习活动的大致进程(时间)。(2)预置活动中的各个环节(阶段)。(3)预先列出学习的各个步骤等。

4. 学习条件计划

学习条件涉及的范围比较宽泛,一般而言,凡对学习活动发生影响的因素都可以列入其中。条件计划主要包括:(1)预选学习形式、策略和方法。在学校学习的基本形式下,学生仍然可以选择适合自己的具体学习形式、策略和方法,特别是应对学习弱点和困难方面的形式、策略和方法。(2)预知教师、学习环境和学习时间等。在学校学习中,这几个因素学生比较难以预选,但是预先了解还是完全可以的,这对于学习也有一定影响。

5. 学习特点计划

学习特点泛指个体学习的特殊性,包括个体的学习风格、学习倾向、学习特长和弱点等。特点计划主要包括:(1)预知学习风格,即了解个人一贯的学习方式。(2)预知学习倾向,即了解个人的学习偏好。(3)预知学习特长和预警学习弱点。这是预先了解或警示自己的学习特长或弱点(比如记忆力的强弱、应用能力的强弱,等等),以便发挥或弥补。(4)预估学习困难。这主要不是对具体内容和细节的学习困难的估计,而是对比较宏观的信息类型的学习困难的估计(比如概念学习的困难、技能学习的困难等)。

(二) 监督策略学习

监督策略是在学习活动中(也有活动后)对学习的检查和评价,以使正在进行的学习活动能够保持自觉、高效和有序,具有即时性和现实性。这一策略也由五个方面构成:

1. 学习信息监督

信息监督主要包括:(1)检查学习任务的完成情况。检查的频率必须适度,不能太低,要能够保证始终知晓任务的完成情况,但也不能太高,以不妨碍正常的学习进程为宜。(2)评价学习任务的完成情况,并在此基础上评价学习任务的合适性。

2. 学习标准监督

标准监督主要包括:(1)检查学习目标的实现情况。这同样包括阶段目标和最终目标或局部目标和整体目标。(2)检查学习效率。检查的重点是阶段或局部学习的效率。(3)评价学习目标的实现情况,并在此基础上评价学习目标的合适性。

3. 学习过程监督

过程监督主要包括:(1)检查学习过程的进展情况。这是对整个学习过程的监督。(2)检查学习环节和步骤的进行情况。这是对学习过程细节的监督。(3)评价学习过程、环节和步骤的情况。

4. 学习条件监督

条件监督主要包括:(1)检查学习形式、策略和方法的运用情况。(2)评价学习形式、策略和方法的有效性,特别是应对学习弱点和困难方面的形式、策略和方法的有效性。(3)评价教师、学习环境和学习时间,并在此基础上评价自己的适应性。

5. 学习特点监督

特点监督主要包括:(1)检查和评价学习风格的影响等情况。(2)检查和评价学习倾向的影响等情况。(3)检查和评价学习特长和弱点的影响等情况。(4)检查和评价学习困难的发生和克服等情况。

（三）调节策略学习

调节策略是在学习活动中（也有活动后）对学习的保持和改变，以使正在进行的学习活动能够继续保持自觉、高效和有序，具有应变性和或然性。这一策略同样是由五个方面构成：

1. 学习信息调节

信息调节主要包括：（1）保持学习任务不变（预定学习任务合适）。（2）改变（减少或增加）学习任务（预定学习任务不合适）。

2. 学习标准调节

标准调节主要包括：（1）保持学习目标不变（预设学习目标合适）。（2）改变（降低或提高）学习目标（预设学习目标不合适）。（3）保持或提高学习效率。

3. 学习过程调节

过程调节主要包括：（1）保持学习过程的既有进展。（2）改变（加快或减缓）学习进程。（3）保持或改变学习环节和步骤的进行情况。

4. 学习条件调节

条件调节主要包括：（1）保持或改变学习形式、策略和方法，特别是应对学习弱点和困难方面的形式、策略和方法。（2）适应或改变教师、学习环境和学习时间等。

5. 学习特点调节

特点调节主要包括：（1）保持或改变（强化或弱化）学习风格。（2）保持或改变（强化或弱化）学习倾向。（3）保持或改变（发展或抑制）学习特长。（4）克服或回避学习弱点。（5）克服或回避学习困难。

元认知策略对于学习具有特殊意义。国外在元认知培养和训练方面开展了大量研究，主要有两种方式。一种是自由放任式。该模式的倡导者认为，学生在使用策略的过程中会自动提高元认知水平，因此，不必对学生进行直接的元认知知识传授，只须教给他们各种策略，使之在具体运用策略的过程中获得丰富的元认知体验，从而也获得元认知知识。另一种是直接传授式。该模式支持者认为，不能指望学生自发地提高策略应用水平，仅仅在运用中获得元认知体验是不够的，应当直接、具体地给学生提供元认知策略知识。[1] 政治课的元认知策略学习从现有的实践看,基本以运用为主,但究竟以什么形式更为有效尚缺乏深入研究。无论以什么形式展开学习,教师的指导是不可或缺的。这一点在元认知策略学习上更需要强调,因为元认知策略学习需要具有更为自觉的意识。

三、学习资源策略学习

学习资源是构成学习活动的基本要素,也是学习得以展开的基本条件。学习资源策略是对学习资源进行开发、选择、利用和管理的策略。它和元认知策略关系十分密切,因为元认知策略是建立在对学习过程认知基础上的策略,必然要涉及学习中的诸多要素,也就是学习资源的各个方面,因此,两种策略会有所交集和渗透。政治课的学习资源策略也是在运用中学习,它涉及的内容十分广泛,主要包括时间资源、环境资源、工具资源和人力资源的策略学习。

(一) 时间资源策略学习

这一策略是指学习时间的开发、利用和管理策略,主要包括:

1. 统筹兼顾

这是侧重于全局的总体时间安排策略。(1)合理分配学习时间和其他活动时间,既要安排充足的学习时间,也不能忽略其他活动时间(如睡眠、身体锻炼时间)。(2)合理分配各个不同学习的时间,既要安排充足的主要学习时间,也不能忽略其他学习时间。(3)合理分配主要学习时间,不同学科、不同内容的主要学习时间需要兼顾。

2. 学习优先

这是侧重于局部的重点时间安排策略。(1)在全部时间中,优先安排学习时间。(2)在全部学习时间中,优先安排主要学习时间。(3)在主要学习时间中,优先安排最佳学习时间,即把学习效率最高的时间安排在主要学习中。

---

[1] 韦洪涛.学习心理学[M].北京:化学工业出版社,2011:184.

3. 随机应变

这是侧重于细节的零碎时间安排策略。（1）重视零碎时间的开发和利用。（2）充分利用可预见的零碎时间（如预期的旅途等）。（3）灵活利用不可预见的零碎时间（如未预期的排队、等候等活动）。

（二）环境资源策略学习

这一策略是指学习环境的选择、创设和管理策略，主要包括：

1. 随遇而安

学校是学习的大环境，大环境包含着若干小环境，比如，教室、图书馆、校园，等等。这些场所都可以成为学习环境，但是学生挑选的可能性却很小，因此，不要在学习环境的选择上过多花费时间和精力，遇到什么环境就要能够在什么环境中专心学习。

2. 相对固定

固定的学习环境一般能够使人产生稳定感和熟悉感，这不仅能够使人安心学习，而且能够提高学习效率，因此，要尽可能利用比较固定的学习环境。当然，环境固定只是相对的，如果追求绝对固定的学习环境，那就会适得其反。

（三）工具资源策略学习

工具资源包括学习材料（贮存学习信息的物体，如书籍、U盘等）和学习设备（传递学习信息的器具，如电脑、网络等）。这一策略是指学习工具的选择、开发、利用和管理策略，主要包括：

1. 以我为主

学习工具种类繁多，不可能也没必要悉数占用。使用的重要标准就是要以我为主，也就是适合自己，适合自己学习的内容、需要、水平，等等。工具再好，如果不适合自己就要忍痛割爱。当然，以我为主并不是妄自尊大，拒斥其他标准，这里的关键是对"我"要准确把握和定位，否则就会差之毫厘，失之千里了。

2. 定于一尊

能够驾驭多种工具于学习固然是好事，但工具不宜太多，太多了反而影响学习效率。因此要确定自己的主要学习工具。这种工具是在学习中经常有效使用的，并且除了适合自己之外,还在同类工具中具有一定的权威性和代表性。

3. 喜新不厌旧

在科学技术迅猛发展的背景下,新的学习工具层出不穷,它们代表了科技发展的新进展和新成果,必须尽可能快地接受和采用。但是,新工具的出现并不是全盘否定原有的工具,新工具有一个适应和成熟的过程,原工具也有独特的长处,因此,使用新工具并不意味着抛弃原工具,而是并行不悖,择善而用之。

(四) 人力资源策略学习

学校学习最重要的人力资源是教师,也包括教辅人员和学生群体。这一策略是指在学校学习中,人力资源的开发和利用策略,主要包括:

1. 主动求教

要学习别人的经验,就必须采取主动的姿态,很少有人会拒绝主动求教的人。主动求教主要是向老师求教,这是毫无疑义的,但也包括同学和学校其他人员,特别是向同学求教。同学间的相互交流,实际上就是一种相互求教。

2. 不耻多问

向人学习仅仅"主动"是不够的,还必须"多问"。往往有学生鼓起勇气"主动"了一回,但却又往往羞于"多问",结果一知半解,难求甚解,以致前功尽弃。因此,无论向老师还是同学提问,就要一问到底,水落石出才行。

3. 学人所长

提问不能盲目,即使是向老师求教,也要力求有的放矢,也就是所问应该是被问者之所长。老师不是万宝全书,也不会始终正确,因此求教于老师(也包括其他人)要有一定方向,主要就是求教其所长。这样,即使老师的回答没有直接答案,也可能在思路、方法等方面得到启发。

第五章

中学思政学科的态度学习

　　态度学习是情感领域的学习,也可以称为情感学习。情感学习有广义和狭义之分,狭义的情感学习是指对功利性情感(态度)的学习,主要就是指态度学习,也包括动机学习;而广义的情感学习还包括对超功利性情感(态度)的学习,即审美学习。本章将集中讨论中学思政学科的态度学习。

第一节　态度和态度学习概述

本节对态度和态度学习作一概述,这是讨论中学思政学科态度学习的基础和前提。

一、态度概述

(一) 态度的内涵

态度这一概念涉及很多学科。从学习心理学的角度,加涅将态度定义为:"影响个体行为选择的内部状态。"[1]他还十分推崇美国社会心理学家奥尔波特(G. W. Allport)的定义:"态度是心理的和神经中枢的准备状态,它们通过经验来组织,并施加直接的或间接的与所有对象或情景有关的个体反应。"[2]我国《教育大辞典》则把态度界定为"指个体对人、对己和对环境较持久的肯定或否定的内部反应倾向"。[3] 以上诸说虽有差别,但是都认为态度是一种内在的心理状态("内部状态""准备状态""内部反应倾向"),不同于行为,但影响行为的选择("影响个体行为选择""直接或间接""肯定或否定"的影响)。

---

[1] [美]R. M. 加涅. 学习的条件和教学论[M]. 皮连生,等,译. 上海:华东师范大学出版社,1999:62.

[2] [美]R. M. 加涅. 学习的条件和教学论[M]. 皮连生,等,译. 上海:华东师范大学出版社,1999:220.

[3] 顾明远. 教育大辞典·教育心理学分卷[Z]. 上海:上海教育出版社,1990:293.

态度也不同于能力。能力是"成功地完成某种活动所必须具备的个性心理特征",[1]它决定人能否成功完成任务,而态度则决定人的行为选择,不涉及"能不能"的问题,而是"愿不愿"完成任务的问题。

态度和认知、情感乃至行为的关系都十分密切。一般认为,构成态度的因素有三个方面。第一是认知方面,即个体对态度对象的认识和评价,特别是具有评价倾向的观念体系。这个方面往往被看作是态度的基础。第二是情感方面,即个体在评价基础上对态度对象的情绪和情感反应(一些心理研究证实,在态度变化中包含着情绪状态的变化)。这个方面被认为是态度的核心成分。第三是行为方面,即个体对态度对象的行为倾向,也就是具有某种态度之后出现相应行为的可能性。态度被视为行为的准备状态,而行为往往是态度的外显。尽管如此,但态度显然不能简单地等同于某一因素,因此,加涅指出:"一般来说,可以认为这些方面决定了作为习得的态度的内部特征。"[2]

态度和品德、信念、理想、价值观的关系则更为密切。态度和品德既有联系又有区别。品德是道德品质的简称,是个人在道德行为中表现出来的稳定的心理特征。它的构成要素主要是道德认知、道德情感和道德行为倾向,这和态度的构成是一致的。它对行为选择的影响十分明显,所不同的是,这种影响只限于伦理道德范围的行为选择。此外,品德的内化程度比较高,形成过程比较长,一旦形成则更为稳定。关于信念有各种理解,从哲学和心理学的角度看,信念是具有信仰倾向的观念。作为"观念"它是一种认识,"具有信仰倾向"则包含了情感。信念对于行为的影响更为宽泛,涉及多种领域,如道德信念、政治信念、人生信念等,所以信念也被界定为:人们对待某人、某事或某种思想的态度倾向(《中国大百科全书(第一版)·心理学》)。理想是在实践中形成、具有现实依据的未来想象和向往。"想象和向往"有强烈的情感色彩,"具有现实依据"表明理性思考,而"实践中形成"揭示了它与行为的紧密联系。不过,理想对行为的影响是比较间接和潜在的。价值观是关于价值的一定信念、倾向、主张和态度的系统观点(《辞海》)。这很明显地告诉我们,价值观不仅仅是系统化的认识,而且是认知和情感的综合。综上所述,品德、信念、理想和价值观实际上都可以看作是一种"态度",是层

[1] 叶奕乾,孔克勤. 个性心理学[M]. 上海:华东师范大学出版社,1993:376.
[2] [美]R. M. 加涅. 学习的条件和教学论[M]. 皮连生,等,译. 上海:华东师范大学出版社,1999:222.

次不同、范围有别、内化程度各异的特殊态度。"尽管这些态度类型在内容上有很大差异,但它们在形式属性上都彼此类似。这就是说,不管态度的特定内容是什么,它的功能都是影响'趋'或'避'的行为。"[1]因此,以下的讨论对态度和品德等不作严格区分。

(二) 态度的分类

依据不同的标准可以把态度划分为不同的类型。

1. 一般态度和特殊态度[2]

这是以态度对象的概括程度(普遍意义)作为划分标准。一般态度是以概括程度较高(即具有较强普遍性)的一般事物为对象,它与行为的关系比较松散,一致性比较差。特殊关系则是以概括程度较低(即普遍性较弱)的具体事物为对象,它与行为的关系比较紧密,一致性也比较好。

2. 外显态度和内隐态度[3]

这是 20 世纪 90 年代以来,美国心理学家格林沃德(Greewald)等人陆续提出的概念。外显态度是能够被人意识到和承认的态度,它不能被自动激活,需要较多的认知容量和动机才能从记忆中提取,比较容易发生变化。内隐态度则是无意识的、能够自动激活的态度,它由不自觉的以往经验或已有态度积淀而成,一旦形成不易变化。

3. 功利态度和超功利态度

功利态度是注重物质上的功效和利益的态度,这种物质功效和利益可能是眼前的,也可能是较长远的;可能是个人的,也可能是社会的。超功利态度则是注重精神上的功效和愉悦的态度,这种精神功效和愉悦不受时间的束缚,不为时间的长短而转移。

4. 个人态度和公共态度

这是根据态度的范围来进行划分的。态度的范围由个体行为决定,"不管态度所涉及的对象类别的大小,个体行为的种类就划定了态度的范围","对象类别的大小并不决定态度的单一;相反,态度的单一性是由受态度影响的个人行为的类别所

---

[1][美]R. M. 加涅,等. 教学设计原理(第五版)[M]. 王小明,等,译. 上海:华东师范大学出版社,2007:85.
[2]顾明远. 教育大辞典·教育心理学分卷[Z]. 上海:上海教育出版社,1990:294.
[3]韦洪涛. 学习心理学[M]. 北京:化学工业出版社,2011:96.

决定的",［1］因此,这实际上是根据个人行为的类别来划分态度。个人态度就是影响私人生活领域行为选择的态度,它具有私密性,属于私人行为类型的态度。公共态度是影响社会生活领域行为选择的态度,具有公共性,属于公共行为类型的态度。

二、态度学习的内涵、分类和意义

(一) 态度学习的内涵

态度学习是一种情感学习。情感学习不同于认知学习,它不是学习知识(包括技能和策略),而是学习情感。情感"是人对客观事物是否符合自己需要的态度的体验",［2］因此,态度学习不是学习判断事物是否符合自己需要,而是学习体验客观事物引起的各种主观态度,是一个态度体验过程。态度学习是"个体获得对人、对己和对环境较持久的肯定或否定的内部反应倾向过程",［3］这种"获得内部反应倾向"就是经历体验,习得态度,也就是"指个体学会理解并妥善处理其情绪、情感,发展自己的价值评估系统,使自己更能被他人接纳,适应社会生活的过程"。［4］ 显然,这是一个个体社会化的过程,学习的结果是获得一种社会态度。"社会态度指人对特定客体(包括人、观念或事件等)发生行为反应前的内部评定性的心理倾向。"［5］它包含社会生活各个方面的态度,主要是指功利性态度(超功利性态度其实也是一种社会态度,但属于更广泛意义上的社会态度),因此,态度学习属于功利性情感的学习,是对功利性态度的体验。这可以看作是狭义的情感学习。广义的情感学习则既包括功利性情感学习,也包括超功利性情感学习。功利性情感学习包括态度学习和动机学习,核心是态度学习;超功利性情感学习主要是审美学习,但也有其他学习(如宗教情感学习)。

［1］［美］R. M. 加涅. 学习的条件和教学论［M］. 皮连生,等,译. 上海:华东师范大学出版社,1999:226—227.
［2］孙喜林、荣晓华. 现代心理学教程［M］. 大连:东北财经大学出版社,1998:204.
［3］顾明远. 教育大辞典·教育心理学分卷［Z］. 上海:上海教育出版社,1990:293.
［4］顾明远. 教育大辞典·教育心理学分卷［Z］. 上海:上海教育出版社,1990:293.
［5］顾明远. 教育大辞典·教育心理学分卷［Z］. 上海:上海教育出版社,1990:426.

态度学习虽然属于情感学习,但并不能和认知学习隔绝。"态度学习的失败与困境大部分在于错误地把态度学习仅仅归咎于情感成分;而态度学习通常需要首先修正认知成分的不足。"[1]态度学习离不开认知学习,甚至要以其为基础。日常生活态度建立在感知觉(感性认识)的基础上,科学态度离不开逻辑思维(知性认识),而哲学态度(世界观、人生观、价值观)更是和辩证思维(理性认识)紧密相联。

态度学习不仅是习得一种态度,而且是通过习得的态度去影响行为的选择,是为行为作准备。但是,由于态度和行为之间的关系十分复杂,往往缺乏一致性,态度学习的行为准备性也显得不那么明确。一般而言,某一态度会选择三种可能的行为:其一,态度表现为相一致的行为;其二,态度表现为相反的行为;其三,态度表现为似乎无关的行为。当然,无论出现哪种行为,其实都是态度选择的结果。

态度学习包括态度的形成和改变。态度形成是指个体对态度对象产生初始态度(包括稳定或不稳定的态度),态度改变是指个体对态度对象的原有态度发生了变化(包括方向和强度的变化)。态度形成和态度改变虽然有所不同,但又经常结合在一起,使态度学习变得更为复杂。

态度学习的内容丰富,结构复杂。从内容看,态度学习包括日常态度、品德、信念、理想、价值观等性质有别、功能各异的不同内容;从结构看,态度学习包括接受、反应、评价、组织和性格化等目标有别、水平各异的不同层次。如果从教育的角度看,态度学习属于德育。"德育在内容上有广狭义之分。狭义的德育即道德教育,广义的德育则是包括思想、政治、道德、法律等涵盖全部国家主导意识形态内容的教育,即所谓'大德育'。德育在形式上有显性和隐性之分。显性德育是德育内容的直接教导,是直白的、灌输式的态度(情感)教育;隐性德育则是德育内容的间接谕示,是曲言的、渗透式的态度(情感)教育。"[2]态度学习显然属于广义的显性德育。

(二) 态度学习的分类

本书对情感学习作了广狭义的区分,而在学习心理学中,态度学习和情感学习基

[1] [美]P. L. 史密斯,T. J. 雷根. 教学设计[M]. 庞卫国,等,译. 上海:华东师范大学出版社,2008:407.

[2] 黄建君. 德育学科能力特性刍议[J]. 全球教育展望,2012:11.

本上是等义的,因此,从广义的角度看,态度(情感)学习首先可以分为功利性态度学习和超功利性态度学习两类。本章所要讨论的是功利性态度学习中的态度(狭义)学习,即社会态度的学习。

社会态度是在社会生活(一定的社会关系和社会联系)中形成和变化的。社会生活可以分为个人生活和公共生活。这两种生活都具有社会性,都会产生社会态度,因此,态度学习可以分为个人生活态度(简称个人态度)和公共生活态度(简称公共态度)两种学习。个人态度学习涉及影响个人生活领域行为的态度,具有间接的社会性;公共态度学习涉及影响公共生活领域行为的态度,具有直接的社会性。

根据时间维度,态度学习可以分为现实生活态度(简称现实态度)和未来生活态度(简称未来态度)两种学习。现实态度学习是对当下生活中态度的学习,现实功利性十分强烈;未来态度学习则是对将来生活中态度的学习,现实功利性相对弱一些。根据内容维度,态度学习又可以分为日常、经济、政治、道德、宗教、文化和哲学等态度学习。把时间和内容维度结合起来,则可以进一步形成更为具体多样的各种态度学习。

(三) 态度学习的意义和地位

态度学习的重要性为教育者和研究者所普遍承认。加涅指出:"尽管在对哪些态度是合理的以及应优先采用哪些态度作为课程的目标上有争议,但教育者似乎实际上都同意,在任何教育中态度是很重要的。人们普遍认识到社会性的态度……在我们现代社会的运转中发挥了重要的作用,并影响所有个人在这个社会中的生活质量。"[1]

从教育的角度看,教育是塑造人的活动,要培养符合社会发展要求的人。态度学习正是塑造人活动中最重要的一环,是全部教育和学习的核心和灵魂。如果态度学习没有发生或者失败,那么,即使其他学习成功,培养出来的充其量也只是一个没有灵魂的机器人。而这是违背教育的本义和根本目的的。

态度学习使学生获得符合特定社会要求的习惯、品德、信念、理想、价值观和行为

---

[1] [美]R. M. 加涅. 学习的条件和教学论[M]. 皮连生,等,译. 上海:华东师范大学出版社,1999:221.

模式,成为具有健康人格,能够履行一定社会职责的社会成员。这是情感学习中最具有实践意义的学习,对于社会和个人都有强烈的现实功利性。同时,由于它的现实功利价值也会对动机学习和审美学习产生引领和促进作用。

态度学习虽然以认知学习为基础,但又反过来影响认知学习。态度的习得使知识和技能明确方向和目标,从而不断提高和改善认知学习的效率和效果。态度的评价性倾向及其反馈则促使认知学习不断发展,以保证评价的正确和深化。而习得的态度不易遗忘这一特点也能够起到增强相关知识和技能记忆的作用。

态度是行为的准备,虽然行为选择受到多种因素的影响,但态度毕竟是十分关键的因素。这其中虽然行为和态度往往不一致,但深究其因,所出现的行为总是有行为主体一定的态度作为底蕴,无论主体的行为特征、类型乃至人格特征,还是情境或态度本身因素,最终仍然会发现,作为多因一果之果的行为,其多因之中态度依然是关键,特别是内隐态度的影响举足轻重。因此,态度学习对行为选择的意义是毋庸置疑的,态度学习可以说是一种"准行为"学习。

第二节　中学思政学科态度学习的性质和分类

态度学习是中学思政学科学习的关键所在,本节集中讨论这一学习的性质和分类,以明确其学习对象和范围。

一、中学思政学科态度学习的性质

中学思政学科的态度学习不仅具有上述态度学习的一般性质和意义,而且作为一门中学德育课程的态度学习又表现出特殊的性质和意义。

（一）社会功利性态度学习

政治课的态度学习是功利性态度学习。在学科（课程）学习中，功利性态度学习包括学科主导态度和学科学习态度两种学习。学科学习态度学习是对政治课学习态度的学习，属于动机学习，其包含的主要是学习功利性。政治课态度学习是指学科主导态度的学习。学科主导态度是中学思政学科内含和主张的态度，也是课程引导并期望学生通过学习获得的态度。这一态度学习面向社会，以促进学生的社会性发展，培养有利于社会进步的合格公民为根本目标，包含着广泛的社会功利性。

这种社会功利性在关于课程性质的权威阐述中有充分体现："高中思想政治以立德树人为根本任务，以培育社会主义核心价值观为根本目的，是帮助学生确立正确的政治方向、提高思想政治学科核心素养、增强社会理解和参与能力的综合性、活动型学科课程。高中思想政治课程紧密结合社会实践……引导学生理解中国特色社会主义进入新时代的历史方位，了解新时代中国特色社会主义经济、政治、文化、社会、生态文明建设和党的建设进程，培育政治认同、科学精神、法治意识和公共参与等核心素养，逐步树立共产主义远大理想和中国特色社会主义共同理想，坚定中国特色社会主义道路自信、理论自信、制度自信、文化自信，基本形成正确的世界观、人生观、价值观。"（《普通高中思想政治课程标准（2017 年版）》）显而易见，政治课态度学习所承载的教育目的和任务具有学校教育的全局性意义和影响，它具有特殊的使命和地位。

（二）国家意识形态学习

政治课的态度学习以国家主导意识形态内容为核心，"讲授马克思主义基本原理，特别是马克思主义中国化最新成果"，（《普通高中思想政治课程标准（2017 年版）》）是对国家主导意识形态的直接传承，具有鲜明的意识形态倾向性。具体包括马克思主义、特别是马克思主义中国化最新成果的道德品质、法治观念、经济意识、政治理念和人生信念等内容。这些内容以马克思主义理论知识为载体，寓政治教化于学理之中，寓价值观引导于知识之中，并努力使理论领悟与实践亲历相结合。

这一学习实际上"是一种政治性的社会化形式，即确保未来的公民形成与社会政治体系相适应的知识、态度和价值观念",[1]也就是要努力培养担当民族复兴大任的时代新人,培养德智体美劳全面发展的社会主义建设者和接班人。

(三) 显性有意学习

政治课以直接的意识形态教学为课程呈现和传递形式,进行比较系统的主导意识形态教育,是一门显性德育课程。在课程标准中,对课程目标有非常明确的规定:"本课程以加强初中学生思想品德教育为主要任务,帮助学生提高道德素质,形成健康的心理品质,树立法律意识,增强社会责任感和社会实践能力,引导学生在遵守基本行为准则的基础上,追求更高的思想道德目标,弘扬民族精神,树立中国特色社会主义共同理想,逐步形成正确的世界观、人生观和价值观,为使学生成为有理想、有道德、有文化、有纪律的好公民奠定基础"。(《思想品德课程标准(2011 年版)》)"通过思想政治课程学习,学生能够具有思想政治学科核心素养。具有政治认同素养、科学精神素养、法治意识素养和公共参与素养的学生。"(《普通高中思想政治课程标准(2017 年版)》)

显然,政治课的态度学习是具有预定目的、与规定任务有关的有意学习,是具有明显学习意图的显性学习。但是,由于态度学习的测量、诊断和评价不容易量化和操作,而且态度学习所包含的态度类型和内容在社会生活的各个领域都有涉及,学生习得的态度究竟来自政治课,还是其他方面,往往难以明确判断,这就使显性有意学习的特征虽然鲜明,却比政治课其他学习难以落实。

二、中学思政学科态度学习的分类

中学思政学科态度学习的分类以态度和态度学习分类为基本依据。政治课态度学习作为一种功利性态度学习是比较明确的,但是,在其他态度学习类别中,其归属并

---

[1] [美]David. A. Welton. 美国中小学社会课教学策略[M]. 吴玉军,等,译. 北京:华夏出版社,2004:30.

不十分确定,往往兼而有之。在个人态度和公共态度学习中,政治课主要是公共态度学习,但也不排除一定的个人态度学习;在一般态度和特殊态度学习中,尽管基本属于一般态度学习,但经常需要借助特殊态度学习;而在外显态度和内隐态度学习中,由于内隐态度的形成机制仍然比较模糊,因而只能推测政治课主要是外显态度学习;至于在现实态度和未来态度学习中,其归属更不明确,似乎是两者难分伯仲;这在态度形成和态度改变的学习中更为典型。在政治课态度学习中,中学生的态度形成和态度改变何者为主需要深入研究,从经验层面看,大体上是相互交叉、包容,形成中有改变,改变中有形成。综上所述,政治课态度学习着重于学习公共、一般和外显态度,是现实和未来态度学习的结合,是兼有态度形成和态度改变的学习。

在上述分类的前提下,本书把政治课态度学习分为领域和内容(目标)两种类型。

(一) 不同领域的态度学习

这是以生活领域为划分依据。中学生大致有学校、家庭和社会三个生活领域,因此可以划分出学校态度、家庭态度和社会态度三种学习。

1. 学校态度学习

学校态度"指学生对其学校及与学校关联的经历的情感(如喜爱、满意、赞赏等)和看法。可以区分为对学校、对教师、对课程和对班级的四种情感成分"。[1]这四种情感成分指向不同的态度对象,从而构成四种学校态度学习。其中,除了课程态度学习属于学科学习态度的学习之外,其余三种都属于政治课的主导态度学习。学校态度学习不仅有利于促进学生学习进步,而且是展开更为丰富、深入的态度学习的必经环节,是青少年社会化的重要一环。

在政治课中,直接表达学校态度学习内容的主要集中于初中低年级,其他年级则往往是间接的表达。此外,根据相关研究,"积极的学校态度随年龄与年级的上升而下降,但从小学向中学过渡时有少许回升,高中毕业时又趋向上升"。[2]因此,这一学习需要结合学科内容因势利导,随机应变。

---

[1] 顾明远. 教育大辞典·教育心理学分卷[Z]. 上海:上海教育出版社,1990:294.
[2] 顾明远. 教育大辞典·教育心理学分卷[Z]. 上海:上海教育出版社,1990:294.

2. 家庭态度学习

家庭态度是学生对其家庭及与家庭关联的经历的情感和看法。可以区分为对家庭、对父母和对其他家庭成员的三种情感成分,从而构成三种家庭态度学习。家庭态度学习是态度学习的起点,对于中学生来说,这一学习仍然是不可或缺的。

在政治课中,家庭态度学习的内容见于初中低年级,而在其他年级则基本销声匿迹。但是,家庭态度学习对于学校和社会态度学习不仅有密切的联系,而且产生基础性影响,此外,独生子女、单亲、农民工等家庭形式大量出现,这都要求政治课必须加强家庭态度学习(教育)。

3. 社会态度学习

社会态度是学生对自己直接和间接生活其中的人类社会的情感和看法。广义的社会态度包括学校和家庭态度,但这里特指不包括二者的狭义社会态度。从这样的意义上说,社会态度学习包括以下三个层面的态度学习。

第一,社区态度学习。“社区就是地方社会或地域群体”(《中国大百科全书(第一版)·社会学》)。社区态度是学生对其社区及相关经历的情感和看法。社区规模可大可小,大可至超大城市,小可以是居住小区、小村庄。因此,这一学习的情感内容十分丰富复杂,大体上涉及的态度对象可以区分为社区、社区成员、社区组织和社区规则等。这些态度对象还可以进一步细分,例如,城市可以划分为不同的城区,成员可以划分为不同的身份类别等。社区态度学习是社会态度学习的起点和基础,内容比较微观、具体和实在,相对较易于学习和获得。不过,社区态度学习要比学校和家庭态度学习复杂,政治课这类内容虽然十分丰富,但并不集中在某一年级或年段,而是初高中各年级都有,需要循序渐进地学习。

第二,国家态度学习。国家是指“阶级统治的政治组织”,“一般具有清晰的边界并得到国际公认的实际政治地区”(《中国大百科全书(第一版)·哲学、地理学》)。因此,国家态度学习主要是一种政治态度学习,是学习对国家(祖国)及相关经历的情感和看法。所涉及的态度对象可以区分为国家(祖国)、国家成员、国家组织和国家制度等。这一学习的内容不仅丰富复杂,而且比较宏观、抽象和概括,不容易把握和获得。但是,国家态度学习是态度学习的重点和关键,如果这一学习没有发生或不成功,那么态度学习甚至于政治课的全部学习都将失去原有的意义。因此,组织有效的国家态度学习是关键。

第三,国际态度学习。国际态度就是对国际社会、对人类社会、对整个文明世界的情感和看法。这一学习有助于"了解当今世界发展趋势,知道我国在世界格局中的地位、作用和面临的机遇与挑战,增强忧患意识,树立全球观念,维护世界和平"(《思想品德课程标准(2011年版)》),"能够对个人成长、社会进步、国家发展和人类文明作出正确的价值判断和行为选择","有助于他们形成正确价值取向和道德定力,提高辩证思维能力,立足基本国情、拓展国际视野,在实践创新中增长才干"(《普通高中思想政治课程标准(2017年版)》)。国际态度学习涉及的对象更为宏观和复杂,主要有国际社会、国际社会成员、国际社会组织和国际社会规则等。这一学习的难度更大,但是,在全球化的大趋势下,要培养顺应社会进步,符合人类发展的未来世界公民,这是必不可少的学习。

社会态度学习和中学思政学科的核心素养培养有着十分密切的关系。新修订的思想政治学科的课程标准提出"学科核心素养是学科育人价值的集中体现,是学生通过学科学习而逐步形成的正确价值观念、必备品格和关键能力。思想政治学科核心素养,主要包括政治认同、科学精神、法治意识和公共参与"(《普通高中思想政治课程标准(2017年版)》)。核心素养的构成十分复杂,培养也要从多方面结合进行,但最终必须通过社会态度学习才能落实和实现。

(二) 不同内容和目标的态度学习

这是以学习内容和教学目标为划分依据。学习内容不同,预期达到的教学目标也就不同,这就形成不同的态度学习。中学思政学科几经改革和调整,目前的学习内容大体上可以分为道德、心理健康、法治、国情和社会发展、经济、政治、文化、哲学和时事政治等。由此引出并要求达成的态度目标,总的来说就是"帮助学生树立为共产主义远大理想和中国特色社会主义共同理想而奋斗的信念"(《普通高中思想政治课程标准(2017年版)》)。具体则可以分解为道德、心理、法治、经济、政治和思想等态度和态度学习。

1. 道德态度学习

道德态度学习是道德教育(品德学习)的核心。道德品质由知、情、意、信、行等因素构成,道德态度学习主要是对道德情感、道德意志和道德信念的学习。"道德情感是主体在道德认识基础上对外部事物所产生的爱憎、好恶的内心体验和外部表现相统一的态度,它是道德品质心理结构中的一种非智力因素","道德意志是一种排除内在或外部障碍的自控力……属于道德品质心理结构中的非智力因素之一","道德信念指的是对特定道德义务所具有的真诚信仰,是道德品质心理结构中智力因素和非智力因素的统一。"[1] 由此可见,道德态度学习不仅同时面向智力和非智力因素,而且联结着道德认知和道德行为学习,是品德学习的关键(这一点在其他态度学习中也如是)。品德学习对于中学生的健康成长具有多方面的意义:"它既是培养青少年道德品质的基本途径,也是青少年社会化的重要方面,还可以帮助青少年抵制各种不良道德和社会风气的影响。"[2]

由于道德教育和思想政治教育有着内在的有机联系,道德态度学习的内容比较复杂,往往和思想政治学习的内容交叉、叠加甚至重复,而不仅仅是纯粹的道德教育。道德态度学习的内容大体上可以分为两部分。一部分是比较纯粹的道德教育,包括社会公德、家庭美德和职业道德。社会公德是学生最基础性的道德教育内容,主要包括文明礼貌、助人为乐、爱护公物、保护环境和遵纪守法等。家庭美德的主要内容包括尊老爱幼、男女平等、夫妻和睦、勤劳持家和邻里团结等。职业道德的主要内容包括爱岗敬业、诚实守信、办事公道、服务群众和奉献社会等。[3] 另一部分是和思想政治教育相一致的内容,包括"五爱"教育和集体主义教育。

2. 心理态度学习

心理态度学习是培养良好心理品质,也就是关于心理健康教育的学习。心理品质包含智力和非智力等多种因素,所谓"心理态度"学习并不是指某种单一"态度"的学习,而是泛指对各种良好心理准备状态的学习。"心理健康教育是当今一些发达国家针对自己国家教育中存在的弊端而提出的,它已经成为教育现代化的重要标志。"[4] 加强心理态度学习,有助于改变把学生存在的问题笼统归结为道德或思想政治问题的简单做法,从而提高教育的有效性,更好地培养学生健全的人格。

心理态度学习的内容包括对己、对人和对社会的各种态度(对待学习的态度将在

[1] 吴铎. 德育课程与教学论[M]. 杭州:浙江教育出版社,2003:36—38.
[2] 吴铎. 德育课程与教学论[M]. 杭州:浙江教育出版社,2003:48.
[3] 吴铎. 德育课程与教学论[M]. 杭州:浙江教育出版社,2003:40,43.
[4] 吴铎. 德育课程与教学论[M]. 杭州:浙江教育出版社,2003:63.

第六章讨论),涉及心理动力、心理过程、心理状态和心理特征中的多种因素,主要有动机、需要、兴趣、情感、意志、性格和注意等。对于中学生来说,政治课的心理态度学习突出表现在以下几个方面:(1)健康发展的个性和人格。包括了解和评价自己的个性特点,发现和激活自己的心理潜能,调控自己的心理活动、克服自己的心理障碍等内容。(2)和谐的人际关系和交往。包括师生关系、同学关系、家庭成员关系,以及一些社会性交往等内容。(3)良好的社会适应和耐挫折性。包括对社会的接受、顺应和变通,对挫折的耐力、评价和超越等内容。

心理态度学习和其他态度学习也会发生交叉,但不能把二者混为一谈。例如,性心理的态度学习就不能等同于性道德学习。

3. 法治态度学习

法治态度学习是法治教育(法治意识培养)的核心。"我国公民的法治意识,就是尊法学法守法用法,自觉参加社会主义法治国家建设。"(《普通高中思想政治课程标准(2017年版)》)因此,法治态度学习就是以社会主义法律及其制度的知识和技能学习为基础的法治意识学习。这一学习是为了"增强青少年法治意识,有助于他们在生活中依法行使权利、履行义务,严守道德底线,维护公平正义,做社会主义法治的忠实崇尚者、自觉遵守者、坚定捍卫者"(《普通高中思想政治课程标准(2017年版)》)。

法治态度学习的内容包括宪法和若干与中学生关系密切的法律、法规。学习内容始终围绕着法治意识素养的培养需求:"具有法治意识素养的学生,应能够:理解法治是人类文明演进中逐步形成的先进的国家治理方式,全面依法治国是国家治理的一场深刻革命,明确建设社会主义法治国家的基本要求;树立宪法法律至上、法律面前人人平等的法治理念;懂得权利与义务的关系,养成依法办事、依法行使权利、依法履行义务的习惯;拥有法治使人共享尊严,让社会更和谐、生活更美好的认知和情感"(《普通高中思想政治课程标准(2017年版)》)。

4. 经济态度学习

经济态度学习是经济教育(经济意识培养)的核心。"经济意识主要是对经济现象的态度和认识,而这种态度和认识又是以一定的知识为基础的",[1]因此,经济态度

————————
[1] 吴铎. 德育课程与教学论[M]. 杭州:浙江教育出版社,2003:89.

学习就是以经济知识和技能学习为基础的经济意识学习。通过这一学习要求"学生能够结合社会实践活动,初步运用中国特色社会主义政治经济学的基本观点,观察和分析经济社会现象;了解社会主义基本经济制度的优越性;理解坚持社会主义市场经济和深化经济体制改革的意义;明确社会主义基本经济制度是社会主义市场经济的根基;树立以人民为中心的发展思想;尝试对促进社会公正、实现共同富裕、营造良好社会风尚、完善社会保障的政策提出建议"。(《普通高中思想政治课程标准(2017年版)》)

经济态度学习的内容包括马克思主义政治经济学理论和中国社会主义经济思想,学习的重点主要为中国社会主义基本经济制度、中国社会主义市场经济、中国的经济改革和开放等内容。

5. 政治态度学习

政治态度学习是政治教育(政治理念培养)的核心。"政治教育主要是政治态度、政治观点方面的教育",[1]包括政治理论的认知和正确的政治观的培养,因此,政治态度学习就是在政治知识和技能学习基础上的政治理念学习。这一学习要使学生"认同走中国特色社会主义道路是历史的必然,坚信中国特色社会主义是国家富强、民族振兴、人民幸福的根本保障,坚定中国特色社会主义道路自信、理论自信、制度自信、文化自信;拥护党的领导,领会中国特色社会主义最本质的特征是中国共产党领导,中国特色社会主义制度的最大优势是中国共产党领导,党是最高政治领导力量;明确社会主义核心价值观是公民最基本的价值标准,自觉践行社会主义核心价值观,树立共产主义远大理想和中国特色社会主义共同理想";同时"具有集体主义精神,遵循规则,有序参与公共事务;热心公益事业,践行公共道德,乐于为人民服务;积极参与民主选举、民主协商、民主决策、民主管理、民主监督的实践,体验人民当家作主的幸福感;具备善于对话协商、沟通合作、表达诉求和解决问题的能力,勇于担当社会责任"(《普通高中思想政治课程标准(2017年版)》)。

政治态度学习的内容包括马克思主义政治理论和中国社会主义政治理论,学习的重点主要为中国共产党的性质、宗旨和指导思想;中国特色社会主义政治制

---

[1] 吴铎. 德育课程与教学论[M]. 杭州:浙江教育出版社,2003:33.

度的基本内容、鲜明特点和主要优势;有序参与国家政治生活和社会公共生活等内容。

6. 思想态度学习

思想态度学习是思想教育的核心。思想教育是思想认识和情感方面的教育,是以马克思主义的世界观、人生观和价值观为核心的人生哲理教育。思想态度学习是建立在哲理知识学习基础上的世界观和方法论相统一的学习。通过这一学习使学生能够"用马克思主义基本立场、观点和方法,观察事物、分析问题、解决矛盾;解放思想、实事求是,对经济、政治、文化、社会和生态文明建设的实践,作出科学的解释、正确的判断和合理的选择;感悟人生智慧,过有意义的生活;以锐意进取的态度和负责任的行动促进社会",也就是要"坚持马克思主义的科学世界观和方法论,能够对个人成长、社会进步、国家发展和人类文明作出正确的价值判断和行为选择"(《普通高中思想政治课程标准(2017年版)》)。

思想态度学习的内容主要是马克思主义哲学,学习的重点主要为马克思主义哲学的地位和作用;辩证唯物主义和历史唯物主义的实践观点、历史观点、辩证观点、发展观点;真理的认识、检验和发展等内容。(《普通高中思想政治课程标准(2017年版)》)

第三节　中学思政学科态度学习的过程

态度学习过程和认知学习过程明显不同。认知学习通常呈现为习得、保持和遗忘的过程,而态度学习一般不会出现明显的遗忘过程,而是表现为一个由表及里、自浅入深的逐渐"内化"过程。我国基础教育虽然很重视德育课程,但对于态度学习过程的研究,在理论和实证两方面都比较缺乏。

态度学习的过程(阶段性)研究在国外已有不少成果。本节将在实证研究的基础上结合影响较大的若干理论,讨论中学思政学科态度学习的过程和阶段的变化发展。

一、态度学习(发展)过程的若干理论

态度学习(发展)涉及品德、人格等多方面内容,因此,态度发展过程的理论也包括品德和人格发展的各种理论。

(一) 皮亚杰的道德发展阶段论[1]

瑞士心理学家皮亚杰(Jean Piaget)通过临床研究较早提出了道德认知发展的阶段论,认为儿童品德发展可以分为四个阶段。

1. 自我中心阶段(2—5 岁)。该阶段儿童以自我为中心,不能将自己和环境区别开来,完全按照自己的想象去执行规则。

2. 权威阶段(6—8 岁)。该阶段儿童表现出对外在权威绝对尊敬和顺从的愿望,既遵从父母、权威和年长者,也遵从规则。

3. 可逆性阶段(8—10 岁)。该阶段儿童不再把规则看成固定不变的东西,而是具有一种保证相互行动和相互给予的可逆特征,即大家协商之后可以修改规则。

4. 公正阶段(10—12 岁)。该阶段儿童的道德观念倾向于主持公正和平等,公正感成为情感领域内的一个核心规范。

(二) 柯尔伯格的道德发展阶段论[2]

美国心理学家柯尔伯格(Lawrence Kohlberg)采用“道德两难故事法”对儿童和青少年进行道德发展的研究,提出了著名的道德发展阶段模式,认为在道德判断的发展过程中普遍存在着顺序不变的六个阶段(三级水平)。

---

[1] 林崇德.品德发展心理学[M].上海:上海教育出版社,1989:49—50.
[2] 林崇德.品德发展心理学[M].上海:上海教育出版社,1989:57—58.

1. 前习俗水平

处于这一水平的个体，以行为的具体结果和自身利害关系为依据，来判断是非好坏。它包括阶段 1 和 2。阶段 1，称为服从与惩罚定向，即以行为结果的奖与罚为判断依据。阶段 2，称为朴素的利己主义（工具性的相对主义、相对的快乐主义）定向，即以满足自身需要为判断依据。

2. 习俗水平

处于这一水平的个体，以行为是否有利于维持习俗秩序和符合他人愿望为依据，来判断是非好坏。它包括阶段 3 和 4。阶段 3，称为好孩子定向，即以符合社会大众的要求和愿望为判断依据。阶段 4，称为维护权威与社会秩序定向，即以服从法律、权威和维护社会秩序为判断依据。

3. 后习俗水平

处于这一水平的个体以自愿选择的、更具普遍意义的价值观标准为依据，判断是非好坏。它包括阶段 5 和 6。阶段 5，称为社会契约定向，即认识到道德法则只是一种社会契约，并不是一成不变的，不能始终以不变的规则作为判断依据。阶段 6，称为普遍的伦理原则定向，即认识到社会秩序既重要又并不是完美的，社会规则具有局限性，因此要以个人自觉选定的、并且始终坚持的道德准则（良心）为判断依据。

（三）埃里克森的人格发展阶段论[1]

美国心理学家埃里克森（Erik H. Erikson）通过长期大量的临床观察和经验总结，提出人从出生到老年的人格发展可以分为八个阶段。

1. 信任与不信任阶段。这是人生第一阶段，也称为婴儿期。主要表现为，婴儿在与照料者关系中形成信任和不信任的体验。

2. 自主与羞怯、疑虑阶段，也称为儿童早期。主要表现为，儿童在初步交往活动中，开始形成和增强自主性，同时也产生羞怯和疑虑。

3. 首创与内疚阶段，也称为学龄前期。主要表现为，学龄前儿童逐渐形成行为的主动性（首创性），同时也产生能力不及的内疚感。

---

[1] 林崇德. 品德发展心理学[M]. 上海：上海教育出版社，1989：60—61.

4. 勤奋与自卑阶段,也称为学龄中期。主要表现为,入学后儿童在学校学习中逐渐养成勤奋,以及学习中逐渐增强的自卑感。

5. 同一性与角色混乱阶段,也称为青年前期。主要表现为,青少年在自我同一感的建立中出现两极分化:成功建立自我同一感的不断产生自我肯定和自我实现的积极意向;不成功的则错误扮演角色,造成角色混乱。

6. 亲密与孤独阶段,也称为青年后期(成年早期)。主要表现为,个体需要与伴侣、朋友、同事等建立爱情、友谊、团结与亲密的关系。同时又过度关心自身,以致于产生了孤独感。

7. 繁殖与停滞阶段,也称为成人期。主要表现为,成年人与异性建立了一定的亲密性,并由生育后代、指导和关心后代、创造事物和思想等活动形成繁殖感,而缺失繁殖感则造成人格停滞和贫乏。

8. 自我整合与失望阶段,也称为老年期。主要表现为,个体对自己人生的失望感和自我整合后的弥补失望之感。

(四) 克拉斯沃尔等的情感目标分类

美国心理学家克拉斯沃尔(D. R. Krathwohl)与布卢姆等合作者根据价值内化论,提出情感领域的教育目标可以由低级到高级分为五级水平。这五级水平是情感学习的五个层次,也可视为五个阶段性目标。

1. 接受(注意、关注)

这是情感学习(价值内化)的最低水平。表现为"愿意接受或注意这些现象和刺激",[1]即能够感受到学习内容(愿意听和看)。但这与认知不同,不是诉诸记忆,而是"意识"到一定的刺激对象。有专家指出,这一级水平仅仅是教学的起点,是情感学习的前提,不宜作为教学目标。"当我们的教学目标是情感领域目标时,关注将成为情感学习层级中的前提部分"。[2]这一类别可以分为三个亚类。

---

[1] [美]D. R. 克拉斯沃尔,等. 教育目标分类学(第二分册. 情感领域)[M]. 施良方,等,译. 上海:华东师范大学出版社,1989:100.

[2] [美]P. L. 史密斯,T. J. 雷根. 教学设计[M]. 庞卫国,等,译. 上海:华东师范大学出版社,2008:407.

2. 反应

这是情感学习(价值内化)的二级水平。表现为"不只是愿意注意,正确的说法也许是……积极地注意","学生除仅仅觉察现象之外,还对现象有所作为"。[1] 这就是说,"反应"不仅是愿意听和看,而且是愿意做(参加相应的实践)。其他专家也指出,"反应这一水平正好是大众语言中'欣赏'一词的核心含义……反应应用在行为表现目标中是一种更为准确的描述。"[2] 这一类别也分为三个亚类。

3. 价值的评价(价值化)

这是情感学习(价值内化)的三级水平。表现为"个体对某种行为、现象或客体作出价值的评估",并且"这种行为不是受遵从或顺从的愿望所驱使的,而是受个人对指导行为的基本价值的信奉所驱使的",因此"归入这一层次的行为完全是一致的和稳定的以致于可以作为信念或态度的特征"。[3] 达到这一级水平就不只是"愿意"而且是"喜欢"听、说、看、做了,也就是"学习者不仅对我们的主题作出积极的反应,而且能把这一主题内化为兴趣,以至于学习者认为这一主题有价值"。[4] 这一类别同样分为三个亚类。

4. 组织

这是情感学习(价值内化)的四级水平。表现为在"相互冲突和矛盾的价值结构与体系",即"不只一种价值有关的情境"中,"开始形成一种有组织的价值系统"。[5] 也就是"(a)把各种价值组织成一个体系;(b)确定价值之间的相互关系;(c)确立占主导地位的和普遍的价值"。[6] 达到这一级水平的难度更大,因为"这种体系是逐渐形成

[1] [美]D. R. 克拉斯沃尔,等. 教育目标分类学(第二分册. 情感领域)[M]. 施良方,等,译. 上海:华东师范大学出版社,1989:125.
[2] [美]P. L. 史密斯,T. J. 雷根. 教学设计[M]. 庞卫国,等,译. 上海:华东师范大学出版社,2008:408.
[3] [美]D. R. 克拉斯沃尔,等. 教育目标分类学(第二分册. 情感领域)[M]. 施良方,等,译. 上海:华东师范大学出版社,1989:151,152.
[4] [美]P. L. 史密斯,T. J. 雷根. 教学设计[M]. 庞卫国,等,译. 上海:华东师范大学出版社,2008:409.
[5] [美]P. L. 史密斯,T. J. 雷根. 教学设计[M]. 庞卫国,等,译. 上海:华东师范大学出版社,2008:409.
[6] [美]D. R. 克拉斯沃尔,等. 教育目标分类学(第二分册. 情感领域)[M]. 施良方,等,译. 上海:华东师范大学出版社,1989:170.

的,并随着新价值的吸收而发生变化。成人产生这类变化,需要比儿童作更大的努力,会遇到更大的困难"。[1]这一类别分为两个亚类。

5. 性格化

这是情感学习(价值内化)的最高水平。表现为"个体始终根据他已经内化了的价值来行事,我们想要指出的是:(a)这种控制泛化到个体的许多行为中,以致可以用这些普遍性的控制倾向来描述个体;(b)把这些信念、观念和态度整合成一种完整的哲学或世界观"。[2]性格化最明显的特征就是"在性格化水平上,我们看到一个人不仅拥有某些经过组织的价值,而且……拥有一种趋向,这种趋向由组织过的若干价值或价值群组成",即"在不同情境中的某种倾向或者一致性反应"。[3]显然,达到这一水平是比较困难的。克拉斯沃尔特别指出:"正规教育一般不能达到这一层次……这一层次所要求的成熟程度和个人做出的整合,至少要到个人受完正规教育后的几年里才能达到",因为"时间和经验必须同情感学习和认知学习交互作用"。[4]毋庸讳言,"达到这一水平上的人是我们真正的榜样角色"。[5]这一类别也分为两个亚类。

(五) 凯尔曼的态度变化过程论

美国心理学家凯尔曼(Herbert C. Kelman)在其态度变化理论中区分了态度改变的三个不同过程,克拉斯沃尔则把它们看作是价值内化过程中的三个不同阶段。

1. 顺从(依从、服从)

凯尔曼认为:"顺从(compliance)可以被说成是在个体因为希望从另一个人或群体那里得到赞同反应而接受影响时发生的。他采取诱发的行为,不是因为他相信这种行

---

[1] [美]D. R. 克拉斯沃尔,等. 教育目标分类学(第二分册. 情感领域)[M]. 施良方,等,译. 上海: 华东师范大学出版社,1989: 170.
[2] [美]D. R. 克拉斯沃尔,等. 教育目标分类学(第二分册. 情感领域)[M]. 施良方,等,译. 上海: 华东师范大学出版社,1989: 184.
[3] [美]P. L. 史密斯,T. J. 雷根. 教学设计[M]. 庞卫国,等,译. 上海: 华东师范大学出版社,2008: 409.
[4] [美]P. L. 史密斯,T. J. 雷根. 教学设计[M]. 庞卫国,等,译. 上海: 华东师范大学出版社,2008: 409.
[5] [美]P. L. 史密斯,T. J. 雷根. 教学设计[M]. 庞卫国,等,译. 上海: 华东师范大学出版社,2008: 410.

为的真意,而是因为他期望通过遵从而得到某种奖励或赞赏,以及避免某种惩罚或责难。"[1]由此可见,顺从就是表面上接受他人的态度(意见、观点等),行为上与他人保持一致,而在认识和情感上则并不一致。顺从的原因是外力的压迫(为了获奖或避罚)。因此,"凯尔曼的'顺从'是与内化连续体中最低层次相对应的,在这个层次上,学生在没有信奉别人的期望时就遵从这些期望",[2]顺从是态度学习的初级阶段。

对于顺从阶段,有研究者认为具有以下特点:[3]第一,盲目性,即主体的行为依据是盲目的,是一种盲从行为;第二,被动性,即主体的行为动力主要是外在的,是受外力左右的被动行为;第三,工具性,即主体的行为具有一定的自觉性,是为了自身安全,是一种工具性行为;第四,情境性,即主体的行为发生与一定的压力情境紧密相关,情境变了,行为也就发生改变,是一种不稳定的短暂行为。

2. 认同(确认、同化)

凯尔曼认为,"认同作用(identification)可以被说成是在个体因为想要同另一个人或群体(例如,教师或学校中其他权威人士)建立或维持一种令人满意的关系而接受影响时发生的。……个体实际上相信他由于认同作用而采取的这些反应。……从认同作用中产生的满意感是由于这类遵从的行动。"[4]由此可见,认同就是内心真正接受他人的态度(意见、观点等),在认识、情感和行为上都与他人保持一致。但是,认同的原因比较复杂。首先,内因(成为他人或与其保持良好关系)已经成为主要原因,而外因(他人)的影响虽然存在,但并不形成压力。其次,认同的主要是他人(个人或团体),而后才是他人的态度(行为),是一种爱屋及乌式的认同。也就是"一个人发现某个团体或个人在某一方面对自己很有吸引力和感染力,他就会由于喜欢该团体或该人而倾向于接受其影响,并采取与之类似的准则和态度——不是为了获得奖赏或免受惩罚

---

[1][美]D. R. 克拉斯沃尔,等. 教育目标分类学(第二分册. 情感领域)[M]. 施良方,等,译. 上海:华东师范大学出版社,1989:31.

[2][美]D. R. 克拉斯沃尔,等. 教育目标分类学(第二分册. 情感领域)[M]. 施良方,等,译. 上海:华东师范大学出版社,1989:32.

[3]冯忠良,冯姬. 教学新论——结构化与定向化教学心理学原理[M]. 北京:北京师范大学出版社,2011:212—213.

[4][美]D. R. 克拉斯沃尔,等. 教育目标分类学(第二分册. 情感领域)[M]. 施良方,等,译. 上海:华东师范大学出版社,1989:32.

(如同依从那样),而只是为了和那个人一样"。[1] 正因为如此,认同并不是被迫的而是自愿的。这显然比"顺从"进了一步,"处于内化过程较高的层次上,所以被看作是这个连续体的中间阶段",[2] 即态度学习的中级阶段。

对于认同阶段,有研究者认为具有以下特点:[3] 第一,自觉性,即主体的行为依据是明确的(与榜样保持一致),是一种自觉行为;第二,主动性,即主体的行为动力主要是内在的,是一种主动行为;第三,稳定性,即主体的内在动因使其成为一种稳定的持久行为。

3. 内化(信奉)

凯尔曼认为,"内化(internalization)可以被说成是个体因诱发行为的内容——这种内容由观念和行动所构成——得到内部奖励而接受其影响时发生的。个体采取这种诱发行为,是因为这种行为同他的价值体系相一致的。……用这种形式采取的行为,往往是与个体现有的价值观融为一体的。因而,从这种内化中产生的满意感是由于相信这种新的行为的真意。"[4] 由此可见,内化不仅仅是接受他人的态度(意见、观点等),而且是赞同,是从内心深处赞同他人的态度(意见、观点等),因为"一个人已把某种价值观、态度和兴趣等结合进他自己的体系,并且不管有影响的人物(教师、校长或其他人)是压制还是怂恿,总是受这些价值观、态度和兴趣等的指导。他作出这种行动,是因为这样做本身使他自己感到满足"。[5] 内化与顺从、认同相比,根本的区别在于态度变化不再依赖外部原因,已成为一种独立的态度。因此,内化"是指教育过程和内化过程的最终产品","在这个层次上,个体被描述为是根据信奉作出反应,把一种价值结合进自己的体系,并组织这个体系,形成一种指导自己行为的价值复合体"。[6] 显然,这是态度学习的最高阶段。

---

[1] [美]E. 阿伦森. 社会心理学入门[M]. 北京:群众出版社,1985:36.

[2] [美]E. 阿伦森. 社会心理学入门[M]. 北京:群众出版社,1985:36.

[3] 冯忠良,冯姬. 教学新论——结构化与定向化教学心理学原理[M]. 北京:北京师范大学出版社,2011:216.

[4] [美]E. 阿伦森. 社会心理学入门[M]. 北京:群众出版社,1985:36.

[5] [美]D. R. 克拉斯沃尔,等. 教育目标分类学(第二分册. 情感领域)[M]. 施良方,等,译. 上海:华东师范大学出版社,1989:32—33.

[6] [美]D. R. 克拉斯沃尔,等. 教育目标分类学(第二分册. 情感领域)[M]. 施良方,等,译. 上海:华东师范大学出版社,1989:32.

对于内化阶段,有研究者认为不仅具有高度的自觉性和主动性,而且具有坚定性,即主体的行为依据和动力是自己的价值体系,是一种既稳定持久又灵活机动的行为。[1]

上述理论为我们提供了理论模型和研究方法,对中学思政学科态度学习过程的研究具有重要参考价值。

二、中学思政学科态度学习的一般过程、主要阶段和不同变化

笔者在华东师范大学思政学科教学专业的教育硕士研究生协助下,以美国心理学家凯尔曼的态度改变过程理论为基本依据,对中学思政学科态度学习过程进行了初步的实证研究(2005)。

研究以问卷调查为基本方法;调查对象为六省市(上海、江苏、安徽、湖南、山西和福建)部分学校的初一至高三的学生(随机抽样);调查回收有效问卷 569 份,回收率94.8%。调查样本的分布情况如下:(1)性别分布,男生 40.5%,女生 59.5%;(2)年级分布,初一 9.1%,初二 9.7%,初三 0.2%,高一 10.2%,高二 30.4%,高三 40.4%;(3)学校分布,全国重点校 11.3%,省市重点校 53.7%,区县重点校 3%,一般学校31%,民办学校及其他 1%;(4)学校所在地分布,大城市 36.8%,中小城市 43.5%,市镇 12.1%,农村 7.6%。

调查目的是了解政治课态度学习过程的基本状况,内容包括政治课态度学习过程的完整性和阶段性、不同阶段的表现、阶段形成的原因和阶段间的关系及其转变等。研究的假设是:Ⅰ.政治课态度学习过程存在阶段性变化;Ⅱ.政治课态度学习过程同样存在顺从、认同和内化三阶段;Ⅲ.政治课态度学习过程中存在主要发展阶段。调查工具为自编问卷。问卷共 43 个问题,分为三个部分。第一部分为答题者状况,共 4题。第二部分为政治课态度学习过程的一般状况,共 5 题。第三部分为政治课态度学

---

[1] 冯忠良,冯姬. 教学新论——结构化与定向化教学心理学原理[M]. 北京:北京师范大学出版社,2011:219.

习过程的特殊状况(顺从阶段),共 34 题。这部分又分为三个小部分:(1)顺从的表现,共 8 题;(2)顺从的原因,共 24 题;(3)顺从的发展,共 2 题。问卷采用 Cronbach's alpha 系数作为衡量信度的指标,内部一致性信度系数≥0.5。调查数据由 SPSS 13.0 处理。

(一) 政治课态度学习是一个非典型的三阶段发展过程

通过调查发现,政治课态度学习是一个非连续、不均衡的三阶段发展过程,即非典型发展过程。这一过程虽然呈现三阶段发展,却是"非连续"的,即不是一个连续不断、循序渐进的平稳过程,而是包含着反复、中断、停滞和跳跃等复杂变化的动荡过程;又是"不均衡"的,即各阶段在时间持续长短、成员拥有数量和发生频次程度等方面差别很大,呈现失衡的状态。

1. 政治课态度学习存在不同阶段

根据凯尔曼三阶段模型,态度学习是一个由三个阶段构成、从低到高循序发展的过程。据此,问卷以三阶段为三个基本维度(名称衡量等级),以各阶段的主要表现描述(代表)不同阶段,即以"表面接受"描述(代表)顺从阶段,"内心接受"描述(代表)认同阶段,"成为行动指南"描述(代表)内化阶段;又以"顺从与认同兼有"和"顺从、认同与内化兼有"两种情况(并非阶段)为两个补充维度;同时设"其他"维度,以代表各种其他态度(调查结果见表 5-1)。

表 5-1 对政治课态度学习内容持不同态度的状况

	态度	人数	百分比
1	表面接受	115	20.2
2	内心接受	84	14.8
3	成为行动指南	51	9.0
4	兼有 1 和 2	167	29.3
5	兼有 1、2、3	126	22.1
6	其 他	26	4.6
	合 计	569	100.0

从表 5-1 看,六个维度都占有一定比例,表明政治课态度学习包含不同的过程变化,具有明显的阶段分布。但是,这种阶段分布的情况比较复杂。首先,三种单一态度的比例相差比较大,顺从比内化高 11 个百分点,认同也比内化高近 6 个百分点,表明阶段的发展很不均衡。其次,两种混合态度的比例均高于单一态度,两种混合态度的合计比例(51.4%)也高于三种单一态度的合计比例(44%),这表明至少有 50% 以上的学生并非仅仅持一种态度,而是兼有两三种态度,也表明阶段的组合比较复杂,不同阶段往往呈现重叠和交叉的状态。第三,"其他"态度占一定比例,这可能包含"不接受"和"不清楚"等态度。该态度倾向更为复杂,是否构成独立的阶段需要进一步专门研究。

以凯尔曼的理论看,阶段性的存在证明了政治课态度学习包含着不同的态度改变过程。从调查结果看,这些过程往往交织在一起,使得态度改变过程变得混沌,难以一目了然。如果以克拉斯沃尔的理论看,阶段性的存在则是价值内化不同阶段和水平的表现,政治课态度学习经历着不同的价值内化过程,形成不同的价值水平。

2. 政治课态度学习基本呈现三个阶段

表 5-1 显示,政治课态度学习具有顺从、认同和内化三个阶段,但三种单一态度的比例都不高,而且均低于两种混合态度,似乎表明三阶段之外还存在另外两个混合阶段。但实际上这只是表明三个阶段中存在两种情况,一种是持单一态度的,如 20.2% "表面接受"的态度;另一种则是持混合态度的,即对不同的学习内容分别持不同的态度,如 29.3% "兼有 1 和 2"的态度。混合态度跨越了某一阶段,是分属于两个或三个不同阶段的,因此并不构成独立的学习阶段,它们只是表明每一阶段的构成比较复杂。要使这种复杂情况简明化,可以分别取两种混合态度(人数)的平均值,分摊到相应的单一态度(人数)上,然后再计算其百分比。如:167/2 = 83.5 为"兼有 1 和 2"的平均值,126/3 = 42 为"兼有 1、2、3"的平均值,83.5 + 42 + 115/569 = 0.422 即为"表面接受"所占的百分比。以此计算,顺从阶段占比约为 42%,认同阶段约为 36%,内化阶段约为 16%,政治课态度学习的阶段性区分就比较简明明了了。

问卷采用莱科标度,设置了顺从、认同和内化的四级回答范畴(顺序衡量等级),进一步调查三阶段的发生程度(调查结果见表 5-2)。表 5-2 进一步证明了三阶段的存在和区别。从表中可见,三阶段在不同发生等级上都占一定比例,表明三个阶段不仅存在,而且在发生程度上有明显差别。如果把衡量等级由四级合并为"发生"和"不发生"两级,那么,发生比率从高到低依次为,顺从 70%,认同 67%,内化 56%;不发生的比率则相反,内化 49%,认同 33%,顺从 30%。这也在一定程度上表明,三阶段之间具有逐步递增或递减的顺序性关系。

三阶段的存在和区别与凯尔曼的三阶段论是基本吻合的,说明政治课态度学习不仅表现出循序渐进的阶段性过程,而且同样表现出三阶段递进的基本趋势,遵循着态度学习的一般规律。需要注意的是,政治课的认同是"爱屋及乌"式的认同,还是对学科主导态度的直接认同,表 5-1 和表 5-2 并不能明确。此外,与克拉斯沃尔的五级目标相比,政治课的三阶段大体上和 1—3 级目标水平相当,但不是完全对应,每级目标所反映的价值内化水平可能会同时出现在不同阶段。

表 5-2 政治课态度学习三个阶段的顺序衡量等级状况

	表面接受		内心接受		成为行动指南	
	人数	百分比	人数	百分比	人数	百分比
经常发生	125	22.0	125	22.3	81	14.5
有时发生	273	48.0	252	45.0	234	41.9
很少发生	141	24.7	134	23.9	178	31.9
从不发生	30	5.3	49	8.8	65	11.7
合 计	569	100.0	560	100.0	558	100.0

3. 政治课态度学习三阶段的基本关系

问卷针对阶段性设置了排序题,要求学生对学习形成的不同态度按出现的先后进行排序。调查数据以排列等级计算公式进行计算[1],获得了政治课态度学习不同阶段的排序指数和排序等级(调查结果见表 5-3)。

表 5-3 政治课态度学习不同阶段的排序等级状况

态度	排序指数	排序等级
表面接受	1.672	1

---

[1] 排列等级计算公式:$W_i = \sum(a_j \times n_{ij})/100 \times \sum a_j$。$W_i$ 表示某一变量的排序指数;a_j 表示排列等级分值;n_{ij} 表示某一变量在各排序等级中的人数。

态度	排序指数	排序等级
内心接受	1.290	2
不接受	0.805	3
成为行动指南	0.635	4

在表5-3中,从总体看,政治课态度学习的顺从、认同和内化三阶段基本是顺序排列的,即顺从、认同和内化依次为第一、第二和第三阶段。但是,调查结果显示在三阶段之外还存在"不接受"这一态度,并且排序等级还高于内化态度,这就表明政治课态度学习过程更为复杂,有其特殊性。

首先,政治课态度学习不是一个典型的三阶段循序发展过程。"不接受"的存在并且排序等级为3,打断和搅乱了三阶段的有序发展,特别是认同与内化之间甚至出现中断,表明三阶段之间的联系和衔接并不紧密,学习过程不是按部就班、循序渐进的发展,而是曲折、起伏和反复的过程。这一特点其实在表5-1中已有所体现(混合态度占比高于单一态度)。

其次,虽然总体上不是典型的三阶段循序发展过程,但仍然保持了三阶段发展的基本框架,特别是顺从和认同两个阶段的联系比较紧密,并且基本上表现为循序发展的态势。这种情况在表5-2中也得到证明,顺从和认同的发生和不发生比例十分接近,两个阶段的顺序性关系比较明确。不仅如此,顺从和认同阶段的紧密性甚至还表现为两阶段的渗透和交叉发展。表5-2"经常发生"等四个维度中,顺从和认同的占比互有高低,表明两种态度的发生和不发生情况交织在一起,顺从并不占绝对优势,认同也有强势的表现。这两个阶段的紧密联系、协同发展基本构成了政治课态度学习过程的主旋律。

再次,内化阶段虽然呈现为政治课态度学习的一个阶段,但和前两个阶段明显脱节,并且在达到这一阶段之前学生存在各种态度(水平和方向)的激烈变化。这不仅在于"不接受"的排序等级高于内化,也不仅在于顺从和认同的交织发展,而且在于"不接受"很可能不只是先于内化阶段出现,它也完全可能先于认同或者顺从阶段出现。排序等级3只是综合地表明它最有可能第三顺序出现,而不是只能在这一顺序出现。事实上,调查显示选择"不接受"第一顺序出现的百分比达 28.8%,仅低于"表面接受"的 47.8%。

最后,"不接受"虽然对政治课态度学习过程有较大影响,但尚难以构成一个新的阶段。如果根据"不接受"的排序等级确定其为晚于认同早于内化的第三阶段,那么,态度学习从"顺从"进而"认同"怎么会突然转为"不接受"? 同样,"不接受"怎么又会直接转入"内化"? 这显然在逻辑上说不通。其实,排序等级并不是阶段排列顺序,它只是表明各种态度(并非阶段)出现的顺序,也就是某种态度最有可能出现的序位。排序等级 3 就是表明"不接受"最有可能是早于内化而晚于顺从和认同出现的态度。

三阶段的复杂表现表明政治课态度学习有其自身的特殊性。这种特殊性与作为一门德育课程学习者的学生的自身心理发展密切相关。中学生正处在埃里克森人格发展阶段的青年前期(第五阶段),这一阶段的青少年正经历角色成功和角色混乱的两极分化,积极和消极的意向交织在一起;而心理成熟较早的甚至已经触及和发展到青年后期(第六阶段),亲密感和孤独感同时影响着他们的人格形成和发展。与此同时,中学生又大多处在柯尔伯格道德发展的习俗水平阶段,既可能"好孩子定向",也可能"权威定向",小部分学生还可能触及后习俗水平阶段,更看重自愿选择的价值标准。这种人格和道德发展阶段性状况显然会对态度学习产生很大影响。此外,布卢姆和克拉斯沃尔的情感领域教育目标比较具体地彰显了态度学习(价值内化)的不同水平,这对于深入理解和研究政治课态度学习三阶段发展的复杂情况是很有帮助的。我们确实需要这种不厌其繁、具体而微的研究,以促使重新审视和进一步完善态度学习目标。

(二) 政治课态度学习主要处在顺从阶段

通过调查发现,顺从阶段是政治课态度学习的开始阶段和主要阶段。这一阶段发生的频次最高,持续的时间最长,拥有的人数最多,其影响也最大。

1. 政治课态度学习主要(顺从)阶段的依据

表 5-3 显示,"表面接受"的排序指数最大,排序等级最高,表明政治课态度学习中首先出现的态度主要是顺从,或者说顺从是态度学习中最有可能首先出现的阶段。首先出现的阶段虽然不一定就是主要阶段,但其重要性不言而喻。

如果结合表 5-1 和表 5-2 来看,表 5-1 显示,单一态度中,顺从占比最高,两种混合态度中，顺从也都列其中，合起来约占42％，而认同和内化分别为36％和16％。表5－2中，顺从发生的比例达70％，而不发生的比例则最低。顺从始终表现为占比最高的态度。此外，处于顺从阶段"一直不变"和"保持一段时间才改变"的百分比达67.2％（见表5－11），则进一步证明政治课态度学习的顺从阶段具有相对长期性和稳定性。

这都表明顺从阶段不仅仅是政治课态度学习首先出现的阶段，而且是主要阶段，或者说，政治课态度学习主要处在顺从阶段。

2. 政治课态度学习顺从阶段的表现

顺从阶段的表现十分复杂，主要表现为主动顺从和被动顺从并列出现，同时还表现为"伪装"和"对立"的顺从。这些不同形式的"顺从"又随着学习活动的变化而有选择地变化，呈现程度上的差别。

问卷从课堂学习、复习和考试等方面（包括八种学习活动）调查政治课态度学习顺从阶段的表现。每一种活动包含积极、消极、伪装和对立等不同态度表现（调查结果见表5－4）。积极态度是指主动的顺从（表面接受），如认真听课、主动提问、全面复习等；消极态度则为被动的顺从，如不认真听课、不主动提问、临时突击复习等；伪装态度指假装的积极态度，如假装认真听课、假装记笔记等；对立态度则是一种隐晦的顺从，如不听课、不复习等。

表5－4　政治课态度学习顺从阶段的学习表现

		积极态度	消极态度	伪装态度	对立态度	合计
听课	人数	302	118	127	20	567
	比率	53.3	20.8	22.4	3.5	100
做笔记	人数	231	224	19	95	569
	比率	40.6	39.4	3.3	16.7	100
回答问题	人数	287	267	—	13	567
	比率	50.6	47.1	—	2.3	100
做作业	人数	262	279	—	17	568
	比率	47.9	49.1	—	3.0	100

		积极态度	消极态度	伪装态度	对立态度	合计
提问题	人数	186	227	—	154	567
	比率	32.8	40.0	—	27.2	100
课堂讨论	人数	173	324	55	17	569
	比率	30.4	56.9	9.7	3.0	100
复习	人数	171	382	—	16	569
	比率	30.1	67.1	—	2.8	100
考试	人数	355	214	—	—	569
	比率	62.4	37.6	—	—	100

在表 5-4 中,八种学习活动的平均占比,消极态度最高,为 44.8%,其中有四种活动(做作业、提问题、课堂讨论和复习)占比为第一,两种活动(课堂讨论和复习)占比超过 50%。积极态度则紧随其后,平均占比为 43.5%,其中也有四种活动(听课、做笔记、回答问题和考试)占比为第一,三种活动(听课、回答问题和考试)占比超过 50%。如果仅从课堂学习的角度看,在六种课堂学习活动中,积极态度的平均占比最高,为 42.6%;其中有三种活动(听课、做笔记和回答问题)占比为第一,两种活动(听课和回答问题)占比超过 50%。消极态度的平均占比则为 42.2%,其中也有三种活动(做作业、提问题和课堂讨论)占比为第一,两种活动(课堂讨论和做作业)占比超过或接近 50%。

这表明无论在课堂学习还是全部学习活动中,顺从主要表现为主动的表面接受(积极态度)和被动的表面接受(消极态度)两种状态。这两种状态虽然都是"表面接受",但主动接受显然更有利于顺从向认同转变,因为以积极的姿态去"接受",久而久之就有可能由"表面"而"内心"。遗憾的是,主动状态并没有显示出明显的优势,二者几乎平起平坐,难分伯仲。不过,主动状态在课堂学习中略占上风,这还是值得注意的。

根据表 5-4,可以得出八种学习活动积极和消极态度的排列(按占比由高到低):

积极态度:考试＞听课＞回答问题＞做作业＞做笔记＞提问题＞课堂讨论＞复习

消极态度：复习＞课堂讨论＞做作业＞回答问题＞提问题＞做笔记＞考试＞听课

这两组排列显示，考试和听课在积极态度中排前两位，消极态度中排后两位；复习和课堂讨论则正相反，消极态度排前两位，积极态度排后两位。这表明面对外在功利性强的活动，学生更倾向于积极态度，而反之则倾向于消极态度。不言而喻，考试最具功利性，听课则是全部学习活动的基础，又很受教师关注，其功利性可与考试比肩；而复习的功利性最为隐蔽，课堂讨论则既不引人注目，又难以专门测量，功利性相对也就弱。其余四种学习活动的功利性则比较复杂，没有那么明显的两极表现，但总体上仍显示了上述倾向。

课堂学习活动中的伪装态度是指假装的积极态度。它不同于主动和被动的"表面接受"，是假装成主动的"表面接受"。它虽有一定的主动性，但不是主动接受，而是主动伪装，是主动地伪装成主动接受。这种"主动"缘于既不愿主动接受，又不愿被视为被动接受，因此是一种虚假的积极态度，其实质仍然是一种被动接受。这种态度随着课堂学习活动的不同而有所变化，大体上有两种情况。一种情况是，当学习活动有较大变化空间，也就是有可能伪装并且通过伪装能够获得一定工具性价值的时候，伪装态度就会出现，甚至会有较大的占比（如听课）。另一种情况则相反，当学习活动缺乏变化空间，伪装的可能性近乎零的时候，伪装态度就会消失（如提问题）。对于第一种情况特别要加以注意，它不仅造成积极态度的"虚假繁荣"，而且由于"顺从"本身就有一定的伪装性，因此伪装态度实际上是"伪装中的伪装"，这既不利于态度学习的真正发生和发展，更不利于学生真诚人格的形成和发展。

对立态度不同于前三种态度，它不再"表面接受"，而是表现为普遍的拒绝，例如，不听课、不做笔记、不提问题等。这已经超出了"顺从"，变成了"不接受"。但是，它和直接的不接受（既表面也不接受）仍然有区别。首先，"对立"在属于学习过程的活动中有普遍表现，而在检查学习结果的活动中则鲜有表现。这是因为后者具有强烈的功利性，如果"对立"就要付出学习上的功利代价，而前者虽然功利性强弱不一，但都弱于后者，"对立"的代价较小。这可以称为"过程性对立"，从根本上看最终仍然归于"顺从"。其次，"对立"在受教师批评惩罚可能性较小的活动中表现比较强烈，如提问题、做笔记等，而在受教师表扬奖励可能性较大的活动中表现较弱，如回答问题、课堂讨论等。这可以称为"选择性对立"，原因仍然在于功利性，是迂回曲折的"顺从"。再次，考试和复习是"过程和选择性对立"的特例。考试的功利性最强,"对立"完全消失;复习的功利性隐蔽,几乎不与教师的奖惩发生关系,"对立"也大大缩小。最后,虽然顺从中的对立并不等同于直接的不接受,但在六个维度中都有"对立"表现,表明顺从包含着不接受因素。其实,顺从确实是一种"不接受",是表面上接受而内心不接受,因此其向"不接受"转化具有一定的可能性。

政治课态度学习顺从阶段的表现虽然复杂,但仍然印证了凯尔曼顺从阶段是"期望通过遵从而得到某种奖励或赞赏,以及避免某种惩罚或责难"的论述。无论是什么样的"顺从",最终都是为了获得外在于课程学习内容的功利,包括"通过考试""考个好成绩""毕业""为中高考作准备",等等。在种种表现中可以发现,政治课顺从阶段的工具性特点最为突出。四种不同的态度都是为了最终能够通过政治课(一种安全需要),因此都具有一定的自觉性,只不过自觉性的程度不同而已。比较而言,积极态度和伪装态度的自觉性高一些,伪装态度的工具性意图则更明显,而消极态度和对立态度的自觉性较低,工具性特征在不同学习活动的变化中才能显露出来。顺从阶段的情境性特点也比较明显。四种态度都随着学习活动功利性强弱(压力情境)的变化而变化,积极和消极态度之间的两极变化,伪装态度的"显"和"隐"两种情况,以及对立态度中的"过程性和选择性对立",都不同程度地体现了这种情境性。

如果从克拉斯沃尔情感目标分类学的角度考察,政治课态度学习顺从阶段所涉及的目标和层级大体上是1—2级水平,即"接受"和"反应"目标。这两级目标又各分为三个子目标,顺从阶段基本跨越了五个子目标(亚层次)。首先,顺从阶段的"积极态度"大体上达到了"愿意的反应"水平。这一水平是"反应"中的第二级子目标(第五亚层次)。处在这一水平上的"学习者完全致力于表现他的行为,这样做不仅仅是出于害怕受到惩罚,而是'他自己'想做或自愿去做的"。[1] 这与"积极态度"的表现基本吻合。这一层级可以被看作是"顺从"的最高水平,因为高于这一层级的"满意的反应"是"行为伴随着一种满意的感觉,一种情绪反应,通常是感到愉快、兴奋或乐趣",[2] 显

[1][美]D. R. 克拉斯沃尔,等. 教育目标分类学(第二分册. 情感领域)[M]. 施良方,等,译. 上海:华东师范大学出版社,1989:201.

[2][美]D. R. 克拉斯沃尔,等. 教育目标分类学(第二分册. 情感领域)[M]. 施良方,等,译. 上海:华东师范大学出版社,1989:202.

然这已表现出认同的倾向。其次,顺从阶段的"消极态度"大体上处在"默认的反应"水平(比"积极态度"低一层次)。这一水平上的"这类行为的发生有一种被动性……学生虽然作出反应,但他尚未充分认识到这样做的必要性"。[1] 消极和积极态度都达到了"反应"水平(2级目标),这是顺从的最好表现,但"这是一种层次很低的信奉,而且我们在这一层次上还不能说这是'他的价值观'或他持有'这样或那样的态度'"。[2]再次,"伪装态度"还处在"接受"水平(1级目标),不过是"接受"的最高层次:"有控制的或有选择的注意"水平,即"接受"中的第三级子目标(第三亚层次)。处在"接受"水平的学生总体上"愿意接受或注意……教师准备教给他的东西",而"伪装态度"已不仅仅是"觉察"和"愿意接受",而是"有控制有选择"的接受,"它更多地是指对注意的控制"。[3] 伪装之所以可能就在于学生对自身注意的调控。最后,"对立态度"则只是"觉察"水平,即"学习者只是意识到某些事情——即注意到某种情境、现象、客体或事态",[4]是"接受"中的第一级子目标(最低层次)。对政治课而言,就是学生仅仅"意识到"课程的内容,甚至还没有"注意"内容。这显然不能作为课程学习的目标,但不能忽视它,因为这可能是部分学生学习的起点水平。

3. 政治课态度学习顺从阶段的原因

根据调查分析,顺从阶段的基本原因源自教学系统的自身因素,其中,教学人员是首要因素,包括学生和教师;教学方法是第二位因素,包括考试和课堂教学;教学信息是第三位因素,主要是教材内容。教学系统以外的原因也存在,但影响比较小。

问卷从学生自身等七个方面调查政治课态度学习主要处在顺从阶段的原因(调查结果见表5-5)。从表5-5看,学生自身原因居第一位,表明内在原因是顺从的首要原因,也就是说,主要是学生自己决定采取顺从的态度。外在原因则是次要原因,包括六个方面,考试、教材和教师排在前三位,表明学校教育是首要的外在原因,这也可以

[1][美]D. R. 克拉斯沃尔,等. 教育目标分类学(第二分册. 情感领域)[M]. 施良方,等,译. 上海:华东师范大学出版社,1989:201.

[2][美]D. R. 克拉斯沃尔,等. 教育目标分类学(第二分册. 情感领域)[M]. 施良方,等,译. 上海:华东师范大学出版社,1989:200—201.

[3][美]D. R. 克拉斯沃尔,等. 教育目标分类学(第二分册. 情感领域)[M]. 施良方,等,译. 上海:华东师范大学出版社,1989:198—200.

[4][美]D. R. 克拉斯沃尔,等. 教育目标分类学(第二分册. 情感领域)[M]. 施良方,等,译. 上海:华东师范大学出版社,1989:199.

理解为是教育自身的原因,即外在原因中的"内在原因",其中考试影响最大。

表 5-5　政治课态度学习顺从阶段的原因排序

原因	排序指数	排序等级
学生自身	1.025	1
考试	0.840	2
教材	0.830	3
教师	0.789	4
社会	0.744	5
家庭	0.526	6
同学	0.508	7

从内在和外在原因出发,问卷进一步调查了前五位原因的具体因素(调查结果见表 5-6 至表 5-10)。

对学生自身原因,问卷调查了智力、情感、意志、性格、动机、知识、思想和职务等八个因素。这些因素包括智力和非智力等学生自身的内在因素以及职务等外在因素。表 5-6 显示了前三位的排序,表明非智力因素是学生自身的主要原因,智力因素是次要原因,外在的职务因素则基本可以忽略不计。非智力因素中,意志品质排第一位,其中,因为"意志坚强"达 49.5%,因为"意志不坚强"为 39.1%。这表明顺从的首要原因在于学生具有坚强的意志品质(这是一个耐人寻味的结果),但意志品质差异和顺从的相关性需要进一步研究。学习动机排第二位,其中,"为中考和高考作准备"达 40.8%,"想考个好成绩"为 24.2%,而"想真正学点东西"和"提高自己修养"合计仅为 18.6%。这表明顺从主要缘于外在动机,特别是应对考试的动机。性格排第三位,其中,因为"性格内向"达 44.4%,因为"性格外向"为 38.3%。这表明内向型性格更容易形成顺从态度,但性格差别和顺从的相关性也需要进一步研究。

表 5-6　政治课态度学习顺从阶段的学生自身原因排序

原因	排序指数	排序等级
意志	1.122	1

原因	排序指数	排序等级
学习动机	0.979	2
性格	0.916	3

对考试原因,问卷调查了考试内容、形式和标准等因素。表5-7显示了这三种因素的排序。考试形式排第一位,因为"考试形式太死板";评分标准第二位,因为"评分标准太统一";考试内容排最后,因为"考试内容太难"。由此看来,考试对顺从的影响主要在于形式因素,考试形式和评分标准的占比达81.6%,内容的影响比较小。

表5-7 政治课态度学习顺从阶段的考试原因排序

原因	人数	百分比	排序
考试形式	227	0.475	1
评分标准	163	0.341	2
考试内容	88	0.184	3
合计	478	100.0	—

对教材原因,问卷调查了可信性、生动性、逻辑性、难易程度、内容容量和内容排列顺序等六个因素。这些因素中,可信性、生动性、难易程度和内容容量属于内容因素,逻辑性和内容排列顺序属于形式因素。表5-8显示了前三位的排序,全部是内容因素,可见内容因素特别是内容质的因素对于形成顺从态度更为重要。难易程度排第一位,其中,因为"内容难易适中"达48.8%,"内容太难"为20.7%,"内容太容易"仅为8.7%。表明教材内容太难或太容易不是顺从的主要原因,而容易的内容反而影响更小。生动性排第二位,其中,因为"内容枯燥乏味"达45.1%,"内容既不生动也不乏味"为27.6%,"内容形象生动"为13.8%。这表明形成顺从态度主要是因为内容太不生动,内容生动反而顺从的少。可信性第三位,其中,因为"教材脱离实际"达50.3%,因为"教材结合实际"和"能指导实践"合计为40.6%。这表明教材脱离实际对形成顺从态度有重要影响,但教材信度高低和顺从的相关性尚需进一步研究。

表 5-8 政治课态度学习顺从阶段的教材原因排序

原因	排序指数	排序等级
难易程度	1.230	1
生动性	1.211	2
可信性	1.198	3

对教师原因,问卷调查了教育作风、教学方法、教学动机、知识水平、人格魅力、对学生期望以及性别、年龄、外表和职务等十个因素。表 5-9 显示了前五位的排序。第一位是教育作风,其中,因为"教师很民主"达 33.6%,"教师表面民主实际专断"达 24.6%,"教师很专断"为 9%。这表明民主型和仁慈专断型的教育作风是形成顺从态度的主要原因,而强硬专断型作风对顺从态度的影响并不大。第二位是教学方法,其中,因为"教师上课把讲解和发现相结合"达 41.6%,表明接受学习和发现学习相结合是形成顺从态度的最有效方法,但"教师照本宣科"也达 25%,似乎又表明教学方法的优和劣都会促使顺从形成。第三位是人格魅力,其中,因为"教师善于激励"达 30.1%,"教师很热心"为 21.9%,"教师很具想象力"为 12.6%,而因为"其他"也达 26.7%。这表明人格魅力的影响比较复杂,很难确定哪一种人格类型更有影响力。第四位知识水平,其中,因为"教师知识丰富"达 40.9%,"教师知识既不丰富也不贫乏"为 27.1%,表明教师知识对顺从态度的影响力是比较大的。第五位是教师外表,表明教师的外在形象在顺从态度的形成中也有重要影响。由此看来,顺从态度首先取决于教师的教育素养,然后是比较宽泛意上的教师人格和知识素养,同时教师外在形象的作用也不可小觑。

表 5-9 政治课态度学习顺从阶段的教师原因排序

原因	排序指数	排序等级
教育作风	1.013	1
教学方法	0.849	2
人格魅力	0.817	3
知识水平	0.552	4
教师外表	0.477	5

社会原因包括的因素十分复杂,问卷主要调查了社会公众人物,包括文体明星、英雄模范、政治领导人、专家学者、文学艺术家、企业家、军事家等。表 5-10 显示了前三位的排序,表明影响顺从态度形成的公众人物具有多元性,但政治人物的影响更大。

表 5-10 政治课态度学习顺从阶段的公众人物原因排序

原因	排序指数	排序等级
政治领导人	1.183	1
英雄模范	1.040	2
文体明星	0.915	3

上述的原因分析和排序进一步证明,政治课顺从阶段的形成主要源自外在压力的因素(尽管这些压力产生于教学系统内部)。正像凯尔曼所指出的,"学生在没有信奉别人的期望时就遵从这些期望",也就是说,学生虽然尚未真正信奉政治课所讲的内容,但迫于各种外在因素的压力,不得不采取课程内容所要求或主导的态度和行为,因此,政治课顺从阶段依然具有盲目性特点。无论是教师的原因,还是考试和教学的原因,都并不涉及对课程内容的理解;即使是教材的原因,也并非出于对课程内容的真正接受;而学生自身的原因,则仅仅表明"表面接受"需要付出一定的意志努力,因为"遵从"尚未明确认识和切身体验的态度不仅是盲目的,而且并非轻而易举。这种盲目性必然带来被动性。虽然上述种种原因似乎都有某种自觉性(特别是学生自身原因),但仅仅依赖外在动因,从根子上缺乏内驱力,再怎么努力也仍然是一种被动行为。

综上所述,政治课顺从阶段不仅具有凯尔曼所描述的"顺从"的基本特征和原因,而且表现出工具性、情境性、盲目性和被动性等特点。它横跨克拉斯沃尔情感教育目标中的 1—2 级目标,即从"觉察"(第一级子目标)开始,最高达到了"愿意的反应"(第五级子目标)水平。这一阶段是"与内化连续体中最低层次相对应的",[1]是态度学习的初级阶段。初级阶段当然不是政治课态度学习的最终目标,但是却具有特殊的意义。事实上,顺从态度及其相应行为的反复体验和实践总是同态度学习内容联系在一起的,顺从不可能对顺从的内容一无所知。这些内容在顺从中由接触而了解,进而产

[1] [美]D. R. 克拉斯沃尔,等. 教育目标分类学(第二分册. 情感领域)[M]. 施良方,等,译. 上海:华东师范大学出版社,1989:32.

生不同程度的理解,等等。这就为顺从向别的态度转变作了一定的准备。此外,顺从的结果不仅能够满足工具性需要,而且还可能产生新的需要,得到意外收获。例如,通过了政治课考试不仅满足了安全需要,而且可能产生成就感或者对考试内容的兴趣,这就是所谓"第二获得"。这同样为顺从的转变准备了条件。因此,政治课不能否认、忽略或者企图超越这一阶段,而要正视其存在,并且正确认识在态度学习中的特殊作用。

(三) 政治课态度学习过程的不同变化

调查发现,顺从阶段作为基本的开始阶段和起点,主要趋向是向认同阶段发展。同时,政治课态度学习又存在多种变化过程和态势。

表5-3从静态的角度呈现了各阶段的关系,但尚未揭示各阶段之间的相互运动状况,特别是顺从阶段的发展状况。问卷进一步调查了阶段间变化的可能性,试图从动态的角度初步了解阶段间特别是顺从阶段变化发展的态势(调查结果见表5-11、表5-12)。

1. 政治课态度学习的主要发展趋向

从表5-11看,保持顺从态度不变和会发生改变的百分比相差很大,相对比则为$(92+249)÷127≈2.69$,即不变与改变之比是1:2.69。这表明政治课态度学习的顺从阶段不是静止不变的,而是会向别的阶段转变,具有明显的阶段性变化。但这种变化总体上不是频繁发生,因为"一直不变"和"保持一段时间才变"的百分比高达67.2%,表明顺从阶段至少能够"保持一段时间",是一个比较稳定的阶段。

从表5-12看,顺从阶段向认同和内化阶段转变的百分比合计达65.7%,其中需要特别注意的是顺从向内化的转变。显然,这一转变首先要经历认同阶段,很难设想从顺从能够一下子跳跃到内化阶段,向内化转变实际上是先向认同转变,在此基础上,其中的一部分(近20%)再发展到内化。因此,顺从首先和主要是向认同阶段(第二阶段)转变(约2/3),然后,在认同的基础上,一部分学生再向内化阶段转变(近1/5)。如果联系表5-2和表5-3来看,顺从和认同两个阶段的紧密关系就更加明显,因此"这两个阶段的紧密联系、协同发展基本构成了政治课态度学习过程的主旋律"。

与此同时,还有三种情况发生。第一种情况,停留在顺从阶段,不再向其他态度转变(见表5-11)。第二种情况,向"不接受"转变,即由内心不接受转变为完全不接受(见表5-12)。第三种情况,不知所向。表5-11中的"其他"基本可以理解为"不清楚"的态度,即对自己是否保持或改变"表面接受",甚至对自己是否具有"表面接受"态度均不清楚。是与不是、变与不变,以及改变的方向等都不确定,这是一种典型的迷惘态度。表5-12中的"其他"则基本可以理解为"保持原有态度"或"不清楚",它和"不接受"合计占比34.3%。这表明,顺从阶段不仅向认同阶段转变(约2/3),而且还会发生这三种情况(约1/3),其中,第一、二种情况是以顺从为起点,然后或保持或转变,而第三种情况则可能并不以顺从为开端,情况比较复杂,有待进一步调查研究。

表5-11　政治课态度学习"表面接受"的保持或改变的可能性

态度	人数	百分比	排序
保持一段时间才变	249	44.5	1
一直不变	127	22.7	2
很快改变	92	16.4	3
其他	92	16.4	3
合计	560	100.0	—

表5-12　政治课态度学习"表面接受"向其他态度转变的可能性

态度	人数	百分比	排序
内心接受	258	46.2	1
其他	125	22.3	2
成为行动指南	109	19.5	3
不接受	67	12.0	4
合计	559	100.0	—

2. 政治课态度学习的认同阶段

认同阶段是政治课态度学习的第二阶段,它从顺从阶段发展而来,又向内化阶段发展,在连接顺从和内化阶段,特别是与顺从阶段紧密联系之中共同构成了政治课态度学习的基本过程。本书根据有限的调查数据和相关理论对政治课认同阶段的情况作一些描述和推论。

凯尔曼认为,认同是学生想要同教师或学校中其他权威人士建立或维持一种令人满意的关系而接受其影响时发生的反应(态度和行为)。有研究者进而指出:"认同就是对榜样的遵从,就是对榜样的模仿。"[1]政治课的认同似乎要复杂一些,因为它指向的是政治课的内容,包括课程内容所包含的态度及其行为。学生认同的对象可能有几个层次。其一是国家和学校层面,因为这是国家和学校规定学习的课程。这其实是对权威的认同,但不是迫于压力,而是源自信赖(不同于顺从)。其二是教师层面,这可能是把教师看作权威或榜样的单一认同,也可能是二者兼而有之的认同。其三是课程本身,但不是直接认同课程内容,而是认同课程(学科)性质、功能和名声等因素。这实际上是对泛化的权威或榜样的认同。无论哪一个层面,都有爱屋及乌特点,都表现出由于认同权威或榜样(屋),因而也认同权威或榜样所认同的课程内容(乌)。这样就有了两种认同,可以称为双重认同。前一种认同仍然保有外因的痕迹,而后一种认同才产生真正的内驱力,虽然二者可能融为一体,但毕竟有所不同,一旦对"屋"的认同变了,就会动摇对"乌"的认同。因此,政治课态度学习更需要的是对课程内容本身的直接认同。

政治课认同的双重性一方面使其具有一定的自觉性和主动性,因为无论是期望同权威或榜样保持一致,还是出于对课程内容(学科主导态度)的理解和接受,都能够导致不同程度的自觉和主动的态度及其行为。另一方面,对权威或榜样的认同虽然是自觉自愿的,但毕竟隐含着外在因素,盲目和被动并不与认同完全绝缘,特别是如果对权威或榜样的认同是建立在崇拜、迷信的基础上,一旦动摇就更可能向反面变化。

认同阶段基本处在克拉斯沃尔的3级情感目标("价值评价")水平上,"归入这一层次的行为完全是一致的和稳定的,以致可以作为信念或态度的特征","这种行为不是受遵从或顺从的愿望所驱使的,而是受个人对指导行为的基本价值的信奉所驱使的"。[2]政治课的认同虽然存在一定程度上的差别,但基本具有这一总体特征。不过,认同阶段的起点可能并不在"价值评价",而是开始于"满意的反应"。这是2级目标"反应"中的第三级子目标(第六亚层次)。这一水平虽然还没有达到"自觉"的程度,但愉快的"反应"已经明显表达出"内心接受"的倾向,可以看作是认同的萌芽水平。由

---

[1] 冯忠良,冯姬. 教学新论——结构化与定向化教学心理学原理[M]. 北京:北京师范大学出版社,2011:215.

[2] [美]D. R. 克拉斯沃尔,等. 教育目标分类学(第二分册. 情感领域)[M]. 施良方,等,译. 上海:华东师范大学出版社,1989:203.

此,政治课态度学习认同阶段所涉及的目标和层级大体上是2—3级水平,即"反应"和"价值评价"目标。认同阶段基本跨越了四个子目标,即从"满意的反应"(第六级子目标)到"信奉"(第九级子目标)水平。

这一阶段已经处于价值内化的较高层次,是态度学习的中级阶段,对政治课学习具有重要意义。首先,认同是顺从的发展,是态度学习的重要成果。由"表面接受"到"内心接受",无论在理性思考、情感体验和价值内化等方面都是一种提高和深化。如果说顺从是肤浅的态度接受,是一种"权宜之计",那么,认同就比较深入了,已经形成相对稳定的情感、态度、价值观。其次,认同是向内化阶段转化的必要条件,是态度学习进一步发展的坚实基础。没有对政治课内容的"内心接受",要使其"成为行动指南"是不可能的。只有通过双重认同,在认识、体验和价值内化方面有了比较丰富的积累,才可能向内化转变。国内有研究者更指出:"由于认同过程中不仅开始确立起自觉遵从态度的动机机制,同时也进一步确立了执行机制。由此可见,认同是确立自觉的遵从态度的开端。"[1]这两种机制的构建在政治课中大体上就是双重认同的产生和融合,因此,如果不仅由"爱屋"而"爱乌",而且"爱乌"甚于"爱屋",那么,认同就进一步成为向内化发展的充要条件了。最后,认同是政治课态度学习的基本目标和成功的标志。顺从阶段的水平显然太低,不能实现政治课的德育要求。内化阶段的要求则比较高,要使习得的态度"成为行动指南"需要经历比较长的过程,这可能不仅仅是在学校、特别是一门课程学习中能够完成的。虽然内化"是指教育过程和内化过程的最终产品",但这一产品不可能一蹴而就。而认同则恰恰是态度学习比较适中的水平,由"满意的反应"到"信奉",经过四级递进,比较切合学生的实际态度水平和可能。中学生经过政治课的学习,如果达到认同水平,实际上是其态度形成或改变初步完成的集中表现。我们应该实事求是地将认同设为政治课态度学习的基本目标。在中学阶段达成这一目标实际上是态度学习成功的标志。

3. 政治课态度学习过程的"内化"和"不接受"

内化阶段作为政治课态度学习的第三阶段同时也是最高阶段,但是在时间、人数

---

[1] 冯忠良,冯姬. 教学新论——结构化与定向化教学心理学原理[M]. 北京:北京师范大学出版社,2011:217.

和发生等方面的占比都是最低的。它与认同阶段的联系也受到干扰,连续性有所破坏。内化所达到的具体目标水平,由于调查数据不足,难以描述。根据现有调查推测,大体上是认同阶段的"信奉"延伸的水平,相当于克拉斯沃尔情感目标的 9—10 级子目标(共 13 级)。总之,内化阶段是一个比较"弱"的、不很理想的阶段。这可能和"内化"本身的要求,以及学生的态度水平等有密切关系。克拉斯沃尔曾指出:"实际上,正规教育一般不能达到这一层次……这一层次所要求的成熟程度和个人作出的整合,至少要到个人受完正规教育后的几年里才能达到。"[1]

在凯尔曼的态度改变过程中并没有"不接受"过程,因为态度改变是一个接受过程,"不接受"恰恰是不改变原有态度,所以政治课出现的"不接受"当然不是态度形成或改变的一个阶段。"不接受"虽然不是一个独立的阶段,但它出没无常,在学习的起点、不同阶段之间,甚至每一阶段内部都有踪影,不但搅乱了三阶段的循序发展,而且有可能使向着教育目标发展的走向发生逆转,对政治课态度学习的影响不可小觑,是实现态度学习目标的主要障碍。出现这种情况的原因是多元的,但什么是其主要原因呢?此外,政治课态度学习是否必然出现"不接受"呢? 这都有待于进一步的调查和研究。

针对这两种情况,必须实事求是地正视现实。对待"内化",要积极创造条件,努力争取向其发展,使有所触及、有所达成,但不必好高骛远、急于求成,有则好,无也并非失败。对待"不接受",也要积极创造条件,努力克服,但也不必视为洪水猛兽,应坦然对之,特别要一分为二,争取把坏事变好事。

第四节　中学思政学科态度学习的策略

本节要讨论的是态度(情感)学习策略,它与第四章所讨论的认知学习策略有密切

---

[1] [美]D. R. 克拉斯沃尔,等. 教育目标分类学(第二分册. 情感领域)[M]. 施良方,等,译. 上海:华东师范大学出版社,1989:184.

联系,又存在很大不同,这是促使情感学习发生和效率提高的策略。加涅指出:"有利于态度学习和态度改变的方法是相当复杂的。大量证据说明仅凭言语说教是不起作用的。即使是动之以情、晓之以理的更细致的言语说教通常也有同样差的效果。需要用比这更复杂的方法来改变态度。"[1]他进一步认为,"态度的获得和改变不是作为一次经历的结果突然出现的……态度可能在长达几年的一段时间内逐渐地发生变化,我们可以推测,这种变化是许多经验积累的结果"。[2]加涅继而概括了产生态度学习的"三种学习情景":"经典性条件作用""对行为成功的知觉"和"人物榜样示范"。[3]美国心理学家马丁和布里格斯(1986)也回顾了大量关于改变态度的方法有效性的不同观点,总结了五种具有教学意义的态度改变理论:耶鲁交流与态度改变项目,认知失调理论,认知平衡理论,社会判断理论和社会认知理论。[4]这些"学习情景"和理论都包含或暗示着相应的教学策略和方法。以下的策略讨论与之有密切关系。

一、强化策略

(一) 强化策略的理论依据

强化概念由苏联心理学家巴甫洛夫首先提出,后被广泛应用,一般"泛指施用一定刺激增强有机体习得的刺激——反应联结强度或增加其反应出现频率的过程"。[5]美国心理学家斯金纳(B. F. Skinner)在巴甫洛夫研究的基础上进一步提出了操作条件

---

[1]〔美〕R. M. 加涅,等. 教学设计原理(第五版)[M]. 王小明,等,译. 上海:华东师范大学出版社,2007:85.

[2]〔美〕R. M. 加涅. 学习的条件和教学论[M]. 皮连生,等,译. 上海:华东师范大学出版社,1999:230.

[3]〔美〕R. M. 加涅. 学习的条件和教学论[M]. 皮连生,等,译. 上海:华东师范大学出版社,1999:230.

[4]〔美〕P. L. 史密斯,T. J. 雷根. 教学设计[M]. 庞卫国,等,译. 上海:华东师范大学出版社,2008:404—405.

[5]顾明远. 教育大辞典·教育心理学分卷[Z]. 上海:上海教育出版社,1990:333.

作用理论。他通过实验发现,人和动物的行为可以分为应答性行为和操作性行为。前者由特定刺激引起,是经典性条件作用(巴甫洛夫)的研究对象;后者则不与任何特定刺激相联系,是操作性条件作用的研究对象。人的日常行为大部分都是操作性行为,主要受到强化规律的制约。由于"有机体作出的反应与其随后出现的刺激条件之间的关系对行为起着控制作用,它能影响以后反应发生的概率",因此"学习实质上是一种反应概率的变化,而强化是增强反应概率的手段"。[1] 这就是说,人和动物是通过自己受到强化的行为来进行态度(行为)学习的。斯金纳认为强化也是一种操作,并把强化区分为正强化(给予奖励)和负强化(取消惩罚)。正负强化都能增强反应(行为)发生的概率。他主张通过强化期望行为,漠视不期望行为,从而消退不良行为,而不要采用惩罚(惩罚可以分为两种:A 型,行为之后施加厌恶刺激;B 型,行为之后取消喜爱刺激)。[2]

加涅也指出:"通过适当安排的强化的相依关系,赞成的态度就能够建立起来……赞成的态度产生于成功的体验(其本身就依赖于强化)。日常生活中许多事情证明,在活动中取得成功对于获得积极的态度是很重要的"。[3] 这和斯金纳反对在教育中运用惩罚是一致的。由此加涅还特别强调自我强化,"儿童能学会使他们获得父母或其他成年人给予的强化的自我控制技术。如果在数年内不断地实践这些态度,就可以进行自我控制而无需外部强化"。[4]

(二) 强化策略的基本内容

政治课态度学习虽然不能简单理解为行为主义的刺激-反应模式,但是,通过行为后果进行学习并没有被排除,特别是通过强化行为的直接后果来学习,这在顺从阶段尤为明显。因此,适当地运用强化策略于态度学习是有积极作用的。

强化在政治课态度学习中是指,教师或其他教学人员施用一定刺激以促使学生增

---

[1] 冯忠良,等. 教育心理学[M]. 北京:人民教育出版社,2000:119.

[2] 顾明远. 教育大辞典·教育心理学分卷[Z]. 上海:上海教育出版社,1990:337—338.

[3] [美]R. M. 加涅. 学习的条件和教学论[M]. 皮连生,等,译. 上海:华东师范大学出版社,1999:232.

[4] [美]R. M. 加涅. 学习的条件和教学论[M]. 皮连生,等,译. 上海:华东师范大学出版社,1999:232—233.

加期望行为(反应)的出现频率的过程。在这一界定中至少有三个问题必须明确。第一,强化什么,即"期望行为"主要是指什么行为(态度)。这是强化对象的问题。一般而言,态度学习的三个阶段都可以运用强化,但主要应该在顺从阶段运用,也就是说强化的对象主要是顺从态度。这不仅因为顺从是态度学习主要阶段,而且在于顺从缘于外因,更适合运用强化。由于顺从阶段存在不同的顺从表现,因此强化对象也有所不同。对于积极态度的顺从,应该在强化顺从的同时着重强化积极态度;对于消极、伪装和对立态度的顺从,则必须区别对待,只能强化顺从态度,同时抑制消极等态度。

第二,如何强化,即"施用一定刺激"包括哪些刺激以及怎样实施。这主要是强化类型和方式的问题。由于强化对象不同,就需要选择不同的强化类型和方式,而且即使同一类型和方式在运用中也存在程序、程度等方面的微妙差别。这集中表现为处理好三个关系:(1)正强化和负强化的关系。要以正强化为主,正负强化兼用。例如,对主动的顺从就要以正强化为主,既肯定顺从态度,更要肯定积极态度;而对被动的顺从则正负强化兼用,针对顺从态度,既可以直接加以肯定,也可以取消原有的否定(如对各种不顺从表现的批评、责罚等)。(2)奖励和惩罚的关系。要以奖励为主、惩罚为辅。奖励类似于正强化。对不同表现的"顺从"都要给予奖励(奖励程度可以有所不同),即使是"对立的顺从"也应该针对性奖励(这些奖励基本属于"外部奖励")。当然,奖励也要适度,特别要避免"廉价"的奖励。对顺从的"不同表现"则要区别对待。对积极态度必须奖励,而对其他态度则要酌情给予相应的惩罚。如对消极态度可以采用 A 型惩罚,伪装态度可以采用 B 型惩罚,而对立态度则需要更为慎重地采用惩罚。心理学家洛根曾提出七条有效应用惩罚的原则:①避免不适当的惩罚。②惩罚应与过失相对应。③至少需要有一种不相容的逃避反应(如随地吐痰的不相容反应是擦掉痰迹)。④惩罚应尽可能及时。⑤在施行延迟惩罚时,应力求使受罚者想到原先的过失情境。⑥避免惩罚之后又出现奖励。⑦指出合适的行为以代替被惩罚行为。[1] 我们在实施惩罚时应该借鉴并具体化这些原则。(3)惩罚和负强化的关系。惩罚(A 型)是施加厌恶刺激,负强化则消除厌恶刺激,由于二者都和厌恶刺激相联系,往往容易混淆。但二者也存在重要区别。一是作用不同,惩罚起压制行为的作用,负强化则起增

---

[1] 顾明远.教育大辞典·教育心理学分卷[Z].上海:上海教育出版社,1990:338.

强行为的作用。例如,如果对消极态度不置可否,学生出乎意料地没有受到批评,这实际上等于是在"消除厌恶刺激",结果不是压制而是增强了消极行为,起了负强化的作用。二是发生关系不同,惩罚的刺激总在行为之后发生,负强化的刺激则贯穿行为的先后。由于负强化是消除厌恶刺激以增强期望行为,因此在期望行为出现之前先要存在厌恶刺激,这实际上就有了施加和消除同一刺激的两个不同过程。基于此,惩罚和负强化虽然容易混淆,但也可以联合发生作用。例如,学生不认真听课(消极行为)受到教师批评(刺激),这是惩罚;学生认真听课了(积极行为),教师就可以收回批评(刺激),这是负强化。

第三,谁来强化。这是强化主体的问题。教师和教辅人员作为强化主体是顺理成章的。态度学习需要教师的引导和教辅人员的辅助配合。那么学生是不是强化主体呢? 毋庸讳言,学生首先是强化客体,或者说是强化对象的载体。态度学习强化的是学生的态度和行为,学生是被强化者。但是,学生又是强化者,因为他是有生命有思想有感情的活生生的人,他不仅是客体,更是主体,是主客体的统一。这种主客体统一的强化就是自我强化。自我强化不是天生的,需要后天学习和培养。首先需要激发自我强化意识,也就是要培养自己强化自己的自觉性;然后要学习自我强化技能,就是要掌握"强化的自我控制技术";而"当自我强化过程开始起作用,便可以说,个体已获得了叫做'自尊'的态度(Bandura,1977)"。[1]因此,自我强化比教师等的他者强化要复杂得多,但也更有教育意义。

综合上述可以发现,政治课态度学习运用强化策略首先必须坚持有限度强化的原则。政治课态度学习的强化策略主要运用于顺从阶段,也就是主要是对顺从态度的强化。顺从态度是态度学习的初级水平和起始阶段,并非政治课学习的最终目标,因此,对顺从的强化是有限度的。也就是说,强化不能定格在顺从上,特别是不能把顺从作为唯一和最终目标,而要以有利于向认同阶段转化为宜。其次,必须坚持有选择强化的原则。政治课态度学习既然存在强化对象、类型和主体的不同,当然就不能不加区别"一刀切"地强化。要明确强化的重点,有区别有选择地实施强化。在主体上,

[1] [美]R. M.加涅.学习的条件和教学论[M].皮连生,等,译.上海:华东师范大学出版社,1999:233.

要区分教师和学生等强化主体;在对象上,要区分不同阶段和相同阶段不同表现的强化对象;在类型上,要区分强化和弱化、不同的强化、不同的弱化等强化类型及其方式。

二、示范策略

(一) 示范策略的理论依据

美国心理学家班杜拉(A. Bandura)在上世纪 80 年代提出社会认知论。认为"大多数人类行为是通过对榜样的观察而获得的。通过观察他人,人们形成了自己的行为准则","长久以来,示范观察学习一直被认为是传递价值、态度以及思想和行为模式的最有效的手段之一"。[1] 示范观察学习也被称为"观察学习"或"替代学习","指学习者通过观察榜样在一定情境中的行为及其结果而无需直接强化所进行的学习"。[2] 班杜拉特别指出:"示范观察学习这个一般的术语是用来描述心理匹配过程的。采用这个术语是因为示范观察学习比模仿这个术语所指的简单反应模仿有更广泛的心理效应。"[3]这种"更广泛的心理效应"包括"榜样示范可以起到(的)指导作用、抑制作用、去抑制作用、促进作用、刺激增强作用和情感唤醒作用"。[4] 其中,"指导作用"是指"榜样表现出观察者原本不具备的新的思想模式或行为模式,通过观察,观察者也能形成同样形式的思维和行为";"抑制和去抑制作用"是指"示范(能够)加强或减弱对已经获得的行为的抑制";"促进作用"是指"他人的行为还能对观察者先前习得的有能力做却未做的行为起社会促进作用";"刺激增强作用"是指"榜样的行为将观察者的注意引向特定刺激,或把观察者拉入能引出相似行为的情境中";"情感唤醒作用"是指"看到

---

[1] [美]A. 班杜拉. 思想和行动的社会基础——社会认知论[M]. 林颖,等,译. 上海:华东师范大学出版社,2001:63.

[2] 顾明远. 教育大辞典·教育心理学分卷[Z]. 上海:上海教育出版社,1990:296.

[3] [美]A. 班杜拉. 思想和行动的社会基础——社会认知论[M]. 林颖,等,译. 上海:华东师范大学出版社,2001:65.

[4] [美]A. 班杜拉. 思想和行动的社会基础——社会认知论[M]. 林颖,等,译. 上海:华东师范大学出版社,2001:68.

榜样表达情感易引起观察者情感的唤醒"。[1]在这些效应中不难看出榜样的行为是示范观察学习的对象,同时也表明榜样在学习中具有十分重要的作用。榜样示范作用受榜样和示范行为特点的制约。班杜拉指出,"观察学习的效率和水平受被示范活动的显著性、可辨性以及复杂性的影响"。[2]也就是说,简单、明显和易于分辨的示范行为更会被注意,也容易学习。他还指出,示范行为的功能性价值越高就越被注意,学习效果也越好。这包括成功的、相似的和受奖励的等行为。"当行为的……价值并未立竿见影时,观察者……将注意转向公认为有影响力的榜样,而忽视那些看上去或大家认为没有什么影响力的榜样。"此外,"对榜样的注意不仅受其行为的功能性价值控制,而且受其吸引力的制约。有趣的或受赞扬的榜样易于被关注"。[3]班杜拉还提出了一系列增强注意力的方法,包括:"从外观上突出行为的重要特征""指导注意的言语陈述""对良好行为和不良行为的示范作用加以比较""将复杂活动分割为几个自然成分……将注意力集中于掌握不同部分"和"有选择的、集中精力的演练"。[4]

加涅同样认为,"引起态度改变的最可靠的一组事件是人类的模仿现象。在这些情景中,学习导致了对榜样行为的模仿……学习者习得一种反映由人物榜样所表达的或演示的态度"。[5]他进而指出:"在有效的态度学习中,人起了主要作用。可以假定,学习者获得的是人类榜样的'概念'或'表象'……由这种方法获得的态度并不局限于榜样所演示的特定行为,而是能广泛概括其他行为和情景。"[6]榜样可以是真实的人,如父母、教师或同学等,也可以是符号代表的人,如图片、电影或电视等媒介呈现的人物。

───────────────

　　[1]〔美〕A.班杜拉.思想和行动的社会基础——社会认知论[M].林颖,等,译.上海:华东师范大学出版社,2001:65—67.

　　[2]〔美〕A.班杜拉.思想和行动的社会基础——社会认知论[M].林颖,等,译.上海:华东师范大学出版社,2001:69.

　　[3]〔美〕A.班杜拉.思想和行动的社会基础——社会认知论[M].林颖,等,译.上海:华东师范大学出版社,2001:71.

　　[4]〔美〕A.班杜拉.思想和行动的社会基础——社会认知论[M].林颖,等,译.上海:华东师范大学出版社,2001:72—73.

　　[5]〔美〕R.M.加涅.学习的条件和教学论[M].皮连生,等,译.上海:华东师范大学出版社,1999:233.

　　[6]〔美〕R.M.加涅.学习的条件和教学论[M].皮连生,等,译.上海:华东师范大学出版社,1999:234—235.

（二）示范策略的基本内容

榜样不是依靠外力强行树立的，而是学生内心认同的对象，因此，示范策略更适合于认同阶段的学习。

示范策略的核心是选择和确立榜样。政治课态度学习的榜样是多样化的，这在前述的调查中已有所证明，但大体上仍可以分为两类。一类是"符号性榜样"，主要来源于教材，也来源于课外资源，由文字语言、图像影视等形式来呈现。这类榜样涉及社会生活的各个领域，包括领袖首脑、专家学者、英雄模范和明星天才，他们比较宏观、抽象，彰显普遍意义。另一类是"真实榜样"，主要来源于学校生活，也来源于社会和家庭生活，由真实人物承担和展现。这类榜样是日常生活中熟悉甚至亲近的人，包括家中亲人、学校师生、邻居朋友等，他们比较微观、具象，更具特殊价值。虽然榜样众多，但核心榜样（主要示范者）是教师，特别是政治教师。这不仅仅出于为人师表的一般缘由，更在于以下原因：第一，政治教师是政治课的"权威"，具有公认的学科影响力。第二，政治教师是学科主导态度的传播者，而传播过程和示范过程是紧密结合在一起的。班杜拉指出："榜样的作用主要通过他们的信息化功能来实现。提供思想和行为模型是传递有关产生新行为的规则的信息最有效手段。"[1]第三，在政治课范围内，政治教师和学生是最接近的，虽然这种"接近"并不等同于相似性，但毕竟为示范和模仿创造了有利条件。最后，政治教师还是其他榜样的推介者。政治课榜样的多样性需要教师向学生推介各种榜样。在这一过程中，教师显然是"先入"的第一榜样，而推介榜样则成为第二榜样。虽然"第一"并不等同于"最好"的榜样，却始终是学生首先观察学习的榜样。不仅如此，教师推介的榜样往往也是教师自己的榜样，但"榜样的榜样"影响所及也会受到教师态度的制约。

与其他榜样相比，政治教师作为核心榜样首先必须具有更为直接的鲜明态度，对其传播的学科主导态度不仅笃信不疑，而且直言宣示。如果态度暧昧，就难以进行有效的示范，不能成为学习的榜样。其次，政治教师要具有广博的知识，并且要能够把这

---

[1]［美]A.班杜拉.思想和行动的社会基础——社会认知论[M].林颖，等，译.上海：华东师范大学出版社，2001：68.

些知识都聚焦于学科主导态度的论证,从而言之成理、持之有故。如果知识贫乏或不会聚焦论证,就难以进行明确有力的态度阐释(这是政治教师特有的示范),也就同样不能成为榜样。再次,政治教师还要具有宽容的品格,对学生不仅诲人不倦,而且有教无类,能容纳和引导不同态度的学生;对榜样则不仅从善如流,而且不避亲仇,只要有利于示范学习就大力推介。如果心胸狭窄,目光短浅,当然就难以成为榜样。

政治教师的榜样作用包括班杜拉所提出的六种示范功能,但是最显著最重要的是"指导作用"和"情感唤醒作用"。这两种作用主要表现在政治教师的教学活动中。

"指导作用"是指政治教师在传播学科主导态度时的示范功能。教师通过教学,在知识讲授的基础上传播学科主导态度,这实际上就是一个示范过程。一方面,教师展示了如何进行"态度"传播,这对学生的学习具有指导性,因为教师"怎么教"能够直接影响学生"怎么学"。另一方面,教师对"态度"的传播不是照本宣科,而是经过精神加工,形成饱含着自己理解的"态度"(二次产品)才传播给学生的。这就是说,教师既示范了教学行为(态度如何教和学),又示范了教学内容(态度是什么和怎么样),形成了一个双重示范过程。这种示范使学生通过听课(观察),获得教师教学行为和学科态度融为一体的"表象"乃至"概念"。教师讲课的形象、思路、观点、步骤、内容安排、列举的例子等,都会留在学生的脑海中,潜移默化地发生影响,从而被学生自觉或不自觉地模仿。教学行为和教学内容有着十分紧密的联系,往往会形成连锁影响。学生在模仿教学行为的同时,必然要深入教学内容,渐渐地也就形成类似的思维模式和态度倾向。这就是说,学科态度的习得在很大程度上是和教学示范紧密联系的,教学行为对教学内容的有效传播颇为关键。

"情感唤醒作用"是指政治教师在态度传播和情感表达融为一体时的示范功能。在教学活动中,教师总是带着一定的情感表达进行教学传播活动。教师不仅示范了传播行为,而且展示了传播态度(情感)。学生通过听课(观察),也就不仅习得学科态度和教师的教学行为,而且被教师的教学态度(情感)所感染。教师讲课的表情、姿态、动作、语气、声调、语速等都会对学生产生影响,从而唤醒学生的情感。唤醒的情感和教学内容紧紧融合,使学科态度的认同得到加强。情感唤醒作用总是和指导作用紧密结合在一起发挥作用,二者难以分割。对榜样的学习不仅是模仿,而且是感动,从而达到态度认同。

当然,政治教师的榜样作用不仅表现在教学活动中,也表现在其他活动中。在教育(广义)和管理活动中,教师的示范作用同样是很重要的。这往往也被看作是教师"身教"的主要方面。但是,作为政治课态度学习的"身教"则主要还是在教学中,教师的教学行为是最好的"身教"。

示范策略的实施可以参考以下方法:第一,个性化。示范要有榜样个人的特点,要突出示范行为的个性特征。切忌千篇一律、千人一面的所谓"示范"。第二,比较。要有意进行示范行为和非示范行为的比较,从而突出示范行为的基本特征。非示范行为不一定是不良行为,但一定是不宜观察学习的行为。在比较中,示范行为就可以更为明确清晰地被学习。第三,结构化。示范内容要分成不同部分,呈现结构性,无论是教学行为还是教学内容都要注重各自的组织结构,并且明确加以提示,进而分门别类地示范。第四,演练。要给学生提供模仿的机会。模仿可以采用角色扮演的形式。一种是教师角色扮演,类似于"教学实习"。另一种是社会角色扮演。在这种扮演中,"每个提出一种观点的人就起了一个榜样作用",而"态度的交流使态度的表达不断精确","社会所能接受的态度和态度的改变就从这类事件中产生出来"。[1]

三、矛盾策略

(一) 矛盾策略的理论依据

1957 年,美国心理学家费斯廷格(L. Festinger)提出态度改变的认知失调理论。"认知失调,一种不舒服的行动或感觉。最初被定义为,由于持有两个或更多不一致的认知而引起的;后来则被定义为,因为做了一件和自己习惯的而且通常是与正面的自我概念不符的行为而产生的。"[2]也就是说,"态度的认知因素可以分成若干个基本元素,几个认知元素之间有的是协调的,有的则可能是不协调的……当个体发现自己

---

[1] [美]R. M. 加涅. 学习的条件和教学论[M]. 皮连生,等,译. 上海:华东师范大学出版社,1999:239—240.

[2] [美]E. 阿伦森,等. 社会心理学[M]. 侯玉波,等,译. 北京:中国轻工业出版社,2007:141.

所持有的两个或两个以上认知元素不协调时,就会出现认知失调"。[1]简言之,人的态度和行为不一致表明其认知不一致,这就是认知失调。认知失调会导致心理紧张,即不舒适状态。为了克服这种状态,保持认知协调,人就会去改变自己原有的态度或行为。改变有三种方式:"(1)改变我们的行为,使行为与失调的认知一致。(2)改变其中的一项认知,来为我们的行为寻找理由。(3)增加新的认知,来为我们的行为寻找理由。"[2]费斯廷格还发现认知失调主要来源于四种情况:(1)逻辑上不一致;(2)与社会风气不一致;(3)个人的一贯行为倾向和其特殊行为不一致;(4)新事物和个人老经验不一致。由于这四种情况经常会发生,认知失调就成为态度改变的先决条件。[3]

1958 年,美国心理学家海德(F. Heider)提出态度改变的平衡理论。他认为,个体态度的改变是个体追求认知平衡造成的。在三个实体(认识主体 P、态度对象 O 和 X)构成的三角关系中,如果三者之间均为肯定关系(+),就是认知平衡状态;如果三者之间均为否定关系(-),则呈现认知失衡状态。平衡状态使认知主体感到满意,失衡状态则引起认知主体的内心冲突、紧张或焦虑,就会促使主体去改变态度,以使认知达到新的平衡。认知平衡和失衡状态各有四种不同模式(图 5-1 中①—④为平衡模式,⑤—⑧为失衡模式)。[4]

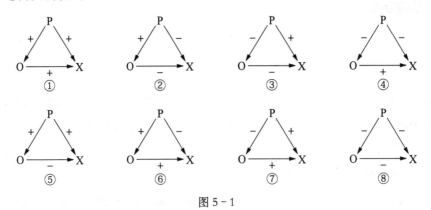

图 5-1

[1] 皮连生. 学与教的心理学[M]. 上海:华东师范大学出版社,2009:149—150.
[2] [美]E. 阿伦森,等. 社会心理学[M]. 侯玉波,等,译. 北京:中国轻工业出版社,2007:141.
[3] 皮连生. 学与教的心理学[M]. 上海:华东师范大学出版社,2009:150.
[4] 顾明远. 教育大辞典·教育心理学分卷[Z]. 上海:上海教育出版社,1990:434.

两种理论为政治课态度学习提供了重要的理论参考,也为制定"矛盾"策略提供了重要理论依据。

(二) 矛盾策略的基本内容

无论认知失调还是认知失衡,其实都是出现了认知矛盾。上述两种理论都发现了认知矛盾对态度改变的重要影响,只不过前者强调认知主体内部的认知矛盾,后者则重视外部人际关系的认知矛盾。所谓"矛盾"策略就是要充分利用学生的认知矛盾,为态度改变创造条件,从而有效改善政治课的态度学习。

学生的认知矛盾主要是指认知失调,即学生在政治课态度学习中形成的相关态度和行为不一致;同时也是指认知失衡,即学生在政治课态度学习中形成的相关态度和"榜样"不一致,却和被自己否定的人相一致。需要注意的是,学生的"相关态度"虽然不一定形成于政治课学习,但"相关态度"的内容却必须和政治课态度学习的内容相关,否则就不属于政治课态度学习的认知矛盾了。

实施"矛盾"策略,首先要明确学生认知矛盾的类型。认知失调的矛盾是学生内在的认知矛盾,主要表现为学生的已有态度和行为不一致,也表现为已有态度所包含的认知元素之间的不一致。例如,"节约"态度和"浪费"行为的不一致,也可以表现为"节约应该提倡"和"节约没有必要"两个认知元素间的不一致。认知失调主要源于四种情况,据此可以进一步分为四个亚型。(1)逻辑失调型,即学生在逻辑上前后不一致,如诚实态度和说谎行为的矛盾。(2)社会失调型,即个人态度或行为与社会风气不一致,如助人为乐的态度和不愿助人的风气的矛盾。(3)特殊失调型,即个人的一贯行为倾向和其特殊行为不一致,如团结友好的行为倾向和与同学吵架的特殊行为之间的矛盾。(4)新旧失调型,即新事物和个人的老经验不一致,如教育改革中的新事物和以往学习的老习惯之间的矛盾。认知失衡的矛盾则是学生外在的认知矛盾,它不是学生自身的态度和行为的不一致,而是学生和态度对象的不一致。它基于学生和他人的态度关系,即肯定和否定关系。据此可以把认知失衡分为两个亚型。(1)肯定失衡型,即学生在肯定他人的基础上却和他人的态度(行为)不一致。这里的"他人"往往就是学生的榜样,因此也可以称为"榜样失衡型"。例如,反对酒驾和"榜样"酒驾的矛盾。这一亚型表现为两种模式(见图 5 - 1 中⑤、⑥)。(2)否定失衡型,即学生在否定他人的基础上却和他人的态度(行为)相一致。例如,被学生否定的"他人"和学生同样采取了援助灾区的态度(行为)。这一亚型也表现为两种模式(见图5-1中⑦、⑧)。

明确了矛盾类型之后,就要针对性地制定态度改变目标。所谓"态度改变目标"是指通过政治课态度学习所要形成的结果,也就是产生的新态度(行为)。针对认知失调矛盾的四种类型,结合三种改变方式,可以形成(制定)12种具体的态度学习和教学目标(见表5-13)。例如,针对逻辑失调型就可以形成(制定)3种具体目标,并加以比较,从中筛选出最符合政治课教育目标的目标。针对认知失衡矛盾的两种类型(四种模式),结合两种改变方式(第三种方式不属于学生态度学习范围),可以形成8种具体的态度学习和教学目标(见表5-14),然后同样可以比较和筛选,最后确定目标。

表5-13　认知失调的态度目标矩阵

	逻辑失调	社会失调	特殊失调	新旧失调
改变行为	目标1	目标4	目标7	目标10
改变认知	目标2	目标5	目标8	目标11
新增认知	目标3	目标6	目标9	目标12

表5-14　认知失衡的态度目标矩阵

	肯定失衡Ⅰ	肯定失衡Ⅱ	否定失衡Ⅰ	否定失衡Ⅱ
改变对他人态度	目标1	目标3	目标5	目标7
改变对对象态度	目标2	目标4	目标6	目标8
改变他人态度	—	—	—	—

矛盾类型和态度目标确定之后,可以采取以下两种基本方法来进一步实施"矛盾"策略。第一种,区别态度类型,解决主要矛盾。有专家指出:"尽管所有的态度都具有认知、情感、行为成分,但是一种确定的态度可能更多是基于某一种经验(Zanna & Rempel,1988)。"[1]也就是说,认知经验、情感经验和行为经验对于态度的形成具有

---

[1] [美]E.阿伦森,等.社会心理学[M].侯玉波,等,译.北京:中国轻工业出版社,2007:171.

不同的影响。据此,可以把态度分为三种类型。(1)以认知为基础的态度。这是"一种主要根据人们对于态度对象的性质所持的信念而形成的态度","这类态度的目的是为了区分某一事物的优点和缺点"。[1] (2)以情感为基础的态度。这是"一种根据人们的感觉和价值观而不是对态度对象本质的信念而形成的态度","以情感为基础的态度有多种不同的来源,但它们有共同的特征:它们都不是来自对问题的理性检验;它们不受逻辑支配;它们经常与人们的价值观相关联"。[2] (3)以行为为基础的态度。"这种态度是基于对态度对象所表现出来的行为的观察",它是微弱或模糊不清的,而且与之相应的行为往往没有其他合理的解释。[3] 不同类型的态度具有不同的主要矛盾和矛盾的主要方面。我们要明确需要改变的态度是以何种成分为基础的态度,然后集中力量针对性地解决主要的矛盾和方面。例如,如果是以认知为基础的态度,就要着力解决认知矛盾。第二种,激化认知矛盾,促使态度改变。在政治课态度学习过程中,认知矛盾是经常发生和普遍存在的,但不一定达到尖锐对立的程度。教师可以创造条件,激化矛盾,从而使期望的态度形成。以下做法可以借鉴:[4] (1)向学生提供多种选择的信息。选择越多,产生认知矛盾的可能性就越大。(2)向学生提供所要求行为(态度)的正反两方面理由。正反理由是明显对立的,能够促使认知矛盾尖锐化。(3)向学生提供所要求行为(态度)相关的榜样。提供的榜样与学生原有的榜样差异越大,就越容易产生认知矛盾。(4)将所要求行为(态度)纳入更大的价值观框架或者更具体的事实框架中去。行为(态度)随着所处情境而改变,在更大或更小的情境中,认知矛盾往往能够凸显出来。政治课态度学习所期望学生形成的态度一般都涉及较大的价值观框架,因此可以更注重态度的具体化,使认知矛盾在更为具体的情境中碰撞、激化,从而产生如期的态度改变。

[1][美]E. 阿伦森,等. 社会心理学[M]. 侯玉波,等,译. 北京:中国轻工业出版社,2007:171.

[2][美]E. 阿伦森,等. 社会心理学[M]. 侯玉波,等,译. 北京:中国轻工业出版社,2007:171—172.

[3][美]E. 阿伦森,等. 社会心理学[M]. 侯玉波,等,译. 北京:中国轻工业出版社,2007:172—173.

[4][美]R. M. 加涅,等. 教学设计原理(第五版)[M]. 王小明,等,译. 上海:华东师范大学出版社,2007:87—88.

四、说服策略

（一）说服策略的理论依据

上世纪 50 年代，美国心理学家霍夫兰（C. Hovland）和他的同事们开始对说服性沟通进行实验研究。这种研究后来被称为"耶鲁态度改变研究法"。他们主要"研究人们在何种情况下最可能因为说服性信息改变自己的态度"，即研究"谁对谁说了什么"，包括"沟通的来源（例如演讲者的专业性或吸引力如何）、沟通信息本身（例如争论的性质、演讲者是否提供问题的两面的观点），以及听众的特性（例如对于含有敌意或友善的听众何种呼吁更为有用）"。[1] 霍夫兰和贾尼斯在研究的基础上提出了一个态度改变模式（见图 5-2）。

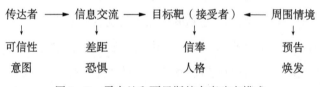

图 5-2　霍夫兰和贾尼斯的态度改变模式

该模式表明，态度变化量由这一过程的每一点上的各种变量决定。[2] 从传达者看，有公信力（如具有某种专长）和有吸引力的人（无论出于外表或个性）更具说服力。[3] 信息传达者或"信息源"在有效改变态度上具有巨大影响。加涅据此指出："信息源只是榜样人物的另一名称……在态度的学习和改变中，榜样人物是最主要的条件之一。"[4] 从信息交流看，交流的态度信息与目标靶原有态度的差距是否适度、

［1］［美］E. 阿伦森，等. 社会心理学［M］. 侯玉波，等，译. 北京：中国轻工业出版社，2007：177.

［2］顾明远. 教育大辞典·教育心理学分卷［Z］. 上海：上海教育出版社，1990：293.

［3］［美］E. 阿伦森，等. 社会心理学［M］. 侯玉波，等，译. 北京：中国轻工业出版社，2007：177.

［4］［美］R. M. 加涅. 学习的条件和教学论［M］. 皮连生，等，译. 上海：华东师范大学出版社，1999：237.

是否引起恐惧等在态度改变中作用很大。引起态度改变的差距有一个限度，在限度内，态度改变和差距扩大成正比，超出限度，则成反比。[1] 研究还表明，说服性意图不外露的交流信息更具说服力；在确能驳斥相反观点的条件下，采用双面沟通（呈现正反两方面观点）更有效；对立的两种观点连续呈现时，宜先提自己的观点（首因效应），间隔呈现时，则后提自己的观点（近因效应）。[2] 从接受者看，其原有态度的强度（如公开表明、涉及深度、有所行动等），人格特征（如自尊、神经类型等）和个人经历等都对态度改变产生影响。[3] 研究还表明，在沟通中分心的听众更容易被说服；智商低或自尊程度中等的更容易受影响；18—25岁的人更易于改变态度。[4] 此外，交流情境的一些因素也会对态度改变产生影响，如事先预告、焕发精神和适度重复等。[5]

（二）说服策略的基本内容

政治课态度学习可以看作是一种"沟通与说服"。政治课所期望的态度改变或形成是建立在教师和学生"沟通"（通过上课）基础上的，这种"沟通"具有一定程度的说服性质，因此，政治课的教学过程其实是一个"说服性沟通"的过程。

根据上述态度改变模式，结合政治课态度学习的具体情况，可以概括出对学生态度改变或形成具有重要影响的四种因素（变量）。

第一，政治教师（传达者）。在政治课态度学习中，教师个人的可信性和吸引力与其说服力成正比。以下因素对教师可信性和吸引力的形成有重大影响：（1）教师的专业水平。这是指政治教师专业及其相关知识达到的程度，包括本体性知识、条件性知识、操作性知识和背景性知识。本体性知识是指教师的专业学科知识，主要是马克思主义和中国化马克思主义的基本理论。条件性知识是关于"如何教"的知识，也就是在什么条件下才能更好地传授本体性知识的知识。主要指教育学和心理学知识。操作

［1］顾明远.教育大辞典·教育心理学分卷［Z］.上海：上海教育出版社，1990：293。
［2］［美］E.阿伦森，等.社会心理学［M］.侯玉波，等，译.北京：中国轻工业出版社，2007：177.
［3］顾明远.教育大辞典·教育心理学分卷［Z］.上海：上海教育出版社，1990：294.
［4］［美］E.阿伦森，等.社会心理学［M］.侯玉波，等，译.北京：中国轻工业出版社，2007：177.
［5］顾明远.教育大辞典·教育心理学分卷［Z］.上海：上海教育出版社，1990：294.

性知识是近年来越来越受到研究者重视而成熟教师则必然拥有的知识。有人称其为"与行动相关的知识""教育情境知识"或"实践知识"。显然,这也是关于"如何教"的知识,但它表现为经验形态,可以归入广义的"条件性知识"。背景性知识是通常所说的"文化知识",除了学科和条件(操作)知识,教师拥有的其他各种知识都包括在内。作为教师知识的外围部分,表面上看,它既不是"教什么"的知识,也不是"怎么教"的知识,似乎同教学没什么关系,但实际上却为这两种知识提供了一个广阔的背景和稳固的基础。对政治教师而言,这类知识往往更为重要,而且范围非常广阔。(2)教师的领导类型。这是指教师在教学中所表现出来的领导方式和工作作风。研究者概括了教师的四种领导类型,即强硬专断型、仁慈专断型、放任自流型和民主型。[1]强硬专断型教师对学生严厉而专断;仁慈专断型教师则表面不严厉但实际上仍然独断专行;放任自流型教师对学生无所适从,没有明确的目标;民主型教师与学生集体融为一体,同时又能给予适当的指导。研究表明,民主型教师对学生的学习具有很好的积极影响,而放任自流型教师则具有最消极的影响。(3)教师的教学动机。这是指政治教师从事教学活动的原因、出发点,它和教学目的、意图有所不同,但又有着密切的联系。教学动机可以分为内部和外部两种动机类型。内部教学动机是教师内在需要引起的动机。例如,教师的事业心、教学兴趣、提高自己职业水平的愿望,等等。外部教学动机是教师由外部诱因所引起的动机。例如,教学奖励、职称评定,等等。一般而言,教师的内部教学动机更能够使学生对教学信服。(4)教师的风度。这是指政治教师的言谈、举止和态度(1979年版《辞海》)。"风度可以说是人们内在的精神品质、文化教养、聪明才智和外在的举止、动作相统一而形成的一种格调"(王朝闻)。教师风度是职业风度和日常风度的统一,主要通过教学活动展现出来。它由神态、体态和语态三方面构成。神态是表情姿态,体态是身体姿态,语态则是言语形态,它们分别是教师容貌、身体和言语与教师内在精神的结合和展示。

第二,政治课教学(信息交流)。政治课教学是一种信息交流。信息内容和交流形式对态度学习都有很大影响。从信息内容看,教材内容与学生原有态度的差距是否适度是关键。学生原有态度可以分为三种。第一种是认同教材内容的态度。这种态度

---

[1] 林崇德.品德发展心理学[M].上海:上海教育出版社,1989:208—209.

虽然有认同程度上的差别,但与期望态度基本是一致的。具有这种态度的学生在态度学习中,主要不是差距大小的问题,而是有没有差距的问题。学习者和学习内容的态度完全一致就很难发生学习,或者说就没有(不需要)学习了。第二种是不认同教材内容的态度。这是与期望态度不一致、性质不同的态度。具有这种态度的学生在态度学习中,主要是差距大小的问题。如果差距太大显然是不利于态度学习的。第三种是对教材内容没有态度,即不知认同与否的态度。这种态度比较复杂,大体上有两种情况。一是面对教材内容难以形成认同或不认同态度,这是学生的态度水平或认知水平所致,是一种"无所从"的态度;二是面对教材内容不想形成认同或不认同态度,这是学生的已有态度倾向所致,是一种"无所谓"的态度。无论哪一种态度,差距都是存在的,甚至超过第二种态度。因此,具有第三种态度的学生在态度学习中最为困难,前者需要改变信息本身,后者则要唤醒学习动机。从交流形式看,不同的形式会产生不同的影响,但必须紧密结合交流内容和交流对象的情况。一般而言,教材内容的口头传递比书面传递效果好,当面交流也比通过各种媒介更有影响力。但是,如果学习内容比较复杂,书面信息的效果就会超过口头传递,而从形象生动的角度看,各种大众媒体则更胜一筹,因此,在政治课态度学习中,阅读教材和广泛运用现代媒体不可或缺,又必须根据具体情况来抉择。在以理服人和以情动人的问题上,同样要具体情况具体对待。在态度学习中,情感因素比较容易对低年级学生发生影响,并且往往收到立竿见影的效果;而理智因素则更多地对高年级学生发生影响,并且产生比较长期深远的影响。此外,说服的"中心路径"和"外周路径"的选择和引导也很重要。说服的中心路径就是"当人们具备专注于信息的动机和能力时,对说服性沟通进行精细化、专心聆听并思考论据内容的情况",[1]即人们专注于沟通中的事实并加以思考整理。说服的外周路径则是"人们不仔细思考说服性沟通中的论据,而受周边线索影响的情况",[2]即人们不去关心事实,只专注于信息表面的特征。采用何种"路径"的关键是看学生是否有动机和能力去关注学习内容(事实)。

---

[1] [美]E. 阿伦森,等. 社会心理学[M]. 侯玉波,等,译. 北京:中国轻工业出版社,2007:178.

[2] [美]E. 阿伦森,等. 社会心理学[M]. 侯玉波,等,译. 北京:中国轻工业出版社,2007:178.

第三,学生(目标靶)。作为政治课态度学习的接受者,学生自身的影响不言而喻。其中,学生的原有态度是最为重要的因素。这主要涉及:(1)原有态度的性质,即属于哪一种态度。例如,是不是与期望态度一致或不一致的态度;再如,是不是初次形成或经历改变的态度,等等。(2)原有态度的发展阶段。例如,凯尔曼的三阶段、克拉斯沃尔的五级水平等。(3)原有态度的强度。表现为,公开申明(公开表明自己的态度倾向);深层思考(深入思考自己态度的根源和发展等);实际行动(自觉实现自己态度的行为),等等。此外,学生的智力、非智力、人格、教育程度、年龄等多种因素都对态度学习产生程度不等的影响。由此也可见,政治课教学备课中要求的"备学生"是一件十分不容易的事。

第四,课堂教学情境(周围情境)。课堂教学情境是进行课堂教学活动的环境条件,包括课堂心理氛围和课堂物理环境两个方面。课堂心理氛围是指在课堂教学中,通过师生、生生的相互作用而产生和发展起来的一种综合的群体心理状态,它影响学生的学习成就和品德,与班级心理特征有密切关系。课堂物理环境是指课堂教学活动赖以进行的物质条件(环境),主要包括教室、课桌椅、照明、教具等。这些硬件条件对学习活动能否顺利展开和取得预期效果有一定影响。在教学情境中,政治课的心理氛围尤为重要。主动地、有意识地营造积极的心理氛围,对于态度学习是更为需要的。

"说服"策略并不是孤立地分别发挥上述四种因素的作用,而是要把它们有机地结合在一起,从整体上综合地发挥作用,从而实现"在沟通中说服,在说服中沟通"。

第六章

中学思政学科的动机学习

　　动机学习也是情感领域的学习，但不同于态度学习。态度学习是对学科主导态度的学习，动机学习则是对学科学习态度的学习，从教育的角度讲，动机学习就是培养学生对中学思政学科的学习动机。

第一节　动机、学习动机和动机学习

一、动机概述

动机是一个非常复杂的心理现象,对动机的界定也众说纷纭。从认知心理学的角度,动机被认为是"由目标或对象引导、激发和维持个体活动的内在心理过程或内部动力(P. R. Pintrich & D. H. Schunk, 1996)";[1]或者,"以一定方式引起并维持人的行动的内部唤醒状态""涉及行为的激起、指向和持久性"。[2]动机属于个性倾向性,具有三种基本功能:(1)激活(引发)功能,动机是引起活动的原动力,起着始动作用。(2)指向功能,动机使活动具有方向性,指向一定目标。(3)强化功能,动机对活动起着维持和加强的作用。[3]

动机是行为的内在原因。从动机和行为的关系来分析,动机具有以下特征:(1)动力性。这是指动机能够激发、维持、调节和支配行为的强度,表现为个体行为的产生、保持和调节。(2)方向性。这是指动机使个体的行为指向一定的目标或对象,表现为指引行为的方向,或在多种目标情况下选择和确定行为方向。(3)隐蔽性。这是指动机是一种内部的心理过程,表现为难以直接观察,只能通过外在行为来推断。(4)复杂性。这是指动机产生因素的多重性和对行为调节的多样性。动机产生受有机体内外多种因素影响,而引起的行为则随个体和情境的不同而变化。[4]

---

[1] 郭德俊.动机心理学:理论与实践[M].北京:人民教育出版社,2005:2.
[2] 顾明远.教育大辞典·教育心理学分卷[Z].上海:上海教育出版社,1990:328.
[3] 孙喜林,荣晓华.现代心理学教程[M].大连:东北财经大学出版社,1998:42.
[4] 郭德俊.动机心理学:理论与实践[M].北京:人民教育出版社,2005:3—6.

动机可以有多种分类。[1] 主要有：(1)生理性动机和社会性动机。这是以动机的性质为标准划分的。生理性动机是以有机体的生物需要为基础的动机，包括饥、渴、睡眠、性、驱痛等动机。社会性动机也可以称为心理性动机，这是以人类的社会文化需要为基础的动机，包括好奇心、成就、权力、交往等动机。(2)内部动机和外部动机。这是以动机的来源为标准划分的。内部动机是受内部动力驱使的动机，外部动机则是受外部动力驱使的动机。(3)一般动机和特殊动机。这是以动机的影响范围为标准划分的。一般动机的影响范围广泛，特殊动机则只在特定范围发生影响。(4)长远动机和短暂动机。这是以动机的持续时间为标准划分的。长远动机影响的时间比较长，短暂动机则时间比较短。(5)主导性动机和辅助性动机。这是以动机的作用为标准划分的。主导性动机是在活动中起主要作用的动机，辅助性动机则是起次要作用的动机。

二、学习动机的内涵、构成和类型

(一) 学习动机的内涵

学习动机属于社会性动机，一般认为"是指个体由一种学习目标或对象引导、激发和维持学习活动的内在心理过程或内部动力"；[2]也可以说是以一定方式引起并维持学习活动的内部唤醒状态。它具有动机的全部特征和基本功能，但只是指向和围绕着学习活动而展开。学习动机和学习活动中的其他要素紧密联系，相互作用，共同影响学习活动，同时，又相互区别，不能混淆和等同。

1. 学习动机和学习需要、学习积极性

"学习需要是指个体在学习活动中感到有某种欠缺而力求获得满足的心理状态"；[3]"是主体的一种追求学业成就的倾向，是个体和社会的客观需求在学习者头

---

[1] 叶奕乾,孔克勤. 个性心理学[M]. 上海：华东师范大学出版社,1993：61—62.

[2] 郭德俊. 动机心理学：理论与实践[M]. 北京：人民教育出版社,2005：45.

[3] 冯忠良,等. 教育心理学[M]. 北京：人民教育出版社,2000：219.

脑中的反映"。[1] 这就是说,学习需要是驱使个体去进行学习活动的原动力,因此有些研究者又称学习需要为学习内驱力。它被普遍认为是学习动机产生的基础和主导因素。但是,学习需要并不等同于学习动机,前者是一种"失衡状态",而后者则是"唤醒状态"。个体由于"失衡"而被"唤醒",所以学习需要是学习动机的关键构成和必要前提。此外,有了需要也并不一定会转变为动机,只有这种需要达到一定强度(被意识到并试图采取措施来满足需要),同时又有满足需要的对象(外部诱因)存在,需要才会转变为动机,学习活动才能够展开。

学习动机是内在的,不能直接观察,而"学习积极性是学习动机的一种直接的外在表现,是在学习活动中表现出来的认真、主动、顽强和投入的状态",[2]学习动机的有无、强弱都可以通过学习积极性反映出来,因此,通过观察学习积极性的状况可以推断学习动机的性质和水平。学习积极性主要体现在学生学习中的注意、情绪和意志等三个方面。"注意"主要是指学生面对学习任务时的精神状态,如明确的学习意识、高度集中的注意力等。"情绪"主要是指学生对学习的态度,如对学习任务的评价等。"意志"主要是指学生面对学习困难时的坚持性,如顽强的自制力等。[3]

2. 学习动机和学习兴趣

兴趣是"个体积极探究某种事物或进行某种活动的倾向"。[4] 这是一种认识倾向,同时又带有情绪色彩。兴趣产生于需要。瑞士心理学家皮亚杰(J. Piaget)曾指出,"兴趣,实际上就是需要的延伸,它表现出对象与需要之间的关系,因为我们之所以对于一个对象发生兴趣,是由于它能满足我们的需要"。[5]学习兴趣"也是由需要所引起的一种情绪反映",作为一种认识倾向,它"表现为对学习的向往、热情和专心致志"。[6] 根据兴趣的定义,我们也可以把学习兴趣界定为:个体积极探究学习对象或

[1] 冯忠良,冯姬. 教学新论——结构化与定向化教学心理学原理[M]. 北京:北京师范大学出版社,2011:235.
[2] 冯忠良,等. 教育心理学[M]. 北京:人民教育出版社,2000:218.
[3] 冯忠良,冯姬. 教学新论——结构化与定向化教学心理学原理[M]. 北京:北京师范大学出版社,2011:235.
[4] 顾明远. 教育大辞典·教育心理学分卷[Z]. 上海:上海教育出版社,1990:332.
[5] 叶奕乾,孔克勤. 个性心理学[M]. 上海:华东师范大学出版社,1993:85.
[6] 朱作仁. 教育辞典[Z]. 南昌:江西教育出版社,1987:450.

进行学习活动的倾向。学习兴趣和学习动机紧密联系,它们都源于需要,也都属于个性倾向性,而且"在学校的实际工作中,学生的学习动机与学习兴趣是很难加以区分的"。[1]但是,两者也不能完全等同。有研究者认为,学习兴趣是"学习动机中最现实、最活跃的成分",主要表现为认识兴趣,即求知欲。[2]这就是说,学习兴趣并非动机本身,它源于需要,又和需要一起成为学习动机的构成因素(最具活力的因素),它更倾向于探究性,而非动力性。

学习兴趣可以分为直接兴趣和间接兴趣。学习的直接兴趣是由学习内容和学习过程本身引起的兴趣;学习的间接兴趣则是由学习结果的工具性价值引起的兴趣。直接兴趣能够使学生主动而愉快地学习,间接兴趣则促使学生坚持不懈地学习。两种兴趣都有益于学习,并且在一定条件下能够相互转化。学习兴趣还表现为学科兴趣,即学生对一门课程的喜欢或不喜欢态度。学科兴趣不仅能够提升学科知识学习的质量和效率,而且对于态度学习也有极大的推动作用。

3. 学习动机和学习目的、学习期待

学习目的是通过学习要达到的结果,而学习动机则是进行学习的原因。"学习动机回答的是'为什么'学习的问题,而学习目的则回答'为了什么'学习的问题。"[3]两者之间类似因果关系,有着明显的区别。但它们又有相似之处,学习动机是一种个性心理倾向,而学习目的则是人在意识中预设的学习结果,"是人的意识对客体的超前改造……反映",[4]都属于人的主观状态。在一定条件下,学习动机和目的可以相互转化。此外,两者也不是一一对应的关系。相同的学习动机,学习目的不一定相同;不同的学习动机,却可以有相同的学习目的。

学习期待一般是指学习结果期待,即"个体对学习活动所要达到目标的主观估计"。[5]也就是说,学习期待是对未来学习结果即学习目标(目的)能否实现的预估,而不是学习目标(目的)本身。它与学习动机同样有着十分密切的关系。有研究者认

[1] 吴棠棣,等.心理学[M].北京:人民教育出版社,1980:139.
[2] 朱作仁.教育辞典[Z].南昌:江西教育出版社,1987:448,450.
[3] 李伯黍,燕国材.教育心理学[M].上海:华东师范大学出版社,1993:235.
[4] 李秀林,等.辩证唯物主义和历史唯物主义原理[M].北京:中国人民大学出版社,1995:84.
[5] 冯忠良,等.教育心理学[M].北京:人民教育出版社,2000:221.

为,学习期待是学习动机结构中的一个基本构成要素,是形成学习动机的必要条件。[1]

4. 学习动机和学习效果、效率

学习效果是指通过学习实现的有效结果,它以学习目标(正确目标)为衡量标准,结果和目标越接近,效果就越好。学习动机和学习效果的关系比较复杂。一般情况下,两者呈现正相关关系,"心理学研究表明,优等生的学习动机较广,水平也较高,而差等生的学习动机范围比较窄,水平也比较低"。[2]但也存在不一致的情况,因为学习动机和学习效果并不是直接的线性关系,两者之间要受到中介因素的很多影响。有研究者指出:"只有把学习动机、学习行为、学习效果三者放在一起加以考察,方能看出学习动机与学习效果之间既一致又不一致的关系。"[3]这表明,学习动机不是唯一影响学习效果的因素。此外,学习效果也会反过来影响学习动机,它们是相辅相成、相互影响的。

学习效率是指学习活动的投入和产出之比,即学习所耗费的活动和所达成的效果之间的比率。学习动机和学习效率也不是线性关系,而是 U 型曲线关系。就是说,并不是学习动机越强,学习效率就越高。在学习活动中存在着一个最佳动机水平,达到这一水平,学习效率就最高;超出这一水平,学习效率反而下降。最佳动机水平会随着学习任务的难易度而变化。难度低的学习任务所要求的最佳动机水平比较高,难度高的学习任务所要求的最佳动机水平则比较低,而难度适中的学习任务所要求的最佳动机水平也比较适中。这一规律被称为耶基斯-多德森定律。[4]

(二) 学习动机的构成

对学习动机的构成成分存在不同看法,以下三种观点比较有代表性。

1. 三种学习内驱力

奥苏伯尔认为,成就动机是学习动机的核心,学校情境中的成就动机由三种学习

[1] 冯忠良,冯姬. 教学新论——结构化与定向化教学心理学原理[M]. 北京:北京师范大学出版社,2011:238.

[2] 郭德俊. 动机心理学:理论与实践[M]. 北京:人民教育出版社,2005:47.

[3] 李伯黍,燕国材. 教育心理学[M]. 上海:华东师范大学出版社,1993:237.

[4] 郭德俊. 动机心理学:理论与实践[M]. 北京:人民教育出版社,2005:48—49.

内驱力组成(内驱力是个体内部的某种缺乏或不平衡状态所产生的旨在恢复平衡的内在推动力[1])。第一,认知内驱力。这是以获得知识、解决问题为目的的内驱力,即满足求知欲的学习动机。它属于内在动机,对学习具有持久的促进作用。第二,自我增强内驱力。这是以增强个人能力和成就,从而赢得相应地位及自尊心为目的的内驱力。它既指向学业成就,也指向未来的地位(学术或职业目标),但前者仅是手段,后者才是目的,因此属于外在动机。第三,附属内驱力。这是以获得长者或集体的赞许为目的的内驱力,也属于外在动机。它主要是儿童学习的动机特征。[2]

2. 学习需要和学习期待

我国的冯忠良教授认为,学习需要和学习期待是学习动机的两个基本构成成分。学习需要表现为学生的学习愿望或学习意向,它是学生学习的根本动力。学习需要由三种因素构成,即认知需要、交往需要和自我提高需要。这三种需要也就是奥苏伯尔的三种内驱力。学习期待表现为对学习目标(结果)的期待,它是在学习的主观需要和客观条件都得到满足时才形成的。也就是说,那些能够满足主体并且能够实现的学习需要才能成为学习期待的目标,从而使学生的学习行为指向确定的方向。学习期待就其作用而言,可以看作学习的诱因。学习需要和学习期待是相互联系、相互作用的。前者是学习动机结构中的主导成分,后者则是必要条件。[3]

3. 期待因素、价值因素和情感因素

还有的研究表明,学习动机由期待、价值和情感三种心理因素构成。学习期待被认为是学生基于过去经验和当前刺激而对未来学习事件的预料,是个体希望某种学习出现的一种内部状态。这里的期待不仅仅是对学习结果,而且是对学习能力和有效行为的期待。加涅将学习期待视为制约信息加工过程的重要控制过程,是一种特别动机。学习动机的价值因素是指学生对要达到的学习目标和要完成的学习任务的重要性的判断。如果说学习期待是回答"能不能完成这个学习任务"的问题,那么,价值因素则回答"为什么要完成这个学习任务"的问题。学习动机包含三种价值因素。一是

[1] 郭德俊.动机心理学:理论与实践[M].北京:人民教育出版社,2005:50.
[2] 顾明远.教育大辞典·教育心理学分卷[Z].上海:上海教育出版社,1990:327.
[3] 冯忠良,冯姬.教学新论——结构化与定向化教学心理学原理[M].北京:北京师范大学出版社,2011:235—240.

兴趣性价值,即学习能产生快乐;二是获得性价值,即通过学习能获得好成绩;三是利用性价值,即通过学习能得到奖励。对学习价值的认识会影响学习积极性的高低强弱。学习动机的情感因素是学生对学习过程及其结果的情绪情感反应。在学习中,学生会产生各种积极或消极的情绪情感体验,从而对学习发生促进或干扰作用。学习兴趣就是一种典型的情感因素。具有浓厚学习兴趣的学生在学习中兴致勃勃,学习后心满意足。[1]

(三) 学习动机的类型

根据不同的分类标准,可以把学习动机划分为不同的类型。以下的分类对本书的研究具有直接的借鉴意义。

1. 一般(性格)动机和具体(情境)动机

以动机的作用范围为标准,可以把学习动机分为一般动机和具体动机。一般动机是在各种学习活动中都具有的动机,贯穿学校生活的始终。它产生于学生自身,与其价值观念、性格特征密切相关,也被称为性格动机。性格动机的作用范围广泛,具有高度的稳定性。具体动机则是仅在某种具体学习活动中才具有的动机,只贯穿某一门或几门学科的学习活动中。它的形成与学业成败或师生关系有密切联系,深受外界情境因素影响,也被称为情境动机。情境动机的作用范围比较狭窄,也不稳定。[2]

2. 内部动机和外部动机

以动机的来源为标准,可以把学习动机分为内部动机和外部动机。内部动机是由学生内在的学习需要引起的动机。学习动力来自学习的内容(知识、技能和情感),学习目的在于获得学习的对象(某种知识、技能和情感)。这种动机的作用持久,学生的学习积极主动。外部动机则是由外在的诱因引起的动机。学习动力来自非学习本身的因素,学习目的在于学习活动之外的结果。这种动机的作用难以持久,学生的学习也比较被动。

但是,内部和外部动机的划分不是绝对的。外部动机不仅在一定条件下可以转化

---

[1] 杨心德,徐钟庚. 教学设计中的任务分析[M]. 杭州:浙江大学出版社,2008:106.
[2] 冯忠良,等. 教育心理学[M]. 北京:人民教育出版社,2000:224—225.

为内部动机,而且外部动机发生作用也离不开内在心理活动,外部动机实质上仍然是一种学习的内在动力。[1]

3. 主导动机和辅助动机

以动机的地位及作用为标准,可以把学习动机分为主导动机和辅助动机。主导动机是在学习活动中处于支配地位、发挥主导作用的动机。它对学习活动具有最为强烈和稳定的影响。在同一时间内,主导动机一般只有一个。辅助动机则是在学习活动中处于从属地位、发挥辅助作用的动机。它对学习活动的影响比较弱,也不很稳定。在同一时间内,可能存在若干个辅助动机,它们的强度和稳定性也有差别。

主导动机和辅助动机随着条件(特别是时间)的变化也会发生转换,它们不是固定不变的。[2]

4. 直接(近景)动机和间接(远景)动机

以动机和学习活动的关系为标准,可以把学习动机分为直接动机和间接动机。直接动机与学习活动本身直接相联系,表现为对学习内容的直接兴趣,对学习直接结果的追求。这种动机具体而有实效,但作用时间比较短,容易变化,不够稳定,具有近景性,也被称为近景动机。间接动机则与学习活动本身没有直接联系,而是与学习的社会意义和个人意义密切相关,表现为对学习意义的理解和追求,而不轻易受学习活动本身以及直接结果的影响。这种动机比较抽象,其效果也不立竿见影,但作用持久而稳定,不轻易发生变化,具有远景性,也被称为远景动机。[3]

三、动机学习

心理学关于动机和学习的关系的研究,最初是紧密结合的,尔后则开始分离,直至上世纪下半叶又重新整合在一起。[4] 对此,奥苏伯尔曾指出,动机与学习之间通常

[1] 冯忠良,等. 教育心理学[M]. 北京:人民教育出版社,2000:224.
[2] 李伯黍,燕国材. 教育心理学[M]. 上海:华东师范大学出版社,1993:248.
[3] 李伯黍,燕国材. 教育心理学[M]. 上海:华东师范大学出版社,1993:247.
[4] M. P. 德里斯科尔. 学习心理学——面向教学的取向[M]. 王小明,等,译. 上海:华东师范大学出版社,2008:264—265.

是相辅相成、互为因果的关系，而不是一种单向关系。[1] 20 世纪 60 年代以来，研究者日益认识到成功学习的结果不仅是知识和技能的获得，而且是求知欲、自信心等心理品质的发展。学习能够促使学习者产生新的学习需要和动机，而学习动机又进一步推动学习行为，从而形成学习-动机-学习的良性循环过程。

美国教学设计专家乔纳森(D. H. Jonassen)教授在此基础上提出，必须把动机形成视为伴随于学习和操作的重要技能，它贯穿整个学习过程，而不只是学习的先行状态和初始阶段。动机也是学习的内容，动机形成应该成为一个主要的学习目标。[2]乔纳森把动机纳入其学习结果分类，称之为"情意品质"(conation or motivation)。他进一步认为，情意品质不是一种外部唤起的状态，而是主要同自我激励水平有关，包括学习的意愿、毅力和所付出的努力等。学习动机是通过学习来维持的，并非通过外界产生。[3]

对于学习动机，长期以来比较强调"培养和激发"。"学习动机的培养是指学生从没有学习需要或很少有学习需要，到产生学习需要的过程。学习动机的激发，是把已经形成的潜在的学习需要充分调动起来，也就是把学习的积极性发动起来。"[4]由此可见，培养和激发学习动机也就是要通过学习或教学，使学生的学习动机从"没有"到"有"，从"潜在"到"显在"。这似乎也可以理解为是一种对动机的"习得"，即动机学习。但是，动机学习并不仅限于学习开始之前或之初的培养和激发动机，而是还包括对动机的维持(保持动机水平)、强化(提高动机水平)和更新(生成新动机)，它和认知学习、态度学习紧密结合在一起，贯穿学生学习的全过程。这就是说，与传统意义上的"培养和激发学习动机"相比，动机学习的内容更丰富，过程更复杂。

动机学习的对象是动机，但不是一般的动机，而是学校教学学科的学习动机。学习动机是内在的动力系统，它激活、强化和引导学习行为，对学习行为的选择有很大影响。这实际上是一种广义的学习态度，因此，动机学习又可以理解为是关于学科学习态度的学习。学科学习态度和学科主导态度有密切联系，但并不等同。如第五章所

---

[1] [美]R. M. 加涅. 学习的条件和教学论[M]. 皮连生，等，译. 上海：华东师范大学出版社，1999：312.

[2] 杨心德，徐钟庚. 教学设计中的任务分析[M]. 杭州：浙江大学出版社，2008：65—66.

[3] 盛群力，等. 21 世纪教育目标新分类[M]. 杭州：浙江教育出版社，2008：142—144.

[4] 潘菽. 教育心理学[M]. 北京：人民教育出版社，1980：82.

述,学科主导态度是所学学科主张和传导的态度,是教育者期望学习者形成和接受的态度;学科学习态度则是对所学学科的学习态度,它既受到学科主导态度的影响,又有自己的独立性。正因为如此,动机学习和态度学习虽然都属于功利性情感学习,却是两种不同的功利性情感学习,动机学习主要是诉诸学习功利性的学习。

动机学习的内容围绕着动机构成展开,虽然学习动机的构成说法不一,但主要的构成因素为学习需要、学习兴趣和学习期待则基本被研究者接受,因此,动机学习的内容大体上也就是这三大构成。学习需要包括认知需要(认知内驱力)、自我增强需要(自我增强内驱力)和交往需要(附属内驱力);学习兴趣包括直接和间接的学习兴趣;学习期待包括学习结果期待和学习行为(效能)期待。这样,动机学习的内容可以具体化为七个方面。必须指出的是,这七个方面并不像认知学习中的"知识""技能""策略",以及态度学习中的"态度"那样客观存在着,它们并不是能够与学习主体明确区分开来的对象性客体,而是和主体紧密结合在一起,很难截然分开。也就是说,并没有一个现成的独立于主体之外的"动机"(对象)在那儿等着让学习者去学习,无论是学习的需要、兴趣,还是期待,都并非在学习者之外,而是内在于主体之中。动机学习只有在学习中才能生成出学习的内容,它不是到学习之外去寻找和吸收学习对象和内容,而是在学习之中培育和养护学习对象和内容。这一特点使动机学习的"学习性"往往表现得不那么明显,与前述种种学习相比,甚至让人产生仿佛没有发生学习的错觉。事实上,从培养—激发—维持—强化—更新的发展看,动机学习与其说是由外而内的"习得"过程,毋宁说是由内而外的"养成"过程。也正是在这个意义上,我们把动机学习理解为是一个培养(包括激发、维持、强化和更新)动机的过程。

学习动机虽然一直受到重视,但是将其视为一种学习结果和目标,并且定名为"情意品质",则是乔纳森的贡献。他把这种学习结果(目标)划分为三个子目标,还相应制定了"每一结果所包含的一般智力类别、测量这一结果的方式、结果评价的标准以及相应的事例"。这三个子目标是:(1)努力;(2)坚持性;(3)意愿。三者的检测方式均为观察和自我报告。检测的标准则依次为:强度,专心致志的时间和用心思考。[1] 难能可贵的是,乔纳森又进一步将学习结果和一定的教学策略、方法相匹配,使学习和教

---

[1] 盛群力,等.21世纪教育目标新分类[M].杭州:浙江教育出版社,2008:142.

学更具操作性。[1]

综上所述可见,动机学习并不仅仅是一个新名词、新说法,而是在更为广阔和深入的意义上提出的关于学习动机乃至于整个学生学习的新思考。动机学习不仅是学习的准备和动力,而且是全部学习不可或缺的有机构成。进一步说,这也是学生通过学习必须形成的重要素养和学校教育的重要目标。

第二节　中学思政学科动机学习的对象和内容

中学思政学科的动机学习是对一门特定教学学科即政治课的学习动机的学习。从动机培养的角度看,它既包括传统意义上的动机培养和激发,也包括维持、强化和更新等环节。从态度学习的角度看,它是对政治课学习态度的学习,和政治课主导态度的学习有密切联系,但并不等同。从课程学习的角度看,政治课动机学习有其独立性,但并不构成独立于课程学习之外的单独学习,它和政治课的其他学习紧密联结、融合在一起,并且只能在这种联结和融合中才能进行和完成自身的学习。

政治课的学习动机是动机学习的对象,其主要构成又形成动机学习的基本内容。基于此,笔者在华东师范大学学科教学(思想政治)专业的教育硕士研究生协助下,以动机分类理论为基本依据,对中学思政学科的学习动机及其类型进行了初步的实证研究(2007)。

研究以问卷调查为基本方法。调查对象为上海市,浙江省绍兴市、海宁市、温岭市,江苏省苏州市、射阳县,河南省郑州市,安徽省固镇县共 11 所中学的初一至高三的学生(随机抽样)。调查共发放 1 500 份问卷,回收有效问卷 1 484 份,有效回收率为98.9%。调查样本的分布情况如下:(1)性别分布,男生 46%,女生 54%;(2)年级分

---

[1] 盛群力,等. 21 世纪教育目标新分类[M]. 杭州:浙江教育出版社,2008:151.

布,初一 1.3%,初二 2.6%,初三 16.6%,高一 17.5%,高二 34.5%,高三 27.5%;
(3)学校分布,全国重点校 1.9%,省市重点校 76.8%,区县重点校 6.9%,一般学校
6.5%,民办学校及其他 7.9%;(4)学校所在地分布,大城市 25.5%,中小城市 37.5%,
市镇 33.1%,农村 3.9%。调查的目的是了解政治课学习动机的基本状况,内容包括
政治课学习的主导动机及其亚型、内部和外部动机及其亚型等。研究的基本假设是:
Ⅰ.政治课学习中存在多种动机;Ⅱ.政治课学习中存在主导动机;Ⅲ.政治课学习中存
在内部动机和外部动机。调查工具为自编问卷。问卷共 36 个问题,分为四个部分。
第一部分为答题者状况,共 4 题。第二部分为政治课主导动机的状况,共 5 题。第三
部分为政治课内部动机的状况,共 14 题。这部分又分为四个小部分:(1)认知学习动
机,共 6 题;(2)态度学习动机,共 6 题;(3)审美学习动机,1 题;(4)主导的内部动机,1
题。第四部分为政治课外部动机的状况,共 13 题。这部分又分为四个小部分:(1)个
人的动机,共 4 题;(2)学校的动机,共 5 题;(3)其他动机,共 3 题;(4)主导的外部动
机,1 题。问卷采用 Cronbach's alpha 系数作为衡量信度的指标,内部一致性信度系
数≥0.5。调查数据由 SPSS 13.0 处理。

通过调查,对中学思政学科的学习动机有了一个基本的了解。本节将在调查的基
础上,对政治课动机学习的对象和内容作一初步的描述和分析。

一、中学思政学科动机学习的对象[1]

调查发现,政治课的学习动机(即动机学习对象)比较复杂,存在多种动机,其中包
括主导动机和辅助动机;在辅助动机中,包括外部动机和内部动机;在外部动机中,包
括源于学生个人和源于他人(团体)的动机;在内部动机中,包括认知学习动机、态度学
习动机和审美学习动机。据此,本书把政治课动机学习的对象大体上分为两类,即主
导动机和辅助动机。

---

[1] 以下讨论可参阅拙文:黄建君.思想政治课学习动机的分类研究[J].思想政治课研究,
2007(6):19—21.

（一）中学思政学科学习的主导动机

政治课学习的主导动机是在学习活动中处于支配地位、发挥主导作用的动机。它对政治课的学习活动具有最强烈和稳定的影响。

1. 中学思政学科学习的主导动机是外部动机

在一定的学习过程中，主导动机一般只有一个，政治课也并不例外。鉴于此，问卷分别以内部和外部动机、直接和间接动机为调查维度（名称衡量等级），以这些动机的基本特征描述（代表）各个动机，即以"外部条件激励""通过政治课达到其他目的"描述（代表）外部动机，"自身需要满足""喜欢政治课"描述（代表）内部动机；以"学习的长远意义"描述（代表）间接（远景）动机，"学习内容、方法、成绩等"描述（代表）直接（近景）动机（调查结果见表6-1、表6-2、表6-3）。

表6-1 政治课学习的主导动机（1）

动机	人数	百分比	置信区间
满足自身需要	531	36.1	33.5—38.5
外部条件激励	940	63.9	61.4—66.4
合计	1 471	100.0	—

表6-2 政治课学习的主导动机（2）

动机	人数	百分比	置信区间
喜欢政治课	328	22.4	19.9—24.9
通过政治课达到其他目的	1 133	77.6	75.0—80.0
合计	1 461	100.0	—

表6-3 政治课学习的主导动机（3）

动机	人数	百分比	置信区间
学习内容、方法、成绩等	632	43.4	40.8—45.8
学习的长远意义	825	56.6	54.1—59.1
合计	1 457	100.0	—

从表 6-1 和表 6-2 看，学习政治课主要由于"外部条件激励"的达 63.9%，"通过政治课达到其他目的"的达 77.6%，而主要因为"满足自身需要"和"喜欢政治课"的则分别为 36.1% 和 22.4%。根据给出的置信区间推断，[1]大约 60%—80% 的学生选择了外部动机，表现出压倒性的优势。从表 6-3 看，学习政治课主要在于"学习的长远意义"的为 56.6%，而主要在于"学习内容、方法、成绩等"的是 43.4%，间接动机对直接动机虽然没有表现出"压倒性优势"，但也高出了 13 个百分点。而根据给出的置信区间推断，至少半数以上的学生倾向于间接动机。由于间接动机是专注于"对学习意义的理解和追求，而不轻易受学习活动本身以及直接结果的影响"，因此，大体上可以视其为具有外部动机的倾向。针对上述调查数据本书又进行了推断检验。即假定政治课没有主导的学习动机，上述各表中的两个（动机）选项呈平均分布，各占 50%，然后用统计推断公式对表中三个（外部动机）选项进行计算（推断检验），[2]获得以下结果：

$$Z = 63.9\% - 50\% / \sqrt{50\% * 50\% / 1\,471} \approx 10.69, （表 6-1）$$

$$Z = 77.6\% - 50\% / \sqrt{50\% * 50\% / 1\,461} \approx 21.23, （表 6-2）$$

$$Z = 56.6\% - 50\% / \sqrt{50\% * 50\% / 1\,457} \approx 5.07。 （表 6-3）$$

检验结果表明，三个（外部动机）选项的 Z 值均大于 1.96，在 95% 的置信度下，差异性显著。由此可以确定，政治课学习的主导动机是外部动机（包括倾向于外部动机的间接动机）。

一般认为，外部动机的作用比较短暂、不稳定，难以对学习行为产生深远而持久的推动作用。有研究者还发现，外部动机和内部动机往往是对立的，外部动机越强烈，内部动机的效果就越弱，这被称为"折扣性原则"。[3]对于政治课来说，外部动机成为学习的主导动机确实会产生一定的不利影响。不过，外部动机并不是一无是处。国内外的很多相关研究证明，外部动机对于激发学生的学习活动和良好行为仍然具有重要

---

[1] 置信区间公式：置信区间 $= p_s \pm Z \sqrt{p_u(1-p_u)/n}$。$p_s$ 为调查项目占调查样本的比例（调查所获），Z 设为 1.96（置信度 95%），n 为样本数，p_u 设定为 0.5。

[2] 统计推断公式：$Z = p^\wedge - p / \sqrt{pq/n}$。$Z$ 代表统计推断的置信度（95% 的置信度，精确值为 1.96）；p 为平均值，$p^\wedge$ 为 p 的估计值（调查所获），$q = 1 - p$；n 为调查样本数。

[3] 郭德俊. 动机心理学：理论与实践[M]. 北京：人民教育出版社，2005：210—213.

意义,其作用不容忽视,而且只要条件适宜还可能转变为内部动机。由此看来,我们既要正视这一事实,而不是回避或者掩饰它,更要进一步深入了解这一主导动机,以便不仅发挥其作用和克服其负作用,而且为其向内部动机转化创造条件。

2. 中学思政学科学习的主导动机是源于学生个人的外部动机

根据外部条件(来源)的不同,问卷把外部学习动机分为源于学生个人和源于他人(团体)两种动机。源于学生个人的动机是指学习的动力源于对学生个人(学习之外)有利因素的兴趣和需要,学习目的在于获得这些因素,分为考试、升学、就业和生活四种动机。源于他人(团体)的动机是指学习的动力源于学生个人之外的诱因,学习目的在于和这些因素保持一致或协调,分为教师、同学、家长、学校和国家五种动机。调查要求学生按主次排出前五位的动机(调查结果见表6-4)。问卷同时又采用顺序衡量等级对学生(考试、升学、就业、日常生活)、学校(教师、同学、课程、校方)、家长、政府和社会等11种外部学习动机进一步展开调查(结果见表6-5、表6-6、表6-7)。在此基础上,本书按百分比和置信区间的数值大小对外部动机进行了排序(结果见表6-8)。

表6-4 政治课外部学习动机的排序指数和等级

动机	排序指数	排序等级
考试	3.097	1
升学	3.093	2
就业	2.116	3
日常生活	1.764	4
国家	1.123	5
家长	1.110	6
教师	0.772	7
学校	0.692	8
其他	0.544	9
同学	0.345	10

表6-5　源于学生个人的外部动机及顺序衡量等级

动机\等级	考试		升学		就业		日常生活	
	人数	百分比	人数	百分比	人数	百分比	人数	百分比
完全是	320	21.9	328	22.5	417	28.9	253	17.3
基本是	738	50.6	711	48.8	570	39.4	506	34.6
很少是	304	20.8	300	20.6	354	24.5	515	35.2
不　是	97	6.7	118	8.1	104	7.2	188	12.9
合　计	1 459	100.0	1 457	100.0	1 445	100.0	1 462	100.0

表6-6　源于学校的外部动机及顺序衡量等级

动机\等级	教师		课程地位		同学		校方	
	人数	百分比	人数	百分比	人数	百分比	人数	百分比
完全是	116	8.1	174	11.9	55	3.8	213	14.6
基本是	327	22.7	292	20.0	128	8.8	401	27.4
很少是	557	38.7	518	35.4	381	26.3	420	28.7
不　是	440	30.5	477	32.7	886	61.1	429	29.3
合　计	1 440	100.0	1 461	100.0	1 450	100.0	1 463	100.0

表6-7　源于家庭、国家、社会的外部动机及顺序衡量等级

动机\等级	家长		政府教育部门		社会风气	
	人数	百分比	人数	百分比	人数	百分比
完全是	94	6.5	226	15.6	297	20.4
基本是	228	15.8	353	24.3	417	28.6
很少是	440	30.6	474	32.6	412	28.3
不　是	679	47.1	401	27.5	331	22.7
合　计	1 441	100.0	1 454	100.0	1 457	100.0

表6-8 政治课外部学习动机的百分比和置信区间排序

动机	百分比	置信区间	排序
考试	72.5	70.0—75.0	1
升学	71.3	68.8—73.8	2
就业	68.3	65.8—70.8	3
日常生活	51.9	49.4—54.4	4
社会风气	49.0	46.5—51.5	5
学校(校方)	42.0	39.5—44.5	6
国家(政府)	39.9	37.4—42.4	7
课程	31.9	29.4—34.4	8
教师	30.8	28.3—33.3	9
家长	22.3	19.8—24.8	10
同学	12.6	10.1—15.1	11

从表6-4看,排在前四位的全部是源于学生个人的外部动机。表6-8进一步证明了这一点。学习政治课主要为了"通过考试"的高达72.5%("完全是"和"基本是"合并计算,下同),"升学"为71.3%,"就业"为68.3%,"日常生活"也达51.9%,而"教师"等七种源于他人(团体)的动机则无一项达到50%。置信区间的推断也得出同样的结论,与排序指数等级的结果基本一致。这就表明政治课学习的主导动机虽然是外部动机,但不是所有的外部动机,而仅仅是源于学生个人的外部动机。

这一结论不仅深化了对政治课学习的主导动机的认识,使这一动机不只是停留在笼统的"外部动机"上,从而为有的放矢地培养学习动机准备了有利条件。更重要的是,为政治课学习的主导动机由外而内地转化提供了现实可能性。动机是一种内化的过程。对于那些缺乏内在兴趣的学习行为来说,首先需要利用外部刺激予以强化,逐渐培养学生对学习活动本身的兴趣,最终达到以内部力量控制学习行为。这是一个由外而内的过程。源于学生个人的学习动机可以是外部动机,如考试动机,但也可以是内部动机,如认知动机。同为"学生个人"的动机,它们之间的联系是十分紧密的。这就为由外而内的转化提供了契机。如果主导动机是源于他人(团体)的外部动机,那转化就要困难得多。这也表明,虽然主导动机是外部动机,却同内部动机十分接近。

3. 中学思政学科学习的主导动机是为了通过考试

表6-4显示,考试动机的排序指数最高,为3.097,排序等级位列第一;表6-8显示,学习政治课主要为了"通过考试"的达72.5%,而其他源于学生个人的外部动机,即"升学""就业"和"日常生活"都低于这一百分比。考试动机的置信区间同样也是最高的,为70%—75%。而通过推断检验,考试动机的Z值为17.30,远大于1.96,在95%的置信度下,差异性十分显著。所有这一切都证明,在学生个人动机中,考试动机是最为重要的动机,据此可以进一步确定它是政治课学习的主导动机。

那么,应该如何看待这一动机以及考试呢?首先,为考试而学习总比为学习之外的其他什么要好,因为考试毕竟是学校学习不可缺少的环节,与学习活动有着一定的直接联系。其次,考试作为外部诱因,在不同的条件下作用是不同的。国外在"折扣性原则"的研究中进一步发现,外部动机对内部动机的影响并非总是削弱作用,当外部奖赏只是传达"你胜任该项工作"这样的信息,而不是力图控制你的行为时,就可以增强内部动机。这就是说,如果我们把"通过考试"看作是一种"外部奖赏"的话,这一"奖赏"应该仅仅让学生感到"我努力就能胜任政治课的学习",而不是觉得考试是在迫使他们学习。显然,这样的考试就不仅可以推动学习,而且能够激发甚至提高内部动机。第三,当学习在完全自觉的状态中发生时,考试就不再是"外部诱因",而成为学习的有机组成部分。在自觉的学习中,考试并不游离于学习之外,而是学习行为的自然延续,是对学习结果的自觉检验;学生源于学习活动、学习内容的兴趣和需要很自然地就会传递到考试上。这样的考试实际上已经成为一种内驱力。因此,我们大可不必为考试动机成为主导动机而过度焦虑,也大可不必取消或弱化政治课的各种必要考试,因为问题的关键不在于要不要考试,而在于应该组织和实施什么样的考试。

(二)中学思政学科学习的辅助动机

政治课学习的辅助动机是在学习活动中处于从属地位、发挥辅助作用的动机。相对主导动机而言,它对学习活动的影响比较弱,也不很稳定。调查发现,政治课学习存在多种辅助动机,它们的作用和影响存在比较大的差别。

1. 中学思政学科学习的辅助动机包括外部和内部动机

根据内部条件(主要是学习对象和内容)的不同,问卷把内部学习动机分为认知学习和态度学习两种基本动机。认知学习动机是指学习的动力源于对(广义)知识的兴趣和需要,学习目的在于获得某种(广义)知识,分为知识、能力、学习方法、认识社会和认识自我等五种动机。态度学习动机是指学习的动力源于对态度的兴趣和需要,学习目的在于形成或改变某种态度,分为理想、信念、意志、情感和行为等五种动机。问卷采用顺序衡量等级对两种内部学习动机展开调查(结果见表6-9和表6-10)。在此基础上,本书对各个内部动机和外部动机(不包括考试动机)的百分比("完全是"和"基本是")、置信区间和Z值进行了统计,并按统计数值大小排序(结果见表6-11)。

表6-9　认知学习动机的分类和顺序衡量等级

动机 等级	知识		能力		学习方法		认识社会		认识自我	
	人数	百分比	人数	百分比	人数	百分比	人数	百分比	人数	百分比
完全是	196	13.4	357	24.4	187	12.8	430	29.1	334	22.8
基本是	600	41.0	540	36.9	437	30.1	511	34.7	513	35.1
很少是	493	33.7	444	30.3	527	36.2	402	27.3	457	31.2
不　是	175	11.9	123	8.4	304	20.9	131	8.9	159	10.9
合　计	1 464	100.0	1 464	100.0	1 455	100.0	1 474	100.0	1 463	100.0

表6-10　态度学习动机的分类和顺序衡量等级

动机 等级	理想		信念		意志		情感		行为	
	人数	百分比	人数	百分比	人数	百分比	人数	百分比	人数	百分比
完全是	352	24.1	344	23.4	114	7.9	142	9.8	287	19.7
基本是	529	36.2	550	37.4	739	51.2	769	53.3	470	32.2
很少是	442	30.3	434	29.6	434	30.0	385	26.7	506	34.6
不　是	138	9.4	141	9.6	158	10.9	148	10.2	198	13.5
合　计	1 461	100.0	1 469	100.0	1 445	100.0	1 444	100.0	1 461	100.0

表 6-11 政治课学习的辅助动机分类和排序

动机	百分比	置信区间	Z值	排序
升学	71.3	68.8—73.8	16.38	1
就业	68.3	65.8—70.8	14.07	2
认识社会	63.8	61.3—66.3	10.61	3
情感	63.1	60.6—65.6	10.07	4
能力	61.3	58.8—63.8	8.69	5
信念	60.8	58.3—63.3	8.30	6
理想	60.3	57.8—62.8	7.92	7
意志	59.1	56.6—61.6	7.00	8
认识自我	57.9	55.4—60.4	6.07	9
知识	54.4	51.9—56.9	3.38	10
日常生活	51.9	49.4—54.4	1.46	11
行为	51.9	49.4—54.4	1.46	11
社会风气	49.0	46.5—51.5	-0.76	13
学习方法	42.9	40.4—45.4	-5.46	14
学校(校方)	42.0	39.5—44.5	-6.15	15
国家(政府)	39.9	37.4—42.4	-7.76	16
课程	31.9	29.4—34.4	-13.92	17
教师	30.8	28.3—33.3	-14.76	18
家长	22.3	19.8—24.8	-21.30	19
同学	12.6	10.1—15.1	-28.76	20

根据以上调查可以发现:首先,政治课学习的辅助动机包括外部和内部动机,具有多样化的特点。表 6-11 显示,在 20 种学习动机中,从百分比看,占比 50% 以上的有 12 种动机;从置信区间看,区间下限为 50% 以上的有十种动机;从推断检验的 Z 值看,大于 1.96 的也有十种动机。综合起来看,前十种动机基本上构成了政治课学习的主要辅助动机,它们包括八种内部动机和两种外部动机。内部动机又包括了四种认知学习动机和四种态度学习动机,外部动机则包括源于学生个人的两种动机。后十种动

机在统计学意义上则难以认定为辅助动机,但也不能绝对排除在外。它们可能是影响比较微弱,作用不很明显的潜在的辅助动机。此外,学习动机中还包括"其他动机"(见表6-4)和审美动机。

其次,辅助动机之间的关系错综复杂,它们相互影响、渗透交融,并且交织在一起发生作用。在前十种动机中,内部动机占了八种,数量上具有压倒优势。但是,在排序上,外部动机却占据了第一、二位,而且占比都高达2/3(百分比和置信区间),内部动机则无一达到这一比例。这表明在影响和作用上,外部动机与内部动机呈胶着状态,难分伯仲。这一点在认知学习动机和态度学习动机的关系中也有表现,两种动机几乎呈现出交替上升、"你方唱罢我登场"的态势。即使在后十种动机中,这种情况也仍然延续着。

再次,政治课学习基本的辅助动机是源于学生个人的动机。排在前12位的动机虽然既有内部动机,也有外部动机,但全都和学生个人有着密切联系。"升学""就业"和"日常生活"显然都直接联结着学生个人生活,而内部动机实际上都是源于学生个人的动机,因为它们是学生个人内在需要和兴趣的集中体现。而后八位的动机,除了"学习方法"之外,都属于源于他人(团体)的动机。

2. 中学思政学科学习的外部辅助动机

如前所述,外部动机可以分为12种(见表6-4和表6-8),除了考试动机为主导动机外,外部辅助动机共计11种(包括"其他"动机)。这些动机中,达到95%置信度的很少,通过推断检验,具有普遍影响力的动机只有两个,即"学习政治课主要为了升学"(升学动机)和"学习政治课对就业有帮助"(就业动机)(见表6-11)。这两个动机的影响很大,超过了所有的内部动机,排在全部辅助动机的前两位。它们和主导动机同为外部动机,相互关系也比较密切。考试动机的占比是72.5%,而升学动机为71.3%,就业动机为68.3%,十分接近。置信区间也同样如此。事实上,考试就是为了升学和就业(以毕业为前提),而升学和就业又必须通过考试。彼此间相互影响、紧密联结。由此甚至可以说,这两个辅助动机完全有可能上升或者轮流成为主导动机。但是,它们与考试动机毕竟有所不同,考试和学习直接相连,而升学、就业和学习的关系就比较疏远了。如果说考试是属于"内外兼修",那升学和就业就只是单练"外功"了。这样的动机越强烈,恐怕离政治课的初衷就越远。

其余九种外部动机都没有达到95％的置信度，属于"潜在"的辅助动机。其中，又可以分为三类。第一类动机的百分比和置信区间在50％左右，对学习有影响，只是不太明显，已经是现实而非"潜在"的辅助动机了（约有1/2的学生具有），也可以称为"主要的候补辅助动机"。生活动机即"学习政治课对日常生活有帮助"和社会动机即"社会风气对学习政治课有影响"就属于这类动机。第二类动机的百分比和置信区间在30％以上（或接近），影响比较小、作用不明显，是比较典型的"潜在"辅助动机（约有1/3的学生具有）。"学校""国家""课程""教师"都属于这类动机。第三类动机的百分比和置信区间在30％以下，影响很小、作用也不明显，基本可以忽略不计。"家长""同学"和"其他"动机皆属于此类。

3. 中学思政学科学习的内部辅助动机

如前所述，内部动机可以分为十种（见表6-9和表6-10）。这些动机中，达到95％置信度的有八种，认知学习动机和态度学习动机各占四种（见表6-11）。从总体上看，内部辅助动机的影响和作用举足轻重。问卷采用名称衡量等级对两类内部动机进一步调查（结果见表6-12），发现在百分比、置信区间和Z值诸方面，态度学习动机都是领先的。这表明态度学习动机更为重要，是政治课学习的主要内部辅助动机。

表6-12　政治课学习的内部辅助动机

动机	人数	百分比	置信区间	Z值
认知学习	352	24.2	21.7—26.7	-7.58
态度学习	812	55.8	53.3—58.3	18.75
其他	292	20.0	17.5—22.5	-11.08
合计	1 456	100.0	—	—

但是，如果具体到每一种动机的影响和作用上，情况就比较复杂。表6-11显示，属于认知学习动机的分列第3、5、9、10位，分别为"增强了解社会的兴趣"（认识社会动机）"增强自己的能力"（能力动机）"对认识自我有帮助"（认识自我动机）和"对政治课的知识有兴趣"（知识动机）；属于态度学习动机的分列4、6、7、8位，分别为"促使自己的心理有所成熟"（情感动机）"有助于树立人生信念"（信念动机）"有助于形成人生理想"（理想动机）和"使自己的意志比以前坚强"（意志动机）。显而易见，两类动机

的位置交错排列,它们是交织在一起发生影响和作用的。这表明认知动机和态度动机的关系十分密切,就如同认知学习和态度学习不能截然分开一样。此外,"认识社会"名列前茅也进一步证明认知和态度动机的密切关系,因为社会认知不同于一般认知,包含有强烈的情感态度价值观因素。因此,认知动机绝不可小觑,要予以充分注意。

从表6-11的排序看,认知学习动机中,"认识社会"排第一,"增强能力""认识自我"紧随其后,表现出较强的实际应用价值倾向,表明学生更关注学习的实用性和操作性;而态度学习动机中,"心理成熟"排在首位,同样表明与实践联系的紧密性。如果考虑到态度学习的应用性没有认知学习那样明确,那么,两类学习动机其实都表现出比较强烈的实用性倾向。也就是说,无论态度学习,还是认知学习,学生都追求学习的实际应用价值。

有两种内部动机没有达到95%的置信度,属于"潜在"的辅助动机。其中"有助于形成良好的行为习惯"(行为动机)也是"主要的候补辅助动机";而"有助于改善学习方法"(方法动机)则属于"典型的潜在辅助动机"。另外,审美动机也是一种潜在的内部辅助动机(见表6-13、表6-14)。这些动机具有潜在的学习动力,也不能忽视。

表6-13　政治课学习的审美表现的顺序衡量等级

审美 等级	保持热情		产生愉悦	
	人数	百分比	人数	百分比
完全是	117	7.9	152	10.4
基本是	735	49.6	617	42.1
很少是	489	33.0	515	35.1
不　是	141	9.5	183	12.4
合　计	1 482	100.0	1 467	100.0

表6-14　政治课学习的审美表现状况

审美表现	人数	百分比	置信区间	Z值
保持热情	952	57.5	55.0—60.0	5.76
产生愉悦	769	52.5	50.0—55.0	1.92

(三) 中学思政学科学习动机的特点

中学思政学科动机学习的对象是一个由主导动机(考试动机)和十种辅助动机(外部动机+内部动机)组成的动机系统(见图6-1)。根据上述调查分析,作为动机学习的对象,这个系统表现出以下特点:

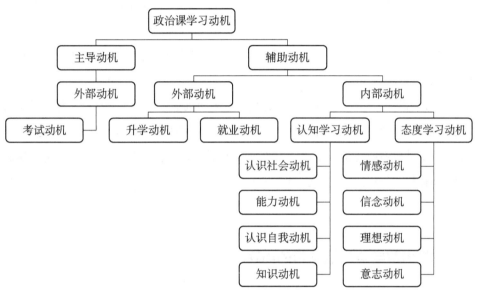

图6-1 政治课学习动机分类

第一,个人性。无论是主导动机,还是辅助动机,都是源于学生个人的动机,都和学生个人有着密切联系,直接联结着学生的个人生活,集中体现出学生个人的需要、兴趣和期待。这就是说,学生是为个人为自己而学习。为自己学习不同于为他人学习,通常和内部动机有着更紧密的联系,从而使学习持久、稳定和有效地发生。但是,仅仅为个人学习心胸就难免狭窄,眼光也更易短浅,这往往导致学习的不稳定、难持久和无效"发生"。

第二,外在性。动机系统中的前三位动机:考试动机(主导动机)、升学动机和就业动机(辅助动机)都是外部动机,表现出明显的外在性。这表明政治课学习的主要动力源是外在诱因,主要动机是外部动机。外部动机见效快,但持续时间短,而且过于功利性,所激发的学习活动往往比较被动。但是,外部动机又是"动机内化的前提和条件",[1]政治课的学习需要和兴趣大多不是天生的,而是通过各种外部强化逐渐转化(内化)的。也就是说,外部动机往往是内部动机必不可少的铺垫和准备。

第三,实用性。如前所述,内部辅助动机中,认识和态度学习动机都表现出一定的实用倾向。而位列前三的外部动机,其实用性要求就更为明显。学以致用本无可厚非,追求学习结果的应用性,力图把所学知识和态度同实际相结合,这与政治课的性质、目标十分吻合,应该肯定。但是,如果过于专注实际效用,特别是又以外部的、直接的、近景式的动机形式表现出来时,就需要警惕其中的急功近利,以避免短期学习行为造成的适得其反。

学习动机的上述特点表明,中学思政学科的动机学习对象十分复杂。每一种动机单独看似乎简单明了,但结合在一起,不但都有各自不同的利弊,而且交叉渗透、多重繁复,整个动机系统充满了矛盾。因此,对于政治课的动机学习对象,必须坚持从实际出发,坚持辩证分析,择优持之,择劣抑之,知不足而补之。

二、中学思政学科动机学习的内容

动机学习的内容是围绕着对象展开的。虽然对象系统包含多种学习动机,但动机的主要构成因素始终是学习的基本内容,因此,政治课动机学习的内容,就是政治课特有的学习需要、学习兴趣和学习期待。这也可以理解为就是传统意义上的"培养和激发学习动机"的基本内容。

(一) 中学思政学科的学习需要

1. 学习需要的内涵

需要是一种"失衡状态"。有研究指出,"需要的产生取决于两种情况:一是有机

---

[1] 郭德俊.动机心理学:理论与实践[M].北京:人民教育出版社,2005:210.

体感到缺乏些什么，有不足之感；另一种情况是有机体期望得到些什么，有求足之感。"[1]无论哪种情况，其实都表明"失衡"了，或者说有了"差距"，因此"需要是现实与期望之间的差距所引起的，是'是什么'和'应该是什么'之间的差距"。[2]从这个角度看，学习需要就是"学习者目前水平与期望达到的水平之间的差距"，或者"学生目前的学习状况与期望他们达到的学习状况之间的差距"（"学习者的学习水平"或"学生的学习状况"是指学生多方面的素质）。[3]也有研究者把学习需要形象地称作"推力"，"是发自个体内心的学习愿望和需求"。[4]原始的学习需要是人的生物本能，人类的基本需要之一，而本书所讨论的学习需要则是指人的社会性需要，是后天形成的。

政治课的学习需要也是一种后天形成的社会性需要。它表现了学生已经达到的政治课学习状况和期望达到的学习状况之间的差距。所谓"政治课学习状况"是指学生通过政治课学习形成或应该形成的认知、态度和审美等综合素养；所谓"差距"就是已有和应有"素养"之间的差距状态。这种"素养差距"可能是"缺失"（不足之感）引起，也可能是"期望"（求足之感）引起，亦可能兼而有之。无论什么原因，都必须是学生意识到的"差距"，也就是要视其为政治课学习的"推力"，只有这样才能成为真实的学习需要。

2. 学习需要的构成

根据前述的相关理论，本书认为，政治课的学习需要同样由三部分组成。

（1）认知需要（认知内驱力）

奥苏伯尔认为，这是以获得知识、解决问题为目的的内驱力。[5]冯忠良等则指出："认知需要即获取知识的需要。它直接指向知识本身，并以接受刺激获得知识为满足。"[6]政治课学习的认知需要指向的是社会科学知识，具有社会认知的特殊性。它总是和情感、态度、价值观结合在一起，和社会实践与现实生活联系得更为紧密。从调

[1] 郭德俊. 动机心理学：理论与实践[M]. 北京：人民教育出版社，2005：59—60.
[2] 杨心德，徐钟庚. 教学设计中的任务分析[M]. 杭州：浙江大学出版社，2008：21.
[3] 杨心德，徐钟庚. 教学设计中的任务分析[M]. 杭州：浙江大学出版社，2008：21—22.
[4] 冯忠良，等. 教育心理学[M]. 北京：人民教育出版社，2000：219.
[5] 顾明远. 教育大辞典·教育心理学分卷[Z]. 上海：上海教育出版社，1990：327.
[6] 冯忠良，冯姬. 教学新论——结构化与定向化教学心理学原理[M]. 北京：北京师范大学出版社，2011：236.

查看,这种认知需要更关心对社会和自我的认识,也就是更注重程序性知识,而对"知识"(陈述性知识)则不太看重(见表6-11)。这也可以理解为,认知需要把"解决问题"放在更重要的位置上。由此看来,在政治课学习中,如果求知欲还是核心的话,那也不是一般地满足于搞清楚"是什么",而是更关注"为什么"和"怎么办"。认知需要是构成内部动机的基本因素。

(2) 自我提高需要(自我增强内驱力)

奥苏伯尔认为,这是个人通过自己胜任能力和工作成就的提高来赢得相应地位与自尊心的内驱力。[1]冯忠良等则指出:"自我提高需要指由学业成就获得地位和威望的需要。(它)不直接指向知识本身……指向在当前学校学习中取得成就,以及直接依赖于这种成就的未来学术和职业方面的地位或声誉。"[2]也就是说,它既指向学业成就,也指向未来的发展(学术或职业目标等),但前者仅是手段,后者才是目的。政治课学习的自我提高需要同样既指向学业成就,也指向未来发展,但是这种双重指向间的联系却不是十分清晰,手段和目的的关系往往不明显或不明确。这是由于政治课学业成就在整个学科学习中的重要性占比比较低,对未来发展的影响也就比较弱,因此,政治课的学业成就往往会转变成自身的目的,学业成就往往不是为了未来发展,而是就为了学业成就自身。从调查看,前三位学习动机(主导动机和外部辅助动机)中都包含和集中体现出这种需要(见表6-11),表明自我提高需要在政治课学习动机的构成中十分重要,而考试动机成为主导动机也在一定程度上显露出手段变目的的倾向。自我提高需要的作用比较复杂,主要是外部动机的构成因素,但对内部动机也有一定影响。

(3) 交往需要(附属内驱力)

奥苏伯尔认为,这是以获得长者或集体的赞许或接纳为目的的内驱力。[3]这种需要也把学业成就作为手段,但目标不再是未来的个人发展,而是当下的个人地位(权威或集体的认可)。从调查看,政治课学习动机中虽然有这一构成因素,但影响很小

---

[1] 顾明远. 教育大辞典·教育心理学分卷[Z]. 上海:上海教育出版社,1990:327.

[2] 冯忠良,冯姬. 教学新论——结构化与定向化教学心理学原理[M]. 北京:北京师范大学出版社,2011:237.

[3] 冯忠良,冯姬. 教学新论——结构化与定向化教学心理学原理[M]. 北京:北京师范大学出版社,2011:236—237.

（见表 6 - 11）。

（二）中学思政学科的学习兴趣

1. 学习兴趣的内涵

兴趣是一种具有强烈探究性特征的个性心理倾向，而学习兴趣则为"个体积极探究学习对象或进行学习活动的倾向"，因此，政治课的学习兴趣就是学生积极探究政治课学习内容或积极参与政治课学习活动的个性倾向。

这种倾向同样以需要为基础，学生只有对政治课产生学习需要，才会进而发生兴趣。也就是说，在"缺失状态"下，在意识到的"素养差距"上，学习兴趣才会产生发展起来。政治课的学习兴趣不仅仅是"好奇心"，而是探索填补或缩短"差距"的社会性兴趣。正因为如此，"需要的对象也就是兴趣的对象"，[1]学习兴趣和学习需要的指向是一致的。

作为社会性兴趣，政治课学习兴趣主要表现为认识兴趣，也就是对社会事物、现象和活动的探究性认识的兴趣。这种兴趣以认知需要为基础，一方面对程序性社会知识更青睐，而比较轻视陈述性的社会知识（参见表 6 - 11）；另一方面，与情感紧密联系，认知和情感混合在一起，甚至情感超越、代替认知，表现出社会认知的特点（参见表 6 - 12）。

2. 学习兴趣的构成

政治课的学习兴趣包括直接兴趣和间接兴趣。

（1）直接兴趣

"对学习的直接兴趣则是指对学习内容本身有一种积极的注意倾向，同时还伴随着一种积极的情绪状态。"[2]或者，"直接兴趣是指对活动过程本身的兴趣。例如，对学习过程本身的兴趣……"。[3]从调查看，学生对政治课本身的兴趣并不大（见表6 - 2）。在学习内容和学习过程这两个方面，学生似乎对学习内容更有兴趣，"认识社会""认识自我"排在前列可以证明（参见表 6 - 11）。这与学生的社会认知倾向有密切联系，也与认知需要密不可分。而学生对政治课学习过程的兴趣似乎并不明显，"积极

---

[1] 叶奕乾，孔克勤. 个性心理学[M]. 上海：华东师范大学出版社，1993：85.

[2] 吴棠棣，李伯黍，吴福元. 心理学[M]. 北京：人民教育出版社，1980：139.

[3] 叶奕乾，孔克勤. 个性心理学[M]. 上海：华东师范大学出版社，1993：87.

的情绪状态"虽然有所表现,但并不占很大优势(见表 6-13、表 6-14)。由此,似乎透露出政治课直接兴趣的一种矛盾性:对政治课(某些)学习内容有兴趣,却没有演变为对学科的兴趣。

(2) 间接兴趣

间接兴趣是"对活动的目的或结果的兴趣",[1]它不是对学习本身的兴趣,而是对学习结果的工具性价值的兴趣。从调查看,政治课学习的这种兴趣涉及的对象面很广,但主要是与自我提高需要相联系的(参见表 6-11),是一种"自我提高"的兴趣。"自我提高"虽然并不是指政治课学习方面的提高,但首先总是要以政治课学业成就的提高为前提,才能进而"提高"学习之外的各个方面,从而实现"自我提高"。在这一过程中,学生需要努力钻研,真正发生学习,而这样的话,久而久之,学生对学业成就的间接兴趣就有可能转变为对学业的直接兴趣。

(三) 中学思政学科的学习期待

学习期待一般是指对学习结果的期待,但是,班杜拉指出,结果期待之外还存在着另一种期待——自我效能感,"自我效能的判断,有别于对反应—结果的预期"。[2]这两种期待互相影响,共同构成学习动机,因此,本书所讨论的学习期待包含结果和效能两种期待。

1. 学习结果期待

"期待(expectancy)也称之为期望、预期。它是个体对自己或他人的行为结果的某种预测性认知。"[3]学习期待则是"个体基于过去经验和当前刺激而对未来学习结果的预料或预想",[4]它是"学习者对学习活动所要达到的目标的意念······学习期待是学习目标在主体头脑中的反映"。[5] 这就是说,学习期待首先是对结果的期待,而结

---

[1] 李伯黍,燕国材. 教育心理学[M]. 上海:华东师范大学出版社,1993:266.
[2] [美]A. 班杜拉. 思想和行动的社会基础——社会认知论[M]. 林颖,等,译. 上海:华东师范大学出版社,2001:553.
[3] 郭德俊. 动机心理学:理论与实践[M]. 北京:人民教育出版社,2005:93.
[4] 皮连生. 学与教的心理学[M]. 上海:华东师范大学出版社,2009:285.
[5] 冯忠良,冯姬. 教学新论——结构化与定向化教学心理学原理[M]. 北京:北京师范大学出版社,2011:238.

果期待其实也是对目标(实现)的期待,因为学习目标是预想的结果,而学习结果则是实现的目标,学习期待联结着学习结果和学习目标,是对结果和目标的双重期待。正因为如此,学习期待对学习目标的确定和实现具有很大影响。加涅在论述学习过程时特别讨论了预期及其作用,认为预期包含在学习过程之中,其对于目标的实现有很大作用。他指出:"预期是另一亚类的执行控制过程。它们表现为学习者达到其学习目标的具体动机。……预期是一种连续性的定势,它指向目标的完成,使学习者选择每一加工阶段的输出。""换句话讲,所有这些内部过程都是对'头脑中已有的'目标的应答,这便是预期。"[1]学习期待和学习需要也有密切的联系。"那些能够满足主体学习需要并使主体感到可以达到的目标,形成学习期待",[2]离开学习需要也就无所谓学习期待了。

政治课的学习结果期待可以分为直接结果期待和间接结果期待。直接结果期待是对政治课学习活动产生的直接结果的预期,它指向学习本身,例如对习得某种经济知识的期待等。它与认知需要、直接兴趣有着更为紧密的联系。间接结果期待则是对政治课学习活动产生的间接结果的预期,它指向学习以外的事物和活动,例如对获得好成绩、顺利升学的期待等。它与自我提高需要、间接兴趣的联系更为紧密。从调查看,政治课学习动机中,间接结果期待的影响更为明显,占据主要地位(参见表6-11)。

2. 学习效能期待

自我效能感也称为自我有效感或功效期待、有效性期待等,它被定义为:"人们对自身完成既定行为目标所需的行动过程的组织和执行能力的判断。"[3]这种"判断"也是一种"预测性认知",是对实现既定目标所需行为能力的预判。学习效能期待就是学习活动中的自我效能感,"它是学生对成功地产生相应的学习结果所需行为的期待"。[4]班杜拉明确区分了效能期待和结果期待,认为"效能判断和结果判断是不同

　　[1]〔美〕R. M. 加涅. 学习的条件和教学论[M]. 皮连生,等,译. 上海:华东师范大学出版社,1999:76—77.
　　[2]冯忠良,冯姬. 教学新论——结构化与定向化教学心理学原理[M]. 北京:北京师范大学出版社,2011:238.
　　[3]〔美〕A. 班杜拉. 思想和行动的社会基础——社会认知论[M]. 林颖,等,译. 上海:华东师范大学出版社,2001:552.
　　[4]杨心德,徐钟庚. 教学设计中的任务分析[M]. 杭州:浙江大学出版社,2008:106.

的","自我效能感是个人对自己是否具备达到某一行为水平的能力的评判,而结果预期是对这种行为可能带来的结果的判断"。[1] 这种"行为能力评判"显然不同于"行为结果判断",是对行为本身的期待。班杜拉还进一步指出:"结果是行动的后果而不是行动本身","个体知道某种行为进程会带来某种结果,但是他们却不能按照设想的结果来行动,因为他们不敢确定自己是否真正有能力去实施必要的行动","大多数的结果依随着行动……人们期望得到的各种结果,在很大程度上依赖于他们对自己在既定情境中行为水平的判断"。[2] 这就是说,两种期待不仅不能混淆,而且也不能割裂。光有结果期待(学习目标)是不够的,还需要具备恰当的效能期待,只有两种期待融合在一起才能使学习有效开展起来。

在班杜拉的定义中,自我效能感包括两种构成:学习的"组织能力判断"和"执行能力判断"。组织能力判断是对各种学习行为(要素)进行选择和组合,以实现期望结果的能力的判断。正如班杜拉所言:"效能是一种生成能力,它将认知、社会、行为子技能组织成整合的行动过程,服务于多种目的。"[3] 组织能力判断注重的是对"活动准备"的预判,也就是对自己的学习生成能力的期待。执行能力判断则是对已经确定(经过选择和组合)的学习行为实施的能力的判断。也如班杜拉所言:"它与一个人拥有的技能无关,但与人们对所拥有的能力能够干什么的判断有关系。"[4] 执行能力判断更注重对"活动落实"的预判,是对自己的学习行动能力的期待。

效能期待是对有效行为的期待,而有效行为总是和行为结果相联系,因此,政治课的学习效能期待也就可以分为指向直接结果和指向间接结果的两种效能期待。前者是对成功地产生政治课直接的学习结果所需行为的期待(直接效能期待),后者则是对成功地产生政治课间接的学习结果所需行为的期待(间接效能期待)。直接效能期待关心的是政治课学习本身,是学习是否有效,说白了就是能不能学会政治课的内容。

[1] [美]A. 班杜拉. 思想和行动的社会基础——社会认知论[M]. 林颖,等,译. 上海:华东师范大学出版社,2001:553.
[2] [美]A. 班杜拉. 思想和行动的社会基础——社会认知论[M]. 林颖,等,译. 上海:华东师范大学出版社,2001:553—554.
[3] [美]A. 班杜拉. 思想和行动的社会基础——社会认知论[M]. 林颖,等,译. 上海:华东师范大学出版社,2001:552.
[4] [美]A. 班杜拉. 思想和行动的社会基础——社会认知论[M]. 林颖,等,译. 上海:华东师范大学出版社,2001:553.

这种期待专注于产生直接结果的学习行为,注意力集中,聚焦明确,相对比较单纯。因此,其组织和执行效能期待(构成要素)也同样比较明确和单纯,集中指向学习行为,是对学习准备和学习落实活动有效性的预判。间接效能期待关心的对象则不仅涉及学习,而且涉及学习之外的内容。也就是说,这种期待并不专注于学习行为,而是也关注非学习行为,往往兼顾多种行为效能,关心的对象分散且模糊,相对比较复杂。这是因为政治课学习的间接结果通常不是单一的,而且达成这些结果也不仅仅依赖学习,甚至主要不在于学习行为的有效性。

三、中学思政学科考试动机学习的内容分析

如前所述,政治课动机学习的对象是一个动机系统,涉及多种动机,每一动机的构成又随动机性质、学习情境等主客观条件不同而有所变化,因此,动机学习的内容不是千篇一律的。这就需要对学习对象(动机)的内容(构成)作具体分析。

考试动机是政治课学习的主导动机,动机学习一般都是以主导动机为主要对象的。本书试对这一动机的构成,也就是该动机学习的内容(即学习需要、兴趣和期待)作一具体分析,以期能举一反三,进一步明确政治课动机学习的内容。考试动机一般是指个体以“通过考试”为目标进行学习活动的内在心理过程或内部动力。但是,“通过考试”并不是考试动机的最终(根本)目标,其根本目标是考试通过对考试者发展(如升学、毕业等)的具体影响,考试只是实现这些目标的手段。这就是说,考试动机具有双重目标,考试通过是为了未来发展(自我提高)。正因为如此,考试动机学习的内容也就比较复杂。

(一) 学习需要分析

要培养学生的考试动机(即进行考试动机学习),首先和主要培养(学习)的就是学习需要。考试动机中的学习需要集中表现为“考试需要”,即学生意识到的自己考试前和考试通过后的状况差距。这里的“状况差距”主要不是指学习状况的差距,而是指学习之外状况的差距。就是说,这不是学生通过政治课学习(包括考试)形成的自身已有和应有“学科素养”间的差距,而是和政治课学习关系不大但和考试关系密切的学生目

前状况和未来发展的差距。例如,考试通过与否对毕业的不同影响。这种"差距意识"就使学生产生"考试需要",从而拉动(外力)甚至推动(内力)学生学习。

考试需要同样包含三种具体构成,但它们的地位和影响有一定的变化。首先,认知需要虽然包含其中但已不是考试需要的主要构成,也不是考试动机学习(培养)的主要内容。学生追求"通过考试"主要不是出于认知需要,即不是为了获得政治课的知识和技能,而是为了认知乃至学习之外的目标。这个目标直指考试通过后有利于学生发展的实际条件(状态),具有较强的现实功利性。认知需要和这种功利性的联系比较间接,因此,对于考试动机学习而言,认知需要显得既不迫切也不重要,即使没有满足认知需要,实现考试需要的目标也不会受很大影响。不过,考试毕竟是学习不可缺少的环节,与学习活动有直接联系,要"通过考试"没有一定的认知努力是不可能实现的。基于此,考试需要又并不完全排除认知需要。

其次,自我提高需要成为考试需要的核心构成,也是考试动机学习(培养)的主要内容。学生希望"通过考试"能够为自己的未来发展创造有利条件,从而实现"自我提高"。这种需要不直接指向知识本身,而是指向依赖于当下学习成就(考试结果)的未来发展可能性。由此可见,自我提高需要和考试需要的指向基本上是一致的,"考试"是为了"自我提高",而"自我提高"必须借助"考试",两者紧密结合,相互影响,趋向于融为一体。因此,考试动机的核心就是自我提高需要,学习的内容当然也就"舍我其谁"了。但是,正如前述,政治课学业成就的影响在各学科中相对比较弱,考试(手段)对于学生未来发展(目的)的影响并不清晰明确,于是"政治课的学业成就往往会转变成自身的目的,学业成就往往不是为了未来发展,而是就为了学业成就自身"。在这种情况下,政治课的考试就会变成"为考试而考试",自我提高需要也就成了空中楼阁,或者转变为交往需要了。

第三,交往需要显然不是考试需要的主要构成和学习的主要内容,但这种需要既和自我提高需要关系密切,又与认知需要有着一定的联系,因此,交往需要仍然是考试动机学习的内容之一,不能完全屏蔽它。

(二) 学习兴趣分析

学习兴趣以学习需要为基础,两者的指向基本是一致的。考试动机中的学习兴趣表现为建立在考试需要基础上的"考试兴趣"。这种兴趣如同考试需要主要不是对考试本身的需要,而是对考试通过之后产生的各种结果的需要一样,主要也不是对考试的兴趣,而是对考试通过后结果的兴趣。考试需要和考试兴趣的对象是一致的。

考试兴趣同样不仅是"好奇心",而是一种社会性兴趣。兴趣指向的是学习之外的状况,是对考试前后这种状况间的"差距"及其改善结果的兴趣。由于兴趣对象超出学校学习的范围,涉及社会的很多方面,因此"社会性"变得更强了。但是,这种社会性兴趣主要表现为情感兴趣,而不是认识兴趣。情感兴趣是由考试需要引起的情绪反映,是考试需要的延伸。它是对"通过考试"后产生的各种有利于个人发展结果的积极的态度体验,表现出对考试结果的向往、热情和情感超越甚至代替认知的鲜明倾向。

考试兴趣属于间接兴趣。首先,它不是对学习本身的兴趣,即不是对学习内容和学习过程的兴趣。其次,它也不是对考试本身的兴趣,即不是对考试内容和考试过程的兴趣。它是对学习和考试结果的工具性价值的兴趣。工具性价值主要和自我提高需要相联系,以其为基础,因此,考试兴趣其实是一种"自我提高"的兴趣。

自我提高兴趣虽然并不是对学习和考试本身的兴趣,但总要以学习和考试为前提,也就是总要对学习和考试给予一定的关注,付出一定的时间和精力。这就有可能产生对学习和考试的直接兴趣。因此,考试动机以间接兴趣为主,也包含着一定的直接兴趣。

(三) 学习期待分析

考试动机中的学习期待也包括结果期待和效能期待,表现为"考试结果期待"和"考试效能期待"。考试结果期待就是对政治课考试结果的期待,包括考试的直接和间接结果的期待。直接结果期待是对考试直接结果(如考试成绩)的预期,它指向考试本身,也指向学习,与学习动机的认知需要和直接兴趣的联系比较紧密。间接结果期待则是对考试产生的间接结果的预期,它指向考试和学习以外的事物和活动(如毕业、升学等),与学习动机的自我提高需要和间接兴趣的联系更为紧密。

考试结果期待主要表现为间接结果期待,因为间接结果期待所指向的正是考试动机的根本目标,而直接结果期待指向的仅仅是作为"手段"的目标。当然,直接结果也很重要,没有这一目标的实现,考试动机的根本目标也实现不了。

考试效能期待是考试活动中的自我效能感,是学生对成功地产生政治课考试结果所需行为的期待。这也包括指向考试直接结果和间接结果的两种效能期待。前者是对成功地产生政治课考试的直接结果所需行为的期待(直接效能期待),后者则是对成功地产生政治课考试的间接结果所需行为的期待(间接效能期待)。直接效能期待关心的是政治课考试本身,是考试是否考好了。间接效能期待关心的对象则不仅涉及考试,而且涉及考试之外的内容。它并不专注于考试行为,而是也关注非考试行为,往往兼顾多种相关行为的效能。

考试效能期待主要表现为直接效能期待。虽然考试动机最终指向的是考试的间接结果,但实现间接结果的行为远比实现直接结果的行为复杂,对其的预期也困难得多,因此,直接效能期待一般成为学生首选的期待。这种期待专注于产生有效直接结果的考试行为,聚焦考试的个人组织和执行效能期待,集中对学习准备和学习落实活动有效性作出预判。同时,它又和间接结果期待结合在一起,共同指向考试动机的根本目标,促使考试及其相关活动有效展开。

综上所述,考试动机学习(培养考试动机)的内容,包括考试需要、考试兴趣和考试期待三个方面。其中,自我提高需要是核心,并且延展出"自我提高"的兴趣和期待,以此形成学习的主要内容。同时,认知需要始终存在,并且和直接兴趣、直接期待结合在一起,形成学习的次要内容。此外,自我提高需要在一定条件下向单纯"考试需要"或者交往需要转化,也会构成一定的学习内容。由此可知,考试动机的学习(培养)主要在于拉力(外部诱因)的获得,同时也包括一定的推力(内部动因)的唤醒。这里需要特别指出的是,考试动机虽然属于外部动机,但毕竟是学习的有机组成部分,而且又是"源于学生个人"的动机,具有"内源性"。因此,在自觉学习的条件下,考试不仅可以由外而内地转化动机属性,而且更有可能回归本位,成为真正的学习内驱力。

第三节　中学思政学科动机学习的策略

动机学习是一个由内而外、持续不断,贯穿整个学科学习,漫涵全部动机构成的养成过程。动机学习策略首先具有综合性,它不是只针对某一方面,而是对各个方面综合地起作用;其次又具有连续性,它不是只针对某一环节,而是对各个环节连续地起作用;最后它还具有养成性,它不是立足于外部、由外而内地获取,而是发萌内心、由内而外地生成,虽然需要外部条件,但归根结蒂是通过内心起作用。因此,在需要、兴趣和期待的学习(培养)中,策略之间并不是壁垒森严,界限分明,它们往往是相互跨越、交叉和渗透,甚至身兼数职,具有多种学习动力培养功能。

　　动机的培养、激发、维持、强化和更新就是动机学习的过程,因此,动机学习的策略也就包括培养、激发、维持、强化和更新动机的策略。在心理学发展史上,各种动机理论针对学习动机的培养从各自的理论角度提出了不同的策略和方法(条件和过程)。主要有强化理论、自我实现理论、成就动机理论、归因理论、成就目标理论、自我效能感理论、自我价值理论和自我决定理论等。这些理论(包括策略和方法)内容基本涉及了动机的培养和激发(包括维持、强化和转化)。但是,"就目前来看,没有一种理论能够完全解释学习动机的激发与维持,需要我们对多种理论进行综合"。[1]美国心理学家凯勒(J. M. Keller)的 ARCS 动机设计模型[2]和美国心理学家艾姆斯(C. Ames)等人的 TARGET 教学模式[3]是综合成果方面的代表。而乔纳森更是从情意品质(动机)这一学习结果的目标出发,具体而微地提出了与之适配的 9 条教学策略和 15 种教学方法。[4]

　　在吸取上述研究成果的基础上,结合调查结果,本书试提出以下政治课动机学习的策略。

一、目标策略

　　这一策略的主旨是要促使学生意识到自己与政治课学习相关的"差距"和"失衡",

　　[1] 王小明.学习心理学[M].北京:中国轻工业出版社,2009:219.
　　[2] [美]M. P. 德里斯科尔.学习心理学——面向教学的取向[M].王小明,等,译.上海:华东师范大学出版社,2008:282.
　　[3] 郭德俊.动机心理学:理论与实践[M].北京:人民教育出版社,2005:306.
　　[4] 盛群力,等.21 世纪教育目标新分类[M].杭州:浙江教育出版社,2008:151.

从而产生学习需要和期待乃至于兴趣。

乔纳森九条情意品质教学策略中的第一条就是"设定教学目标"策略。凯勒的 ARCS 模型中，目标策略属于促进相关性（适切性、切身性）策略，是为了让学生认识到教学对他们的有用性。艾姆斯的 TARGET 模式中，目标策略归入课堂环境的任务层面，指学习活动等的设计。所谓目标策略就是通过教学（学习）目标的设置使学生产生学习需要、兴趣和预期的策略。事实上，"目标设置是指个体确立活动目标或成绩标准的过程，是一个重要的动机过程"，因为"一旦个体为自己设置了一个活动目标并承诺要实现该目标，那么他就会……注意到自己现有水平与目标水平之间的差异，这种差异促使个体采取行动……本身就具有激励作用"。[1]

实施目标策略的关键在于如何设置目标，教学（学习）目标不是随意设置的，而是必须符合一定的基本要求。以下的设置原则和方法就反映了这些要求，具有普遍意义。[2]

(一) 明确的目标

明确的教学（学习）目标是对个体提出了具体要求或成绩标准的目标，一般要具备五个要素：行为主体、行为、行为对象、行为条件和行为标准。[3] 行为主体是首先必须明确的，无论教学目标还是学习目标中，主体都是指学生，而不是教师或其他人。行为则是指主体的习得行为，也就是学生通过学习发生的变化。行为对象是指习得行为的内容，也就是学习的内容。行为条件是指习得行为的限定条件，也就是发生变化的限定条件。行为标准是指习得行为的合格标准。五个要素中，主体因为不言自明，往往可以省略；条件和标准则视教学（学习）的具体情况而定，不必每个目标中都有；这并不影响目标的明确性，唯有行为和行为对象不可或缺，必须明确设置和表述。行为通常由动词表述，基本要求是外显和可测量。行为对象通常由名词表述，基本要求是具体、形象。

例如，"了解人民法院是我国的审判机关及其组织体系"的教学（学习）目标：

[1] 郭德俊. 动机心理学：理论与实践[M]. 北京：人民教育出版社,2005：251—252.
[2] 郭德俊. 动机心理学：理论与实践[M]. 北京：人民教育出版社,2005：269—271.
[3] 杨心德,徐钟庚. 教学设计中的任务分析[M]. 杭州：浙江大学出版社,2008：45.

知识目标——(1)能完整陈述我国人民法院组织体系各个组成的名称;(2)能用自己的话解释我国人民法院的性质;(3)能列举我国人民法院组织体系中各个组成的例证(至少 2 个)。

技能目标——(1)能说出最高人民法院和国务院的主要区别;(2)能正确指出"消费者协会""劳动争议仲裁委员会""区县人民法院"的组织归属。

策略目标——能运用比较法学习人民法院的相关知识。

态度目标——(1)认同我国人民法院是维护正义和保证社会稳定的重要力量;(2)自觉维护人民法院的相关权威性。

(二) 挑战性目标

根据难度水平,目标可以分为高难度、中等难度和基本无难度三种。挑战性目标就是中等难度的目标。所谓中等难度就是个体经过一定努力能够达到目标的难度,也就是学生虽然已经具备达成这一目标的知识、技能或态度条件,但这些条件还需要针对目标重新组合与调整,使两者逐渐对应与契合,从而最终达成目标。如果学生不具备必要的条件,再怎么努力也不能达成目标,那就是难度太高了;而学生无需努力或轻而易举就实现目标,那就没有难度可言。这两种目标都不具有真正的挑战性,不能激发个体的学习积极性。当然,目标的难度水平不是绝对的,因人而异,需要具体分析。以下所介绍的方法对于设置挑战性目标是可以参考的:[1]

1. 鼓励学习冒险

学习冒险也被称为"进行学术冒险",是指学生选择难度不同的学业挑战过程。为了促使学生选择中等难度的学业目标和任务,可以采取:(1)态度奖励,即只要努力就能够获得奖励。(2)游戏,即在游戏的氛围中学习。(3)容忍错误,即旁观者对学习者的错误视为常态,并一起从错误中学习。

2. 多用形成性活动

形成性活动也称为形成性评价活动,是指在学习过程中引导教学来促进学习和技

---

[1] 郭德俊.动机心理学:理论与实践[M].北京:人民教育出版社,2005:198—200,272—273.

能发展的任务,而不是用来判断成就水平,它不同于总结性评价活动。多用形成性活动可以采取：(1)减少能力判断,增加错误探察和纠正。(2)鼓励学生自查错误,而不是鼓励无错的、完美的作业。(3)多布置形成性评价的任务,如对不完整的命题、罗列的例证、拼凑的要点等作出判断。(4)总结性评价要包含"补考",以便第二次机会鼓励学生冒险和纠正错误。(5)每一种教学任务都要包含对最好的学生都具挑战性的内容。

3. 注重个体差异

一般而言,在个人能力既定的范围内,目标的难度水平越高成绩就越好。但是,个体素质毕竟存在差异,目标的难度标准也就因人而不同。针对个体差异,可以采取以下方法：(1)在条件合适的情况下,尽量让学生参与目标的设置过程。因为个体对自己参与设置的目标会有较高的承诺。承诺水平高,目标的激励作用也就大。(2)提供多种不同水平的目标,让学生根据自己的实际情况自由选择。学生对自己选择的目标一般都具有较高的承诺水平。

(三) 二元目标

所谓二元目标就是两种相反或矛盾的目标并存,如短期和长期目标、明确和模糊目标、困难和容易目标等。设置二元目标看似矛盾,实际上是为了适应复杂的学习活动,针对不同的学习任务,随机应变,以充分激发学生的学习潜力。两个相反的目标往往各有所长,而且此所长正是彼所短,目标间恰能取长补短。

政治课的认知需要宜设置为短期目标,自我提高需要可以设置为长期目标;认知需要也更适宜设置明确目标,而自我提高需要较适合设置模糊目标。至于困难和容易目标则可以酌情交替设置,一张一弛,能够有效增强学生的自我效能感和学业成就感。

二、情境策略

情境策略就是通过教学(学习)情境的创设,促使学生形成政治课学习的情境认同,从而产生学习需要、兴趣和期待,并且采取合适的学习行为。

乔纳森情意品质教学策略中的第二条是"明确学习情境"策略,并相应提出两条适配的具体方法。凯勒的 ARCS 模型中,情境策略虽然没有直接提到,但和注意、相关性(适切性、切身性)要素中的多种具体策略相类似。艾姆斯的 TARGET 模式本身就是针对课堂情境,模式中的六种课堂结构因素与学习(教学)情境都相关,特别是任务因素。

实施情境策略的关键在于如何创设情境,以及创设什么样的情境。教学(学习)情境可以有多种类型,类型不同,创设的策略和方法也有所不同。

(一) 任务情境

任务情境就是具有明确学习任务的情境,也就是"提出真实的和有意义的任务"[1]的教学(学习)情境。任务情境的创设可以有以下的策略和方法。

1. 任务和目标联动

学习任务和学习目标是密切相联的,创设任务情境必须与学习目标相匹配。可以根据任务的不同设置不同的目标,以促使任务情境的形成和任务的完成。

TARGET 模式就提出要引导和帮助学生设置具体的、短期的目标,以促使学生增强完成学习任务的信心,从而努力学习。设置短期目标实际上是对完成任务的时间有所限定。完成任务的时间太紧或太松都是不利于学习的。对于比较复杂的任务,更需要设置阶段性目标,以产生阶段性任务和分阶段完成任务的意识,从而增强学习的控制力和自信心。长远的目标也是需要的,这能够帮助学生产生宏观的学习视野。但是,在设置长远目标的同时,一定要匹配短期目标,要形成宏观统领下的微观目标群。

研究表明,中等难度的任务最有助于激发学生的学习动机,太难或太容易的任务都会损害学习动机。与中等难度任务相匹配的是"挑战性目标"(见目标策略),设置这样的目标不仅有利于任务的完成,而且有利于任务情境的形成。

2. 有意义的任务

任务的意义性首先是指学习任务对学生有价值,没有价值(无意义)的任务是不能激发学生的学习动机的。根据学业成就满足学生需要的不同程度,可以区分出学习任

---

[1] 盛群力,等.21 世纪教育目标新分类[M].杭州:浙江教育出版社,2008:145.

务的三种不同价值。[1]第一种是内部价值(兴趣价值),学习本身给学生带来快乐。这种价值和认知需要、直接兴趣及直接期待相呼应。第二种是获得性价值,学习获得成功可以证明学生自己的能力强。这种价值和自我提高需要、交往需要,以及间接兴趣、间接期待都有联系,比较复杂。第三种是利用性价值,学习成功可以给学生带来学习之外的收获(如奖学金、好职业等)。这种价值和自我提高需要的关系最为紧密。无论哪一种价值的任务对于学习都有促进作用,但内部价值更为重要,应该尽力发掘和展示任务的这一价值。

任务的意义性也是指学习内容本身的有意义,即具有能够用言语清晰表达出来的意识内容。学习内容的意义性是有意义学习的基本前提,而有意义学习的任务比机械学习的任务更能引发学生的学习动机。有意义学习并不仅仅限于知识学习,技能学习和态度学习虽然最终不是追求学习对象的意义,但它们学习的基础和前提仍然离不开"意义",摒弃知识载体的意义,技能和态度都将变成无皮之毛。这种意义性对于政治课的学习任务尤为重要,因为如果缺乏"意义",政治课的学习也就完全失去意义了。任务的意义性也不是一成不变的。适当地改变意义性能够增强学生学习过程中的兴趣和参与度,进一步推动学习。

3. 多样化的任务

从操作性、风险性和清晰性三个方面考察可以划分出不同的学习任务。操作性是指任务操作的差异,有的操作(如记忆)相对容易,有的操作(如理解)则难度很大。风险性指任务操作时出现错误的可能性大小,出错可能性大为高风险性任务,反之是低风险性任务。清晰性指任务操作的明确与否,明确的为高清晰性任务,反之是低清晰性任务。任务的这三种特性有着十分紧密的联系。一般而言,操作性的差异制约着任务的清晰性和风险性。操作相对简单、容易,任务的清晰度就比较高,风险性也就比较低;反之,亦然。因此,在创设任务情境时,应该以中等难度的操作性任务为主,同时配置少量高风险和高清晰任务。

根据操作性的差异可以将学习任务分为四种类型。[2](1)记忆性任务,学生主

---

[1]皮连生.学与教的心理学[M].上海:华东师范大学出版社,2009:289.
[2]皮连生.学与教的心理学[M].上海:华东师范大学出版社,2009:289.

要进行记忆信息操作。(2)程序性任务,学生主要进行按步骤操作。(3)理解性任务,学生主要进行转换信息操作。(4)评价性任务,学生主要进行评论信息操作。不同的操作要求会引起不同的学习动机,并且影响其变化发展。在政治课学习中,记忆性任务的操作相对比较容易,清晰度比较高,风险性比较低。理解性任务的操作则比较困难,清晰度低,风险性明显升高。程序性任务的操作同样比较困难,因为政治课所要解决的是非良构问题,程序和答案都不明确,风险性也就比较大。评价性任务则比较复杂,表面看清晰性似乎较低,实际上并非如此,因为评价的倾向性十分明显,有很高的清晰度,这和理解性任务不同。因此评价性任务的操作并不困难,风险性也就不大。由此看来,政治课的记忆性和评价性任务相对容易,理解性和程序性任务比较困难。在创设任务情境时要注意交互搭配,不能一面倒地设置任务,尤其是特别难和特别容易的任务要尽量减少。

(二) 问题情境

问题情境也是一种任务情境,解决问题也就是完成任务,但任务所指更为宽泛,有些任务并不是解决问题。例如,记住一个事实、进行一次重复操练就都不属于解决问题。问题情境是一种在初始状态和目标状态之间存在障碍,并且必须重组已有的知识、经验和方法才能克服障碍的情境。通俗地说,就是"一种具有一定困难,需要学生努力克服(寻找达到目标的途径),而又是力所能及的学习情境(学习任务)"。[1] 显然,问题情境比较严格、专门化,也更为困难。问题情境的创设关键在设置问题。鉴于政治课问题的特殊性,设置问题可以考虑以下策略和方法。

1. 一般性问题

一般性问题就是一般领域问题,是指问题解决主要依靠一般性策略和方法,而不是依靠专业知识和技能的问题。它与专门领域问题相对。

政治课存在大量的专门领域问题,但是,这些问题在政治课的语境里基本上都成为一般领域问题,因此,政治课的问题情境是以一般性问题为基本问题的。一般性问

---

[1] 冯忠良,冯姬. 教学新论——结构化与定向化教学心理学原理[M]. 北京:北京师范大学出版社,2011:250.

题注重解决问题的一般思路、策略和方法,这实际上是倾向于方法论的问题。由此可见,政治课的问题设置应该也必须注重方法论的引导,从一般方法的角度来唤醒学生的学习动机。

2. 确定性问题

确定性问题也称结构良好的问题,是指具有明确的目标、条件和解决方法,也就是结构清晰的问题。它与结构不良的问题相对。

一直以来,结构不良问题是一把双刃剑,既能够激发学习动机,也可以挫伤学习积极性。政治课的问题几乎都是结构不良的问题,其目标、条件和解决方法缺乏明确规定和说明,解决问题一般没有固定程序,结果也比较模糊,缺乏统一的标准。此类问题虽然有一定的动机激发作用,但由于其本身过于复杂且模糊,对于学习活动而言,不应该设置过多。面对为数众多的不确定问题,可以考虑把一个结构不良问题分解为几个结构良好的小问题,也就是把问题微观化,即把目标明确化、条件具体化、方法程序化。这样即使不能解构,至少也能淡化劣构问题。

3. 开放性问题

开放性问题也称为多重解答问题,它有多种可能的答案。这类问题近似于"内隐问题"。内隐问题可以分为内隐的课文问题和内隐的剧本问题。前者是需要通过整合课文中某些段落、章节或单元内容才能回答的问题,后者是需要超越课文内容,充分综合利用所学的新知识及其相关的已有经验才能回答的问题。[1] 内隐问题(开放性问题)与外显问题(封闭性问题)相对。

政治课有大量封闭性问题,即外显的课文问题。这是可以从教科书的具体句子、段落或实例中直接获得答案的问题。但政治课的问题情境更需要开放性问题,在课文中能够找到现成答案的问题并不利于激发动机。不过,在设置开放性问题是,应以内隐性课文问题为主,内隐性剧本问题不宜多设。

4. 认识性问题

认识性问题类似于理论问题、书本问题,主要是认识(思想意识)中需要解决的问题。这类问题一般是经过教材编写者选择和审定、在教科书上直接呈现,问题的信息

---

[1] 冯忠良.教育心理学[M].北京:人民教育出版社,2000:381.

表述比较充分。与其相对的是实践性问题,或称应用性问题。

政治课十分强调理论联系实际,应用性问题也就经常出现。但是,政治课的应用性问题比较宏大,信息复杂,条件多变,可能产生多种多样的解答。这对于中学生来说,理解和把握有较大难度。更何况学校学习期间主要解决的是认识问题,而不是实践问题。因此,问题设置应该以认识性问题为主,配以适量应用性问题。无论认识性问题还是应用性问题,都不要过于宏大,应该从学生实际出发,力求贴近他们的生活,以小见大,事半功倍。

(三) 操练情境

操练就是练习,是"对同一学习任务的重复感知或重复尝试"。[1]创设操练情境就是要营造一种不断学习、反复学习的氛围,以保持饱满的学习积极性。练习不仅仅对动作技能学习和理科学习有效,对认知技能学习和文科学习也同样有用。政治课的思维技能也需要反复操练才有可能习得,而与此同时,学习动机也会随着技能的掌握不断加强。

乔纳森的情意品质策略中有"提供学习操练"和"促进探究过程"策略,同时又提出"安排分散练习""在实际或模拟情境中应用(近迁移)""改变练习的情境(远迁移)"和"依据个人的目的、兴趣和需要促进探究学习环境"等方法。创设操练情境的策略和方法主要在于选择和安排不同的练习和作业。

1. 练习(Practice)

根据不同的标准可以划分出不同的练习类型。[2]有些类型更有利于政治课学习动机的培养。

(1) 分散练习

分散练习是指两次练习之间的间隔时间较长、超过每一次练习时间的练习。它与集中练习相对。分散练习通常优于集中练习(特别是在无意义材料的学习中)。

政治课学习属于有意义学习,但也存在部分机械学习,这进行分散练习显然有利。

---

[1] 顾明远.教育大辞典·教育心理学分卷[Z].上海:上海教育出版社,1990:318.
[2] 王小明.学习心理学[M].北京:中国轻工业出版社,2009:161—168.

而对于有意义学习来说,集中练习容易造成思维疲劳,也会降低学习兴趣。政治课应该以分散练习为主,至于"分散"的程度即间隔时间,则要根据学习内容来定。

(2)部分和整体练习

部分练习是将完整的学习任务分解成许多部分,然后分别进行各个部分的练习。整体练习则是将学习任务始终作为一个整体重复练习。两者是相对的。整体练习适合内容较少的学习,部分练习则更适合内容偏多的学习。

政治课学习宜把两种练习结合起来。一种情况是根据学习内容的变化针对性安排练习,内容少就"整体",内容多则"部分"。另一种情况,无论内容多寡繁简,总是先"部分"后"整体",以不变应万变。前述的问题情境中,将劣构大问题分解为良构小问题就是一例。

(3)外显练习

外显练习是指可以直接观察到反应或可以留下记录的练习。它与内隐练习相对。内隐练习是不能直接观察到反应,仅在头脑中进行的练习,在动作技能学习中称为心理练习。动作技能学习主要进行的是身体练习(外显练习),但心理练习对其也有重要作用。

与动作技能学习不同,政治课学习基本上是内隐练习,大多进行的是思维操练,不需要身体练习。但是,政治课仍然需要外显练习。外显练习并不等于身体练习。在政治课学习中,将内隐的心理练习过程通过口头语言或者文字表达出来,就是一种外显练习。这种练习把思维内容对象化,不仅可以加深记忆,而且能够为反思创造条件。

(4)随机练习和过度练习

随机练习是指在完成若干项学习任务时随机确定练习顺序,而不是事先确定练习顺序的练习。后者是与其相对的区组练习。在动作技能学习中,随机练习对于习得技能的保持和迁移有积极作用。虽然尚不能就此推出政治课学习中同样具有这种作用的结论,但是,随机练习和分散练习有一定相似之处,都有利于思维休息和兴奋点转换,区组练习恰恰是在这些方面抑制了学习。

过度练习是指达到规定练习量之后的附加练习。在动作技能学习中,过度练习对于技能的掌握和保持有积极作用。政治课学习也可以通过过度练习保持动机的持续性,但是过度练习的最佳量还需要在实践中加以探索和证实。

2. 作业(Performance)

作业在广义上"即对环境产生某种影响的活动或一组反应"。[1] 它是与内在心理相对的外部行为表现,可以借此推测出加涅所说的"习得的性能"(capability)的存在。作业也是一种操练。无论课堂作业,还是家庭作业,都能够营造出一种学习氛围。关于作业有很多研究,从操练情境创设的角度,可以关注以下两点:

(1) 中等难度的作业

美国心理学家耶克斯(Yerks)和多德森(Dodson)发现,作业难度对激起最佳动机水平有密切影响:作业容易,激起的最佳动机水平就较高;作业困难,激起的最佳动机水平就较低;而中等难度的作业激起的最佳动机水平也比较适中。这一发现被称为"耶克斯—多德森定律"(简称倒 U 曲线)。[2] 但是,动机水平并不是越高越好,超过一定限度,动机水平太高反而使学习效果下降。

政治课的作业往往偏于两端,要么十分容易,稍加用心,就可以在教科书上找到现成答案,轻易完成作业;要么特别困难,宏大而又复杂,难以交卷。应该注意克服这两个极端,把作业调适到中等难度,既不过于千回百转,也非一目了然。这和前述的问题情境设置有相通之处。

(2) 新异的作业

苏联心理学家莫洛佐夫发现,作业的内容和形式对激发、保持学习动机和学习兴趣有较大影响。他所做的实验显示,在新内容旧形式和旧内容新形式的两种作业中,绝大多数学生选择前者;在内容相同但形式新旧不同的两种作业中,绝大多数学生选择形式新异的作业。[3] 这表明,第一,具有新异性的作业更能吸引学生,激发他们的学习积极性;第二,作业内容的新异性更为重要;第三,作业形式的新异性也有一定影响力。

政治课作业的新异性,从内容看,主要是材料的新,可以多注意新闻性、即时性、现场性的材料,但新材料的运用难度比较大;从形式看,可以多注意文艺性、竞赛性、合作

[1] 顾明远. 教育大辞典·教育心理学分卷[Z]. 上海:上海教育出版社,1990:363.
[2] 冯忠良,等. 教育心理学[M]. 北京:人民教育出版社,2000:246.
[3] 冯忠良,冯姬. 教学新论——结构化与定向化教学心理学原理[M]. 北京:北京师范大学出版社,2011:254.

性、亲子性等作业形式，这方面可开拓的空间不小。探究性作业也是具有新异性的，但探究必须是真正的探索，而非貌似"探究"实则"八股"。当然，探究性毕竟是教育情境中的探究性，必须合理、合法、合情。

三、反思策略

反思策略就是通过不同的路径创设，引导学生反思自己的学习，使其产生进一步的学习需要、兴趣和期待。

乔纳森情意品质教学策略中有两条反思策略："反思领域知识"和"反思所学知识"，并且配置了四种适配方法。凯勒的 ARCS 模型中，和反思策略相关的主要是信心（自信、树立信心）策略，以使学生认识到学习的成功和失败都是有价值的。艾姆斯的 TARGET 模式中，反思策略和评价维度关系比较密切，强调给予学生改进提高的机会。

反思策略建立在创设反思路径的基础上。反思路径也就是进行反思的形式和方法，以下路径是值得注意的。

（一）归因

归因是"个体对自己或他人的行为的原因加以解释和推测的过程"，[1]可以分为自我归因和他归因，前者是对自己归因，后者是对别人归因。学习活动的归因是对学习结果的原因进行解释和推测。归因并不等同于反思，但可以引向反思。归因特别是自我归因是对自己行为的解释，是一种主观认识。这种认识实际上是对自己行动的重新认识和深入认识，有时还可能是逆向认识，这就包含着反思的因素和可能性。正因为如此，引导学生形成积极的归因方式也就是引导学生反思自己学习的一条有效路径。积极的归因可以考虑以下策略。

1. 努力归因

努力归因就是把学生的努力与否作为学习结果的原因，也就是引导学生对学习结

---

[1] 郭德俊.动机心理学：理论与实践[M].北京：人民教育出版社，2005：109.

果作努力方面的归因。无论学习成功与否,努力归因都能够对后续学习产生积极的影响。例如,把学习成功归因于学习努力,那么学生当然就会进一步努力;而把学习不成功归因于不努力学习,那么学生就会作出改变,开始或者加大努力。总之,引导学生进行努力归因,就在于让学生认识到自己的努力程度是形成学习结果的重要因素。

努力因素属于学生的内在因素,但并不是所有的内在归因都会产生积极的影响。例如,能力因素也是内在因素,但如果把学习不成功归因于学生个人能力,那么学生就会产生习得无助感(怎么做都不行)。努力因素还属于可变因素,但同样不是所有可变归因都有积极影响。例如,运气因素是可变因素,如果把学习成功归因于运气,那么对于学生并没有多少积极意义可言。

2. 可控归因

可控归因就是把学生可以自己控制的因素作为学习结果的原因,也就是引导学生对学习结果作可控方面的归因。与努力归因类似,无论学习成功与否,可控归因都能够对后续学习产生积极影响。事实上,学生自己可以控制的影响学习的因素就是努力因素,而且是唯一的因素。正因为如此,把学习成功或失败归因于可控因素,也就是归因于努力因素,由此产生的影响也就不言而喻了。略有不同的是,引导学生进行可控归因更致力于让学生树立强大的自信心,认识到自己是学习的主人。

可控因素只有努力因素,而不可控因素却很多,例如能力、运气、学习难度等。这些不可控因素比较复杂,有的比较稳定,有的容易变化;有的属于内因,有的则归于外因。因此,不要轻易进行不可控归因,而要根据学习结果的不同来选择具有积极意义的不可控因素。

3. 成功和失败分别归因

除了上述努力归因和可控归因之外,要注意将成功和失败的学习结果有意识地分别归因,也就是引导学生对成败结果形成分化的归因方式。这样,既为克服"习得无助感"创造有利条件,又可以有效保持学习兴趣和自信心。

成功归因是指对成功的学习结果进行归因。对于学习成功的归因应该引导学生进行内在的、稳定的归因。把学习成功归因于内在因素,能够使学生肯定自我,产生自豪感;而归因于稳定因素则更能增强自信心。例如,学习成功归因于学生能力(内在因素),学生的自豪感就会油然而生;归因于学习难度(稳定因素),自信心自然增强。

失败归因是指对失败的学习结果进行归因。对于学习失败的归因应该引导学生进行外在的、可变的归因。把学习失败归因于外在因素，能够使学生不轻易否定自我，维护自尊；而归因于可变因素则更能保持信心。例如，学习失败归因于学习难度（外在因素），学生就会有所安慰，不会自暴自弃；归因于运气（可变因素），就有利于保持学习期待和信心。

（二）反馈

反馈又称回授，是指将系统的输出返回到输入端并以某种方式改变输入。而学习活动的反馈就是教师将学生的学习结果告知学生，也就是通过教师让学生了解自己学习活动的进展和结果。反馈的信息反映了学生的学习结果，好结果可以强化学习动机，坏结果也可以促使学生调整学习策略和动机。而及时的信息反馈还会在提高学习成绩、实现学习目标、满足学习需要的同时给学生带来快乐，这是一种综合性的心理感受。这种感受会使学生进一步保持和提升学习动机水平。

当然，反馈并不是反思，但可以引发反思。通过反馈引起的一系列结果，引导学生进行反思，反思学习的过程、方法和动机。实际上，当学生"以某种方式改变输入"之时，也正是反思的展现和成果。

为了引发反思，必须先做好反馈。以下的反馈策略值得注意。

1. 及时反馈

及时反馈是最基本的反馈策略。加涅就指出："在获得新习得性能的过程中，频繁反馈的作用是不容忽视的。"[1]频繁才能够及时，及时反馈就是要尽可能早地反馈，至少要在新的学习开始之前反馈。同时要注意保持均衡，不能一会间隔长一会间隔短。

及时反馈要避免片面性，反馈的内容应该全面。作业的对错、考试成绩的优劣、知识应用的成效、技能的熟练与否，甚至学习态度等都是反馈的内容。反馈内容越全面对学生学习的帮助就越大。及时和全面必须兼顾，只顾"及时"忽略"全面"，欲速则不

---

[1]［美］R. M. 加涅. 学习的条件和教学论［M］. 皮连生等，译. 上海：华东师范大学出版社，1999：320.

达,耽于"全面"不求"及时",则效率尽失。及时反馈还要突出重点,最重要的重点就是让学生知道正确的内容,这比知道错误所在更重要。

2. 表扬为主

表扬和批评也是一种反馈,但不是对学习结果的直接反馈,而是间接的、以态度形式表达的反馈。一般认为,表扬和批评都能激发学习动机,但表扬优于批评,因此,表扬为主是基本的策略。除此之外,以下策略也值得注意。

(1)公正

无论表扬还是批评都必须客观公正,实事求是。如果不能以客观事实为依据,仅凭主观臆断,或者怀有私心,滥用表扬和批评,结果就会适得其反,对学生和学习活动均产生负作用。

在表扬和批评中强调公正,实际上是强调一种态度和品德,这是一个基本原则。如果说这也是一种策略,那就不仅是要求表扬和批评本身要公正,而是从"该表扬就表扬,该批评就批评"的情境出发,其策略意义在于,强调表扬和批评的适得其所。

(2)具体化

表扬和批评都要有具体的内容。首先,表扬和批评都应该包含学生个人或群体实实在在的行为、态度、结果和方法等内容,不能是空泛的;其次,指向要明确,表扬和批评的目标(不是对象)必须明明白白;最后,表扬和批评的标准要清晰,赞成和反对都要有准绳,要一目了然。

特别要注意避免"廉价的表扬"和"怨妇的批评"。前者,空泛无物的随意赞扬;后者,不问所以的频繁抱怨。此类"表扬"和"批评"都是与"具体化"策略相悖的。

(3)针对性

针对性是指对被表扬或批评的学生要有的放矢,分而对之。具体说,一是对好学生要注重批评,使其知道自己的不足,百尺竿头更进一步;对差学生则要多加表扬,鼓励其上进,增强其信心。二是对性格内向的学生要倾向于表扬,提升其动机水平;而外向学生则可以多一点批评,因为这种性格的学生承受力比较强,适当的批评往往会"知耻而后勇"。同理,对男生可以适当多批评,而女生要多表扬;高年级学生也可以多批评,而低年级学生则尽量多表扬。

当然,"针对性"并不是要否定前述的"公正"原则和策略,而是强调,在公正前提下,表扬和批评应该具体对象具体对待,否则还是会损害公正的。

3. 评语为上

"评价是教师对学生学习结果的价值判断",[1]因此评价也是一种反馈,而且往往是带有总结性的反馈,对学生的学习影响特别大。评价可以分为等级评定和评语两种。一般认为,等级评定具有抑制学生的竞争意识和内部学习动机的缺陷,评语则能克服这些缺陷,因此,评语的效果优于等级评定。

但是,等级评定是建立在分数基础上的量化评价,同时又是体现为符号形式的"象征性反馈",它并不是一无是处,合理运用自有功效。等级评定的量化评价常常被误解为对学生能力的评价,但实际上它只是学生的学习进步与否及快慢的指标。如果能够正确认识和运用等级评定,它仍然有不可替代的作用。

当然,运用评语进行评价的优越性还是十分明显的。评语评价是运用语言文字进行的书面或口头评价,这是一种定性分析、质性评价。它可以具体而微地分析学习的过程和结果,实事求是地肯定学习的进步和努力,客观中肯地指出学习的问题和不足,等等。不过,评语也有所不同。实验证明,有评语比无评语更能推动学习,但一般的激励性评语也没有个性化的顺应性评语效果好。前者是雷同的、一般化的评语,如"很好""继续努力"等;后者则针对具体问题提出意见,加以矫正。当然,如果能够把等级评定和评语结合起来,那么,动机激励作用就可能发挥到极致。

(三) 自我学习

自我学习是指源于学生个人自我决定的学习。自我决定是个体的一种能力和需要,是人拥有的一种基本的内在倾向性。"这种倾向性引导人们从事感兴趣的,有益于能力发展的行为,以及形成与社会环境的灵活适应。"[2]因此,自我学习是一种学生自由选择而非被迫的学习。

这种学习建立在学生"对自己作为一个独特存在的个体的认识",[3]也就是自我意识的基础上,它和反思、特别是自我反思有着密切的联系。反思是对思考的思考,对

[1] 皮连生.学与教的心理学[M].上海:华东师范大学出版社,2009:291.
[2] 郭德俊.动机心理学:理论与实践[M].北京:人民教育出版社,2005:182.
[3] 顾明远.教育大辞典·教育心理学分卷[Z].上海:上海教育出版社,1990:385.

行动的再认识。反思策略意在引导学生对发生的学习和产生的结果进行再思考。而自我学习所包括的自我观察、自我评价、自我监控、自我管理、自我调节等形式都与反思有着千丝万缕的联系。比如,自我监控要对自己的行为、思想、情感等进行控制或调整,这必然就需要对行为、思想和情感等进行再思考。又如,自我评价是个人对自己的行为、思想、能力和品质等进行判断和估量,这又怎么离得开对这些素质的重新认识。显然,如果说归因和反馈是反思的间接路径,那么,自我学习就是直接路径,它本身就是一种反思。

自我学习涉及学生自我的方方面面,为了有效促进该学习,应主要做好以下诸方面。

1. 创建自主性的课堂[1]

有研究者提出,一些特定的教育行为能够提高学生的自主性和自我决定。

(1) 认同学生的观点

自主性课堂是自我学习的课堂。要创建自我学习气氛浓郁的课堂,关键在于理解、尊重和欣赏学生。理解学生就是要从学生的角度去思考、去体验。教师必须知道学生的需要、兴趣和期待,不仅要知道,而且还要理解,就是要懂学生,即所谓"想学生所想,急学生所急"。尊重学生"就是容许学生在思想、情感和行为中表现出独立性,给他们提供更大的独立活动和自由发展的余地。"[2]尊重学生包括尊重学生的人格、个性和向学生学习。[3]欣赏学生就是以超功利的态度对待学生,要从人生长河的宏观角度和发展眼光来看待学生的行为、思想、和情感,发自内心地赞赏学生的自由创造。

(2) 鼓励学生进取和主动

最好的鼓励就是为学生创造更多学习的选择机会、优先权和自我依赖机会。选择机会源自课堂中有多个学习中心和学习任务。优先权是指学生自己决定是否参与某项学习任务,以及参与的时间,特别是让学生决定如何解决学习中产生的问题。自我依赖机会则产生于给学生独立学习的时间和对学习结果自己负责的责任感。教师必须努力创造上述各项条件,支持学生的主动性,而不是通过控制来促使学生学习。

[1] 郭德俊.动机心理学:理论与实践[M].北京:人民教育出版社,2005:190—192.
[2] 亓子杰,王庆之.教师道德学[M].济南:山东人民出版社,1990:103—104.
[3] 杨燕钧.教师伦理学[M].上海:华东师范大学出版社,1997:54—55.

(3) 与学生进行实事求是的交流

实事求是的交流态度会使学生产生信任感,从而产生积极的影响。首先,要明确说明规则、约束和限制是自主学习中不可或缺的一方面,没有这一面,学习难以顺利进行。同时又要明确,这些规则不是为了控制学生,而是为了创设条件以提供有利于学习的信息。其次,学习并不是始终快乐的事。无论实施规则、约束和限制,还是学习枯燥乏味的内容,消极的情绪自然会产生。教师应当承认这种消极情绪反应的正当性,并且坦然接受。特别不要一味强调必须积极开朗。关键在于要让学生明白枯燥的学习任务的价值性,不能承受这种枯燥乏味,就不能获得学习所产生的价值。最后,学习中的问题就是要作为问题来解决,而不是当作批评的目标。不要轻易使用"强迫性""批判性"的语言去命令、去指责,而要具体地指出可以提高和进步的地方。

2. 提高自我概念和自我效能感[1]

自我效能感是自我概念的重要方面。可以通过以下几方面来提高自我效能感。

(1) 让学生经常体验成功

成功的经验会提高人的自我效能感。学生亲身经历的成功对他们自我效能感的影响最大。要使学生经常获得成功的体验,必须主动为他们创造一些有利条件。首先,从学生实际出发,设立适当的教学(学习)目标。这在目标策略中已有讨论。其次,要让学生充分参与教学活动的过程,有亲历成功的机会。尽量创设一些机会,特别是在面临探究、发现、总结等学习任务时,要有意识地留给学生,让他们参与进去,获得体验。最后,给学生提供展示才能的机会。要理解和满足学生展示自己才能的愿望。特别是在遇到学习中的困难问题时,要鼓励学生独立思考,并且勇于发表自己观点。出现错误更要不以为怪,而是抓住这一契机,发动学生各抒己见,鼓励竞争,给每个人充分展示才能的机会。

(2) 创造宽松、和谐的学习环境

学习是紧张的,但学习环境应该具有宽松、和谐的氛围,只有在宽松、和谐的氛围中,紧张的学习才能更有成效。要创造这样的环境,基本的就是相信、关心、爱护和平等对待学生。此外,有三个节点特别重要。第一,学习遇到了困难。教师既不能粗暴

---

[1] 郭德俊.动机心理学:理论与实践[M].北京:人民教育出版社,2005:351—357.

训斥,也不要包办代替,而要耐心指导,适时鼓励。第二,学习出现了错误。教师特别不能冷嘲热讽,而要和学生一起寻找原因,并且注意要以学生为主。第三,学习有了进步。一定要及时肯定和表扬,尤其要勤于和敏于发现学生的优点和成就,并毫不吝啬赞扬和奖励。

（3）培养学生进行积极的自我强化

自我强化是以自我奖赏的方式激励或维持自己达到某个标准的行为过程。进行自我强化需要建立评判标准,然后根据标准来评价、检查自己的学习行为和效果。如果达到标准,学生就会体验到自己的能力,从而产生或增强自我效能感。这里的关键是学生要有正确的自我认知,否则就难以建立起恰当的标准。建立恰当标准也就是设定合理目标的问题,这在前述的目标策略中已经讨论,这里不再赘叙。

3. 自我调节[1]

自我调节指"个体按内部标准而不用别人控制或环境约束的内部控制活动"。[2]自我调节的学习也就是以学生自己确定的标准进行的学习活动,即"在进行学习活动的全过程中,将自己进行的学习活动作为意识的对象,不断地对其进行积极的、自觉的计划、监督、检查、评价、反馈、控制和调节过程"。[3]在这一过程中,可以注重以下几方面。

（1）建构一个有效的学习环境

环境建设能够使学生消除或降低干扰,集中精力参与学习。而培养学生自我调节,首先要建立安静、舒适和没有干扰的学习环境。可以要求学生拟出一个环境建构计划。计划中要明确列出良好学习环境的特征和建构方法以及建构活动方案。教师应该提出建构学习环境的建议,并和学生充分交流,以提供学生环境建构的选择权。

（2）提供学生监控机会

监控是自我调节学习的基础。这是一个学生评定进步与否（相对于目标）的认知过程,也是产生未来行动指导的反馈。显然,监控依赖两个关键的自我调节因素:目标和反馈。这两个因素相互作用促使学生进行自我调节。因此,必须要有明确的目标

[1] 郭德俊.动机心理学:理论与实践[M].北京:人民教育出版社,2005:399—403.
[2] 顾明远.教育大辞典·第5卷·教育心理学[Z].上海:上海教育出版社,1990:385.
[3] 郭德俊.动机心理学:理论与实践[M].北京:人民教育出版社,2005:364.

设立和及时准确的反馈,这是提供监控的基本条件。自我监控表现为观察和记录学习行为。教师必须要求学生注意观察和记录自己的学习行为。同时教给他们观察和记录的方法,并提供一定的时间。

(3) 提供连续的评价信息和自我评价机会

评价是一个关键的自我调节因素。设立评价标准是自我调节学习者的显著特征。自我评价就是学生把自己的成绩和设立的标准进行比较以完成自我判断。教师要及时提供反馈信息,以使学生能够进行评价。同时,可以把评价和测验、作业结合起来。通过复习测验、改正测验来进行自我评价。还可以进一步把自我评价和教师评价进行比较,然后决定学生的自我评价效能。

第七章

中学思政学科的审美学习

　　审美学习也是情感领域的学习,与态度学习和动机学习同属于广义的情感学习。但审美学习是超功利性情感的学习,又有别于态度和动机学习(二者属于功利性情感的学习)。中学思政学科虽然具有很强的社会功利性,但并不排斥审美学习,不仅不排斥,而且具有学科自身的特色。

第一节　审美、审美教育和审美学习

　　审美学习缘于审美，对应于审美教育，因此，要明确什么是审美学习，必须先明确什么是审美和审美教育。

一、审美

　　审美这个词在古代汉语中并没有，最早起于何时，尚未见考证。如果从字源学的角度看，"审"是会意字，表示"仔细观察、辨别"的意思，因此，审美最基本的含义应该是审视、观赏美。但是，谁来审视、观赏呢？审视和观赏就是"看"吗？被观赏的美又是什么呢？于是，审美进一步被理解或阐释为：主体（人）对客体（对象）所具有的美的价值和属性（对象化）的欣赏。然而，在审美中"没有离开人而独立存在的所谓纯粹客观的美"，也"没有离开审美客体（对象）的纯粹的审美主体"，[1]只有在主客体的融合中审美才成为可能。这就是说，在主客体融合中，欣赏并不是主体纯粹被动地接受客体，而是充满了对客体的能动创造。欣赏和创造相互渗透、相互影响，欣赏蕴含着创造，创造又包容着欣赏。由此而言，广义的审美就不仅仅是欣赏美，而是"人所进行的一切审美创造和审美欣赏"。[2]

　　当然，对于审美的理解不止于此，研究者们作了更为深入的讨论。

---

　　[1] 朱立元. 美学[M]. 北京：高等教育出版社，2006：5.
　　[2] 张锡坤. 新编美学辞典[Z]. 长春：吉林人民出版社，1987：48.

（一）审美是人的特殊精神活动

1. 审美是不同于认识和道德（态度）活动的精神活动

审美和认识、道德（态度）活动同为人的精神活动，但又是一种特殊的精神活动。审美不同于认识活动。认识活动诉诸人的智力，致力于客观事实和规律的探寻，以追求"真"为旨归。审美活动则诉诸人的情感，尽情于审美对象的发现、欣赏和创造。"审美活动所追求的价值，内在地包含着'真'，因而它与认识活动相联系，但它却不像认识活动那样揭示出事实并止于事实。审美活动在现实的基础上展开又超越现实而追求理想的真，即人的'应有之真'。"[1]

审美活动也不同于道德（态度）活动。道德（态度）活动虽然也诉诸情感，但这种情感不仅和人的意志有着密切的联系，而且是饱含着功利性的，着眼于既定的现实关系的"善"。审美活动所诉诸的则是超功利的情感，即不为眼前功利束缚，而放怀于长远的功利。"审美活动追求理想，内在地包含着'善'，因而它与道德活动相联系，但它却不像道德活动那样，主要着眼于既定的现实关系，而是以其内蕴的否定性的批判力量激发人们的创造精神，召唤人们去创造更完美的现实关系。"[2]也就是说，审美不限于"现实的善"，更追求"理想的善"。它是超越物质需求和现实功利的心灵体验。

2. 审美是最富个性化的精神活动

"审美是一种最具个性化色彩的精神活动，它所建构的是一个具有独特生命意味的诗意世界。"[3]审美活动诉诸人的感性，通过感性直觉和对象融合于一体。它不像大多数精神活动用理性代替感性，而是以感性超越理性。但是，这种感性并不拒斥理性，只不过"更为内在和深层"的。它指的是渗透在感知、想象、情感诸因素，并与它们融为一体的某种非确定性认识"。[4] 这种包融着理性的审美感性凸显出鲜明的个性，它"不仅是具体的、独特的，而且永远是一次性的。不可重复的"。[5]

虽然所有的精神活动都是以个人为主体的，但唯有审美活动才具有如此鲜明的个

---

［1］朱立元.美学[M].北京：高等教育出版社,2006：107.

［2］朱立元.美学[M].北京：高等教育出版社,2006：107.

［3］朱立元.美学[M].北京：高等教育出版社,2006：101.

［4］李泽厚.美学四讲[M].桂林：广西师范大学出版社,2001：150.

［5］朱立元.美学[M].北京：高等教育出版社,2006：102.

性化色彩。这是因为,科学研究等精神活动"必须剔除个人意识中的偶然性和主观性,使个体意识完全与类相同一,这样,才能充分保证这些精神产品的普遍性"。[1] 而审美恰恰相反,不仅不需要剔除个人的"偶然性"和"主观性",而且特别青睐这种饱含个性的特性。正是在这种自由观照中,审美才能拥抱(不仅仅是"把握")世界,达到"物我两忘"的完美境界。

3. 审美是人和世界真正自由的精神交往

"审美活动是人与世界在精神上的一种交往与对话。"[2] 人和世界首先是物质交往。这种交往受到自然物质和人自身肉体的双重束缚和压迫,难以获得真正的自由。人和世界的其他精神交往,如科学研究等,由于倾向于世界的客观性,人的愿望、意向、想象、欲求、情感等主观精神因素往往被限制和搁置起来。为了克服这种种不自由,人和世界的精神交往还往往表现出一种刻意性,以示在"交往"中的"自由"。这无意中却泄露了外部力量在"交往"中的真正地位。

审美却不然,"它既不是由某种外力所决定、所强制,也不是理智的刻意追求的结果;它既是一种摆脱了肉体必然性对人支配的活动,也是一种摆脱了对'物'的绝对依赖性的活动"。[3] 在审美中,人和世界的精神交往真正达到了无拘无束、天人合一的境地。

(二) 审美是人最本真的存在方式

审美是人的基本存在方式。它不仅产生于人的生产生活之中,而且广泛存在于各个生活领域。但是,审美并不是人类一般的存在方式,而是本真的存在方式。所谓"本真"的存在就是人之为人的最根本特质的呈现,也就是说,"只有在审美中,人所独有的本质力量才能最充分地显露出来;只有在审美中,人才作为与动物根本不同的完整意义上的人而自由地实现着自己;也只有在审美中,人才能把现实与理想、内在与外在、个人与社会完全统一起来,从而充分体现到作为一个人所应有的尊严和价值"。[4]

---

[1] 朱立元. 美学[M]. 北京:高等教育出版社,2006:102.

[2] 朱立元. 美学[M]. 北京:高等教育出版社,2006:100.

[3] 朱立元. 美学[M]. 北京:高等教育出版社,2006:99.

[4] 朱立元. 美学[M]. 北京:高等教育出版社,2006:109.

1. 审美存在不同于日常生活存在

审美存在"是一种超越性的存在方式"。[1] 日常生活具有无组织、小规模和私人化的特点,它安于常态,守着传统和习惯,沉浸在平凡而琐碎的状态中。

"与之相比,审美活动则使人从平凡、琐屑的世界中超拔出来。这是因为审美活动具有……开放性、可能性、超越性,它是一种面向未来、富于创造性的活动。它不会安于日常生活的习惯性状态中,它天然地具有一种对平庸现实的批判力量,它通过颠覆日常生活世界中那仿佛已经自动化了的惰性链条,把人们移置到批判地审视生活的新的视点上。"[2] 这就是说,审美不同寻常,它能够超然于日常生活的平庸、惰性和习惯之上,打破常规,从而超越自身。

2. 审美存在不同于异化存在

审美存在"是一种自由的存在方式"。[3] 异化存在是背离人的本质的存在,是从人自身分离出来的力量逐渐和人自身疏远化,进而成为支配、压迫和统治人自身的异己力量的发展过程。异化存在的典型表现就是马克思所深入分析的异化劳动。在异化劳动中,不仅劳动的结果(产品)和过程同劳动者相对立,而且劳动者(人)同自身和他人也相对立。在这样的"存在"中很难获得真正的自由,因此,审美存在也就变得难能可贵。

当然,人们并不是等到完全克服了异化才开始审美。"对自由的渴望,是自文明诞生以来就植根于人类心灵中的一种积极的本质力量。在现实生活中,审美活动之所以能成为人所珍重所向往的一种基本的活动方式,是因为它是人在异化的条件下所能获得的一种最自由的存在方式"。[4] 审美存在从根本上不同于异化存在,它不仅和活动的结果、过程融为一体,而且在审美中真正展示出作为人的本质,因而人和人之间也不再对立,而是其乐融融。正如席勒说的:"终于可以这样说,只有当人在充分意义上是人的时候,他才游戏;只有当人游戏的时候,他才是完整的人。"[5]

---

[1] 朱立元. 美学[M]. 北京:高等教育出版社,2006:109.
[2] 朱立元. 美学[M]. 北京:高等教育出版社,2006:110.
[3] 朱立元. 美学[M]. 北京:高等教育出版社,2006:110.
[4] 朱立元. 美学[M]. 北京:高等教育出版社,2006:111.
[5] [德]席勒. 美育书简[M]. 徐恒醇,译. 北京:中国文联出版公司,1984:90.

3. 审美存在不同于现实存在

审美存在"是一种应然的存在方式"，[1]也就是一种理想的存在。现实存在（包括日常和非日常生活）虽然也有自觉的活动，也努力创造着生活，也一定程度上体现出人的自由本性，但那是不充分、不完全的。因为在现实存在中，人们受到种种功利性的影响和束缚，不可能获得完全的自由。

审美存在则是自由的，它充分地、全面地实现着人的自由本性。"在审美活动中，人暂时摆脱了种种现实的功利关系，进入了理想的、超越的存在状态，人的本质力量不再受到现实生活的种种限制，因而与对象世界的关系达到全面、充分的自由与和谐。""在审美的世界中，他不是以现实的态度和征服者的姿态去实际地拥有对象，而是以应然的态度和全面的方式在从精神上占有对象的同时又超越着对象。在这里，主体扬弃了自己的利己性，对象也失去了自己赤裸裸的有用性。"[2]正因为如此，黑格尔才说："审美带有令人解放的性质。"[3]

4. 审美是人生最高境界

"境界（人生境界、精神境界）是一个人的人生态度……是浓缩一个人的过去、现在、未来而形成的精神世界的整体。"[4]人生境界有品位高低之别。冯友兰把人生境界分为四个品位：自然境界、功利境界、道德境界、天地境界。自然境界对人生的自觉性最低，依自然本性或社会习惯行事，处于蒙昧状态（冯友兰称之为"混沌"）。功利境界对人生已有了一定的自觉性，依"个人之利"行事，处在"自觉利己"状态。道德境界对人生已经有较强的自觉性，依"社会之利"行事，处在"利人"状态。天地境界对人生有了很高的自觉性，依"天地"也就是依宇宙规律行事，处在"超人"状态。四种境界由低到高，依次发展。其中，天地境界是人生的最高境界。[5]

审美也是一种人生态度，同样浓缩而又综合了人生体验。但审美不是一般的人生境界，而是与天地境界相沟通的境界。"天地境界是消解了'我'与'非我'的分别的境

［1］朱立元. 美学［M］. 北京：高等教育出版社,2006：111—112.

［2］朱立元. 美学［M］. 北京：高等教育出版社,2006：112.

［3］北京大学哲学系美学教研室. 西方美学家论美和美感［M］. 北京：商务印书馆,1980：195.

［4］叶朗. 美学原理［M］. 北京：北京大学出版社,2009：433.

［5］叶朗. 美学原理［M］. 北京：北京大学出版社,2009：435—436.

界,是'天人合一''万物一体'的境界,因而也就是一种超越了'自我'的有限性的审美境界。"[1]

二、审美教育

审美教育亦称美育,无论东西方,古已有之。但"美育"作为一个独立的概念则是由德国美学家席勒于 1793 年在其名著《美育书简》中首次提出的。席勒认为,审美教育是人实现人性完整自由的根本途径。他的这一思想对后世产生了深远的影响。

近代以来的中国在审美教育的研究方面也有不小发展。虽然研究多有不同,但大体上形成以下共识:第一,美育是全面培养人的教育,是使人的身心得到协调发展,从而达到个体与社会、自然和谐统一的教育。美学家李泽厚曾指出,人类审美心理结构的形成是人类社会实践的历史成果,而个体审美心理结构的塑造,则是实践基础上的审美教育的成果。据此,他进一步提出"以美启真""以美储善"的观点,认为审美作为教育,利于智力结构和意志结构的建立,利于科学和道德的发展。"自由审美可以成为自由直观(认识)、自由意志(道德)的钥匙。"[2]第二,美育是一个相对独立的教育,它并不从属、更不等同于德育、智育和体育。"美育既包含在德、智、体三育之中,又有它独立的内涵。德、智、体、美四者可以互相影响、渗透、促进,但不能相互代替。"[3]第三,美育是一个贯穿人的一生、遍及各个领域的活动。美学家蒋孔阳认为:"美育就不是一门简单的学问,而是关系到人的各个方面的'系统工程'。其他学问,只和人的某一方面有联系,而美育则和整个的人有联系。不仅这样,而且由于各行各业的人都首先要做人,因此,各行各业的人都离不开美育。美育是一门关系到社会全面进步的学问。"[4]第四,美育具有情感性、形象性和自由性等特点。

在上述认识的基础上,有研究者对审美教育作了更为具体的分析。这些分析和本

---

[1] 叶朗.美学原理[M].北京:北京大学出版社,2009:437.
[2] 李泽厚.李泽厚哲学美学文选[M].长沙:湖南人民出版社,1985:176.
[3] 瞿葆奎.教育学文集·美育[M].北京:人民教育出版社,1989:789.
[4] 蒋冰海.美育学导论[M].上海:上海人民出版社,1990:序 2.

书所讨论的审美学习关系紧密。

（一）审美教育是感性教育

审美教育是对人的感性方面的教育。人的"感性"是人之为人的重要规定性,它突出表现为直接感受性,又不限于感受性;它和理性相对应,包含着认识的成分,又不限于认识。"所谓'感性'即人生之所以然者,它包括人的本能、欲望、感觉和情感,它是人性的一个重要方面。"[1]但是,人们往往把理性看得更重要,忽略人是感性和理性的统一体,片面强调理性教育,因此,作为感性教育的审美教育首先是一个完善人性的教育。

审美是一种感性活动,虽然其中渗透着理性,但基本特征和主要倾向是感性的。正因为如此,审美教育首先并且必然是一种感性教育。感性教育表现在两个方面。其一是"感性泄导"。"所谓'感性泄导',就是在美育过程中引导受教育者在文明、健康的途径中释放感性,使它得到自由。"[2]释放感性,一是在审美教育中为人的感官提供广阔天地,使其感知日益敏锐,想象不断扩展,情感逐渐丰富;二是在审美教育中为感性提供合适渠道,使其能量顺利转移,身心自然轻松,感性需求合理满足。这种释放就是"要把人的感性从过分强调理性压制、忽视感性发展的状态下解放出来,将许多人的感性从麻木、迟钝的病态中解放出来,重新恢复它的敏感、生动和丰富"。[3]其二是"感性升华"。"所谓'感性升华'是指将人的感性从无意识的深处提升到表层,更是指将人的感性从兽性的层面提升到人性的层面,从生物学的水平提升到社会学的水平,使感性真正成为人的感性,只有在这种提升的基础上,人性才能放射出光芒。"[4]这实际上就是李泽厚所强调的"建立新感性"。"'新感性'就是指的这种由人类自己历史地建构起来的心理本体。它仍然是动物生理的感性,但已区别于动物心理,它是人类将自己的血肉自然即生理的感性存在加以'人化'的结果。这也就是我所谓的'内在的自然人化'。"[5]

---

［1］杜卫. 美育学概论［M］. 北京：高等教育出版社,1997：21.

［2］杜卫. 美育学概论［M］. 北京：高等教育出版社,1997：22.

［3］杜卫. 美育学概论［M］. 北京：高等教育出版社,1997：23.

［4］杜卫. 美育学概论［M］. 北京. 高等教育出版社,1997：24—25.

［5］李泽厚. 美学四讲［M］. 桂林：广西师范大学出版社,2001：124.

由此看来,感性教育不仅是完善人性的教育,更是提升人性的教育。

(二) 审美教育是趣味教育

审美教育又是对人的趣味方面的教育。趣味"是人在审美活动中表现出来的心理定势,它以喜爱或不喜爱的情感评价形式,决定对事物的取舍。它具体表现为个体的审美偏爱或选择,也可体现为一定群体共同的审美倾向"。[1] 趣味也可以理解为是一种格调、品位、鉴赏力,是具有明显倾向性的情感评价。趣味有高低之分,因此,"所谓'趣味教育',就是指针对人的趣味所做的引导工作,即将人的趣味从低级引向高级"。[2] 这实际上是对审美鉴赏力的培养,是使人形成高品位、高格调审美意识的教育。

作为审美教育的趣味教育同样是诉诸感性的。"趣味的引导,单纯依靠行政命令和道德教化不能达到预期的目的",因为"它们主要是针对人的理性的,只能对趣味发生间接的作用,而无直接作用"。[3] 因此,趣味教育和感性教育有着极为紧密的联系,前者是以后者为基础的。不过,趣味教育并不是一般的感性教育,而是"感性"升华、也就是"新感性"的教育。

趣味并不限于审美,它和生活乃至于人生都有着密切关系。"一个人的趣味与他的生活态度和人生价值直接有关,前者是后者的具体表现形式:一个人喜爱和排斥什么,是由他的基本生活价值取向所决定的。因此,趣味教育也是一种人生教育。"[4]

(三) 审美教育是人格教育

审美教育更是一种人格教育。"人格是个人在适应环境的过程中所表现出来的系统的、独特的反应方式。它是由个人在其遗传、环境、成熟、学习等因素交互作用下形成的,并具有很大的稳定性。"[5] 由此可见,人格是由多个因素综合、多种条件影响所形成的复杂的心理现象。人格教育就是要在遗传和成熟的基础上,通过学习及其环境

---

[1] 杜卫. 美育学概论[M]. 北京:高等教育出版社,1997:29—30.

[2] 杜卫. 美育学概论[M]. 北京:高等教育出版社,1997:30.

[3] 杜卫. 美育学概论[M]. 北京:高等教育出版社,1997:30—31.

[4] 杜卫. 美育学概论[M]. 北京:高等教育出版社,1997:30.

[5] 孙喜林,荣晓华. 现代心理学教程[M]. 大连:东北财经大学出版社,2000:259.

影响使个体形成健康人格。所谓"健康人格"是指"一个统一的、和谐的、具有协调能力、富有创造性和丰富情感内涵的自我有机体"。[1] 它具有整体性、协调性、创造性和情感性的特征。其中,创造性主要是指"不断实现和更新生命与生活的自觉意识和能力";情感性则表现为:(1)良好的审美鉴赏力和表现力,(2)丰富、灵敏而独特的情感体验,(3)不仅是直感式的、而且是回味式的、上升到"沉思"水平的情感体验。[2]

健康人格是对片面的"理性人""道德人"和"感性人"的超越,它是感性和理性相协调、相统一的完整人格。审美教育之所以能够成为健康人格培养的教育,就是因为它能够融德育和智育于一体,同时又并不消解在德育、智育之中,始终独立展示着其特有的作用。

由此,"美育不简单地是艺术教育问题,它是指一个人在人生境界所达到的最高水准。它是某种新感性的建立。所谓新感性,包含深刻的理性,它是一种渗透理性达到的超理性,它把一个人的社会性的东西同生理性的东西融合在心理中。这就不仅仅是道德、功利的境界。它不完全脱离道德境界,但比之更高一层;它也不完全脱离功利,它又是超功利。在这个意义上,美育就关系到每一个人,关系到每一个人怎样去追求和建构自己的人生,不仅是追求灵魂的完美,而且是超过这种完美的'天人合一'"。[3]

三、审美学习

审美学习是相对审美教育而言的,正如德育之有道德(态度)学习,智育之有认知学习,美育也就相应有审美学习。审美学习和审美教育是一个活动的两个方面,因此,与审美教育相对应,审美学习可以理解为是一种感性学习、趣味学习和人格学习。如果从更为宏观的角度看,审美学习必须以审美为背景和基础,因此,审美学习更是对人的特殊精神活动、本真存在方式和最高人生境界的学习,概言之,就是对完美人性和人

---

[1] 杜卫. 美育学概论[M]. 北京:高等教育出版社,1997:34.
[2] 杜卫. 美育学概论[M]. 北京:高等教育出版社,1997:34—35.
[3] 杨斌. 李泽厚论教育. 人生. 美[M]. 上海:华东师范大学出版社,2011:3.

生化境的追求和修炼。

国内(大陆地区)关于"审美学习"的讨论最早见于教育美学的相关研究。上世纪90年代,有研究者就提出"使学习变成审美",并且指出"学习审美(的)学习客体最初并不一定是审美对象,它要经过主体的努力奋斗,把某种关系或形式成功地加诸客体以后,学习客体才可能转化为审美对象,正因为如此,这种审美对象与其说是给定的,不如说是自己创造出来的……学习审美的特点则在于建构生产,后者标志着人把美作为一种实践力量加以运用,按照美的规律来自我塑造的自觉要求"。[1] 进入新世纪,有研究者从教学的角度提出,学生的学习活动也是一种美的创造过程,并分析了学习美的丰富内容,包括"学习目的""学习对象""学习过程"和"学习成果"的审美化。[2] 也有研究者认为"作为与审美教育相呼应的审美学习,是一个通过习得审美知识和审美能力,养成审美态度和审美理想,从而形成完美人格的过程。它影响到个人和社会的全面进步,在整个社会生活尤其在学校教育中不可或缺"。[3] 在已有的研究基础上,有研究者尝试界定审美学习:"审美学习是指在教师的引导下,学生通过自己的情感体验与内在感受,不断丰富情感、陶冶情操、净化心灵,提高审美素质,获得身心自由发展的过程。"[4]

在上述研究基础上,本书认为,可以对审美学习的内涵作出以下三层概括。

(一) 学习审美

审美学习首先是指对"审美"的学习,即学习审美。"审美"的基本含义是审美欣赏和审美创造,因此,学习审美也就是对审美欣赏和审美创造的学习。这包括"什么是审美欣赏和创造""如何审美欣赏和创造",以及"为什么要审美欣赏和创造"等方面的学习。其中,"如何审美欣赏和创造"是学习的核心。学习审美的关键就是要学会怎么样进行审美欣赏和创造。

无论上述哪一方面的学习都会涉及审美知识和审美意识这两类内容。审美知识

[1] 陈建翔.学习审美论[J].教育研究,1994:2.
[2] 袁鼎生.教育审美学[M].桂林:广西师范大学出版社,2001:154—155.
[3] 黄建君.谈谈思想政治课的审美学习[J].思想政治课研究,2003:5.
[4] 彭文晓.论审美学习[J].湖北大学学报(哲学社会科学版),2009:3.

主要是关于审美对象的知识,分为艺术对象和非艺术对象两种知识。艺术知识包括各个艺术门类的知识,例如,文学知识、音乐知识、电影知识等。这些知识都是和艺术美相关的知识。非艺术知识更为宽泛,包括自然美、社会美和人的美的各种相关知识。

审美意识主要包括审美心理和"非理论形态的审美观"。审美心理包括:(1)审美能力(鉴赏力、判断力),即感受力、表象力、想象力、思考力(理解力)和情感力等的综合;(2)审美经验,即审美活动形成的情感体验,是多种心理活动相配合而产生的审美愉快,是积淀着理性的感性;(3)审美态度,是由审美需要和目的而形成的审美立场,是一种非实用非功利的态度,包括审美注意。"非理论形态的审美观"也可以理解为狭义的审美意识,包括:(1)审美观念,即对审美对象经验性、意象性的看法,而不是概念的逻辑的观点;(2)审美趣味,这是对审美对象具有倾向性的情感评价,它是非道德和非实用的;(3)审美理想,这是审美的最高范型和标准,同样是非概念性的,呈现为一种典范的审美意象。[1]

审美知识是审美的必要条件,但不是充分条件。一个人完全不具备审美知识是难以审美的,但具备了审美知识却并不一定能够审美。审美知识只是审美学习的基础性内容,不学习不行,但习得只是具备了审美的可能性,而不是必然性。审美意识则是审美的充分必要条件。一个人缺乏审美意识,特别是缺乏审美态度和审美能力,即使拥有一定的审美知识也不可能发生审美,而具有了审美意识,即便所知的审美知识很少也会有审美发生。因此,审美意识是审美学习的主要内容,借用加涅的说法,这也是一种"习得的性能"(capability)。

总之,学习审美就是把"审美"作为教育的内容和学习的对象,这是审美的教育化。

(二) 在审美中学习

审美学习不仅是学习审美,而且是指在"审美"中学习,即在审美欣赏和审美创造中展开学习。审美欣赏和创造的前提是审美态度,就是学习者要具有超功利、非实用的态度,这是审美的准备状态,也可以说是审美的基本条件。因此,在审美中学习首先就是指以审美态度进行学习。

---

[1] 杨恩寰,等.美学教程[M].北京:中国社会科学出版社,1987:312—313.

但是,这一"审美"并不是泛指一切审美活动,也不是指艺术审美、自然审美这样的专门审美活动,而是指在学校教育情境中的特殊审美活动,即教育审美活动。教育审美活动是紧紧围绕着教育(学习)展开的审美,是渗透在教育(学习)中的审美,离开了教育(学习)活动,审美也就"皮之不存,毛将焉附"了。因此,在审美中学习又可以进一步表述为,是在发现、欣赏和创造教育美的活动中学习。

这里需要明确两点:第一,教育审美活动不仅是欣赏和创造美,而且是发现美。虽然任何审美活动都需要发现美,但教育审美活动尤甚,这不仅因为教育活动不是专门的审美活动,教育的审美性往往比较隐蔽,而且因为"教育过程的美大多数时候是一种尚待完成的美,是一种合理的期待美。在主体的审美经验中,需要对美的内容进行填补和再创造"。[1]

第二,教育审美的对象是教育美,它属于社会美,不同于艺术美和自然美。"社会美来源于人类的社会实践,即人们改造客观世界的一切活动。在人类改造自然、改造社会的实践活动中,人的本质力量不断得到发挥,从而创造出社会美。"[2]社会美与物质生产实践有直接的联系,表现出比较明显的现实功利性。教育美也不例外。教育的本质是培养全面发展而又有利于社会进步的人,这就使教育活动具有现实功利性;但教育又不仅仅关注眼前,它更着眼于宏观的长远的根本的人类利益,蕴涵着超越现实功利性的另一面。这样,教育就具有了审美的可能性。事物的审美性质(属性),核心是"超功利性",也就是"超越了现实功利性的精神愉悦"这样一种性质。"审美性"既包括客观的审美对象、审美价值(即通常所说的"美"),也包括主观的审美心理、审美意识(即通常所说的"美感"),是二者对立统一过程中所表现出来的特殊性质。教育美(审美性)产生于教育实践活动,和教育的功利性紧密相联,又表现出自身的特殊性。首先,教育是一种倾向于生产的活动,充满着创造性。但教育的过程是一个传授-继承的过程,它的基本倾向是复制和再造。在知识和技能、思想和方法、理论和技术、认知和信仰、理性和情感、科学和艺术、态度和行为等诸多方面的传授中,都表现出这种基本的倾向。教育是建立在原有生产基础上的生产,是一种"再生产"。在这样的再生产

[1] 钟以俊.美学视野中的学校教育[M].广州:广东教育出版社,2006:45.
[2] 张锡坤.新编美学辞典[Z].长春:吉林人民出版社,1987:25.

过程中,教育生产者一方面必须深入了解、把握、甚至精通"原作",另一方面又必须忠实于"原作"(这是就普通教育而言,如果就某些研究性的教育而言,则有所不同)。这就和一次性或初次性生产有很大不同。一次性或初次性生产要求独创和创新,而再生产则要求忠实和准确。当然,再生产同样需要创造,但这是一种侧重于传授形式而不是传授内容的创造。这种创造是一种很特殊的创造,它虽侧重于形式,但丝毫不能忽略内容;虽集中体现于传授者,却根源在接受人。因此,教育既有再造性的一面,也有创造性的一面,是二者的有机统一。其次,教育所生产的不是物质产品,而是精神产品。精神产品不同于物质产品。物质产品的功能来自产品本身,即来自物质实体,而精神产品的功能则来自产品意义,即来自精神意义。尽管精神产品同样需要物质载体,但这已不是纯粹的"物质",而是具有精神性倾向的"物质"了。因此,精神产品实际上是观念形态的(广义的)文化产品。这种"文化产品"当然不是一般的精神产品,而是"人"这种特殊的精神产品。人类自身的生产不同于生物的繁衍。生物繁衍仅仅是种系的延续和继承,而人类自身的生产不仅是人类种系的延续,还包括社会遗产即文化的继承。这就是说,人类自身的生产不仅仅是肉体的生产,而且是精神(文化)的生产。如果没有精神(文化)的生产,那么生产出来的"人"就还不是真正意义上的人。教育活动就是将人类文化遗产同个体的自然人融为一体的过程,它所生产的是已经不同程度获得人类文化遗产的人。因此,教育活动是人的生产和精神生产相统一的双重生产活动。再次,教育活动不同于其他的精神生产活动。它不同于科学研究活动。科学研究的产品是科学的知识、方法和精神,而不是人;科学研究的对象是整个客观世界,虽然也包括人,却是把人作为客观世界的一部分来研究的,而教育的对象则是人,并且着眼于人的主观世界;科学研究强调客观性,整个过程是一个不断探索与接近客观规律的过程;教育则强调"以人为本",虽然也要遵循规律,却是一个不断探索与接近人性本质的过程。教育活动也不同于艺术创作活动。艺术创作的对象是人类社会,其核心部分是人;艺术创作同样"以人为本",同样是一个不断探索与接近人性本质的过程。但是,艺术创作的产品不是人,而是艺术作品。更确切地说,艺术的产品不是真实的人,而是虚拟的人;不是现实的人,而是理想的人;不是直接的现实性,而是间接的可能性。教育活动与宗教活动也不相同。宗教活动虽然具有一定的教育性,但是它的核心是"神",而不是"人"。总之,教育活动是直接指向人的,它既不是以"物"和"神"为本,也不是以"理想人"为本,而是以"现实人"为本的培养和塑造人的活动。最后,教育不仅生产精神产品,而且本身就是一种精神交往活动。交往是人与人之间的相互作用,精神交往就是人与人之间精神的相互作用和影响。精神交往贯穿于全部教育活动中,是师生、生生之间的精神互动。这种精神互动不仅是认识的交往,而且包含情感、意志、信仰、审美等活动,是思想交往和心理交往的统一。教育美就是在上述的特殊性中酝酿和诞生,又充分显示着这些特殊性。

总之,在审美中学习,也就意谓着学习是在审美中进行的,学习过程同时也是一个审美过程。这是教育的审美化。

(三) 在审美中学习审美

审美学习不仅仅是学习审美,也不仅仅是在审美中学习,而是二者的连接和统一。

从学习审美的角度看,审美学习是对"审美"这样一个专门领域的学习,它不同于认知、态度和动作等领域的学习,而与这些学习相并列。审美学习不同于认知学习。认知学习是智慧学习,学习的对象是"真",是物质世界的真实性、规律性和正确反映它们的真知、真理;学习的结果是对学习主体的智力结构的塑造。审美学习则是情感学习,学习的对象是"美",是客观世界的"真"和人类社会的"善"的统一,也就是规律性和目的性的统一;学习的结果是对学习主体的审美结构的塑造。审美学习也不同于态度学习。态度学习虽然也是情感学习,但学习对象却是"善",是"学会理解并妥善处理其情绪、情感,发展自己的价值评价系统,使自己更能被他人接纳,适应社会生活的过程",[1]态度学习所涉及的情感具有很强的功利性,如家庭、职业和社会生活的情感等;学习的结果是对学习主体的意志结构的塑造。而审美学习所涉及的情感则是超功利性的,即不诉诸直接的、眼前的功利,而是着眼间接的、长远的功利。审美学习是对美的感受和鉴赏,集中表现为动"情",而不是理"智"和立"意"。

从在审美中学习的角度看,审美学习是在一个特定的审美活动即教育审美活动中的学习,虽然都要以审美态度为前提,但它不同于艺术审美、自然审美和其他各种社会审美活动的学习。教育审美的对象是教育美。教育美是师生在教和学的相互作用过

---

[1] 顾明远. 教育大辞典·第 5 卷·教育心理学[Z]. 上海:上海教育出版社,1990:293.

程中共同创造出来的,但这一创造不是他们"有意栽花"而是"无心插柳"的结果。也就是说,教育美不是为了审美而专门创造的"预期产品",而是基于教和学的成功所产生的"意外奖赏"。教育美主要表现为功能美。它美在内容(功能),往往内容压倒形式,内容占主导地位,形式退居其次;它的超功利性不很明显,表现出比较强烈的社会目的性倾向。因此,在教育审美中学习主要受到功能美的影响,更关注具体、明确和直接的美感意味,产生的审美愉悦一般因学习的成功而起,并且指向学习的直接对象和内容。艺术审美则不同,其对象是艺术美,这是由艺术创作者专门创造出来供艺术欣赏者集中审美的。艺术美和形式美的联系十分密切,超功利性比较明显,因此,在艺术审美中学习往往是在形式美所蕴含的宽泛、朦胧和间接的意味中感受和体验更具普遍意义的愉悦,从而提升学习的效率、效能和效果。自然审美也不同,虽然自然美不是人直接创造的,但欣赏自然美也是一种专门的审美活动。自然美的"形式感"更强,超功利性也更明显。因此,自然审美对于学习的影响不仅类似艺术审美,而且甚于艺术审美,几近"只事耕耘,不问收获",更加超然于直接的学习功利性之外了。各种社会审美和教育审美则比较接近,但与教育审美相比,其他社会审美活动的功能美特征更为明显,功利性倾向不仅更强烈,而且和现实往往有着更为直接的联系,最为关注的不是学习功利,而是社会实用功利。因此在社会审美中学习,其审美学习的倾向不明显,常常被社会实践活动本身所冲淡甚至取而代之。审美学习虽然可以借助艺术、自然和社会审美活动,但主要是在教育审美活动中学习,因为审美学习不是学习之外的审美,也不是缺失审美的学习。

把"学习审美"和"在审美中学习"融会贯通,就成为"在审美中学习审美"——在教育审美活动中展开关于审美知识和审美意识的学习。这既是一个专门学习领域的学习,又是一个特殊审美活动中的学习,体现了审美教育化和教育审美化的统一。但是,在审美中学习审美并不仅仅是专门和特殊的学习,它同时也是更具综合性和普遍意义的学习。

在审美中学习审美是一个遍及所有学习领域的综合性学习。不同的学习领域虽然学习的对象和内容不同,却都可以发生"审美",由此也都可以"学习审美"和"在审美中学习"。"审美"渗透、融合在各种学习之中,到处都有审美学习的声影:"德育不再是道德的生硬灌输,而是审美人格的培育;智育不再是知识的枯燥传授,而是情理统一的诗意思维的培育;体育不再是身体的单调锻炼,而是健美体格的培育;劳动教育也不再是技能的训练,而是在劳动过程中获得自由的感受。"[1]

在审美中学习审美又是一个贯穿整个教育过程的持续性学习。整个学习过程都充盈着"审美",而全部"审美"又都与学习紧密相联。没有独立于学习之外的"审美",也没有与"审美"无关的学习。"只有在学习中才能生成出学习的内容,它不是到学习之外去寻找和吸收学习对象和内容,而是在学习之中培育和养护学习对象和内容"。在审美学习中没有固化的阶段和步骤,也没有不变的方向和目标,它并不一味追求结果,只是全神贯注于过程。如果说策略学习是在策略运用中学习策略,动机学习是在动机形成中学习动机,那么,审美学习则是在审美发现、欣赏和创造中学习审美。这每每使审美学习的"学习性"表现得不明显,甚至似乎并非"学习",只有"审美"。但这恰恰就是"在审美中学习审美"的真谛,"学习"和"审美"合二为一,学习就是审美,审美亦为学习,不正是"超越了现实功利性的精神愉悦"的彰显吗? 因此,综合而又深蕴着普遍意义的审美学习,习得的是"审美",形成的则不仅仅是某一方面的素质,而是一个完美的人格。

第二节　中学思政学科审美学习的性质、特点和意义

一、中学思政学科审美学习的性质

中学思政学科的审美学习和态度学习、动机学习都属于情感学习,都是"把情感作为人的发展的重要领域之一,关注人的情感层面如何在教育的影响下不断产生新质、

---

[1] 钟以俊. 美学视野中的学校教育[M]. 广州:广东教育出版社,2006:42.

走向新的高度"。[1] 情感学习是以情感为主要对象和内容的学习,是对"情感"的学习;又是充分发挥情感因素的积极作用,增加学习效果,使学生身心感到愉快的学习,是用"情感"去学习。审美学习正是这样的发展情感又运用情感的学习。情感是人对客观事物的态度体验,审美学习虽然也需要学习审美知识,但主要不在于知识的接受和理解,而在于情感的体验和领悟。

审美学习虽然属于情感学习,但又有别于态度和动机学习。态度和动机学习属于功利性情感学习,而审美学习是超功利性情感的学习。中学思政学科的情感学习具有很强的社会功利性,态度学习是对政治课的学科主导态度的学习,动机学习是对学科学习态度的学习,两种学习都诉诸明显的功利性情感。审美学习则不同,它既是对政治课的学科审美态度(情感)的学习,又是以审美态度(情感)去学习政治课,表现出一定的超功利性。

中学思政学科是一门显性德育课程,重在立德树人,因此在政治课中"学习审美"就不是去学习专门的审美知识,而是产生(习得)以政治课内容为对象的审美感受(能力)和体验(经验),并在此基础上形成(习得)相应的审美态度、观念、趣味和理想。由于审美观念、趣味和理想都可以看作是广义的态度(审美的准备状态),因此,政治课的学习"审美"就是学习(形成)广义的"学科审美态度"。而"在审美中学习"也不是在专门的审美活动中学习,而是在政治课的"学科教育审美"中学习,也就是以政治课教学为背景的审美中学习。这种审美学习的发生同样需要有学科审美态度为前提,因此,政治课的"在审美中"学习首先是指以"学科审美态度"去学习政治课。学科审美态度要求学生不仅是政治课的学习者,而且是政治课的审美者。在审美中学习,在学习中审美,只有这样才能够发现、欣赏和创造政治课的教育美,也才能够真正在学科教育审美中展开学习。

由此可见,政治课"在审美中学习审美"的核心是学科审美态度。学科审美态度(包括审美观念、趣味和理想)是对中学政治课学习内容的审美态度,是一种超功利、非实用的态度。它不同于政治课的学科主导态度。学科主导态度是政治课学习的核心内容,贯彻、渗透着主导意识形态和核心价值观,具有强烈的现实功利性,也有一定的

---

[1] 朱小蔓.情感教育论纲[M].北京:人民出版社,2007:15.

实用价值。学科审美态度作为"学科"的审美态度与主导态度有着密切的联系,它既孕育主导态度之中,又超乎主导态度之上。孕育其中是因为审美立场、审美注意、审美观念、审美评价(趣味)和审美向往(理想)都源起于学科内容、特别是学科主导态度,离开学科内容,学科审美态度难以产生。但更重要的是超乎其上,因为它并不耽于直接的现实功利,而是超越学科的具体内容,具有更为宏远、普泛和间接意义的功利倾向。它也不同于政治课的学科学习态度。学科学习态度虽然不是政治课学习的核心内容,却折射着对核心内容的态度,又指向学科学习的功利,透露出比较直接和现实的功利性。学科审美态度与学科学习态度也有着密切的联系,它既是审美态度,也是学习态度。作为学习态度,它具有一定的现实功利追求,但作为"审美"的学习态度,它就超越了学科学习的现实功利,并不拘泥于学习的具体得失,而同样表现出宏远、普泛和间接意义的功利倾向。

学科审美态度既是政治课审美学习的基本前提,又是审美学习的主要结果。学科审美态度作为"基本前提"就是"以学科审美态度去学习"。学科审美态度不是凭空产生的,它建立在审美态度的基础上。作为一种情感学习,政治课的审美学习同样需要学习发生的必要条件,这包括两个方面。第一方面是学习发生的情感条件,也就是审美条件。这是指学生在学科审美态度产生之前必须要有一定的态度和情感准备,即要有一定的审美态度。这种审美态度(包括审美观念、趣味和理想)可能在学校学习中形成,也可能在学校之外的社会和家庭生活中形成。虽然在学习中不是时刻都保持这种态度,但在学科审美开始时却是不可或缺的。也就是说,中学生是在既有的审美态度和情感的基础上开始政治课审美学习的。第二方面是学习发生的认知、态度和动机条件,也就是学科条件。这是指审美学习发生之前政治课的认知、态度和动机学习必须已经发生,即学科认知已有所开始,学科态度已有所接受,学习动机已有所启动。政治课的审美学习不仅需要既有的审美态度作为前提,而且依赖其他学习的发生作为基础。学科审美态度并不超然于学科之上,而是以学科内容为对象,如果学科的认知、态度和动机学习没有先期发生,那么审美学习就成了无源之水、无本之木了。

学科审美态度作为"主要结果"则是通过"学习学科审美态度"实现的。学科审美态度的习得以学科内容为基础,这和其他学习相类似。但不同的是,认知学习在学科内容中汲取知识、形成技能;态度学习在学科内容中接受态度、认同价值;动机学习在学科内容中唤醒需要、激发兴趣;而审美学习则是通过学科内容去发现、欣赏和创造其中所蕴含着的审美价值。也就是说,虽然都是以学科内容为基础,但认知学习收获的是"真",态度学习收获的是"善",而审美学习收获的是"美"。美是真和善的统一,因此,通过对学科审美价值的发现、欣赏和创造形成的学科审美态度其实也是一种求真求善的态度。这样的学科审美态度比起最初作为前提的学科审美态度就要丰富和深刻得多了。中学思政学科的审美学习就是在这种一浪高过一浪的推升中不断获得更为隽永的普遍意味。

二、中学思政学科审美学习的特点

审美学习首先是一种学习活动,它必然具有学习的特点。广义学习是指经验引起的学习者内在的变化,因此,审美学习可以说是审美经验引起的学生的审美心理结构的变化。审美学习包含有审美活动,审美心理(美感)的特点也会影响审美学习。关于审美心理(美感)的特点存在不同观点,但一般认为超功利性、直觉性和自由性等是基本特点。[1] 审美学习和审美教育交织在一起,是一个活动的两个方面,审美教育和审美学习的特点是相互映射的。对审美教育的特点同样存在不同意见,但情感性、形象性和自由性等特点被基本认可。[2] 在此基础上,本书对中学思政学科审美学习的特点试作以下概括。

(一) 超功利性

审美具有超功利性特点,审美学习同样也有超功利性。超功利性不是毫无功利性追求,而是不追求直接的实用功利,着眼于长远的精神性功利。精神性功利无关乎生理欲望,也不涉理性意志,它是超越了对象实体和现实狭隘功利的审美功利。正如康

---

[1] 朱立元. 美学[M]. 北京:高等教育出版社,2006:275—282;叶朗. 美学原理[M]. 北京:北京大学出版社,2009:136—146.

[2] 蒋冰海. 美育学导论[M]. 上海:上海人民出版社,1990:73—90;朱立元. 美学[M]. 北京:高等教育出版社,2006:427—434.

德所说："鉴赏判断是这样的一种判断：它对一对象的存在是淡漠的，只把它的性质和快感及不快感结合起来……对于美的欣赏的愉快是唯一无利害关系的和自由的愉快；因为既没有官能方面的利害感，也没有理性方面的利害感来强迫我们去赞许。"[1]

中学政治课的学习充满了现实功利性，但贯穿其中的审美学习却是超功利的。审美学习以政治课的知识和态度为对象，却并不耽于这些对象。它不以习得具体知识、形成明确态度为满足，而是因知识启示和态度召唤而兴奋、激动和欢乐，知识和态度固然重要，但由此而唤醒的真理追求和信念坚守更为珍贵！这就不是止于知识和态度，而是超越知识和态度，在知识和态度的功利之上追求和获得虽然对眼前不实用却对人生很有用的宏远功利。

（二）情感性

审美学习是情感学习，具有情感性特点似乎不言而喻。但究竟什么是"情感性"呢？有研究者认为，情感的交流性是美育心理的重要特征，"整个美育心理的过程就是从情感开始，经过情感的体验，最后达到情感升华的全过程"。[2] 也有研究者指出，"所谓情感性不仅是指美育主要是以情感为中介，通过诉诸人的情感领域来进行的，而且也是指美育具有激发情感、以情动人、陶情养性的重要作用"。[3] 审美教育如此，审美学习亦如此。由此看来，首先，情感性就是指"情感活动伴随始终"，"以情感活动为主，并弥漫、渗透、贯穿审美活动的全过程"。[4] 也就是说，审美学习是始于情感，即从审美态度开始，又终于情感，即以新的审美态度而结束。其次，审美情感贯穿于学习全程，主要表现为主客体之间的情感交流。审美学习的情感性更重要的是这种交流性。只有当审美的主客体双向交流了，审美学习才真正开始。这种交流"一是审美对象感染审美主体，即对象引发主体的审美体验；二是审美主体丰富审美客体，即主体对对象的审美移情"。[5] 这是主客体之间的相互作用，但不是刻意为之，而是不期相遇。在不知不觉、自然而然中碰撞、交融、影响，以至于最终主客难分、物我两忘。最

［1］［德］康德. 判断力批判. 上卷［M］. 宗白华，译. 北京：商务印书馆，1964：46.
［2］蔡正非. 美育心理学［M］. 北京：中国社会科学出版社，1999：69.
［3］朱立元. 美学［M］. 北京：高等教育出版社，2006：427.
［4］朱立元. 美学［M］. 北京：高等教育出版社，2006：277—278.
［5］蔡正非. 美育心理学［M］. 北京：中国社会科学出版社，1999：75.

后,情感性还是"情"和"感"的渗透融合。审美学习诉诸各种感性心理形式,而情感正是调动感性形式的基础、动力和中介,感知、想象乃至直觉都在情感的渗透和影响中活动起来,从而形成"活生生的审美意象"。"情感体验是审美经验的核心和动力。没有情感活动,就没有审美经验",[1]也就没有审美学习。

中学政治课的审美学习并不是独立进行的,而是和认知、态度学习紧密结合在一起,不能绝然分开。认知和态度学习也伴随着情感活动,但它们并不是"伴随始终"。认知的主导是智力,态度的核心是德性,这最终都归于理性。审美学习虽然不能脱离认知和态度学习,但始终贯穿情感活动,当认知和态度学习以理性成果宣示完成时,审美学习依然浸润和陶醉在情感交流之中。这种情感交流既可以围绕着学习内容展开,也可以游离于学习内容之外进行(这涉及政治课审美学习的内容,将在下一节讨论)。在交流中,严肃、刻板的认知、态度学习会随着审美而变得活泼、生动起来,不仅理解即刻化为感知,而且想象插上了翅膀,甚至直觉也被唤醒,像闪电般划过思维着的脑海。

(三) 愉悦性

"愉悦性是美感最明显的特性",[2]也是审美学习最明显的特征。如果学习使人快乐了,那么,这种学习就已经显露出审美学习的迹象;而使人快乐的学习也一定令人喜爱,因此,审美学习也是一种让人喜爱的学习。快乐和喜爱是愉悦性最直接最鲜明的两种情感表现。"快乐是一种在追求并达到所盼望的目的时所产生的情绪体验",而"喜爱是指对象满足需要而产生的情绪体验"。[3]发自内心的快乐,不由自主的喜爱,这也就是通常所说的"美感"(狭义)。快乐和喜爱都是肯定性、积极性的情感,而且具有强烈的扩散性倾向。情感的扩散性有两种。一种是内扩散,即"主体对某一对象产生的某种情绪体验,影响主体对其他对象也产生同样的情绪体验",比如爱屋及乌;另一种是外扩散,即"一个人的情绪影响到别人,使别人也产生相同的情绪",比如感同身受。[4]美感就有这样的影响和魅力。

---

[1] 朱立元.美学[M].北京:高等教育出版社,2006:278.

[2] 叶朗.美学原理[M].北京:北京大学出版社,2009:143.

[3] 孙喜林,荣晓华.现代心理学教程[M].大连:东北财经大学出版社,2000:209.

[4] 孙喜林,荣晓华.现代心理学教程[M].大连:东北财经大学出版社,2000:208.

但是，愉悦性并不仅仅止于这种单一的"美感"。我国美学家叶朗就指出："审美愉悦不仅仅是和谐感，也有不和谐感……不仅仅是快感。也有痛感……不仅仅是喜悦，也有悲愁……审美愉悦是一种非常微妙的复合的情感体验"。[1]一般来说，这种"微妙的复合情感"，始于快乐和喜爱，因此通常给人带来的是轻松、舒畅的感受。但是，也有另一种情况，一开始并不轻松，也不舒畅，而是沉重、憋屈，那就不是先产生快乐和喜爱，而是各种其他的情感，"它可以包含'惆怅''恍惚''留恋''惋惜''微苦'，'一缕说不出的深切的凄凉的感觉'，'一股宇宙的遥远的相思哀感'"[2]，等等的体验，但不管多么复杂的情感，即使经过千回百转，最终还是会回归快乐和喜爱之情，只不过晚一点、慢一点也多一点内涵积淀而已。这是一种难以言喻的精神享受。它既让人愉快，又给人启迪，"美的享受是情感与理智的满足"。[3]这种享受说到底是"由于超越自我、回到万物一体的人生家园而在心灵深处产生的满足感和幸福感，是人在物我交融的境域中和整个宇宙的共鸣、颤动"。[4]

中学政治课审美学习的愉悦性往往并不起于单一的快乐和喜爱。这是因为政治课的学习内容比较宏观、严肃、抽象，政治敏感性也强，"学习客体最初并不一定是审美对象，它要经过主体的努力奋斗，把某种关系或形式成功地加诸客体以后，学习客体才可能转化为审美对象，正因为如此，这种审美对象与其说是给定的，不如说是自己创造出来的"。[5]这种创造需要一个过程，"对象之美的内容作为一个缩影即学习者克服困难获得自由的简短过程被保留下来，只是到过程之末，内容才融化进形式，而最初的功利意识占据某种优势的单一理性功能也才汇进各种心理因素综合贯通到美感体验中"。[6]经过这样的"建构"而产生的愉悦就要复杂得多，仿佛五味杂陈而又回味无穷。因此，政治课的审美学习特别具有潜移默化的特点。它的美感是逐步生成的，审美学习的影响也是一个渐变的过程。这个过程既是有知有觉的，因为有快乐和喜欢，也有各种各样的其他情感体验；又是不知不觉的，因为说不清快乐的缘起，也道不明为

---

[1] 叶朗. 美学原理[M]. 北京：北京大学出版社，2009：144，146.

[2] 叶朗. 美学原理[M]. 北京：北京大学出版社，2009：146.

[3] 蒋冰海. 美育学导论[M]. 上海：上海人民出版社，1990：81.

[4] 叶朗. 美学原理[M]. 北京：北京大学出版社，2009：146.

[5] 陈建翔. 有一种美，叫教育[M]. 成都：四川教育出版社，2006：194.

[6] 陈建翔. 有一种美，叫教育[M]. 成都：四川教育出版社，2006：195.

什么喜欢,种种情感聚拢来就油然而生一种满足和幸福。这种潜移默化也具有扩散性。一方面由审美学习扩散到认知和态度学习,类似于"内扩散";另一方面对其他学科学习产生影响,就像是"外扩散"。

(四) 直觉性

审美直觉是指主体不假思索地感受美的心理能力。审美学习也具有这种直觉性。在审美学习中,"主体是凭借自己的感觉器官而非思维理性,直接而非间接地与对象打交道,而对象也是以自己的感性外观(即感官可以把握、感觉的外显形式)而非内在本质,直接而非间接地呈现给主体"。[1] 这种直觉性有三个特点:第一,直接性。表现为"当主体与对象相遇的那一刹那间,主体无需通过逻辑的分析而直接对对象进行整体的把握"。[2] 这表明"它既不受逻辑规则的制约,也不受因果联系的约束"。[3] 第二,顿悟性。表现为主体"对对象的把握过程呈现出某种单纯和迅速的特点……美像一道神秘的灵光,刹那间照亮我们的心灵"。[4] 这表明在审美学习中"无意识、直觉、非逻辑性、反常性等非理性特点表现得尤为突出"。[5] 第三,综合性。"这种综合性从主体的角度看是对心灵多种层次的综合,或者说是主体全部心理能力的综合迸发;从主体对客体的把握来说又是对对象多种要素的总体整合"。[6] 这表明"感性直观不再是片光只影,而是具有洞悉事物本性、整体把握对象的能力或意向"。[7] 由此,审美学习超越了逻辑(理性)世界和功利(理性)世界,从而也就达到李泽厚所说的"新感性"。新感性是超越理性,但并不反理性。审美直觉是理性和非理性的统一,或者说"直觉的心理机制是由人的高级思维结构与低级无意识结构经创造力和想象力联结而成的,它是人最充满生命活力的动态心理结构"。[8] 审美学习中的直觉本质上是一种感悟,一种主体和对象的心灵契合。这种感悟和契合往往不那么精确,更多的是表

---

[1] 朱立元.美学[M].北京:高等教育出版社,2006:275.
[2] 蔡正非.美育心理学[M].北京:中国社会科学出版社,1999:62.
[3] 朱立元.美学[M].北京:高等教育出版社,2006:281.
[4] 蔡正非.美育心理学[M].北京:中国社会科学出版社,1999:63.
[5] 朱立元.美学[M].北京:高等教育出版社,2006:280.
[6] 蔡正非.美育心理学[M].北京:中国社会科学出版社,1999:63.
[7] 朱立元.美学[M].北京:高等教育出版社,2006:276.
[8] 蔡正非.美育心理学[M].北京:中国社会科学出版社,1999:63.

现为模糊的、朦胧的、难以言喻的意味。这当然不是混沌一片，也不是杂乱无章，而是一种"多层的隐喻，丰富的意义"和"精神上的解放"。[1]

中学政治课审美学习的直觉性比较难以出现，因为政治课的功利性和逻辑性很强，在这两个世界的重围之中要突破并不容易。但是，一旦突破，就会豁然开朗，产生醍醐灌顶般的醒悟。因此，政治课审美学习的直觉性往往突出表现为形象顿悟，仿佛峰回路转，突然一下子明白了，于是，对"真""善"的追求和领悟变成了对"美"的观照，不由地心服而口服，心向而往之。

（五）自由性

自由是美的灵魂，没有自由就没有美，也就没有美的欣赏和创造。审美学习同样具有自由的特征。它不需要说服动员，更不是强迫所致，完全出于自觉自愿，完全在于学生自己的心理需要和兴趣爱好。审美学习又是自由自在的，它跳出了物欲的窠臼，摆脱了逻辑的束缚，全神贯注于美的感受和体验，不必担心学习的失败与成功，也毋须关注终极目标和结果，审美不息，学习不止，在这持续不断、绵绵流淌的审美学习中学生获得极大的精神自由。

这种自由充满了创造。审美学习不是复制对象，而是创造"意象"。"审美意象不是一种物理实在，也不是一个抽象的理念世界，而是一个完整的、充满意蕴、充满情趣的感性世界……审美意象不是一个既成的、实体化的存在……而是在审美活动的过程中生成的。"[2]这个生成过程既有欣赏也有创造，在创造中欣赏，在欣赏中创造，二者自然而然，浑然一体，充分体现了审美的自由境界。这种自由还表现在审美创造有别于科学创造，"审美创造所得到的东西（意象世界）是唯一的、是不能重复的"。[3]这也是审美学习不同于认知、态度学习的重要之处。审美学习的创造性不仅独一无二，而且往往出人意料，突然爆发，毫无循序渐进之态。

自由创造实质上是体现了人对生命力的追求，是实现自我乃至超越自我的渴望和尝试。在超越中"人的主体能力被全面、充分地调动起来，不断被开掘，并且处于一种

[1] 蔡正非.美育心理学[M].北京：中国社会科学出版社,1999：65,66.
[2] 叶朗.美学原理[M].北京：北京大学出版社,2009：59.
[3] 叶朗.美学原理[M].北京：北京大学出版社,2009：141.

整体和谐共振并得到最大发挥的境地"。[1]"这种超越性使人获得一种精神上的自由感和解放感。"[2]正因为此,审美学习往往是可遇而不可求的,它的发生不仅需要学校学习的条件,而且需要社会发展的条件。

由此可见,中学政治课审美学习的发生更为困难,因为,既循一定之规,又能自由学习,这本身就是一个追求自由、探索创造、敢于超越的学习过程。

三、中学思政学科审美学习的意义

无论在中学思政学科学习的范围之内,还是范围之外,审美学习与其他学习相比都更具有普遍的综合性影响和意义。这些影响和意义大体上可以从以下三个方面加以概括。

(一) 审美学习对认知学习的影响和意义

审美学习对认知学习的影响集中表现为"以美启真",就是通过审美教育和审美学习来"启迪人的智慧,增长知识,发展思维能力"。[3]

首先,审美学习可以提高政治课认知学习的效率。审美学习的愉悦性和直觉(形象)性能够使学生产生浓厚的认知兴趣,激发他们探求真理的激情和努力学习的冲动。这不仅会不断提升学习的主观能动性,变被动学习为主动学习,而且伴随审美学习而来的美感更能够促使学生在较少的时间和精力条件下收获较多、较好的成果,从而促进智力活动更有效地开展。

其次,审美学习可以提升政治课认知学习的效能,激发和推动认知学习的创造性思维。审美学习的情感性特点可以使学生在情感的感染和熏陶下,有效地协调审美和认知学习,使各种心理因素在学习中都能有效地发挥作用(效能),推动认知学习把一般的抽象认知逐渐转化为特殊的情感体悟。由此,学生的创造力也被有效激发,在感

---

[1] 朱立元. 美学[M]. 北京:高等教育出版社,2006:279.
[2] 叶朗. 美学原理[M]. 北京:北京大学出版社,2009:143.
[3] 杨恩寰,等. 美学教程[M]. 北京:中国社会科学出版社,1987:469.

知、想象、情感、思维和直觉的互动协调中,特别是在审美学习自由性特点的影响下,创造性思维厚积而薄发,从而大大拓展学生学习探索的智慧源泉。

最后,审美学习可以全面提升中学政治课认知学习的效果。就提高了效率和效能而言,审美学习已经取得了直接的、眼前的、具体的认知效果,而更重要的则是与此同时所取得的间接效果,即整体的、综合的、长远的学习效果。审美学习的自由性使学生可以充分发挥各自的潜能,不仅防止和克服学习中的片面发展(如死记硬背),而且促进认知水平的全面提高。这种"全面提高"的认识水平是包含在审美之中的。审美其实也是一种认识,是感性地、直觉地把握世界的能力。因此,审美能力的发展内在地包含并且推动着认知能力的发展。这种发展意味着,通过审美体验直接领悟和洞察生命、自我与世界正是审美和认知融为一体的成果。

(二) 审美学习对态度学习的影响和意义

审美学习对态度学习的影响集中表现为"以美储善",就是通过审美教育和审美学习来"培养人们高尚的道德情操,促使人们心灵趋向善,走向人格完美"。[1]研究表明,审美教育是道德教育的基础和手段。作为基础,美育"能培养人们对生命的热爱、崇高感和同情心,而这正是培养高尚品德的最深厚土壤";[2]作为手段,美育则可以"使学生在生动形象、愉悦有趣的活动过程中受到道德的教育"。[3]美育对德育的这种影响同样体现在审美学习和态度学习的关系上。

首先,审美学习可以提升政治课态度学习的自觉性。态度学习是国家主导意识形态的学习,也是各种社会规范的学习。这种学习更强调灌输和接受,带有一定的强制性和被动性。而审美学习则强调形象感受和情感体验,专注于学生个性的自然发展,在"如何把理性的灌输转化为理性的自觉,把德育实施中人格的被动接受转化为主体自觉的认同"[4]方面具有自己独特的优势。有研究者指出:"应当引进美育的情感体验机制,把德育也作为一个情感问题来对待,让受教育者在情感的感染和熏陶下,不断

---

[1] 杨恩寰,等. 美学教程[M]. 北京:中国社会科学出版社,1987:472.
[2] 朱立元. 美学[M]. 北京:高等教育出版社,2006:431.
[3] 杜卫. 美育学概论[M]. 北京:高等教育出版社,1997:46.
[4] 杜卫. 美育学概论[M]. 北京:高等教育出版社,1997:45.

增长对道德感的自觉意识,促使道德教育把一种普遍的社会道德要求逐渐转化为个体的情感要求。"[1]审美学习的情感性、自由性特点正体现了情感体验机制,能够克服态度学习的某些强制性和灌输性,使道德说教的他律性转化为审美观照的自律性,从而使态度学习真正建立在自觉接受和积极认同的基础上。

其次,审美学习可以提高政治课态度学习的有效性。态度学习的对象多为宏大、严肃的内容,如政治方向、人生理想、道德标准等。这就不可避免地会使学习变得比较抽象、枯燥和难以理解,从而导致学习的有效性降低。对此,有研究者建议:"德育还应当引进美育的形象化和愉悦性机制,这样可以克服道德说教枯燥和抽象的弊病……使学生在生动形象、愉悦有趣的活动过程中受到道德的教育。"[2]审美学习的直觉(形象)性和愉悦性特点正是形象化和愉悦性机制的体现,可以使态度学习变得生动、活泼,妙趣横生。于是,态度学习就能更好地"培植起受教育者对生命的尊重、对生命意义和价值的体认,增加他对人的同情心,也就会为健康的理想道德教育敞开大门,在此基础上进行尊重他人、关心他人、团结他人、为人类崇高的事业服务的思想道德教育就更容易奏效"。[3]

最后,审美学习和态度学习相互影响,缺一不可。叶朗曾概括中国古代关于德育和美育关系的思想,指出:"德育是'礼'的教育,它的内容是'序',也就是维护社会秩序、社会规范;美育是'乐'的教育,它的内容是'和',也就是调和性情,使人的精神保持和谐悦乐的状态,生动活泼,充满活力和创造力,进一步达到人际关系的和谐,以及人与整个大自然的和谐。德育与美育互相补充,互相配合,也就是'礼乐相济'。但是不能相互代替,不能只有'礼'而没有'乐',也不能只有'乐'而没有'礼'。"[4]这实际上也精辟地阐明了审美和态度学习的相互关系。

(三) 审美学习对学生学科能力与全面发展的影响和意义

任何一门学校学科都有培养本学科能力(即素养,详见第八章)的目标要求,同时又都对学生的全面发展产生学科的独特影响和贡献。中学政治课也不例外,而审美学

---

[1] 杜卫. 美育学概论[M]. 北京:高等教育出版社,1997:45.
[2] 杜卫. 美育学概论[M]. 北京:高等教育出版社,1997:45—46.
[3] 朱立元. 美学[M]. 北京:高等教育出版社,2006:432.
[4] 叶朗. 美学原理[M]. 北京:北京大学出版社,2009:414.

习在这两方面都有不可或缺的影响和意义。

1. 审美学习对学科能力培养的影响和意义

中学政治课的学科能力不是一种单一能力，而是集各种学习成果形成的综合能力。要形成这样的能力必须注意避免或克服片面学习。所谓片面学习就是在一门学科中只专注于一种学习，而贬抑或忽略其他学习。政治课的片面学习一般发生在认知学习上。认知学习是基础性学习，是政治课全部学习的基础，同时，认知学习的结果比较明显，学业成就测量和评价比较成熟，具有较强的科学性，因此，认知学习就成了特别受青睐的学习。这种"青睐"带来的不仅是态度等学习都遭到不同程度的忽略，而且，由于悬置态度学习而方向迷失，贬抑策略学习而方法单一，轻视动机学习而动力匮乏，认知学习本身也受到损害，蜕变成名副其实的片面学习。

片面学习也可能发生在态度学习上。因为政治课是一门显性德育课程，态度学习是主要（核心）学习，其学习目标也就是政治课学习的根本目标，因此不仅受到教师的重视，而且还受到各有关方面的特别关照。由此，态度学习往往会傲视其他学习而游离于认知学习的基础，以及其他学习的辅助之外，以致难免学习的片面。

审美学习虽然是一种独立、专门的学习，但从不孤立、单独地存在和展开，它渗透、贯穿、融合在上述各种学习之中，使学习左右逢源、触类旁通，而不失之片面。审美学习渗透和贯穿在认知和态度这样的显性学习中已如前述，而它同样也渗透和贯穿在策略和动机等隐性学习中，只不过不易被察觉罢了。难能可贵的是，审美学习并不止于"渗透和贯穿"，而是进一步"融合"各种学习于一体。比如，在"求真""寻善"中审美，在"审美"中"求真""寻善"。在这样的融合中，审美学习不仅成为联结各种学习的"纽带"和"中介"，而且使各种学习成为一种合力，不同的学习成果融会贯通，最终形成政治课的学科能力。

2. 审美学习对学生全面发展的影响和意义

在培养中学思政学科能力的基础上，审美学习的影响还会扩展到学科学习之外，对学生的终身学习和全面发展产生更为深远的意义。

首先，审美学习有助于学生的终身学习意向和习惯的养成。这种积极影响主要在于两种学习的诸多相似性，从而相互影响，相互激励。其一，审美学习是一个持续不断的过程。宏观上看，审美教育是要终身进行的，从尚未出生的胎儿，到耄耋之年，美育伴随人的一生。从这一意义上说，审美学习本身就是"终身学习"。其二，审美学习的范围十分广泛。无论中学思政学科内外，审美学习都涉及很多不同领域和对象，而终身学习恰恰是要跨学科跨领域的，涉足家庭、学校和社会。其三，审美学习是自由的，终身学习也是自由的。学什么、怎么学、学到什么程度等都是自由的，充分体现出学习的民主性。其四，审美学习充满了创造性，它的情感性、直觉(形象)性和自由性特点从不同方面证明了这一点。而终身学习的目标在于"自我实现"，因而有终身学习的要求，就必须具备自我导向学习的能力。这一切都有赖于个体的创造能力。

其次，审美学习能够促使学生的心理健康发展，为人的全面发展奠定健全的心理基础。心理健康其实也是人的全面发展的应有之义，但首先是发展的起点。审美学习的心理活动"在一定程度上对人的心理进行了调节，它恢复了人心理的平衡，缓解了人心理的紧张，消除了人心理的焦虑，增强了人的自信，使人重新焕发了生命的活力"。[1] 与此同时，审美学习"调动了人的各种心理机能积极地参与，使人的整个心理处于全面合作、相互协调的运转之中，这就避免了心理某一方面的失调与倾斜，避免了心理某一方面的极端与失控，这对于保持人的心理健康极为重要"。[2] 不仅如此，审美学习还能够"调节人的心理与外界的联系，使人能够与周围的环境保持良好的关系……这就使人的心理对外界环境有更强的适应力，对自身与外在的关系也具有了更大的调节性"。[3] 审美学习对心理健康的最重要作用则在于"把人的心理从单一的、片面的实用功利层次提升到丰富的全面的生命本质占有的高层次"，也就是"从一般的实际生活态度或现实的自然态度向特殊的审美态度的转化……完成了人的心理由一般心境向审美心境的升华"。[4] 显然，审美学习的发生和展开将使政治课的学习心理活动生机勃勃，充满活力。

最后，审美学习有利于建构人类文化-心理结构，推动学生智、意、情的全面发展。人类文化-心理结构是"'理性的内化'(智力结构)，'理性的凝聚'(意志结构)和'理性的积淀'(审美结构)。它们作为普遍形式是人类群体超生物族类的确证。它们落实在个体心理上，却是以创造性的心理功能而不断开拓和丰富自身而成为'自由直观'(以

[1] 蔡正非.美育心理学[M].北京：中国社会科学出版社,1999：126—127.
[2] 蔡正非.美育心理学[M].北京：中国社会科学出版社,1999：128.
[3] 蔡正非.美育心理学[M].北京：中国社会科学出版社,1999：128.
[4] 蔡正非.美育心理学[M].北京：中国社会科学出版社,1999：130.

美启真）'自由意志'（以美储善）和'自由感受'（审美快乐）"。[1] 人的全面发展正是以实践为基础的人的文化-心理结构的全面发展，也就是李泽厚称之为"主体性的人性结构"的全面发展。政治课的审美学习一方面直接参与学生审美结构的建构，另一方面又对智力结构和意志结构产生积极影响。智力结构和意志结构都突出地表现为理性，虽然这种理性（一般性）包含着感性（个别性），却是以理性压到感性为代价的。审美结构则不同，它是积淀了理性的感性，是"总体与个体的充分交融，即历史与心理、社会与个人、理性与感性在心理、个体和感性自身中的统一。这不再是理性的一般内化，不再是理性的集中凝聚，而是理性的积淀。它不再是以一般压倒个别，而是沉积着一般的个性潜能的充分培育和展现。自由审美可以成为自由直观（认识）、自由意志（道德）的钥匙。从而理性的积淀——审美的自由感受便构成人性结构的顶峰"。[2]

正因为如此，审美学习就不仅仅是某一方面的专门学习，而是影响人的全面发展的全方位学习。从根本上看，审美学习恰是与教育人文性特征相吻合的一种人文学习，"它把人性的各种因素引向和谐统一的自由状态，体现着教育的终极目的和最高的价值指向"。[3] 由此可见，作为与审美教育相呼应的审美学习，实际上是一个通过各门学科习得审美知识和审美能力，养成审美态度和审美理想，从而超越现实界限、形成完美人格和开创人生新境界的过程。它影响到个人和社会的全面进步，在整个社会生活尤其在学校教育中不可或缺。

第三节　中学思政学科审美学习的内容

中学政治课不是音乐、美术等显性美育课程，不会像它们那样以某种艺术为对象

---

[1] 李泽厚.李泽厚哲学美学文选[M].长沙：湖南人民出版社,1985：168.
[2] 李泽厚.李泽厚哲学美学文选[M].长沙：湖南人民出版社,1985：176.
[3] 朱立元.美学[M].北京：高等教育出版社,2006：431.

和载体去展开专门的审美学习活动。政治课的审美学习始终以本学科内容为基本对象和载体,也就是说,学生始终在政治课中发现、欣赏和创造美,从而形成和发展自己的学科审美态度(情感)。当然,尽管都以学科内容为学习对象,但不同的学习其目标和结果是不一样的。正如前述,"认知学习在学科内容中汲取知识、形成技能;态度学习在学科内容中接受态度、认同价值;动机学习在学科内容中唤醒需要、激发兴趣;而审美学习则是通过学科内容去发现、欣赏和创造其中所蕴含或酝酿着的审美价值。"

因此,政治课审美学习的内容首先是学科本身的美,即"学科美"。学科美是审美学习的核心内容。如果不能领略学科美,那么审美学习就偏离了方向。但是,学科美是学科"内在"的美,需要通过教学才能"外显"。在外显过程中,学科之美得以展示,而教学本身也不仅仅是"复印机",它也创造了自身之美,即"教学内容的外显美主要体现在教学过程的和谐与教学活动的创造美上"。[1] 这就形成了"教学美"。教学美虽然是师生共同创造的,但教师的影响更大,"在他的课堂气氛和他本人的仪容举止上,或者能弥散出他所讲、所习的那些学科的'味道''气息',这既体现出他的学养所达到的高度,也给他的学生以潜移默化的积极而富于美感的影响"。[2] 这就又形成了"教师美"。教师美与教学美联系极其紧密,二者不仅都缘于学科美,而且内容也有所重叠、交叉。由此可知,我们是通过教师的教学来学习"学科美"的,在这一过程中,我们又领略了"教学美"和"教师美",于是,这三种"美"共同构成了中学思政学科审美学习的基本内容。

一、学科美

(一) 学科美的内涵

学科有两种含义,一是指学术分类,一是指教学科目。作为后者,"学科是根据一定学校的教育任务及一定年龄阶段学生的发展水平,选择学生必须掌握的一定科学门

---

[1] 华声,唐丽琴. 寻求教学中的美[M]. 上海:上海人民出版社,1993:37.
[2] 周义. 教育美学引论[M]. 天津:天津教育出版社,2010:166.

类的基础知识所组成的教学科目"。[1]这意味着教学科目是建立在学术学科基础上的教学学科。所谓"学科美"就是指学术学科所蕴含的并且通过教学学科表现出来的审美价值。这种审美价值建立在"学科知识"和"学科态度"的基础上,但并不等同于知识和态度,而是融二者于一体所产生的新质,可以称之为"学科魅力",也就是学科之"真""善"相统一而成的"美"。

学科美主要表现为功能美。功能美美在对象的内容上,即美在于对象内容的"意义"(功能),或者说美感是由对象的功能(意义)引起的。在功能美中,内容压到了形式,占据主导地位,但形式仍然必须适合内容,不能游离于内容之外。功能美具有比较强烈的社会目的性,表现出明显的功利性倾向,但也还是具有一定的超功利性,"学科之美如此这般的魅力正是缘于它的超功利性,我们不是因其'有用'而是因其'好玩'才如痴如醉的,在其中有足够我们流连、惊喜的东西"。[2]

学科美在不同的学科有不同的表现。当代科学一般分为自然科学、社会科学和人文科学三大类,教学学科也相应地分属于这三类科学。自然科学一般被称为"理科",社会科学和人文科学被称为"文科"。文理科的学科美存在很大差别,而社会科学和人文科学的美也各有特点。

社会科学以社会现象为研究对象,关心的是人类活动在社会系统中的作用,主要运用实证和分析方法,表现出论证性和肯定性的倾向。社会科学比较接近豪恩斯坦提出的教学系统四类知识信息(教学内容)中的"技术性信息"和"描述性信息",前者即"旨在追求提高人类行为的效果和效率的知识技能……涉及'做什么'和'如何做'两方面的内容";后者"用来表示某种现象及其相互关系……常常体现为'过去是什么''现在是什么'以及'将来是什么'"。这两种信息都属于体验性知识,"须借助于重复观察、亲身经历才能得以确证"。[3]有研究者认为这类知识"是被'科学的外衣'装扮起来的价值性的学问",因此"社会科学的讲述之美应当是'心脑结合'之美,即既有脑之明敏,又有心之关切。但基本侧重在'动之以理'而非'情之感人'上"。[4]本书以为,就

[1]朱作仁.教育辞典[Z].南昌:江西教育出版社,1987:444.
[2]周义.教育美学引论[M].天津:天津教育出版社,2010:166.
[3]盛群力,等.21世纪教育目标新分类[M].杭州:浙江教育出版社,2008:29.
[4]周义.教育美学引论[M].天津:天津教育出版社,2010:175.

学科美本身而言(学科美也须表达,但非"讲述之美"),社会科学美的特征介于自然科学和人文科学之间。一方面,它和自然科学相似,在准确反映和揭示客观事实与规律的基础上表现出一种以"真"为底蕴的"描述美"和"技术美";另一方面,它又和自然科学有所不同,它所反映和揭示的是社会事实与规律,和人的活动紧密相联,受到主观目的性的强烈影响,由此,其"描述美""技术美"就染上了以"善"为旨归的主观色彩,这又接近了人文科学。

人文科学以人文现象(精神现象)为研究对象,关心的是人类活动在人的生存中的价值和意义,主要运用理解和综合方法,表现出批判性和否定性的倾向。[1] 人文科学比较接近豪恩斯坦提出的教学系统四类知识信息(教学内容)中的"处方性信息",即"体现为'应该是什么'的概念或观念,其功能在于作出是非、真假、善恶、美丑等价值判断","这是一种分析性知识,须借助价值判断才能得以接受"。[2] 也有研究者认为人文知识是一种"反思性知识","这样的科目的讲述之美……应该是'真切'和'敞开',从而使'读者'能无碍地进入讲述者的心理世界,而深深地'感动'和'感悟'"。[3] 本书以为,人文科学的主要特征在于"超越性"和"批判性"。"超越性"是指超越当下社会的前瞻思考和超越人类群体的个性化体验。"批判性"则包含着对现实缺陷的揭露和对理想信念的张扬。在超越和批判的过程中,人文科学表现出一种以"善"为追求的"处方美",透着浓重的理想色彩。如果说社会科学主要美在"合实"(符合事实)、"合规"(符合规律),那么人文科学则主要美在"合情"(合乎情感)、"合理"(合乎道理)。虽然人文科学所建构的"意义世界"并不撇开"真",其最终指向的也仍然是客观世界,但作为一种学科美,它的主观性倾向是特别明显的。

(二) 中学思政学科美的内涵和特点

中学政治课的"学科魅力"同样建立在"学科知识"和"学科态度"的基础上。政治课如果没有自己的学科知识,或者学科知识缺乏吸引力,其学科魅力就无从产生。学科知识从来都是学科魅力的起始点。不仅如此,学科知识也是学科态度的基础,"没有

[1] 欧阳康,张明仓.社会科学研究方法[M].北京:高等教育出版社,2001:61—65.
[2] 盛群力,等.21世纪教育目标新分类[M].杭州:浙江教育出版社,2008:29.
[3] 周义.教育美学引论[M].天津:天津教育出版社,2010:176.

一定的知识材料，便不可能系统地阐述一定的思想观点。同样地，不理解和掌握一定的概念和原理，也就不可能理解和接受一定的思想观点"。[1] 政治课的学科知识以社会科学为主，包括人文科学。这些知识自身也会产生魅力，但只是"知识魅力"，还不足以形成"学科魅力"。要成为学科魅力，必须从知识中概括出一定的观点、思想和理论，上升为道理（态度），也就是由"知"转变为"识"。当然，如果仅仅是"道理"虽然也可能有"魅力"，但也还不是"学科魅力"。学科魅力必须是知识和道理两种魅力的融合与升华。在融合与升华中，知识支撑和体现着道理，而道理不仅以知识为基础，并寄予其中，而且张扬、诠释和深化了知识，实现价值性和知识性相统一，使知识真正成为"力量"，放射出理性的光芒。于是，知识孕育道理，道理反哺知识，二者相互影响，最终汇聚而魅力四射。

中学政治课的学科性质使其功能美的倾向更加明显和强烈。政治课的学科魅力来自学科内容，即学科的知识内容和态度内容。这些内容的意义使学科形成特有的功能。所谓"内容的意义"就是内容所包含的意思，是"语言文字或其他符号所表示的内容"。[2] 政治课的学科内容经过调整，最新的"课程内容落实习近平新时代中国特色社会主义思想，有机融入社会主义核心价值观，中华优秀传统文化、革命文化和社会主义先进文化教育内容，努力呈现经济、政治、文化、科技、社会、生态等发展的新成就、新成果，充实丰富培养学生社会责任感、创新精神、实践能力相关内容"（《普通高中思想政治课程标准（2017 年版）》）。显然，上述内容包含的意义所形成的学科功能就是中国特色社会主义的思想政治教育的功能。偏离了这一点，学科美就荡然无存了。由此可见，政治课的学科美表现出比较强烈的社会目的性，功利性倾向十分明显。这就使它的审美性相对比较弱，需要在教学过程中有意识地去强化和创设一定的条件，主动发现和再创造学科美。这也表明，在学科美中，内容占据了主导地位，学科是否有魅力主要以内容为转移，内容缺乏吸引力，学科魅力就很难形成。不过，学科形式也不是完全不起作用，形式仍然必须适合内容，不能游离于内容之外。在这个前提下，形式还是具有一定强化审美性的作用。

---

[1] 吴铎.思想政治教育学[M].杭州：浙江教育出版社,1993：68.
[2] 顾明远.教育大辞典·第5卷·教育心理学[Z].上海：上海教育出版社,1990：267.

中学政治课的学科归属比较复杂，它涉及多种学科的基础知识，有的属于社会科学（如经济学、政治学），有的属于人文科学（如哲学），有的则包容着社会和人文科学（中国特色社会主义理论），因此，政治课的学科美又具有多样性的特点。作为中学阶段唯一传导社会科学基础知识的教学科目，政治课涉及比较多的社会科学知识。按照豪恩斯坦的划分，这些知识是"基于观察得到的体验性知识"，更注重真实准确地反映客观对象。这和自然科学知识有所相似，是在准确反映和揭示客观事实与规律的基础上表现出来的以"真"为底蕴的"描述美"和"技术美"。它们所蕴含的魅力可以简括为"以真导善"的美，就是在"真"的意义的充分展示中，导向"善"的信念和行动，从而实现真善合一。其中"描述美"和"技术美"又有所不同。前者着重反映客观对象"是什么"，其魅力所在就是描述的真实、无误，美在相对纯粹的"客观"（对象）；而后者更强调"如何做"，其魅力所向则为精细、准确，美在主观见之于的"客观"（技术）。政治课的人文知识则属于"基于协商取得共识的分析性知识"，更强调坦诚明确地表达主观价值取向，意在"塑造和培养"。这是在超越和批判现实的过程中表现出来的一种以"善"为追求的"处方美"。它所蕴含的魅力可以简括为"以善达真"的美，就是在"善"的意义的深入传扬中，达成"真"的认知和信仰，从而同样完成真善一统。"处方美"追求的是"应该是什么"，或者"应该怎么做"，其魅力来自基于客观的"主观"（理念），这是一种理想的理想，不时闪耀着"反思"之光。

(三) 中学思政学科美的分类

功能美表现为内容压倒形式，虽然学科的美还是会从内容和形式两方面表现出来，但内容的美更具影响力，同时，内容和形式又各自包含着更为具体的美的形态，因此，对学科美作内容和形式的两分显得过于简单和笼统。本书试以学科美的载体为依据，把学科美分为思想美、事实美、逻辑美和语言美四种，前两种属内容的美，后两种则归于形式的美。

1. 思想美

中学思政学科的内容与人文社会科学相关学科的内容并不相等，因为这些学术学科不是把自身学科的全部内容都转换成政治课的内容，而是根据课程目标和中学生的发展水平选择学科的相关基础知识，综合形成政治课的学科内容。中学思政学科的内容并不追求完整系统的纯理论形态,而是"坚持理论与实践相结合的原则,构建学科逻辑与实践逻辑、理论知识与生活关切相结合的活动型学科课程","学科内容采取思维活动和社会实践活动等方式呈现……着眼于学生的真实生活和长远发展,使理论观点与生活经验有机结合"(《普通高中思想政治课程标准(2017年版)》)。因此,政治课的内容形态既不是理论碎片,但也不是理论系统,而是相关规范、原理和观点的联合体,呈现为一种"思想的集合"(简称为"思想")。政治课的学科美主要就是以"思想"为载体表现出来的"思想魅力",即"思想美"。

思想美,美在思想的正确和积极。"正确"指的是思想符合、揭示了社会规律,表现出对人类社会一定的远见卓识。也就是说,思想要具有深刻性和预见性。"积极"指的是思想符合、反映了人类利益(目的),表现出对人类社会一定的关怀热爱。也就是说,思想要有利于社会进步和人类发展。简而言之,正确和积极的思想就是既真又善的思想。只有真和善相统一的思想才能够成为美的思想。

2. 事实美

事实是指政治课的事实性知识。任何学科都有本学科特有的事实性知识,政治课也不例外。学科内容大体上是由"事实"和"思想"组成的。事实是思想的基础和源泉,思想是事实的概括和总结。如果事实缺失,或者不真实,学科的基础就不牢靠,难以真正建立起来,当然也不可能产生魅力。

事实美,美在事实的真实和贴切。"真实"就是原原本本、实实在在,无论事情或事物,都必须述其本来面目,描其真实形象,绝不可隐约其辞或添油加醋。惟其如此才能做到实事求是。"贴切"就是要与教学的思想内容相应,与学生的发展水平相合。事实性知识是为思想内容服务的,又是提供给学生辅助学习的,必须适合这两方面的特点和需要,做到适得其所、事半功倍。真实和贴切的事实同样反映了真和善的统一,使事实不仅作为单纯的辅助学习材料,而且产生了审美价值。

但是,正如本书在第二章所指出的,"中学思政学科还没有完全形成自己特有的事实知识体系",因此,事实美也受到影响,往往难以成为稳固的审美内容。

3. 逻辑美

逻辑一词具有多重含义,这里主要是指思维形式及其规律,因此,逻辑美就是合乎思维形式规律的学科美。逻辑作为思维形式,属于内部形式,而"内部形式和内容不可分割,和内容一起表现着事物的本质方面,其发展变化直接影响着内容的发展变化。它包含在内容自身之中,在一定意义上是内容的组成部分、因素和环节,和内容是直接统一的"。[1]这就是说,逻辑美和思想美难以分开,逻辑几乎就是思想的一部分。思想美在意义,逻辑美则在对意义的明确化,也就是对思想内容的内在组织。显然,这是一种功能美,只有充分无误地组织了思想,才可能产生逻辑美。

逻辑作为思维的形式,体现了思想的组织性,逻辑美,美在有组织的思想表达。第一,明确而非含糊。这就要求思想必须清楚明白,具有很强的确定性,而不是含含糊糊、模棱两可、自相矛盾。第二,严密而非松散。这就要求思想必须严谨缜密,环环相扣,滴水不漏,而不是松松垮垮、支离破碎、散乱无序。第三,简捷而非繁琐。这就要求思想必须简练敏捷,具有很高的效率,而不是繁复琐碎、叠床架屋、拖沓冗长。

4. 语言美

语言和思想也有十分密切的关系,没有语言,思想同样难以组织起来,因为"语言是现实的思维,是思维的物质外壳;语言的外壳又总是包含着思维的内容","语言是思维得以实现的工具,是思维存在的形式和表达思维的形式"。[2]语言虽然也是思想的形式,但与逻辑有所不同,因为语言是思想的外部形式。"外部形式是内容的外在的非本质的联系方式,是使不同内容的事物相互区别的外部形态、外部表现。外部形式同事物的现象相联系,是内容的外观。外部形式同内容的联系不具有内部形式那样的内在性、直接性,它和内容不是直接统一的。"[3]由此可见,语言美的表现形态就要比逻辑美丰富得多。例如,同一内容的思想,一般总是遵循同一种逻辑,却可以使用不同语言来思考和表达。作为一种学科语言,它美在语言的内容,也就是通过语言得以实现的学科教育活动的功能。更确切地说,学科语言美取决于其表达和传递学科教育信息的效用性,只有充分达到这种"效用"的语言才可能美。因此,语言美也是一种功能美。

[1]《中国大百科全书》图文数据光盘.哲学"内部形式与外部形式"[D].北京:中国大百科全书出版社,1999.

[2]《中国大百科全书》图文数据光盘.哲学"思维和语言"[D].北京:中国大百科全书出版社,1999.

[3]《中国大百科全书》图文数据光盘.哲学"内部形式与外部形式"[D].北京:中国大百科全书出版社,1999.

语言美具备以下特征：第一，准确而非模糊。就是用词造句要精准到位，表情达意要恰到好处，一句话，表达和传递教学信息要完全符合教学目标的要求，而不是词不达意，语无伦次。学科语言的准确集中表现为规范性。第二，生动而非枯燥。就是用词造句要具体形象，鲜活直观，使学生容易受感染，也容易理解，而不是呆板单调，枯燥乏味。学科语言的生动集中表现为修辞性。第三，通俗而非晦涩。就是要明白通顺，平易近人，让学生看了基本能懂，而不是故作高深，诘屈聱牙。学科语言的通俗集中表现为生活化。第四，丰富而非贫乏。就是语言所含的信息量大，旁征博引，举一反三，使学生在所学知识点外还能获益良多，而不是孤陋寡闻，意短辞穷。学科语言的丰富集中表现为知识性。

二、教学美

（一）教学美的内涵

一般认为，教学是"以课程内容为中介的师生双方教和学的共同活动"。[1]这就是说，教学是教和学紧密相联、有机结合在一起的活动。但是，教和学并不是不可分的，"可分的理由是教与学是两种不同性质的活动"。[2]"教"是以教师为主体的，通常所说的"教学"活动，"即教师引起、维持、促进学生学习的所有行为方式。教师行为包括主要行为（如呈示、对话、辅导等）和辅助行为（如激发动机、教师期望、课堂交流和课堂管理等）两大类别"；[3]而"学"则是以学生为主体的学习活动。因此，这里所讨论的"教学"主要是指作为相对独立活动的"教"，即教师的教学行为（活动）。

在这样的意义上，教学美主要是指教师的教学行为（活动）所具有的美，也就是教学行为（包括主要和辅助行为）所产生的魅力。但是，教学美并不等同于教师美。一方面，教学美不仅仅表现为教师"教"的美，"教"总是针对着"学"的，教与学相互依赖、相

---

[1] 顾明远.教育大辞典·教育心理学卷[Z].上海：上海教育出版社,1990：178.
[2] 袁振国.当代教育学[M].北京：教育科学出版社,2004：162.
[3] 袁振国.当代教育学[M].北京：教育科学出版社,2004：163.

互影响而非相互排斥,因此,教学美也包括师生交往所产生的美;另一方面,教师美也不仅仅表现为行为美,还包括其他的美,这些其他美并不属于教学美。教学美和教师美呈现出一种部分交叉包容的关系。

教学美同样是一种功能美,它的超功利性比较弱,美在教学行为的内容(功能)上。首先,教学行为要有用,只有对学生有用的行为才是充分发挥了功能(作用)的行为,也才可能是美的行为。而所谓"有用",一是要让学生获得专门的知识和技能,并且能够学以致用,为今后的工作创造条件;二是要让学生形成基本的能力和态度,并且能够融会贯通,为将来的生活作好准备;三是要让学生树立正确的理想和信仰,并且能够持之以恒,为一生打下基础。这实际上就是要使学生学会工作、学会生活和学会做人。其次,教学行为要有效,无效的行为同样不可能是美的行为。对学生来说,学会做人、学会工作和学会生活的关键就是要学会学习,"教得好"不仅是指对学生有用,而且是指能使学生有效地学习。所谓"有效",一是要使学生学得有效率,即用相对少的时间和精力获得较多较好的结果;二是要使学生学得有效能,即充分调动学生智、意、情等各种心理因素,发挥其学习中的积极作用;三是要使学生学得有效果,即不仅获得直接的、眼前的功利性结果,而且发生间接的、长远的综合性效应。显然,这种"效""用"统一的行为才是真正"教得好"的行为,才是既符合规律又符合目的的行为,也才是美的教学行为。

教学的主要功能是通过准确传授学科信息,使学生有所收获和发展。这是一个传授—继承的过程,它的基本倾向是复制和再造。教学作为教育的具体化和微观表现是建立在原有精神生产基础上的生产,是对已有精神产品的再生产。因此,教学美既有再造性的一面,也有创造性的一面,再造的是"内容",创造的是"形式",是二者的有机统一。教学美最为集中和典型地体现了教育美生产性和再生产性相统一的特点。

(二) 中学思政学科教学美的内涵和特点

中学政治课的教学美主要是指政治教师的教学行为(活动)所具有的美,同时也包括政治课教学中师生交往所产生的美。无论从教学行为还是师生交往的角度看,政治课教学美的功能美性质都表现得既明显又比较复杂。政治课作为显性德育课程,在教书育人的功能中,显然是"育人"胜过"教书",因此,在理论上,政治课的教学美应该突出地表现为"育人"美。但是,"育人"无法直接"教",只能通过"教书"间接地进行,在"教书"中使学生"学会工作""学会生活"和"学会做人",从而潜移默化地实现"育人"。这样,在实践中,政治课的教学美就具体表现为"教书"美了。然而,"教书美"并不能简单地等同于"育人美"。比如,知识和技能教得好是一种"教书美",能够使学生顺利"学会工作",但"学会工作"并不等于"学会做人","教书美"了不一定就能够实现"育人美"。这就是说,政治课的教学美可能是"教书美"和"育人美"相统一的,也可能是相分离的。我们应该追求二者的统一,单一的"教书美"不是完整的教学美,但"教书美"总要比"教书丑"好,毕竟只有"教书美"了才有可能达到"育人美",后者是无法凭空产生的。此外,无论"教书美"还是"育人美",又都是"效""用"统一的,即教学不仅要使学生"学会工作""学会生活""学会做人",而且要使他们"学会学习"。

这种教学也是一种"再生产",是再造性和创造性的结合。教学的再造性就是教师根据学生的现实情况将教材上的学科内容重新组织,形成意义不发生改变的"新内容",以便既准确又合适地把知识传授给学生。这是一个教学信息的复制和重组过程,凸显的是教学内容的"再造美"。"再造美"美在"准确与合适"。内容不准确当然不行,但光准确而不适合学生,准确就会走样,二者必须达到统一,否则就无美可言。由于政治课的教学内容充分体现着国家主导意识形态的倾向性,这种"准确与合适"对教学美的影响就显得特别突出。教学的创造性则针对教学形式而言,就是教师根据学生的现实情况将重新组织的学科内容,采用灵活多样的"新形式"准确传递给学生。这是一个教学信息的传授和接受过程,凸显的是教学形式的"创造美"。"创造美"美在"灵活与多样"。教学信息无论怎样重组,意义是不变的,在教学内容不变的前提下,内容的传递也就是教学形式却可以因学情而灵活多变,从而使教学生动、新颖而具吸引力。同样由于政治课教学内容的意识形态倾向性,这种"灵活与多样"对教学美的形成显得更为难能可贵。

由此可见,教学美是"再造美"和"创造美"的统一。"再造美"产生于教学信息的成功重组,"创造美"则缘起教学信息的有效传递。信息重组为教学美打下了基础,如果重组内容不准确或不合适,那么传递再妙也只是花架子;信息传递则直接展示了教学美,如果传递形式一成不变,那么重组再好也如同"茶壶里的饺子——有货倒不出"了。"再造美"和"创造美"虽然缺一不可,但对于政治课来说,"再造美"更为重要。一方面,

"再造美"与教学内容紧密相联,直接源于学科内容,是一种"内容之美",关系到政治课功能的根本。另一方面,信息重组涉及的是教学内容内形式的调整,也就是陈述逻辑的重组。内容的意义虽然不变,但叙事秩序调整了。这个调整既涉及教材内容到上课内容的顺利转换,又关系教学形式(内容的外形式)的准备。这就如同一个剧本的改编,改编成功就奠定了演出成功的基础。教学美表面上看是课堂上的"表演"(外功),但实际上却依赖改编,也就是信息重组(备课)的"内功"。政治课的这种"内功"受到更多因素的影响,要求也就更高,达成也就更不容易了。

(三) 中学思政学科教学美的分类

教学活动包括教师的"教"、学生的"学"和师生的"交往"三种活动,这三种活动当然不能截然分开,但还是有所区别。这里集中讨论"教"和"交往"活动所产生的美,把教学美分为教授美和交往美两类。

1. 教授美

教授美是最本义的教学美,是教师独自创造的最具个体自身意义的美。它和交往美不同。交往美产生于师生双方相互作用之中,而教授美是教师独立活动的产物,它不需要"互动"也能产生。也就是说,即使没有直接的教授对象,即使教师不在教学现场,"教"的魅力照样可以引人入胜。所以,这是教师相对独立的教学行为(活动)之美。

对于这种"相对独立"的教学美,有的研究者将其分为"教学形式美""教学机智美""教学中的幽默"和"教学气氛美"四个方面,并作了具体的分析;[1]也有研究者分别对"教学形式美"和"教学语言美"进行了讨论,提出"节奏美""协调美""布局美"和"有声语言美"和"体态语言美"的划分;[2]还有研究者从教学艺术的角度概括教学美,具体讨论和描述了"严谨之美""善诱之美""示范之美""眼学之美"(眼见为实)"模糊之美"和"自由之美"等表现。[3]由此看来,教授之美确实丰富多彩,可以从不同角度加以归纳、概括和分类。但是,透过这些纷繁复杂的现象,从根本上看,教授美就是教师运用教学方法恰到好处所产生的吸引力。这实际上是一种教师技术美。教师的技术

[1] 袁鼎生. 教育审美学[M]. 桂林:广西师范大学出版社,2001:143—153.
[2] 华声,唐丽琴. 寻求教学中的美[M]. 上海:上海人民出版社,1993:170—201.
[3] 周义. 教育美学引论[M]. 天津:天津教育出版社,2010:290—309.

行为是一种程序性知识的体现，是广义的方法运用活动。有研究者指出："教学是一个人为设计的过程，教师的本质力量主要体现在教师对学生身心发展的作用，即对学生的身心发展的自然状态或自然进程的'打断'与人工干预，这是教师职业的技术性的内在根据。"[1]技术性不是外加于教师行为之上，而是内含于教师职业之中。这是人类特有的教书育人的技术，教师技术美就是教书育人的方法运用之美。它表现为规则美和工具美。

（1）规则美

规则美是指教师在教学活动中创造性地运用教育规则所产生的美。广义的教育规则就是教育活动的各种标准、准则。例如，教学提问的原则、板书的原则等。规则美并不是指这些规则自身的美，而是教师运用这些规则时所形成的技术（行为）美。如教师运用启发式教学原则的行为就可能产生一定的审美价值和影响。这是规则运用之美。虽然"运用"离不开"规则"，但只有"规则美"，没有"运用美"，就不能形成"技术美"。规则美是一种动态之美，不能等同于规则自身的"静态美"。

当然，运用规则的行为并不一定就美，要具有审美价值，教师的规则运用必须具备以下特征：第一，严格而非随意。规则的运用严谨规范，一板一眼，顶真仔细，而不是马马虎虎、随随便便，任性而为。教师规则运用的严格，集中表现为选择教学方式的统一性。第二，娴熟而非生疏。对规则了然于胸，轻车熟路，运用起来驾轻就熟，恰到好处，而不是不甚了了，生涩荒疏。教师规则运用的娴熟，集中表现为教学过程的不露痕迹，流畅自然。第三，灵活而非死板。规则的运用视具体情境而变化，顺势而为，顺理成章，而不是古板僵硬，不知变通，抱残守缺。教师规则运用的灵活，集中表现为教学方法的灵活多样而又适得其用。

（2）工具美

工具美是指教师在教学活动中创造性地使用教育工具所产生的美。广义的教育工具就是教育活动的材料、装置和环境。例如，教科书、电脑、教室等。工具美并不是指这些工具自身的美，而是教师使用这些工具时所形成的技术（行为）美。如教师使用PPT辅助教学的行为就可能产生一定的审美价值和影响。这是工具使用之美。虽然

---

[1] 李美凤. 广义技术视野下的教师发展研究[D]. 南京：南京师范大学，2008.

"使用"离不开"工具",但只有"工具美",没有"使用美",也不能形成"技术美"。工具美同样是一种动态之美,不能等同于工具自身的"静态美"。

当然,使用工具的行为并不一定就美,要具有审美价值,教师的工具使用必须具备以下特征:第一,合理而非盲目。使用工具要合情合理,就是要符合教育目的和适合学生状况,始终为实现教育目标服务,而不是人用亦用,人弃亦弃,或者只追求形式,不过问内容。教师工具使用的合理,集中表现为教学工具选择精当。第二,熟练而非生硬。对各种教育工具了如指掌,熟门熟路,使用起来进退自如,游刃有余,而不是迟疑犹豫,笨手笨脚,甚至不知所措。教师工具使用的熟练,集中表现为使用工具从心所欲。第三,巧妙而非粗放。表现出心灵手巧,巧发奇中,以至妙趣横生,工具仿佛获得了生命,而不是粗枝大叶,用非其器,往往不得要领。教师工具使用的巧妙,集中表现为事半功倍。

2. 交往美

交往一般是指人与人之间的相互作用,既包括个人之间的相互作用,也包括群体之间以及个人群体之间的相互作用。教学活动也是一种交往,主要是师生之间教和学的相互作用,这是一种精神交往。交往美就是师生在教学的相互作用中所产生的美。这种美是师生共同创造的,不同于教授美。教授美是教师独自创造完成的,虽然也需要一定的条件,但相对来说,创造的主体非常明确;而交往美则是师生合作、互动的产物,师生互为基本条件,他们都是创造的主体,缺席任何一方,交往美就难以产生。教授美和教师的教学行为(活动)紧紧结合在一起,形成一种相对独立的对象——"被观赏者";而交往美虽然产生于教和学的行为(活动)中,却并不同"教""学"的任何一方紧密结合在一起,而是在教学之间流动,并不形成独立的"被观赏者",而是和"观赏者"浑然一体,难以分辨。正因为如此,交往美是创造和欣赏同时发生,当师生共同沉浸在教学互动的魅力之中时,也正是他们一起创造着超越了眼前功利的教学之美。

作为一种精神交往的教学交往包括思想交往和情感交往。思想交往是师生围绕着教学内容展开的认知交流。教师把自己所理解的教学内容传递给学生,学生则把自己的理解反馈给教师。在这一过程中,教师不是居高临下,学生也不是唯唯诺诺,双方是平等交流思想。不过"教"和"学"毕竟重心不同,教师主要在于阐释和指导,学生更多是理解和提问,教和学相互作用,不断发生思想碰撞,最终经过充分的交流和互动,形成一种"思维共振",即"师生双方思维在教学中的时时合拍、处处呼应、达成共识"。[1] 这也就是政治课思想交往所产生的魅力。

思想交往和情感交往有着密切的联系,后者是在前者的基础上并且与其胶着在一起展开的。情感交往并不是泛泛的情感交流,而是师生围绕着教学内容,同时又结合(渗透)着思想交往展开的态度交流。教师在传递教学内容的同时也传递了对教学内容的态度,而学生在感受到这种态度后同样也会作出反馈。也就是说,师生之间对教学内容的交流不仅涉及知识理解,而且关系态度认同,情感交往主要就是师生关于教学内容的态度的情感交往。不仅如此,由于情感交往以思想交往为基础,二者相互渗透、结合,因此,情感交往实际上是理解和认同、认识和评价,认知和态度等诸方面相融合、相统一的交往,是集思想和情感于一身的交往。情感交往的极致是情感共鸣,就是围绕着教学内容,师生的"思想情感达到了基本一致,甚至契合无间,爱其所爱,憎其所憎,发生了思想情感的交流"。[2] 托尔斯泰关于艺术欣赏中情感共鸣的描述更为形象:"感受者和艺术家那样融洽地结合在一起,以致感受者觉得那个艺术品不是其他什么人所创造的,而是他自己创造的……这个艺术品所表达的一切正是他早就想表达的……在感受者的意识中消除了他和艺术家之间的区别"。[3] 教学中的情感共鸣与其十分相似,师生同样融洽地结合在一起,老师说的正是学生想的,学生想的也就是老师想说的,师生之间的教学区别完全消弭于无形了。如此的情感交往是多么令人神往啊!

交往美首先表现为一种交流的美。无论思想交往还是情感交往,都是交往者之间的相互作用,也就是师生之间思想和情感的平等交流。交流是双向的,师生相互传达各自的思想和情感,形成由内而外的互动。交流又是开放的,师生相互传递的不仅是确定不变的知识和态度,而且是在交流中不断产生的新意义和新体验。交流更是充满创造性的,师生间的互动不是机械的操作,而是彼此激励和引发的探索。这种探索不是去获取既定的结果,而是在持续的思想碰撞和情感交融中产生新的理解和觉悟。"当师生双方的创造达到一定程度时,教学中甚至会呈现出一种'神来神往'的高度默

[1] 彭文晓. 教育美学散论[M]. 武汉:华中科技大学出版社,2009:167.
[2] 钟以俊. 美学视野中的学校教育[M]. 广州:广东教育出版社,2006:239—240.
[3] [俄]托尔斯泰. 艺术论[M]. 耿济之,译. 北京:商务印书馆,1956:148.

契。这种默契,在教师方面,体现为'教学自我'得到了充分的发挥。他们在学生的创造气氛中,往往产生一种教学的灵感而摆脱了事前的准备和确定的言表,表现出挥洒自如、左右逢源的即兴发挥。在学生方面,则表现为不时爆发出创造思维。结果,师生之间达到了一种息息相通的境界。"[1]这种境界如果稳定地保持相对长的时间,就会形成一种教学氛围(气氛),这是交往美的另一种表现:教学氛围的美。教学氛围也可以称作课堂气氛。"课堂气氛则是软情境,它通常是指课堂里某些占优势的态度与情感的综合状态。"[2]或者是"师生间相互激发、相互制约的情感……形成一种教学的情绪场"。[3]教学氛围可以分成积极、消极和对抗三种类型。"积极的课堂气氛是恬静与活跃、热烈与深沉、宽松与严谨的有机统一。"[4]显而易见,这种教学氛围充满了魅力,置身其中师生都会心旷神怡,从而充分领略教学之美。

三、教师美

(一) 教师美的内涵

教师在整个教学系统中是关键因素。学科内容(教学信息)的呈示和教学活动(方法、工具等)的展开都要通过教师的运作,学科美和教学美的实现更是离不开教师的活动。与此同时,学科美和教学美也催生着教师美,使其在同学科美、教学美的密切联系之中脱颖而出。这正如李泽厚所指出的:"教师的魅力在于把学科的魅力传达给学生,让学生对这门学科有兴趣"。[5]

教师美是一种人的美,在审美学习中是最为活跃的对象。她既展现学科和教学的美,又显示自身的美,十分引人注目,往往产生很大的影响。由于教师美属于人的职业类型美,具有明显的社会功利性倾向,因此,教师美主要表现为功能美。这使其在审美

[1] 华声,唐丽琴. 寻求教学中的美[M]. 上海:上海人民出版社,1993:49.
[2] 皮连生. 学与教的心理学[M]. 上海:华东师范大学出版社,1997:322.
[3] 华声,唐丽琴. 寻求教学中的美[M]. 上海:上海人民出版社,1993:109.
[4] 皮连生. 学与教的心理学[M]. 上海:华东师范大学出版社,1997:322.
[5] 杨斌. 李泽厚论教育、人生、美[M]. 上海:华东师范大学出版社,2011:35.

学习中的影响更具实际意义。很难设想，一位不能提供有效教育教学功能的教师会被学生看成美的教师。但是，教师美又是功能美和形式美的结合。功能美和形式美是根据美的性质（内蕴积淀）不同划分的两种美的形态（这接近哈奇生的相对美和绝对美，康德的依存美和纯粹美）。[1]功能美美在内容（功能），表现为内容压倒形式；形式美则美在形式（结构），表现为形式超越内容。教师美主要表现为行为美，同时也表现为风度美、服饰美和身体美。行为美属于功能美，风度美等则具有一定的形式美倾向，所以教师美是以功能美为主，形式美为辅的结合。

教师美涉及的内容十分广泛，至少可以从哲学、心理学、教育学、社会学和美学等不同的层面和角度加以讨论。从哲学的角度看，教师美是教师真和教师善的统一。"教师真"一方面是指教师工作的规律性，这是一种客观状态，但不是完全自在的，没有教师的自觉活动，这种状态就不会存在；另一方面是指教师行为（活动）符合教师工作的规律性，即教师对教师工作规律的认识和运用（规律主体化），这是一种主观境界，但不是纯粹主观的，它不仅体现了教师对知识价值的追求，而且本身就成为一种知识。因此，简单地说，"教师真"就是教育规律性与合乎教育规律性的统一。"教师善"一方面是指教师工作的目的性，这是一种主观境界，但不是纯粹主观的，这种目的性一旦成为群体甚至全社会的共识，就有了一定的客观性；另一方面，是指教师行为（活动）符合教师工作的目的性，即教师对教师工作目的的把握和实现（目的对象化），这是一种客观状态，但也不是完全自在的，它不仅成为一种道德，而且更体现了教师对道德价值的追求。因此，简单地说，"教师善"就是教育目的性与合乎教育目的性的统一。

教师美以教师真和教师善为前提。不尊重、认识和遵循规律，仅从主观出发搞教育，是不会产生美的。同样，不树立、明确和服务目的，仅从"客观"出发搞教育，也是不会产生美的。脱离了教师真和教师善就没有教师美。但是，教师真和教师善并不就是教师美。教师工作的规律本身并不美，符合规律也只是达到"真"。一味求真而不顾善，最多成就一位"教书匠"。"教书匠"并不美。教师工作的目的本身也不美，符合目的也只是实现"善"。一味求善而不顾真，充其量只是一位"教书狂"。"教书狂"也是不美的。只有当教师真和教师善由对立而统一，完全融合为一体时，教师美才真正产生。

---

[1] 钟杨.行为美论纲[J].云南民族大学学报（哲学社会科学版），2005：5.

换言之，当"规律"满足了"目的"，而"目的"也符合了"规律"时，真正的"教书人"才诞生了！"教书人"既不"匠"，也不"狂"，而是"合规律性"与"合目的性"的统一，是真正获得了自由的教师。自由教师既具备了顺利和有效地完成职业活动的本领，即教师能力；又养成了自觉和愉快地完成职业活动的觉悟，即教师态度。而教师能力和教师态度不仅是教师真和教师善的具体化，而且共同构成了教师修养（或者叫教师素质），因此，教师美实际上是教师修养的"感性显现"。

(二) 中学思政学科教师美的内涵和特点

中学政治教师的魅力同样在于能够把政治课的学科魅力传达给学生。这表明，政治教师的魅力和政治课的魅力有着密切的联系。政治课的魅力主要来自课程中的马克思主义和中国化马克思主义理论，这既包括知识魅力，也包括态度魅力，是二者相统一所形成的魅力。政治教师所焕发的魅力首先就得益于这种学科魅力，在政治课中浸润越深濡染越久，受学科美的影响就越大。但是，教师美毕竟不是学科美的翻版，在知识魅力和态度魅力及其统一的表现中，教师往往会有不同的倾斜，从而形成不同的"教师美"，如知识型、情感型，等等。

教师的魅力不仅在于学科的魅力，更在于对学科魅力的"传达"即教学的影响，因此，政治教师的魅力和教学魅力的关系更为密切。政治教学的魅力同样来自知识和态度教学两方面，也就是"教书"和"育人"。由于"育人"要通过"教书"来实现，政治教师的美就突出表现为教学（教书）美。在这里，教师美和教学美是有所重叠的，教师的魅力通过教学的魅力表现出来，而有魅力的教学则离不开教师有魅力的教学行为，二者几乎难分彼此。这种重叠性表明，政治教师的美突出表现为教学行为美，行为美是教师美的主要构成。

教师行为美属于功能美，直接体现了教师真（教师能力）和教师善（教师态度）的统一，是教师修养（教师素质）最为典型的"感性显现"。政治教师除了具有教师的共同修养之外，还有特殊的素质要求和表现。政治教师的"看家本领"是马克思主义和中国化马克思主义基本理论修养，同时还需要具备相关社会人文科学知识和时政知识。教师对这些知识的实践意义和生活形态也要有比较深入的了解和理解，这是知识的具体化。这样才能在教学中把学科知识和实际生活紧密、准确而又灵活地联系起来，做到深入浅出,从而使政治课知识"活化"。政治教师的课堂教学能力特别是课堂驾驭能力要求比较高,他们需要把教学、教育和管理融为一体,做到收放自如,不露痕迹,使课堂始终处于认真和愉快的学习氛围之中。这往往突出体现在语言表达能力上,教学语言能够真正"'粘'住学生",达到准确、清晰、通俗、形象的高度统一。政治教师的教育机智更为引人注目,其表现就在于能够对教学活动中的突发事件随机应变地进行迅速、巧妙而正确的处理。俄国教育学家乌申斯基说过:"缺乏所谓教育机智,教师无论怎样研究教育理论,永远也不会成为实际工作上的好教师。"[1]政治教师还特别需要具有渗透教育的能力。渗透教育是一种间接教育。虽然学校是专门从事教育的场所,但并不是所有的教师都能够在从事直接教育的同时,又自觉对学生进行间接教育的。政治教师不仅需要具有这种自觉性,而且需要掌握渗透教育的多种方法和技巧。政治教师最重要的还是政治品质。他们必须具有自觉顺应历史潮流、符合人民利益的特征,表现出符合社会进步的政治倾向。比较突出的表现在两个方面。首先是强烈的爱国之情。法国作家都德在短篇小说《最后一课》中所塑造的乡村小学教师韩麦尔先生就是具有这种优秀政治品质的典型代表。在韩麦尔老师身上深刻地体现着法国人民深厚的爱国主义感情,同时也闪耀着感人的美的光芒。其次是教学民主作风。教师要善于运用条件性知识,以恰当的方式传授知识和态度,从而激励学生自觉地学习。要有这样的清醒认识:知识权威并不是知识垄断,更不是知识霸权,只有平等相待、自由探讨,才能事半功倍,达到教学相长。这归结起来就是坚持实事求是,做到不回避现实,不掩饰现实,不违背现实,从而形成"既包含对社会价值、对儿童生命和对教育事业的忠诚和崇尚,也包含教师对自我生命价值、专业发展和人生理想的追求和实现"的职业理想和信念。上述这些特殊素养和教师的一般素养结合起来在教学中"感性显现"就形成政治教师特有的行为美。

但是,政治教师的美并不仅仅限于"行为"或"教学",在教学之外还有教育、管理等活动,在行为之外还有风度、服饰等要素,这些活动或要素都可以产生美,形成不同于教学行为美的其他各种美。而这些"其他"美既有功能美,也有形式美,因此,政治教师

---

[1] 教育机智课题组. 教师教育机智与技巧 200 例[M]. 成都:电子科技大学出版社,1990:2.

的美也是功能美和形式美的结合。

(三) 中学思政学科教师美的分类

教师美有不同的表现和分类。有研究者把教师美分为形体美、服饰美、心灵美和教学艺术美;[1]也有研究者主张教师美主要表现为语言美、仪表美和人格美。[2] 本书根据美的形象性(具体)和可感性(感知)特征,认为教师美具有四大构成(表现),即行为美、风度美、服饰美和身体美,这四种美都是形象具体的,并且可以直接被学生感知,从而产生美感。

1. 教师行为美

教师行为既是人类教育活动的产物,又是人类教育活动的基础和构成要素。没有教育活动固然不会产生教师行为,但没有教师行为同样不能形成教育活动。教育活动是教师的群体行为过程,又是教师的个体行为组合。个体行为是群体行为的构成和体现,因此,教师行为主要是指教师的个体行为。但教师的个体行为并不是纯粹的个人行为,而是一种社会性的职业行为。作为职业行为,教师行为仅仅是指教师在从事职业活动中的行为,而不包括职业外的行为。教师的职业行为基本上是由三种行为来构成的,即(1)教学行为,这是教师最基本的行为,是其他行为的基础;(2)教育行为,广义的教育行为包括德、智、美、体等多方面教育行为,狭义的教育行为则主要是指德育行为;(3)管理行为,教育活动是一种有序活动,为了保持这种有序性,教师必须进行管理。这三种行为并不是截然分开的,而是彼此包容、相互影响,形成一个完整的教师行为系统。

教师行为并不都美,只有建立在教师行为善基础上的教师行为才可能是美的。无论教学、教育还是管理行为,凡是能够促使学生健康成长的就是好的行为。也就是说,教师的行为美不美最终就是要看教师教得好不好,只有教得好的教师才可能产生行为美,因此,教师行为美是与教师职业的内容(功能)紧密相联的职业行为的功能美。这种功能美表现为教师的个体行为美。它是教师个人独特而具体的美,与众不同,独一

---

[1] 袁鼎生. 教育审美学[M]. 桂林:广西师范大学出版社,2001:120—137.
[2] 何齐宗. 教育美学新论[M]. 北京:人民教育出版社,2017:79—112.

无二,别人难以模仿,甚至本人也无法完全再现,因此,教师行为美是个性化的美,是教师鲜明个性和完整人格的形象表现。这样的美并不囿于某个方面的个性倾向或特征,不是有意追求"独到之处"的结果,而是教师整体素养的"无心"展示。

教师行为美是风度美、服饰美和人体美的基础,虽然行为美不能决定其他美的产生,但对其他美的形成和发展却有着重大的影响。行为美始终是教师美的主要和集中表现。当然,教师美并不仅仅表现为行为美,学生也并不仅仅欣赏教师行为,风度美、服饰美和身体美也是教师美的重要组成部分,但是这些美都是围绕着行为美展开的,没有行为美的核心作用,这些美就犹如一盘散沙,既不稳定,又无着落。行为美凝聚和整合了其他美,从而使教师美表现为一个统一的整体。

教师行为美可以分为教学行为美、教育行为美和管理行为美,但主要表现为教学行为美。因为教学行为不仅是教师的基本行为,具有基础性作用,而且蕴涵着教育和管理行为,教学行为有魅力,一般都会影响教育和管理行为,使之也产生魅力。教师的教学行为美和教学美基本是一致的,关于教学美前文已有介绍,这里不再重复。

2. 教师风度美

风度是人的言谈、举止、态度(1979 年版《辞海》),或者是人的言谈、举止姿态(1999 年版《辞海》)。风度美以风度为基础,但二者不能等同。每个人都有属于自己的"风度"(言谈、举止、态度),但并不是人人都具有"风度美"。风度美是人的言、行、态与人的气质精神的和谐统一。这种和谐通过言谈、举止和态度表现出来,但已不是单纯的言谈、举止和态度,而是灌注了人的精神并且充分体现着精神的言、行、态了,因此,风度美也可以理解为是人的内外相统一的表现。"风度可以说是人们内在的精神品质、文化教养、聪明才智和外在的举止、动作相统一而形成的一种格调"(王朝闻)。

教师风度美是功能美和形式美的结合。教师风度美表现为一定的功能美,其不能摆脱教师的职业活动,具有一定的现实功利性。教师风度的功能美特征突出体现在职业风度上。教师的职业风度一般体现为:第一,文人风度,即士的风度、读书人的风度,具有书卷气,清雅不俗;第二,长者风度,即长辈的风度,具有殷殷关怀之情;第三,师者风度,即老师的风度,具有谆谆教导之心。政治教师往往表现出更为强烈的师者风度。教师风度美更多地表现为形式美,其不为职业活动所困,可以超越专业、教学单位,甚至超越职业。学生对教师作出风度美评价时,往往并不关注其内容,而是观照其形式,即教师的言、行、态。教师风度的形式美特征集中体现为超越职业,一方面是教师的个人风度特色鲜明,模仿只能变成东施效颦;另一方面,教师的职业风度和日常风度基本一致,没有大的差异。这和教师行为美不同,教师的职业行为和日常行为往往会有较大差别。

教师风度美从三个方面表现出来,但并不能割裂或孤立地观照(学习)。(1)神态美。这是指教师表情姿态的美。教师的神态是其容貌和精神的和谐统一,表现为动静结合,自然天成。神态美不同于容貌美,但可以弥补容貌美之不足。和蔼可亲一般是教师神态美的代表类型。(2)体态美。这是指教师身体姿态的美。教师的体态是其身体和精神的和谐统一,表现为动静结合,顺势而行。体态美不同于形体美,但可以弥补形体美之不足。从容自若一般是教师体态美的代表类型。(3)语态美。这是指教师言语形态的美。教师的语态是其言语和精神的和谐统一,表现为动静结合,形神兼备。语态美不同于语言美和思想美,但可以弥补它们的不足。

3. 教师服饰美和身体美

服饰美是指人着装之后所构成的形态美。服饰美不能等同于服装美。服装美是一种独立的形式美,服饰美则不是单纯的形式美,而是服装和人的内在精神的和谐统一,包含了一定的直接功利性。

教师服饰美是功能美和形式美的结合。教师的服饰不能脱离实用性,也不能不讲究审美性,教师服饰美是实用基础上的审美,审美观照下的实用。教师服饰美具有以下特点:第一,泛职业装。教师职业对着装的要求并不严格,但也不能太休闲,往往表现出正装和休闲装的结合。这就表现出接近职业装又不是严格意义上的职业装的特点,即所谓"泛职业装"。第二,弱实用性。职业装的基本实用功能是防护和职业标志,教师服装的这类功能很弱,几乎可以忽略。第三,跨文化性。教师服饰虽然受到时代、民族、国家、阶级、地域等文化背景影响,但又能在一定程度上跨越这些影响,具有一定的着装宽容度。

身体美是指人体的美,包括容貌美和形体美。身体美重在形式美,与行为美截然相反,与风度美、服饰美也不相同。

教师身体美在教师美中不处于核心地位,但对于审美学习仍然具有一定的意义,理想的教师美不应该排斥身体美。教师身体美对教育教学活动会产生有益的影响,主要表现为：使学生产生愉悦感；增强宽容心；引发"爱屋及乌"的心理效应。教师容貌美影响比较大，往往和神态美结合在一起发生作用。教师形体美不等同于体态美，但构成体态美的基础，同样不可忽略。

上述三种审美学习的基本内容对审美学习乃至整个教育活动有着潜移默化的影响力，其中教师美是最活跃的因素。这就要求政治教师必须不断提高自身的审美修养，以便在实现自身审美价值的同时，更好地推动审美学习。

第四节　中学思政学科审美学习的心理过程

审美学习是审美和学习的有机结合，离开了审美活动也就无所谓审美学习了，因此，审美学习是一个审美心理和学习心理相统一的过程。这一过程具有层次性和阶段性，是一个不断深化的心理发展过程。在发展的不同层次和阶段，学习心理的水平有高低，而审美心理（美感）也呈现出不同形态。具体说来，审美学习大体上可以分为三个层次三种形态。[1]

一、感受学习

感受学习首先是指在感受中学习。这里"感受"意谓通过感官直接感知对象从而获得审美形象，产生审美愉悦。在感受中学习就是学生调动自身全部的感性去感知和领受（学习）审美对象和内容，使学习过程成为一个审美的感受过程。在这个过程中，学习诉诸感受，感受就是学习，二者完全融合在一起。同时，在感受中学习又是对感受

---

[1] 李泽厚. 美学四讲[M]. 北京：三联书店，1999：130—144.

的学习,感受学习也是指学习感受。学生在感受中不仅学习(感受)着美的对象和内容,而且也学习(感受)着"感受",也就是通过感受来学习"感受",从而不断增强和细化自身的感性直观即审美感受能力。感受学习突出的是感性,丰富的也是感性,最终形成的审美形态就是"悦耳悦目",这也是感受学习的基本特征和最佳境界。

悦耳悦目是指"以耳、目为主的一切审美感官所感觉到的愉快……主要表现为直觉,表现为直接感受社会、自然、艺术中的审美对象,仿佛无须借助思考,便不假思索地唤起感官的满足和喜悦"。[1]悦耳悦目(感受学习)最为突出地表现了审美学习的直接性(直觉性),这"包含两层意思:一层是指审美对象的直接存在;一层是指审美感官愉快,不是先有理智的思考和逻辑的判断而直接产生的"。[2]在政治课的感受学习中,审美对象也是"直接存在"。首先是教师美直接诉诸学生的感官,接着教师和教学美浑然一体地展开,最后是通过教师和教学生动呈现的学科美。这些对象直接给学生以感官愉快,表现为学生直接接受教师、教学和教材中的美,几乎无须思考,就被唤起了感官的满足和喜悦。当然,这种直觉在悦耳悦目中虽然比较突出,却仅仅是开始,它将贯穿审美学习的整个过程和全部形态,并且不断发展自身。但是,悦耳悦目并不等同于日常中的感性,而是具有审美学习超感性(综合性)的性质,这"也包含着两层含义:一层是指超越生理感官的满足;再一层是指超越日常生活中狭隘的实际功利需求"。[3]感受学习所获得的感官愉快并不是单纯的生理快感,也不限于狭隘的功利满足,而是以政治课学习的直接功利为基础,而又超越这一基础所产生的精神愉悦。这种愉悦虽然与某种知识和技能的习得、某种态度和价值的认同有关,但并不止于此,而是在此基础上融合而成的更具普遍意义的精神收获。正如李泽厚所指出的:"这种看来非常单纯的感官愉快,也已是包含着想象、理解、情感等多种功能的动力综合……自然生理的耳目性能获得了丰富、发展,成为积淀的人性、人化的自然、人类所独有的心理本体,使人的感性存在也不同于动物。"[4]

悦耳悦目缘于学习对象,即学科内容、教学活动和教师行为等,但这些"直接存在"

---

[1] 杨恩寰,等.美学教程[M].北京:中国社会科学出版社,1987:295—296.

[2] 杨恩寰,等.美学教程[M].北京:中国社会科学出版社,1987:296.

[3] 杨恩寰,等.美学教程[M].北京:中国社会科学出版社,1987:297.

[4] 李泽厚.美学四讲[M].桂林:广西师范大学出版社,2001:167.

并不直接构成"美"。审美对象并不等同于学习对象,而是必须在主客体的关系中才能形成,"离开了审美主体,物体的自然形态是不可能成为审美形象的。"[1]政治课被感受到的"美"既来自"被悦者"(学习对象和内容),更来自"悦者"(学生),如果"被悦者"对"悦者"缺乏审美意义,那么"悦耳悦目"就难以发生。因此,在这一过程中,学习内容的审美性固然重要,而学生的审美心理条件同样不可或缺。这个审美心理条件就是学生已经具有的审美心理结构。它是审美学习发生的前提,类似于加涅所强调的学习发生的必要条件。学生的审美心理结构既是在教育审美活动,特别是政治课的教育审美活动中培养和形成的,更是在教育之外的审美活动(艺术审美、自然审美等)中培养和形成的,这就使审美心理结构远比认知和态度学习的前提条件复杂。如果说认知和态度学习的发生条件因人而异,那么审美(感受)学习的发生不仅个体条件差别更大,而且同一个人也会因时间、环境、心情等而变化。由此,感受学习的发生往往显得变幻难测,几乎是"可遇而不可求"。正因为如此,政治课的悦耳悦目就十分难得。

二、体验学习

"体验"一般意谓亲身经历(体会验证),这里则是指心理体验,即人内在的心理经历。心理经历虽然包括很多内容,但主要是情感经历,也就是态度体验过程,因此,心理体验主要就是指情感体验。体验同样建立在感知的基础上,但和感受不同。感受突出的是对外在直观形象的接纳,其快乐直接而外显;体验突出的则是接纳之后的体味,虽借助直观却并不耽于直观,而是一种内隐的心路历程,表现出超越感官的内省性,是"通过耳目,愉悦走向内在心灵"。[2]

体验学习就是在体验中学习,就是学生在感知的基础上调动自身全部的情感去经验和体味(学习)审美对象和内容,使学习过程成为一个审美的体验过程。在这个过程中,学习诉诸体验,体验就是学习,二者完全融合在一起。同时,在体验中学习又是对

---

[1] 蔡正非.美育心理学[M].北京:中国社会科学出版社,1999:46.
[2] 李泽厚.美学四讲[M].桂林:广西师范大学出版社,2001:174.

体验的学习,体验学习也是指学习体验。学生在体验中不仅学习(体验)着美的对象和内容,而且也学习(体验)着"体验",也就是通过体验来学习"体验",从而不断提升和细化自身的情感体验即审美体验水平。体验学习突出的是情感,丰富的也是情感,最终形成的审美形态就是"悦心悦意",这也是体验学习的基本特征和最佳境界。

悦心悦意是指通过感官的愉快而产生的内心愉快,即"通过诉诸我们视觉和听觉的有限的形象,不自觉地捕捉和领会到某些较深刻意蕴,获得美感享受,收到悦心悦意的效果"。[1]心意的愉悦虽然起于感官的愉悦,却并不源于感官,"悦心悦意一般是在理解、想象诸功能配置下培育人的情感心意"。[2]这就是说,悦心悦意(体验学习)的核心是情感,"情感使想象装上翅膀,趋向理解,化为感知……构成特定的审美状态",[3]心意的愉悦是在情感体验中获得的。体验学习始于感知形象,继而自由想象,同时融入理解,于是"情投意合""心领意会",从而悦心悦意,"得意忘形"。政治课学习中,如果一个概念、一条原理抑或一种观点通过教师的生动教学引起了学生多方面的想象和思考,最终不期然而然地使学生若有所动(心)、若有所思(意),那么,"悦心悦意"就降临了。"悦心悦意是审美经验最常见、最大量、最普遍的形态,几乎全部的文学作品和绝大部分的艺术作品都呈现、服务和创造着这种审美形态。不像耳目愉悦受感官生理的制约局限,心意的范围和内容要宽广很多。它的所谓'精神性''社会性'显得更为突出,它的多样性、复杂性也更为明显,从而这一形态的千变万化,五彩缤纷,也就更加具有意义了。"[4]悦心悦意在政治课中也是相对比较容易出现的审美形态。这集中表现为对教学内容的意会,而这离不开教师的一系列教学行为,学生正是通过具体的教学行为才体验和领悟到深层的内容。因此,悦心悦意的出现关键在于师生间的情感交流,既结合着又超越于教学内容的情感交流使心意得到享受和提升。

体验学习中的情感交流包括审美主体(学生)的情感态度、审美客体(教材、教学和教师)的情感性质和主客体情感的相互作用。学生的情感态度是指学生具有审美情感的态度。审美(体验)学习的前提就是学生必须以审美态度去学习,如果不能带着审美

---

[1] 杨恩寰,等.美学教程[M].北京:中国社会科学出版社,1987:298.
[2] 李泽厚.美学四讲[M].桂林:广西师范大学出版社,2001:177.
[3] 李泽厚.美学四讲[M].桂林:广西师范大学出版社,2001:157.
[4] 李泽厚.美学四讲[M].桂林:广西师范大学出版社,2001:174.

态度去参与学习,那么不仅悦心悦意不会出现,而且体验学习也难以发生。学生的审美态度一般表现在三个方面。[1] 首先是审美需要的情感倾向,表现为学生对政治课学习具有审美要求的倾向。这是审美学习发生的原动力。其次是审美享受的情感流露,表现为学生在政治课学习中的身心快乐和享受。第三是审美理想的情感寄托,表现为学生对政治课学习的审美期待和向往。审美客体的情感性质是指政治课的教材、教学和教师具有的审美属性。政治课的学习对象并不是天然的审美对象,要成为学生的审美对象必须表现出审美情感的属性,具有能够打动学生心灵的情感魅力。审美客体的审美属性表现在两个方面,"一是对象外在形象的情感诱发属性,二是对象内在意蕴的情感感染属性"。[2] 情感诱发基于审美客体生动形象的感性特征。这在政治课中不很多见,相对而言,教师美表现得最为强烈,教学美次之,学科美最弱。情感感染发端于对象的内在寓意。这在政治课中就比较普遍,无论学科的内涵、教学的象征和教师行为举止的寓意都可能激发学生的情感,产生各种审美效应。

主客体具备了上述特质就可以进行情感交流了。情感交流是双向的互动,连绵不断,水乳交融,但大体上仍可以分为两种相对独立的"情感往来":"一是审美对象感染审美主体,即对象引发主体的审美体验;二是审美主体丰富审美客体,即主体对对象的审美移情"。[3] 这里的审美体验是学生对政治课审美对象的情感响应和体认。政治课的审美对象比较复杂,包括学科内容、教学活动和教师。从根本上说,学科内容是审美体验的核心。当学科内容不仅作为认知和态度学习对象,而且也作为审美学习对象感染学生,使之发生审美体验时,政治课的情感交流就真正开始了。但是,学科美需要通过教师才能传达,而教师的传达只能在教学中完成,因此,学生往往主要被教学美感染,比较专注于教学美的体验。有时候这种体验还会转移到教师身上,因为教师和教学联结紧密,难以分开,教学美和教师美又有重叠,更容易视为一体。由此,真正的核心学科美却被忽略了。这种情况在审美移情中也有发生。审美移情是学生对政治课审美对象的情感反馈和创造,是体验的结果,也是更深入的体验,即"主体在客体提供

[1] 蔡正非.美育心理学[M].北京:中国社会科学出版社,1999:72.
[2] 蔡正非.美育心理学[M].北京:中国社会科学出版社,1999:73—74.
[3] 蔡正非.美育心理学[M].北京:中国社会科学出版社,1999:75.

的基础上对客体的审美丰富、审美发现、审美创新和审美评价"。[1]也就是说,审美移情是学生把自己体验形成的情感投射到审美学习的对象上,去建构和创造对象,使主客体真正融为一体。如果移情不成功,那么对象就始终外在于主体,主客体总是分离的,情感交流也就被隔断,体验当然更无从谈起。政治课审美移情的主要对象应该是学科美,但是,由于教学和教师更容易被学生关注,也就更容易成为审美移情的主要对象。移情于教学和教师并无不可,但如果教学美和教师美主要体现的不是学科美,而是自身的美(如教学形式美、教师风度美等),那么,学科美作为核心对象就并没有与学生这一审美主体融为一体,体验学习的方向就偏了。要克服这一倾向,关键是抓住政治课的学科内容,充分展示、发掘和传递学科之美,以避免喧宾夺主。

有研究者提出美育活动的情感交流有四种基本方式。[2]本书以此为基础,将政治课的审美体验学习分为两种基本方式加以描述和讨论。

第一种,强交流方式。这种方式是主客体之间存在较大的情感反差,双方相遇时在强烈对比的基础上情感激烈碰撞,审美主体受到猛烈的情感冲击,形成很大的心理张力,从而激发产生强烈的审美情感。这种情感交流强而有力、显山露水,甚至常常表现出迅雷不及掩耳之势,就像一场暴风雨。它一般会产生两种不同的审美效果。一是由惊异而震撼。主体完全被对象所统摄,心情激动不已,情感激荡澎湃,胸中充满豪情。二是因宣泄而净化。主体完全循对象而调节,荡涤心灵污秽,驱除内心阴暗,放松心情,放飞思虑,心中趋于平静。两种效果(震撼和净化)看似大相径庭,其实殊途同归,最终都会有崇高感升起,使人不由自主地肃然起敬。政治课的强交流方式并不多见。可以考虑采用"陌生化"方法,即尽力选择新颖独特并具有象征意味的对象,以拉大主客体间的心理距离,使主体产生陌生而新奇的情感体验。

第二种,弱交流方式。这种方式是主客体之间的情感比较接近,双方相遇时在和谐融洽的背景下情感彼此呼应,审美主体与对象悄然合拍,心领神会,不知不觉已经相互交融,从而引发产生柔和的审美情感。这种情感交流柔而温婉、不显山不露水,却又悠远深长,宛如一江春水。它也会产生两种不同的审美效果。一是不知不觉,自得其

[1] 蔡正非. 美育心理学[M]. 北京:中国社会科学出版社,1999:76.
[2] 蔡正非. 美育心理学[M]. 北京:中国社会科学出版社,1999:78—83.

乐。主体基本无需引导，自然而然就入化境，对象同样自然而然，"润物细无声"，主体在平平淡淡之中体味着隽永。二是有知有觉，共享其乐。主体与对象一见如故，毋须多言，和弦共鸣，主客体异质同构，相携相拥，共沐阳光之中。两种效果虽然有所不同，却也是异派同源，优美感始终弥散在这种交流之中，形成挥之不去的特有氛围。政治课的弱交流方式相对多一些。可以尝试"熟悉化"方法，即注意选择以小见大的具体、微观和生活化对象，以拉近主客体间的心理距离，使主体产生亲切而自然的情感体验。

三、领悟学习

领悟学习就是学生调动自身所有的精神因素去领略和感悟（学习）审美对象和内容，使学习过程成为一个审美的领悟过程。"领悟"一般是指领会和理解的意思，比较偏向认知，但本书在"领悟学习"中则更强调"悟"，即人的觉醒，而"领略"和"感悟"也都包含有认知和非认知两种因素，因此，领悟学习中的"精神因素"就包括了人的感性和理性因素。与感受和体验学习相比，领悟学习的理性因素增强了，但并不是纯粹的理性，而是理性和感性相交融的"新感性"，也就是超乎感性而不离感性的直觉形态。这种直觉与感受学习的感性直观相比已经大大发展了，它"立足于人的知觉，但却比一般的知觉更敏锐；它不同于思维，但却包含了思维的优势。因此在人的直觉活动中，实际上充分地调动了人的整个大脑的功能，这就使人运用直觉对事物进行把握的时候，往往比其他的思维方式更迅捷、更准确、更全面"。[1] 在领悟学习中，学习诉诸领悟，领悟就是学习，二者完全融合在一起。同时，领悟学习也是学习领悟。学生在领悟中不仅学习（领悟）着美的对象和内容，而且也学习（领悟）着"领悟"，也就是通过领悟来学习"领悟"，从而不断提高和深化自身的直觉即审美领悟能力。领悟学习突出的是直觉，丰富的也是直觉，最终形成的审美形态就是"悦志悦神"，这也是领悟学习的基本特征和最佳境界。

悦志悦神是精神意志上的满足和愉快，这不仅关乎领悟学习，而且是审美的最高

---

[1] 蔡正非. 美育心理学[M]. 北京：中国社会科学出版社，1999：61.

境界,也是审美学习的最佳状态。李泽厚指出:"悦志悦神却是在道德的基础上达到某种超道德的人生感性境界。""所谓'悦志',是对某种合目的性的道德理念的追求和满足,是对人的意志、毅力、志气的陶冶和培育;所谓'悦神'则是投向本体存在的某种融合,是超道德而与无限相同一的精神感受。"[1]由此可知,悦志悦神涉及两个层面。

首先是伦理道德的层面,也就是"悦志"。主体在道德理念的追求中受到伦理情感的巨大冲击和洗礼,产生强烈感动和满足,从而使人的意志得到陶冶。悦志和悦心悦意有着密切联系。一方面,情感是审美的基本动力,贯穿整个审美学习。体验学习的情感交流并不戛然而止,而是延续到领悟学习,特别是"悦志悦神与崇高有关,是一种崇高感",[2]这就更为强交流方式打通了连接两种学习的路径。另一方面,在体验学习中也存在着领悟。"事实上对审美对象的形象和结构的感受中,逐渐展开着其他心理功能如想象、理解、情感","这也是一种领悟,就是意会。"[3]只不过这种领悟更偏于认知,而且浸润在丰富的情感之中,往往被情感所笼罩。

第二个层面是"超道德"的层面,也就是"悦神"。"所谓'超道德',并非否定道德,而是一种不受规律包括不受道德规则、更不用说不受自然规律的强制、束缚,却又符合规律(包括道德规则与自然规律)的自由感受。"[4]主体在这种状态中摆脱了规律和规则的束缚,却又合乎规律和规则;超越了感官快乐、情感愉悦和道德愉快,却又在感官、情感和道德的基础上,获得了"对宇宙规律性以合目的性的领悟"![5]实际上这是把对真和善的领悟转变成对美的观照。这是一种潜移默化,既不知不觉,又有知有觉,似乎不期然而然地就直接把握了对象的整体和实质。这种"悦神"状态"在西方,它经常与对上帝的依归感相联系,从而走向宗教。在中国,则呈现为与大自然相融合的'天人合一'的精神境界"。[6]由此,崇高感油然而生。当然,悦志和悦神并不是截然分开的,它们有着紧密的联系,悦神须先悦志,而悦志趋向悦神。

从审美心理的角度看,悦志悦神是美感的最高层次,"是人类所具有的最高等级的

[1] 李泽厚.美学四讲[M].桂林:广西师范大学出版社,2001:177.
[2] 李泽厚.美学四讲[M].桂林:广西师范大学出版社,2001:177—178.
[3] 杨恩寰,等.美学教程[M].北京:中国社会科学出版社,1987:298.
[4] 李泽厚.美学四讲[M].桂林:广西师范大学出版社,2001:177.
[5] 李泽厚.美学四讲[M].桂林:广西师范大学出版社,2001:179.
[6] 李泽厚.美学四讲[M].桂林:广西师范大学出版社,2001:179.

审美能力"。[1]它最为突出的特征就是顿悟性,仿佛醍醐灌顶,豁然开朗。这种顿悟"建立在主体对客体形象感受和情感体验的基础之上,同时浓缩着主体对客体深刻的思考和理解。它的发生以主体审美的素养为基础,以审美的意象为中介,以审美的氛围为条件,以审美的情感触动为契机,以主体对审美客体直接的整体把握为结果"。[2]由此可见,审美顿悟乃至悦志悦神是以悦耳悦目和悦心悦意为基础的,审美学习的三个阶段是紧密相联而又相互影响的。在中学政治课的审美学习中,领悟学习既是最高阶段又是最难以到达的层面。学习中比较可能出现的审美形态大概是"悦志"。由于政治课的特殊性质和功能,这种"悦志"又表现出一定的特殊性。政治课学习中更多的是政治上的伦理追求和真理探索,二者经常交错、渗透,相互影响,表现为政治伦理方面的"悦志",从而产生既非道德的也非"超道德"的、别树一帜的崇高感。这种崇高感同样为真、善、美的统一作了一个证明,也为实现德、智、美三育和谐发展做了一份贡献。

中学政治课的审美学习并不会单独发生,它渗透交融在认知和态度学习之中,可遇而不可求。没有认知和态度学习,也就没有审美学习,而有了审美学习,认知和态度学习必定高质量发生。

[1]李泽厚.美学四讲[M].桂林:广西师范大学出版社,2001:179.
[2]蔡正非.美育心理学[M].北京:中国社会科学出版社,1999:90.

第八章

中学思政学科的能力学习

　　中学思政学科的能力学习是对其学科能力的学习。学科能力学习不同于前几章所讨论的某一独立领域的学习，而是在各独立领域学习基础上的综合性学习，或者说，是前述所有学习的综合。因此，能力学习实际上是认知学习和情感学习的统一，是融会在上述学习之中而非与之并列及相区别的学习。

　　正因为如此，本章主要讨论的内容不是能力学习"是什么"和"怎么样"，而是能力学习学习"什么"，也就是作为学习对象的中学思政学科能力"是什么"和"怎么样"。

第一节 能力和学科能力

一、能力

能力概念源自教育学、心理学和人力资源管理等学科,并且随着社会需求的发展而经历了使用领域和意义(外延和内涵)的变迁。

(一) 能力的内涵

国内外学界关于"能力"的界定众说纷纭,但并未形成普遍接受的定论。以下是比较具有代表性的对"能力"内涵的不同陈述:

1. 能力是作为掌握和运用知识技能的条件并决定活动效率的一种个性心理特征。能力可以区分为认识能力和操作能力。素质是能力的自然前提,与能力的形成和发展有密切的关系。能力的形成和发展,主要还是取决于人的社会生活条件,特别是教育和长期从事的实践活动。(《中国大百科全书·心理学卷》)

2. 能力指人顺利地完成某种活动的心理特性。有时是指一个人在当前发展阶段上已经具有的现实的能力,有时指的则是,一个人在现有发展的条件下,经过进一步的学习和训练而达到更高水平的可能性(capacity,aptitude)。影响能力形成的因素很多,但归纳起来,不外乎遗传和环境两大因素。(《中国大百科全书·教育学卷》)

3. 能力是潜在于个体身上,通过完成某种身体活动,或心理活动,或学习活动所表现出来的个体特征。有些能力先天成分较多,有些能力后天学习成分较多,它往往是遗传和学习二者相互作用的结果。(《教育大辞典·教育心理学分卷》)

4. 能力(ability)是个体间有着强而稳定差异的一般智力。(皮亚杰《教育科学与

儿童心理学》）

5. 理智能力是指要求个体在各种情境里把专门技术信息运用于新的问题。理智能力是知识与理智技巧和技能的组合。（布卢姆《教育目标分类学：认知领域》）

6. 习得的性能（capability）与心理测量学测得的能力（ability）有所不同。人类学习的结果是其性能发生相对持久的变化。这里的性能包括认知、态度和动作技能。习得的性能是一种内潜的心理状态或心理品质，其存在是根据学习者外在的表现或作业（performance）推测出来的。能力也是学习者的一种内潜的心理品质，但它不涉及情感领域，不完全是学习的结果，是先天的遗传素质和后天的一般环境（排除专门教育）影响的结果，通过心理测量所测得的成绩表现出来。（加涅《学习的条件和教学论》）

7. 能力（Competency）是能明确区分在特定工作岗位和组织环境中杰出绩效水平和一般绩效水平的个人特征。能力素质模型（Competency Model）为担任某一特定的任务角色所需要具备的能力素质的总和。能力素质划分为五个层次：（1）知识（Knowledge）；（2）技能（Skill）；（3）自我概念（Self-concept）：态度、价值观和自我形象等；（4）特质（Traits）；（5）动机（Motives）。不能区分优秀者与一般者的知识与技能部分，为基准性素质（Threshold Competencies），也就是从事某项工作起码应该具备的素质；能够区分优秀者与一般者的自我概念、特质、动机为鉴别性素质（Differentiation Competencies）。（麦可利兰《能力测试而非智力测试》）

综上所述，能力大体上可以分为狭义和广义两种理解。狭义的能力（Ability）是指认知领域的个性心理品质，其核心是智力，它既有先天遗传性，又有后天习得性；广义的能力（Competency）是指综合性的心理素养，不仅涉及认知，而且涉及情感领域，是一种包括认知、态度和动作技能的"习得的性能"（Capability）。也就是说，狭义的能力与知识、技能、智力等有密切的关系，但并不等同于知识或技能，也不等同于智力，更不同于态度；而广义的能力则不仅包含了知识和技能，也包含了智力和态度（非智力）因素。正如中国台湾学者所指出的："能力概念涉及认知和非认知因素，情绪、态度、价值观、有效管理知识和技能等全方位的定义是未来研究的趋势。"[1]

---

[1] 张钿富,等.欧美澳"公民关键能力"发展之研究[M].台北："国立"教育资料馆,2010：18.

（二）能力和素养

素养一般是指"平日的修养"，包括"政治、思想、道德品质和知识技能等方面经过锻炼和培养而达到的一定水平"，以及"待人处事方面的正确态度"（《辞海》2009 版，《现代汉语词典》2012 版）。上世纪末，"素养"开始受到世界各国和国际组织的关注，将其纳入教育革新和课程改革的核心，为此作了更为深入的讨论和研究，并且"透过教育以培养其国民的'核心素养'也已成为许多国家重要之教育目标"。[1] 联合国教科文组织提出了"五大学习支柱"——"学会求知、学会做事、学会共处、学会发展、学会改变"，以作为"21 世纪社会公民必备的基本素质"。尔后又从测评角度提出检测学生学习成果的七个维度：身体健康、社会情绪、文化艺术、文字沟通、学习方法与认知、数字与数学、科学与技术。这实际上对学生应具备的核心素养作了一定概括和描述。[2] 经合组织在其跨国研究项目中把核心素养界定为："个人实现自我、终身发展、融入主流社会和充分就业所必需的知识、技能及态度的集合，它们是可迁移的，并且发挥着多样化的功能。"[3] 欧盟执委会则在 2005 年发表的《终身学习核心素养：欧洲参考架构》中指出："'素养'是适宜于特定情境的知识、技能和态度的组合。在此基础上，'核心素养'是指一个人在知识社会中自我实现、社会融入，以及就业所需要的素养，其中包括知识、技能与态度。"[4] 一些发达国家也根据国情对"核心素养"（叫法有所不同）作出了各自的界定。美国 21 世纪技术联盟提出的核心素养包括生活与职业生涯技能，学习与创新技能，信息、媒体与科技技能等内容；英国称为关键技能或核心技能，包括学习、生活和工作所需要的资质；法国的素养模型由知识、技能和社交能力三方面构成；德国称关键能力，指与特定的专业技能不直接相关的知识、能力和技能；澳大利亚称综合职业能力或关键能力，包括创造科技能力、解决问题能力、自信乐观的生活态度等。[5]

---

[1] 蔡清田. 素养：课程改革的 DNA[M]. 台北：高等教育文化事业有限公司,2012：15.
[2] 林崇德. 21 世纪学生发展核心素养研究[M]. 北京：北京师范大学出版社,2016：14—15.
[3] 林崇德. 21 世纪学生发展核心素养研究[M]. 北京：北京师范大学出版社,2016：13.
[4] 林崇德. 21 世纪学生发展核心素养研究[M]. 北京：北京师范大学出版社,2016：16.
[5] 林崇德. 21 世纪学生发展核心素养研究[M]. 北京：北京师范大学出版社,2016：18—20.

近年来,我国学者也对"素养"展开了研究。中国台湾学者蔡清田提出:"素养的意涵包括知识、能力态度之统整,它不只是单一的知识层面或认识知识而已,也不等于单一的能力或技术能力或态度情意,素养包括知识、能力与态度等多层面统整之'整体性',是'知能'加上态度情意等价值判断,素养不只是知识,也重视能力,更强调态度的重要性。"[1]中国内地学者林崇德则概括了核心素养的内涵,指出:"核心素养是学生在接受相应学段的教育过程中,逐步形成的适应个人终生发展和社会发展需要的必备品格与关键能力。它是关于学生知识、技能、情感、态度、价值观等多方面要求的结合体。"[2]也有研究者从素养概念定义变化的角度概括了三种取向,进而指出关于素养内涵的基本共识:"素养包含必要的知识、技能、情意,它们是解决问题的个体内在资源……素养概念强调表现,体现在特定情境中个体解决问题的行动。解决实际问题或完成任务是素养的外在表现。"[3]

综合上述研究可以发现,素养和广义的能力实际上基本等同,只是不能将狭义的能力(Ability)和广义的能力(Competency)混淆,以免把狭义的能力等同于素养。广义的能力包括了智力(知识和技能)和非智力(情感、动机、价值观等)因素,是融合了不同心理因素的综合性心理素养。本章所讨论的"能力",如不作特别说明,均指广义的能力。

(三) 能力的基本构成

既然能力有广狭义之分,在讨论能力构成时,也必须分清两种不同"能力"的不同构成。狭义的能力由知识和技能构成,属于认知领域;广义的能力则由知识、技能和态度构成,横跨认知和情感领域。进一步说,广义的能力实际上是由能力(狭义)和态度构成的。

认知心理学把知识定义为"主体通过与环境相互作用而获得的信息及其组织",[4]强调知识是有组织的信息。这种信息呈现为"数据结构",由我们所知道的事

---

[1] 蔡清田. 素养:课程改革的 DNA[M]. 台北:高等教育文化事业有限公司,2012:42.

[2] 林崇德. 21 世纪学生发展核心素养研究[M]. 北京:北京师范大学出版社,2016:29.

[3] 邵朝友. 基于学科素养的表现标准研究[M]. 上海:华东师范大学出版社,2017:64,67.

[4] 韦洪涛. 学习心理学[M]. 北京:化学工业出版社,2011:47.

实——"是什么"组成。[1] 显然,能力(狭义)并不就是知识,而是知识掌握和运用的基本心理条件;但能力(狭义)又离不开知识,知识是能力(狭义)的重要构成和基础,无知识底蕴的能力(狭义)充其量只是低级水平的"自然能力"。

技能则通常被定义为:"运用一定的知识和经验顺利完成某种活动的方式。"[2] 这种方式其实也是一种知识,即认知心理学提出的程序性知识。这种知识呈现为"程序结构",由我们所知道的方法——"如何做"组成。[3] 能力(狭义)不等同于技能。能力(狭义)是人的个性心理特征,它不完全是学习的结果,而"技能的实质是一套规则支配下的人的行为",只能通过专门学习才能获得;能力(狭义)更具一般性,很难直接测量,而技能是具体的专门的行为方式,可以直接测量。但能力(狭义)也离不开技能,它通过技能(认识和实践活动)表现出来,并从中进一步得到发展;同时技能也是能力(狭义)的重要构成,其获得也要依赖能力(狭义)天赋。

关于智力,虽然说法不一,观点各异,但有一点是一致的,那就是都承认智力和能力(狭义)的关系极其密切。至于二者的区别,"一般地说,智力偏于认识,它着重解决知与不知的问题,它是保证有效地认识客观事物的稳固的心理特征的综合;能力偏于活动,它着重解决会与不会的问题,它是保证顺利地进行实际活动的稳固的心理特征的综合"。[4] 能力(狭义)实际上是认识能力和操作能力的统一。

态度是指"影响个体对一类人、客体或事件的行为选择的一种习得的内部状态"。[5] 态度明显不同于能力(狭义),能力(狭义)属于认知领域,而态度属于情感领域。它们虽然与行为都有密切关系,但能力(狭义)涉及的是"会不会"做的问题,而态度涉及的则是"愿不愿"做的问题。但是,在广义的层面上,能力却包含了态度,态度成为能力的一个重要构成。现代语境中的"能力"指称的往往是个人更全面更具综合性的"素养"。显然,我们不能无视能力的现代意义,学科能力正是这种现代意义上的"能力"的具体化。

[1] 李伯黍,燕国材:教育心理学[M].上海:华东师范大学出版社,1993:181.

[2] 朱作仁.教育辞典[Z].南昌:江西教育出版社,1987:323.

[3] 李伯黍,燕国材.教育心理学[M].上海:华东师范大学出版社,1993:181.

[4] 林崇德.学习与发展[M].北京:北京师范大学出版社,1999:143—144.

[5] [美]R. M. 加涅.学习的条件和教学论[M].皮连生,等,译.上海:华东师范大学出版社,1999:275.

二、学科能力

广义能力意义上的学科能力和学科素养是同义的。本书对这两个概念不作严格区分。对学科能力或素养的研究,国内外都已不同范围和程度地开展,尤其是对具体学科的学科能力或素养及其结构的研究多有成果,例如数学、科学、语文等学科。这些研究对本书的研究颇有助益。

(一) 学科能力的内涵

上世纪 90 年代,我国内地学界开始关注学科能力的研究。林崇德首先提出了学科能力的概念,他认为学生的学科能力是学生的智力、能力与特定学科的有机结合,是学生的智力、能力在特定学科中的具体体现,是比较稳固的心理特征。主要包括三个含义:第一是学生掌握某学科的特殊能力;第二是学生在学习某学科时的智力活动及其有关的智力与能力的成分;第三是学生学习某学科的学习能力、学习策略与学习方法。[1] 这一界定突出了学科能力中的智力成分(即认识能力),强调思维的概括力是其核心和基础。进入新世纪以来,研究进一步发展。张警鹏等提出:"学科能力是学生在解决具体学科的情境问题时通过个体特定的心智操作,调动自己已有的学科知识和情境经验,以顺利解决学科问题时的个性心理特征。"[2] 这一定义突出了"学科问题"在学科能力中的重要性,把"解决学科问题"作为学科能力的关键。郭元祥认为,"学科能力是学科素养的核心组成部分,更是学生学业质量的重要组成部分。学科能力表现是指中小学生在各门课程学习过程中表现出来的比较稳定的心理特征和行为特征,是可观察的和外显的学习质量和学习结果。基于学生的知识学习和认知活动,学生的学科能力表现往往体现为由内隐的学科思维过程和外显的学科行为反应决定的学科素养"。[3] 这一观点把学科能力和学科素养连接起来。杨钦芬则直接指出:"学科能力

[1] 林崇德. 论学科能力的建构[J]. 北京师范大学学报(社会科学版),1997:1.
[2] 张警鹏,郑启跃. 学科能力心理要素三维结构模型的构建[J]. 科学教育研究,2006(10):9—11.
[3] 郭元祥,马友平. 学科能力表现:意义、要素与类型[J]. 教育发展研究,2012(15/16):29—34.

是指建立在具体的学科基础上的、具有学科特殊性的能力。"[1]这一说法突出了学科特殊性,强调学科能力是一种特殊能力。

以上诸说见仁见智,各有所长。其中特别值得重视的,一是学科能力的"智力性"(林崇德)。基础教育中培养的各种学科能力,主要应该是学科认识能力,是为之后实践能力的形成和发展作准备的。如果一味强调培养学科的实践能力,那不但脱离学校教育的实际,违背学科教学的规律,而且还会适得其反,导致认识和实践能力都难以习得。当然,学科认识能力和学科实践能力并不能截然分开,认识中有实践,实践中也有认识,这里只是就主要倾向而言。二是学科能力的"问题性"(张警鹏)。学科能力,说到底就是解决学科问题的能力,无论认识能力还是操作能力,不能解决学科特有的问题,就不成其为"学科"能力。三是学科能力的"特殊性"(杨钦芬)。学科能力并非一般能力,而是与特定学科紧密相联的特殊能力,把学科能力看成是通过学科教育培养出来的一般能力,那就张冠李戴了。

但是,上述诸说的"学科能力"总体上还是狭义角度的"能力",强调的是知识和技能的统一,还不是学科知识、学科技能和学科态度三位一体的融合,没有表现出智力和非智力因素的统一。鉴于此,本书认为,必须强调学科能力具有学科性和综合性特点,讨论学科能力必须紧扣这两个特点。紧扣"综合性"就是从智力和非智力相融合的角度理解学科能力(这点将在"构成"中进一步讨论)。紧扣"学科性"则是从学科特殊性角度明确学科能力。学科能力是建立在学科特殊性基础上的,每一种学科能力之所以不同于其他学科能力,原因就在于这种学科是"特殊"的。这种特殊性首先表现在学科(教学)目标,也就是期望的学习结果上,因此学科能力与学科目标(学习结果)有着最为直接的联系,学习的最终结果就是要形成学生特定的学科能力。特殊性也表现在学科(研究)对象,也就是规定的学习内容上,因此学科能力与学科对象(学习内容)有着十分广泛的联系,特定的学科能力就是在特定的学习内容的普遍影响下逐渐形成的。特殊性还表现在学科(教学)计划,也就是相应的学习活动上,学习活动是一个流动过程,不像目标和内容那么稳定,因此学科能力与学科计划(学习活动)有着比较隐蔽的

---

[1] 杨钦芬.追求卓越:中小学生学科能力评价研究[M].福州:福建教育出版社,2021: 8.

联系,学习活动内含了学习形式、手段和方法等,特别是学习方法,它对于特定的学科能力的形成往往是"润物细无声"的。学科的特殊性当然更表现在学科特有的问题上,而特定的学科能力,就是在解决"特定的"学科问题的过程中逐渐形成的。因此,学科能力就是学生通过学科目标的达成、学科内容的把握、学科方法的运用和学科问题的解决而形成的学科知识、学科技能和学科态度相统一的综合心理素养。

(二) 学科能力的构成

学科能力的基本构成要素即智力和非智力要素,或是能力(狭义)和态度要素。智力或能力(狭义)可以再分为知识和技能要素,这就形成通常说的知识、技能和态度三要素构成。当然,态度也可以再分,从而形成知识、技能、功利态度、审美态度四要素。上述诸构成要素囊括了智、意、情等心理因素,充分体现了学科能力的综合性。

在三要素构成中,学科知识是学科能力的基础,缺乏学科知识,学科能力就成了无本之木,根本无从谈起。学科知识表现为陈述形态的信息及其组织。所谓"陈述形态的信息",一是指陈述性知识,如"马克思是德国人"这样的事实知识;二是指程序性知识的陈述形态,如"哲学是理论化系统化的世界观"这样的概念知识。这两种学科知识并不就是学科能力,但却是形成学科能力的两种基础。第一种是学科能力的事实基础,具有具体化的意义;第二种是学科能力的程序基础,具有操作性的意义。前一种知识是比较纯粹的"知识",后一种知识实际上是技能的"前身",最终要转化为技能。

学科技能是学科能力的核心。技能和能力(狭义)通常比较容易混淆,原因在于后者是通过前者表现出来的,能力(狭义)隐于无形,而技能是有形的,技能实际上是能力(狭义)的具体化和操作化。学科技能表现为操作形态的信息及其组织,也就是程序性知识的操作形态。所谓"操作形态"就是知识的操作化(具体运用)。知识操作化主要包括概念知识和规则知识两种操作化。概念知识的操作化就是运用概念定义进行事物归类。规则知识的操作化则更为复杂,包括运用规范、原理和观点进行社会性认识和实践的程序活动。学科技能虽然集中表现了学科能力,并且和学科知识一起构成了学科能力的主要成分,但这仅仅是学科能力的认知(智力)因素,所形成的充其量只是狭义的"学科能力",而广义的学科能力必须包括非智力的态度(情意)

因素。

学科态度是学科能力的动力，推动其发展，并且导引方向，避免其盲目发展。学科态度是学科内含的情感倾向性，可以分为功利性态度和超功利态度。前者是社会性态度，具有明确直接的功利目的性，即通常所说的"情感、态度、价值观"，包括兴趣、动机、理想、信念、人生观和世界观等很多方面。这种情感倾向性隐含于学科的知识体系和技能活动中，它不一定直接表达，却时时处处透露着该学科对世界的态度。后者则是审美态度，超越了现实功利，目的性比较模糊和间接。这种情感倾向性不仅隐含于学科的知识体系和技能活动中，而且还隐含于功利性态度之中，表现出该学科更为宏大长远的宇宙视野。学科能力将两种态度吸纳、融会于其中，不仅扩展了能力，而且顺应和体现了人的全面发展。

（三）学科能力的分类

从不同的角度可以把学科能力分为不同种类。针对不同种类的学科能力，就可以有重点、有选择地组织和展开学科能力的学习。

1. 学科应用能力和学科学习能力

从学科能力的性质角度看，学科能力可以分为学科应用能力和学科学习能力。

学科应用能力是学生运用学科知识、技能和态度的能力，是在具体情境中把"个性化知识"和应用对象有机结合起来的能力（如数学应用能力、语文应用能力等），也就是"学习者综合运用各种知识在复杂变化的环境下灵活地做出最有智慧和判断的问题解决行动"。[1] 这首先是一种"释放性"能力，即把习得的学科内容（包括程序和倾向）运用到外在的客观世界，使客体发生主体预期的变化，表现出"输出性"的特点。但是，对于学习者来说，这又是一种"外生性"能力，它并非源于学生自身，而是来自学科，是学科所蕴涵的、在学习和应用中转化为学生具有的能力。脱离开学科这种能力就"皮之不存，毛将焉附"了，这是名副其实的"学科"能力。

学科学习能力是学生习得学科知识、技能和态度的能力，也就是将学科的"公共知

---

[1] 杨钦芬.追求卓越：中小学生学科能力评价研究[M].福州：福建教育出版社，2021：51.

识"转化为"个性化知识"的能力（如数学学习能力、语文学习能力等）。这首先是一种"吸收性"能力，即把学科内容吸纳到内在的主观世界，使主体发生与学科相应的变化，表现出"输入性"的特点。但这却是学习者的一种"自生性"能力，它不是源于学科，而是来自学生，是学生自身潜在的、只有在学习中才能被激发、生长和表现出来的能力。这实际上是学生的一种潜质，一种"学生"能力。

学科学习能力是应用能力的基础和前提，缺乏学习能力，没有"吸收"，就无从"释放"，应用能力也就成了空话。学科应用能力则是学习能力的归宿和发展，丧失应用能力，没了"输出"，"输入"就失去方向，学习能力也就毫无意义。而应用的过程实际也是深化学习的过程，习得的内容只有在运用中才能更加深刻和牢固地掌握。不仅如此，应用能力的发挥还能促进学习能力的增强，它们紧密联系，相互影响，共同组成完整的学科能力。但是，相比较而言，应用能力在学科目标达成、学科内容把握、学科方法运用和学科问题解决等诸方面的作用更为明显，也更为关键，它集中体现和蕴涵着学科的特殊性，而学习能力只是学科能力的准备和基础，属于辅助性的"学科能力"。

2. 学科认识能力和学科实践能力

从学科能力的功能角度看，学科能力可以分为学科认识能力和学科实践能力。学科认识能力是以学科为指导认识对象世界的能力，体现了学生在认识世界的活动中运用学科知识、技能和态度的能力。学科实践能力是以学科为指导改造对象世界的能力，体现了学生在改造世界的活动中运用学科知识、技能和态度的能力。

学科认识能力和实践能力都属于学科应用能力。也就是说，学科应用能力可以进一步分为学科的认识运用能力和实践运用能力。前者是运用学科知识、技能和态度去认识世界和自我，主要表现为学科的理性认识能力。后者是运用学科知识、技能和态度去改造世界，主要表现为学科的实验活动能力。

学科的认识能力是实践能力的基础，实践能力是认识能力的发展方向，二者不能割裂和隔绝。学科的认识运用能力和实践运用能力也是这样的关系。但是，二者又有各自的独立性，不能混为一谈。学科能力特别是基础教育中各科的学科能力主要表现为认识上的运用能力，学生学习要解决的首先是认识问题，即使是学习实践运用能力也主要是模拟性的实验活动能力，因为"对于青年学生来说，他们缺乏实际经验，主要的任务是学习,不能要求他们去解决复杂的客观的或主观的问题"。[1] 当然,适当地培养学科实践能力也是需要的,但不能将其看作主要的学科能力。

3. 学科核心能力和学科基础能力

从学科能力的地位和作用角度看,学科能力可以分为学科核心能力和学科基础能力。

关于核心能力的概念表述和称谓世界各国的研究多有不同,如核心素养、核心能力、关键能力、基本能力等,但对其内涵基本上都认同核心能力(素养)是"'核心的'素养,不仅是'共同的'素养,更是'关键的、必要的、重要的'素养";[2]是"事物最主要且赖以生存和发展的那一部分","是学生……逐步形成的适应个人终身发展和社会发展需要的必备品格与关键能力"。[3] 有研究者还进一步指出:"共同素养可区分为核心素养及由核心素养延伸出的其他素养,其中,最关键必要而居于核心地位的素养,即称之为核心素养。"[4]据此,本书认为,学科核心能力就是处于学科能力系统的核心地位、具有学科的关键性作用、并对学科其他能力发生重要影响的能力。它与课程根本目标有着紧密联系,是理想的学习结果的综合表现。根据这样的理解,学科应用能力就是学科核心能力,是学习者必须习得的基本能力。

学科基础能力则是学科的起点能力,是进入和掌握学科所必需具备的最起码的能力,也是为进一步掌握核心能力打基础作准备的能力。它处于学科能力系统的边缘或底层,但作用却不可或缺。由此看来,学科学习能力就属于学科基础能力。

除了上述分类,有研究者还把学科能力分为学科一般能力和学科特殊能力。"学科一般能力是指学生在各学科学习过程表现出来的普遍存在的基本学科能力,包括认知与理解能力、想象与思维能力、观察能力、问题解决与创造能力等在学科中的具体表现。"[5]或者,"学科一般能力是各个学科学习过程所具备的最基本的通识能力,如自

[1] 吴铎. 思想政治教育学[M]. 杭州:浙江教育出版社,1993:102.
[2] 蔡清田. 素养:课程改革的 DNA[M]. 台北:高等教育文化事业有限公司,2012:32.
[3] 林崇德. 21 世纪学生发展核心素养研究[M]. 北京:北京师范大学出版社,2016:28,29.
[4] 蔡清田. 素养:课程改革的 DNA[M]. 台北:高等教育文化事业有限公司,2012:5.
[5] 郭元祥,马友平. 学科能力表现:意义、要素与类型[J]. 教育发展研究,2012(15/16):29—34.

主学习能力、倾听能力、领悟能力等"。[1]不难看出,上述能力基本上是指一般学习能力。一般学习能力是各学科都具有的共同能力,但并不构成体现学科特殊性的学科能力。也就是说,实际上并不存在"学科一般能力",凡学科能力都是具有学科特殊性的,无论是学科学习能力,还是学科应用能力。

总之,学科能力是基于学科学习而形成的特殊能力。这种能力的形成是一个学科的文本意义向学生的心理意义转化的过程。具体一点说,就是特定学科内隐的逻辑意义和情感意味转化为学生个体的认知领悟和情感体验的过程。这一过程的成果就是学科应用能力有所发展,学科学习能力有效激发;学科认识能力得到增强,并和实践能力有机结合;学科核心能力显著形成,并和基础能力相互促进,从而学生的一般能力和特殊能力相互交融,不断得到增强。

第二节　中学思政学科能力

中学思政学科能力是中学政治课能力学习的基本对象,也是前一节所述广义能力和学科能力的学科化与具体化。

一、中学思政学科能力的研究综述

中学思政学科属于德育学科。德育在内容上有广狭义之分。狭义的德育即道德教育,广义的德育则是包括思想、政治、道德、法律等涵盖全部国家主导意识形态内容

---

[1] 杨钦芬.追求卓越:中小学生学科能力评价研究[M].福州:福建教育出版社,2021:52.

的教育,即所谓"大德育"。德育在形式上有显性和隐性之分。显性德育是德育内容的直接教导,是直白的、灌输式的态度(情感)教育;隐性德育则是德育内容的间接谕示,是曲言的、渗透式的态度(情感)教育。德育在范围上有学科内外之分。学科内的德育是指学科自身具有的德育,即学科德育;学科外的德育则是超越学科特殊性的德育,即学校德育。德育学科之"德育"是指广义的显性的学科德育。中学思政学科同样具有这样的学科性质。

德育学科能力的研究在中国内地是近 30 年的事,但是,关于德育学科培养学生能力的讨论,则可以追溯到改革开放初期甚至更早。据笔者统计(人大报刊复印资料),1981—1992 年,国内公开发表的关于政治课能力培养(包括智力、思维等)的论文 60 余篇,对政治课思维、创造、自学等各种能力培养的意义、内容和方法等作了具体探讨。虽然这些论文大多具有较明显的经验性倾向,但为进一步的研究提供了比较实在的经验材料和初步的理论思考资料。在此基础上,吴铎教授主编的《思想政治教育学》(1993 年出版)第一次比较系统地(以一章的篇幅)对思想政治学科教育中的能力培养作了具有一定深度的理论阐述。书中虽然没有明确提出"思想政治学科能力",但对思想政治学科所要培养的学生能力却作了非常明确的界定:"思想政治教育中的能力培养,主要指在政治理论认知的基础上,能够进一步应用基本理论观点,分析、说明主客观两方面一定范围内的实际问题。"并且进一步指出:"培养的重点是分析能力和应用能力。分析能力主要指运用基本原理说明、解释所面临的客观、主观两方面的实际问题,也就是初步的理论联系实际。应用能力主要指在说明、解释所面临的客观、主观两方面的实际问题的基础上,能够适当地解决问题。"书中对这两种能力的内涵及其关系还作了更为深入的分析,提出分析能力和应用能力实际上是一致的,"分析问题要理论,也就是应用的意思。同时,对问题分析得好,说明、解释得正确、深刻,也是在一定程度上'解决'问题"。[1] 这些观点对于德育学科能力的研究具有重要的参考价值。

进入 21 世纪以来,德育学科的能力培养研究如火如荼,成为一个研究热点。据中国知网统计,以"思想政治课能力培养"和"思想品德课能力培养"为题名的论文 500 余篇,内容主要集中在创新能力和思维能力的培养上。与上世纪的研究相比较,基本上

---

[1] 吴铎. 思想政治教育学[M]. 杭州:浙江教育出版社,1993:87,100,101—102.

延续的是"德育学科的能力培养"的研究,而对于"德育学科能力的培养"的研究则仍然很少涉及。这两种研究虽然有着密切联系,但又有很大差别。前者研究的是中学思政学科对一般能力的培养,即使这种能力带上了学科特色,也仍然是具有学科特点的一般能力,例如思想政治课的观察能力、记忆能力、思维能力,等等;后者研究的是中学思政学科对该学科特殊能力的培养,这是每一门学科都应该具有的独一无二的能力,例如思想政治课的价值判断能力等。

我们必须在德育学科的能力研究上实现由"一般能力"到"特殊能力"的转换,把研究的准星真正对准学科特殊能力。林崇德教授主编的"中小学学科教学心理学书系"集中笔力地讨论了中小学各个学科的学科能力,其中也包括了德育(思想品德)学科。在寇彧和张文新所著的《思想品德教学心理学》中,不仅明确提出了"思想品德学科能力"的概念,而且对思想品德学科能力的构成、心理机制和形成因素作了具体分析。这是德育学科能力研究的一个突破,也是一个新的起点。

《思想品德教学心理学》认为,"思想品德学科能力主要指学生表现在学习思想品德课方面的能力,表现在对大是大非作出判断时的能力,以及在社会生活实践过程中表现出的处理日常人际问题的能力和对他人情感的理解能力"。它的主要内容是:"学生掌握思想品德课这门学科的特殊能力,即是非判断能力;社会认知和角色获得能力(包括移情能力);知识的学习能力,即掌握知识的思维、记忆、想象、推理等方面的能力;社会实践的能力。"据此作者将思想品德课的学科能力分成三个层次:"第一层次,学生的思想品德课学科的特殊能力,它包括是非判断能力、参加社会实践的能力和观点采择的能力三个部分。第二层次,学生的思想品德课学科的能力结构。第三层次,学生的思想品德课学科能力的深层结构—信念和价值观系统。"[1]在此基础上,作者特别指出,是非判断能力居于思想品德课学习的中心地位,并作了较为细致的原因分析。这些观点无疑是重要的,不仅为德育学科能力研究提供了建设性的创新思路和内容,而且以心理学的视角大大拓展和深化了学科能力的研究,对本书的研究也颇有启发。

近年来,随着课程标准的修订和新教材的使用,在中学思政学科能力研究继续发展的同时,思想政治学科素养特别是核心素养的研究呈现迅速上升的态势。2007 年

---

[1] 寇彧,张文新.思想品德教学心理学[M].北京:北京教育出版社,2001:9,14—15.

至 2015 年发表的相关论文仅 6 篇,而 2016 年至 2021 年发表的论文则达 207 篇(中国知网)。研究内容涉及中学思政学科素养与核心素养,以及各个具体素养的内涵、特点、培养等方面。这些研究同学科能力研究既有交叉,又有拓展,进一步促进了中学思政学科能力的研究,使研究呈现出新的面貌。

二、中学思政学科能力的特性探讨

中学思政学科能力分为学科应用能力和学科学习能力。学科应用能力"运用学科知识、技能和态度在具体情境中把'个性化知识'和应用对象有机结合起来",表现和发挥着学科的关键性作用,对学科其他能力发生着重要影响,处于学科能力系统的核心地位,是中学思政学科核心能力。学科学习能力虽然不可或缺,但只是学科能力的准备和基础,属于中学思政学科基础能力。

学科应用能力同样主要表现为认识运用能力。政治课的应用对象远比其他课程复杂,学生"能够应用基本理论观点,分析、说明主客观两方面一定范围内的实际问题"已经相当不错了,而且"分析问题要理论,也就是应用的意思。同时,对问题分析得好,说明、解释得正确、深刻,也是在一定程度上'解决'问题",因此,政治课的学科核心能力就进一步表现为学科认识运用能力。与之相对应的学科实践运用能力则成为一种以认识运用能力为基础的"拓展性"的学科能力。

在上述认识的基础上,本书对中学思政学科能力的特殊性试作以下进一步讨论。

(一) 中学思政学科能力是"特殊的"学科能力

中学思政学科能力之所以是"特殊的"学科能力,就在于这是一门德育学科。

从学校教育的历史看,古代教育以德育为本,德育是教育的核心与基本目的和内容。中国古代的"六艺""六经"等教育,古希腊的"七艺"等教育莫不如此。"古典课程设置尽管存在着科目的不同,但其目的是进行道德教育。"[1]因此,"如果说教学属于

---

[1] 钟启泉. 现代课程论[M]. 上海:上海教育出版社,1989:12.

教育方式范畴,课程属于教育内容范畴,那么,德育就属于教育目的的范畴。德育即教育的道德目的。"[1]由此可见,古代教育是无所谓"德育学科"的,教育即德育,德育亦教育。只是到了近代,随着科学技术的迅速发展,自然科学知识大量涌入学校课堂,从西方开始的分科教学与德育渐行渐远,教育分化成德育、智育、体育等若干方面,这才有了学校德育如何实现(不仅仅是如何实施)之争,即所谓"直接法和间接法之争"。"直接法主张,学校德育应该设立课程,以体现德育的系统性和循序渐进性;间接法则主张,德育应由学校的各项教育工作和其他各门学科共同承担,不需要设一门独立的课程。"[2]与此同时,各国学校德育也开始了"学科化""课程化"的实践探索(尽管探索的道路很不平坦)。1882年,法国首先以法律的形式把"道德课"列入学校的正式课程,随后,世界各国纷纷仿效,在学校设置专门(虽然名目繁多)的"德育课"。[3]显然,作为一门专门的学校课程(学科),德育学科的出现是近代、尤其是现代以来的事。

这种近现代意义上的"德育学科"经历了一百多年的发展,已经在民族文化、意识形态和社会制度差别很大的不同国家普遍开设,并且基本形成包括课程目标、内容、形式和方法等内容的课程体系。例如,美国社会科课程"是旨在提升公民能力而进行的社会、人文科学的综合课程……社会科的首要目标是帮助年轻一代提高能力,以使他们作为多元文化、民主社会中的公民,能够在这个相互依存的世界中,为公众利益作出明智的、理性的决定。"[4]英国公民课程"向学生传授知识、技能与见解,以便他们在地方、国家,以及国际社会中发挥积极作用。帮助学生成长为有知识、有思想以及负责任的公民……"[5]日本社会科和公民科的基本目标都强调了公民素质的培养,"使学生立足于广阔的视野,对现代社会进行整体的考察并加深理解,同时激发他们作为人生存的自觉性,培养作为创造民主的、和平的国家·社会有为的建设者所必需的公民素质。"[6]新加坡公民与道德教育课程"注重培养学生的品格,让学生学习与掌握能

---

　　[1]袁振国.当代教育学[M].北京:教育科学出版社,2004:223.
　　[2]吴铎.德育课程与教学论[M].杭州:浙江教育出版社,2003:1.
　　[3]袁振国.当代教育学[M].北京:教育科学出版社,2004:225.
　　[4][美]美国国家社会科协会.美国国家社会科课程标准[Z].高峡,等,译.北京:教育科学出版社,2008:1.
　　[5]详见英国国家课程公民课程标准。
　　[6]详见日本高中公民科课程标准(1999年)。

引导他们作出正确抉择的价值观,从而决定对自己、他人及环境所应采取的行为和态度……使他们成为正直、有爱心及负责任的个人和公民。"[1]中国内地中小学先后开设的思想政治、思想品德、品德与社会、品德与生活、道德与法治等课程,中国香港中小学的个人、社会及人文教育课程,中国台湾中小学的社会学习领域等课程都强调要培养符合社会进步要求的合格公民。不难看出,各国的"德育学科"具有一定的共通性,[2]表现出一些共同的基本特征,[3]如下。

第一,以促进学生的社会性发展为课程的根本目标。具体说,就是培养有利于社会进步的合格公民(尽管各国内涵有所不同)。这一特征可以说是德育课程的主要判别标准。"判断一门课程是不是德育课,不仅要看它在德育中发挥作用的多少,更主要是看它是否在自觉地进行有目的有计划地培养人们良好思想品德。"[4]这一特征把德育学科和同样具有德育功能的其他学科区别开来。例如,语文课虽然也发挥着德育的重要作用,却并不归入德育课程。第二,以国家主导意识形态为课程的核心内容。具体说,就是教育内容与社会制度相适应,"是一种政治性的社会化形式,即确保未来的公民形成与社会政治体系相适应的知识、态度和价值观念"。[5]这种意识形态倾向性普遍存在,只是有的明显有的隐蔽而已。这一特征是德育课程的必要条件,无此必不然,但有此却不必然。例如,数学课没有意识形态倾向性,而艺术类课有意识形态倾向性,但两者都不归为德育课程。第三,以直接的道德或意识形态教学为课程呈现和传递形式。具体说,就是通过专门的道德课程或主导意识形态课程进行比较系统的道德教育或意识形态教育,是所谓显性德育课程。这一特征外显性最为强烈,成了德育课程的标志性特征,同时也把德育学科和学校的非学科德育活动区别开来。

上述特征隐含于德育学科始终存在的双重矛盾或困境中。从学科内部看,首先,以课程目标作为确定学科性质的根本依据,究其实是"把课程视为教学过程之前或教

---

[1] 参考新加坡小学公民与道德教育课程标准(2007年),新加坡中学公民与道德教育课程标准(2007年),新加坡小学社会科课程标准(2000年)。

[2] 黄建君. 中美中小学社会科政治学内容的比较研究[J]. 全球教育展望,2008:3;国外社会课程的政治教育内容比较[J]. 教育科学,2011:4.

[3] 黄建君. 德育学科能力特性刍议[J]. 全球教育展望,2012:11.

[4] 张建文. 思想政治课教学论[M]. 昆明:云南大学出版社,2001:28.

[5] [美]大卫·A. 威尔顿. 美国中小学社会课教学策略[M]. 吴玉军,等,译. 北京:华夏出版社,2004:30.

学情境之外的东西,把课程目标、计划与课程过程、手段割裂开来",[1]这所透露的实质上是学科目的与手段、结果与过程之间的矛盾。其次,以主导意识形态作为学科的核心内容,不仅具有明显的倾向性,而且具有很大的综合性,涉及大量社会科学的知识性学习,造成知识学习和态度学习难以兼顾。这透露了学科不同内容(知识与态度)之间的矛盾。再次,以课程教学的方式进行"德育",其结果往往是习得了某种社会性的知识和技能,而不是社会性态度,因为态度或价值观难以直接地教,只能通过知识和技能间接地教。也就是说,德育学科不仅面临知识学习和态度学习孰轻孰重的矛盾,而且面临知识学习如何转化为态度学习的问题。这实质上是学科德育与智育之间的矛盾。从学科外部看,首先,学校的任何课程都是与德育相关的,都具有一定的德育功能,"德育性"并不是德育学科的专利或特权。其他学科与德育学科的区别不是"是否进行德育",而是"如何进行德育",这只是德育的形式问题。因此,学校学科其实都是"进行德育的学科"。这就涉及德育学科应该如何履行德育功能,以及在德育上如何处理与其他学科关系的问题。其次,德育学科同样具有智育和美育功能,虽然我们不能将其简单归为"智育学科"或"美育学科",但德育学科的"智育性"和"美育性"却不能忽视。德育学科其实也是"进行智育和美育的学科"。这就涉及德育学科应该具备什么样的智育和美育功能,以及在智育和美育上如何处理与其他学科关系的问题。

由此可见,近代以来随着人类文明、特别是教育的发展而发展起来的学校德育学科虽然已经成为一门独立的学科,在当代学校教育中有着不可替代的地位和作用,但同时它又是一门十分复杂而特殊的学科,在很大程度上不同于一般的学校学科。作为一门以学生社会化为根本目标,以主导意识形态为核心内容,以直接教育为基本形式的学校学科,德育学科始终不完全是"学科"意义上的学科,它所承载的教育目的和任务具有学校教育的全局性意义和影响,与其他学科相比它负有"特殊使命",因此,德育学科是一门"特殊的"学校学科,由此形成的学科能力也是一种"特殊的"学科能力。

这种能力的特殊地位和意义使得德育学科(包括中学思政学科)能力不能与其他学科能力简单类比,更不可混为一谈。正如吴铎所指出的,思想政治教育能力培养具有多因性特点,必须避免简单化的做法,尤其不能机械地仿效各学科能力培养

---

[1] 袁振国. 当代教育学[M]. 北京:教育科学出版社,2004:132.

的做法。[1]

(二) 中学思政学科能力是"社会性"能力

中学思政学科能力是一种社会性能力。所谓"社会性",从马克思主义哲学的角度看,就是人的本质属性,即一切社会关系与社会联系的总和。从社会学的角度看,通常是指对人类社会发展有利的基本特性,如利他性、服从性、自觉性等。从心理学的角度看,是"作为社会成员的个体,为适应生活所表现出来的心理和行为特征。具体包括儿童青少年的社会认知、社会交往、性别角色差异、亲社会行为、依恋和自我等"。[2]因此,"社会性"能力就是个人顺利参与社会生活,成为合格的社会成员的能力,就是人的现实社会生存和生活能力;从根本上说,就是人成为人并把自己和动物区别开来的能力。

学科能力的社会性也是相对人的自然性、个人性和反社会性而言的。作为社会性能力,中学思政学科能力不同于"自然能力"。"自然能力就是未经学习而表现出来的能力,它与人类的自然特性有着内在的联系,并由于生理的成熟而在个体中逐渐显现出来……一般与特定的专业活动无直接联系,是处于低级水平的能力"。[3]中学思政学科能力与人的自然特性没有直接联系,而且是经过学习获得的、与特定的专业活动联系十分紧密,它是一种高级水平的专门能力。中学思政学科能力也不仅仅是"个人能力"。虽然它要具体表现为学生的个人能力,但其中蕴涵着中学思政学科的全部社会意义,是学生个体社会化的成功结晶。中学思政学科能力更不是"反社会能力"。反社会性通常是指对人类整体运行发展不利的基本特性,它表现为反社会行为。广义的反社会行为是指违反重要的社会规范的行为,包括不适当行为、异常行为、自毁行为、不道德行为和犯罪行为;狭义的反社会行为则是指对他人与社会造成损害以至造成严重破坏的行为。[4]中学思政学科能力是具有预防和制止反社会行为作用的能力。

中学思政学科能力之所以属于社会性能力,根本原因在于德育学科是要"通过学科学习逐步形成正确价值观念、必备品格和关键能力"(《思想政治课程标准(2017

[1] 吴铎. 思想政治教育学[M]. 杭州:浙江教育出版社,1993:92.
[2] 林崇德. 教育与发展[M]. 北京:北京师范大学出版社,2004:458.
[3] 周冠生. 个性心理学原理[M]. 上海:上海教育出版社,1989:153,158.
[4] 中国大百科全书图文数据光盘. 社会学[Z]. 北京:中国大百科全书出版社,1999.

版)》》，让学生学会认识自我、认识社会，乃至认识自我和社会的各种关系，了解和掌握现实中的生活技能、社会规范、价值观念和行为方式等，而这一目标的实现实际上就是学生最终形成"社会性发展"的能力。这是德育学科特有的能力，也是区别于其他学科能力的根本之处。

社会性能力不是天生的，需要通过个人社会化过程才能逐渐形成。社会化是"社会通过各种教育方式，使自然人逐渐学习社会知识、技能与规范，从而形成自觉遵守与维护社会秩序和价值观念与行为方式，取得社会人的资格"的教化过程。[1]"社会化过程的实质是个体反映社会现实的过程，从心理学来看，就是社会现实内部化的过程。"[2]德育学科的学习过程就是这样的"社会现实内部化"过程，就是推动学生个人社会化的过程，也就是一个逐步形成社会性能力的过程。中学思政学科的学习则是这一过程中承上启下的重要环节和阶段。

德育学科能力的社会性在吴铎的《思想政治教育学》中已经有所讨论。该书指出："思想政治教育能力培养的第一个特点是社会性。所谓社会性，是指这项能力归根结底是在分析、说明社会实际问题中获得的"。并进一步分析指出："这种社会性特点是由思想政治教育本身的性质决定的。思想政治教育概括地说就是要引导学生正确认识社会、正确认识自己、正确认识和处理个人与社会的关系"。[3]虽然书中阐述的是能力培养的特点，但这与能力的特点是密切联系的。林崇德以及《思想品德教学心理学》则提出，思想政治(品德)课的学习过程是一种社会认知过程，对思想政治课学科能力的分析应考虑社会认知的特点，"思想品德学科能力更多地与学生的社会认知能力有关"。[4]这些论述表明，以往的研究已经意识到德育学科能力与社会性的密切关系。

(三) 中学思政学科能力的核心是社会认知能力

中学思政学科能力作为一种社会性能力涉及"社会性"构成的各个方面，[5]但总的看，主要是社会认知和社会行为两方面，其中，社会认知能力是学科的核心能力。

［1］中国大百科全书.社会学[Z/CD].北京：中国大百科全书出版社，1999.
［2］中国大百科全书.心理学[Z/CD].北京：中国大百科全书出版社，1999.
［3］吴铎.思想政治教育学[M].杭州：浙江教育出版社，1993：91.
［4］寇彧，张文新.思想品德教学心理学[M].北京：北京教育出版社，2001：11.
［5］林崇德.教育与发展[M].北京：北京师范大学出版社，2004：439—440.

这首先是因为,中学思政学科能力的核心是认识运用能力——认识主客观世界的能力。在基础教育中,通过各个学科学习主要培养的是学科认识运用能力,是为之后实践运用能力的形成和发展作准备的。片面强调培养学科实践运用能力,就会脱离学校教育的实际,违背学科教学的规律,导致认识和实践能力都难以习得。在这一点上,政治课不仅毫不例外,而且尤为突出,因此,中学思政学科形成的主要就是认识社会和认识自我的应用能力。本书第一章曾指出:"社会认知是中学思政学科学习最突出的特征。换而言之,中学思政学科的学习实际上是一个社会认知活动,它的基本特点就是社会认知性。"这实际上表明社会认知能力恰恰是政治课认识运用能力的具体化。当然,学科认识能力和学科实践能力并不能截然分开,认识中有实践,实践中也有认识,这里只是就主要倾向而言。

其次,前文指出的中学思政学科的特殊矛盾主要是认识上的矛盾,是"会不会看"(怎么认识)的问题,而不是"会不会做"(怎么实践)的问题。中学思政学科的课程目标和教学实际(过程)之间的矛盾,期望的学习结果和实际的学习结果之间的矛盾,实际上是理想和现实之间的矛盾,反映的是理想的认识和现实的认识的差距。虽然认识基于实践,但在学科教学的范围内,主要解决的不是实践问题,而是认识问题,是如何缩小理想和现实认识之间的差距问题。而知识学习和态度学习孰轻孰重的矛盾,知识如何转化为态度的矛盾,实际上是德育和智育之间的矛盾,反映的是德育和智育如何统一的问题。片面强调知识学习会把社会认知等同于物理认知,片面强调态度学习则把信念异化为迷信。这里主要涉及和需要解决的仍然是认识问题,是在认识中如何把知识和态度统一起来的问题。在解决这些认识问题的过程中,认识能力不但逐渐形成,而且自然而然就处于学科能力的中心地位了。

再次,社会认知的性质和特点也决定了其核心能力的地位。社会认知不同于物理认知,是"人对社会客体的感知和认识过程,与对自然客体的感知和认识过程相对应。包括对他人、对自己和对群体的知觉",[1]是"个体对社会世界的认识过程"。这是"一种基本的社会心理活动,人的社会动机或社会态度的形成、社会化过程的进展、社会行为的发生,都以社会认知为基础"。[2]显然,社会认知是社会行动和社会情感的

---

[1] 中国大百科全书图文数据光盘. 心理学[Z]. 北京:中国大百科全书出版社,1999.
[2] 中国大百科全书图文数据光盘. 社会学[Z]. 北京:中国大百科全书出版社,1999.

基础,没有社会认知,社会行动就盲目乱所从,社会情感就空洞无所托,社会性能力就成了空话,中学思政学科能力当然也就无从谈起。社会认知的这种基础性质和作用正是中学思政学科所期望和需要培养的主要和基本能力。

社会认知的特点[1]也进一步证明了这一点。"社会认知对象的特殊性"和"社会互动作用"这两个特点可以进一步看作"社会性"特点。这一特点表明,社会认知不是指向自然世界,而是始终与社会、与他人紧密相关,甚至融为一体。这显然是中学思政学科能力的基本所在。正如前述,中学思政学科能力是社会性能力,它不仅指向社会,而且产生和作用于社会,离开社会,学科能力就失去了方向和平台。"智力低相关"和"情感作用"这两个特点可以进一步看作"非智力"特点。这一特点表明,社会认知不是纯"认知"的能力,而是智力和非智力综合而成的能力。这恰恰是中学思政学科能力的关键所在。中学思政学科能力不是仅凭智力因素就可以形成和增强的,非智力因素特别是情感因素起着十分重要的作用。

社会认知能力作为中学思政学科核心能力,在以往的研究中虽然没有明确提出,但多有涉及。如吴铎提出的"思想政治教育……培养的重点是分析能力和应用能力","分析和应用这两个方面总起来说,便是理论联系实际,这是思想政治教育能力培养的最基本的、也是最重要的要求"。[2]分析能力是一种社会认知能力自毋庸多言,而应用能力不仅要以分析能力为基础,而且只是"能够适当地解决问题",因为"对于青年学生来说,他们缺乏实际经验,主要的任务是学习,不能要求他们去解决复杂的客观的或主观的问题"。[3]至于"理论联系实际"也正是社会认知的基本要求。张建文也持有相近的观点。他指出:"思想政治课的特殊能力就是用马列主义的立场、观点、方法来分析认识有关社会问题和自身思想问题的能力","小学、初中以引导学生分析认识自身的思想和成长问题为主,高中、大学以引导学生分析认识相关社会问题为主"。[4]而林崇德等提出的"是非判断能力居于思想品德课学习的中心地位"的观点更是直接强调了社会认知的重要性。由此可见,社会认知在德育学科能力培养中的特殊意义早

---

[1] 林崇德. 教育与发展[M]. 北京:北京师范大学出版社,2004:497—498.

[2] 吴铎. 思想政治教育学[M]. 杭州:浙江教育出版社,1993:103.

[3] 吴铎. 思想政治教育学[M]. 杭州:浙江教育出版社,1993:102.

[4] 张建文. 思想政治课程与教学论[M]. 北京:人民出版社,2008:141.

已为研究者不同程度地察觉,并且给以相当的关注。

　　以社会认知能力为核心能力并不是否认或抹杀中学思政学科实践能力的重要性。恰恰相反,强调社会认知能力正是为了更有效地发展社会实践能力。正如吴铎所指出的,分析能力和应用能力实际上是一致的,社会认知能力和社会实践能力也是一致的,只不过在学校学习阶段我们必须实事求是地把重点放在社会认知方面,否则欲速则不达,甚至倒向形式主义。

第三节　中学思政学科核心能力

　　中学思政学科核心能力是学科的应用能力。学科应用能力包括学科认识运用能力和学科实践运用能力,前者是学科核心能力的进一步表现,后者则是以核心能力为基础的学科拓展能力。作为学科核心能力,认识运用能力集中表现为社会认知能力,而实践运用能力(学科拓展能力)则表现为社会行动能力(见图8-1)。

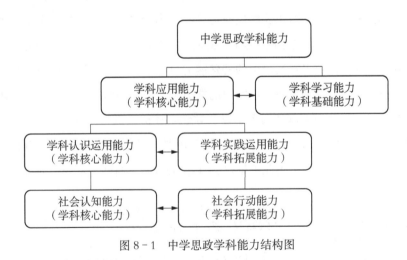

图8-1　中学思政学科能力结构图

本节将主要讨论中学思政学科核心能力——社会认知能力的要素构成及其关系，并试建构中学思政学科核心能力模型。

一、中学思政学科核心能力模型的建构依据

国内外关于学科能力（素养）模型（或评价模型）的研究已有一定的成果积累。本书根据模型建构维度（要素）数量的不同，将其归结为三种类型。第一类，二维度（要素）模型。主要有，全美数学教师协会 NCTM 的数学能力模型（1989）：学科主题＋学科能力；TIMSS 评价模型（2011）：内容领域＋认知领域；[1]林崇德的思想品德学科能力结构（1997）：学科能力＋思维品质。[2]第二类，三维度（要素）模型。主要有，德国物理素养模型（2003）：基本概念＋素养水平＋素养领域；瑞士科学素养模型（2007）：领域＋素养＋素养水平；澳大利亚科学素养模型（2005）：实践素养＋学科素养领域＋复杂度；加拿大数学素养模型（1997）：学科主题＋学科素养＋表现水平；美国教育进展评估 NAEP 科学测评框架（2005）：学科主题＋学科素养＋问题情境。[3]第三类，四维度（要素）模型。PISA 测评框架是主要代表：学科主题＋学科能力＋认知要求＋问题情境。[4]国内有研究者认为上述模型可以概括出五个维度（要素）：学科能力、学科主题、认知要求、表现水平、问题情境。[5][6]其中，学科能力（素养、学科素养、素养领域、实践素养）和学科主题（领域、内容领域、基本概念、学科素养领域）基本上是各种模型都具备的；而认知要求（认知领域、思维品质、素养水平、复杂度）、表

---

[1] 杨钦芬.追求卓越：中小学生学科能力评价研究[M].福州：福建教育出版社,2021：113—114.

[2] 寇彧,张文新.思想品德教学心理学[M].北京：北京教育出版社,2001：15—16.

[3] 邵朝友.基于学科素养的表现标准研究[M].上海：华东师范大学出版社,2017：73—75.

[4] 杨钦芬.追求卓越：中小学生学科能力评价研究[M].福州：福建教育出版社,2021：118—119.

[5] 杨钦芬.追求卓越：中小学生学科能力评价研究[M].福州：福建教育出版社,2021：120.

[6] 邵朝友.基于学科素养的表现标准研究[M].上海：华东师范大学出版社,2017：76.

现水平和问题情境则有些模型并不具备。

上述模型对于本章的研究具有重要参考价值。笔者在 2013 年发表的《德育学科核心能力刍议》[1]一文中曾提出了一个比较简要的德育学科能力模型。本章将在该模型的基础上，充分借鉴和吸取上述研究成果，进一步尝试建构中学思政学科核心能力模型。建构的思路和要点大致如下。

首先，分解学科能力。在明确社会认知能力是中学思政学科核心能力的基础上，分解社会认知能力，使其由概括化到具体化，解析出三种具体的学科核心能力。分解的依据：（1）学科的性质和目标。学科性质是学科的根本规定性，决定学科能力的性质和类型。学科目标是学科学习要达成的结果，包含着学科能力的基本内涵。（2）学生的心理和文化水平。学科能力是认知（智力）与态度（非智力）的综合，必须既顺应学生心理和文化现有水平，又顾及他们的心理和文化发展需求。（3）社会的基本需求。这主要是指社会对所需人才的素质要求，特别是社会化的要求。（4）国际上的教育发展。这主要是指借鉴和吸取国际教育发展的相关成果，特别是相类学科的成果。（5）社会认知本身的特点。经过分解确定的应该是社会认知的具体能力，必须符合社会认知的特点。

第二，确定学科能力模型的构成维度（要素）。五要素中，学科能力是关键与核心，可以称之为"能力要素"，其他要素都是以它为主来构成各种关系、呈现不同结构的。学科主题属于"内容要素"，相当于课程标准中的"内容标准"，即学科所包含或学生所应当学习的内容类别。它和能力要素结合所形成的二维结构呈现了学科能力的基本外在架构。认知要求是学科主题（内容）的认知（习得）标准，也就是学科能力内在的达成标准；表现水平则是学科能力标准的外在表现描述，暗含着认知要求，因此，认知要求和表现水平实际上都属于"标准要素"，是一个要素的两个方面。这相当于课程标准中的"成就标准"，既学生通过学科学习应当达成的基本能力。问题情境体现的是学科能力达成所需的时空条件，或者说是学科能力在不同时间和空间背景中的变化。这可以称为"条件要素"。

除了上述要素之外，本书认为，还必须关注知识、技能和态度因素。加涅把它们看

---

[1] 黄建君.德育学科核心能力刍议[J].课程·教材·教法,2013(7)：54—59,42.

作是"习得的性能类型",也就是"学习结果的类型"或"行为类型",而且"这些性能……必须作为人类的行为表现被观察到"。[1] 显然,这些可以被观察的、不同类型的"行为表现"(学习结果)和学科能力有着紧密的联系。加涅强调指出,"任何习得的能力,不管在其他方面是怎样描述它的(不管是数学、历史、经济学还是其他什么学科),都具有这些类型中的一种或几种特性"。[2] 这就是说,习得的性能是学科能力不可或缺的构成因素,正是在这些特性的融会贯通中学科能力才最终形成。但是,这些因素与学科主题不同,它们不是学科内容本身,而是学科内容的形式。每一门学科都有自己独特的内容,但更有体现这些内容的共同形式(知识、技能和态度)。因此,这是一种"形式"的结果类型,可以称为"形式要素"。它和能力要素结合所形成的二维结构呈现了学科能力的基本内在构成。

由此,学科能力模型的基本构成维度(要素)可以分为五种:能力要素、内容要素、形式要素、标准要素和条件要素。五种要素的不同组合和细化就形成学科能力模型的基本结构和形态。

第三,分层次建构模型。学科能力模型的层次性是指以学科能力维度(能力要素)为主、不同维度(要素)组合形成的二维、三维和四维结构间的关系,这种关系既在二维结构间呈现出层次性,也在二维和多维结构间展示出更为复杂的层次性。

分层次建模大体上遵循以下步骤:第一层次(基础层),以学科能力维度(能力要素)为主,分别与学习结果(形式要素)、学科主题(内容要素)、认知要求(标准要素)和问题情境(条件要素)等维度组合,形成四种二维结构,呈现学科能力的构成、亚种、层级和表现等形态。第二层次(核心层),在第一层次的基础上,选择性分组组合,形成两种三维结构,进一步呈现学科能力的构成目标和表现目标等细化状态。第三层次,在第一、二层次基础上,选择性组合形成四维结构,呈现学科能力的水平目标细化状态。

最后,综合四种二维结构和三种多维结构,形成逻辑清晰、层次分明的整体模型。

---

[1] [美]R. M. 加涅. 学习的条件和教学论[M]. 皮连生,等,译. 上海:华东师范大学出版社,1999:47.

[2] [美]R. M. 加涅. 学习的条件和教学论[M]. 皮连生,等,译. 上海:华东师范大学出版社,1999:49.

二、中学思政学科的三种核心能力

作为中学思政学科核心能力的社会认知能力包括角色认同能力、价值判断能力和问题辨析能力,它们相互联系和制约,共同构成学科核心能力。

(一) 三种学科核心能力

1. 角色认同能力

角色是"处于一定社会地位的个体或群体,在实现与这种地位相联的权利与义务时,表现出符合社会期望的行为与态度的总模式"。[1] 角色认同能力是指学生对社会生活中自己所要扮演的正式角色,以及相关角色、所属共同体的认识能力。这种认识首先是对角色等对象的认知,但同时也包含着关于对象的评价(认可、赞同),即"确定事物与人的需要之间的联系"[2],也就是确定对象和学生自我需要的联系,表现了学生对这些对象的认知和态度水平。因此,角色认同能力不仅是认知能力,而且是态度体验能力,是正确认知和积极体验的统一。

所谓正式角色,"是指符合一定的社会期望的角色。在通常情况下,社会对其成员所扮演的各种角色都有一定的规范……遵守或基本遵守这些规范的角色就是正式角色"。[3] 例如,青少年在学校中的学生角色、在家庭中的子女角色和在国家生活中的"准公民"角色等都属于正式角色。"一般来说,社会中的正式角色是其正式结构的细胞,正式角色扮演得成功与否,与其正式组织的活动效率直接相关",[4]因此,对正式角色的认识是十分重要的。相关角色则是与正式角色密切联系甚至相对应的角色。例如,与学生相对应的教师角色、与子女相对应的父母角色,等等。显然,对相关角色的认识也很重要,因为对正式角色的认识总是在角色的相互影响中逐渐形成的。也因

[1] 顾明远. 教育大辞典·第 5 卷·教育心理学[Z]. 上海:上海教育出版社,1990:438.
[2] 冯契. 人的自由和真善美[M]. 上海:华东师范大学出版社,1996:64.
[3] 吴铎. 社会学[M]. 北京:高等教育出版社,1991:89.
[4] 吴铎. 社会学[M]. 北京:高等教育出版社,1991:89.

此,角色认同也包括对角色间关系的认识。

所属共同体是指学生扮演的正式角色所归属的群体。群体包括血缘、地缘和业缘三种类型。[1] 无论何种群体,都是由个体组成,而在任何群体中,每一个体都需要通过特定角色的扮演获得他在群体中的位置,并在自我与角色的互相融入中接纳群体对不同角色的认同期待,形成对所在群体的归属感和认同感。因此,角色认同就不仅仅是对角色的认同,也是对角色赖以存在的共同体的认同,角色认同能力既是"角色"认同能力,也是"共同体"认同能力。

2. 价值判断能力

价值判断能力是指学生对社会生活中自己所要践行的道德和非道德价值的认识能力。这种认识同样是认知和评价的统一,表现了学生对价值对象的认知和态度水平。但是,由于"价值不是一种实体,而是主体和客体之间一种特定的关系,即客体以自身属性满足主体需要和主体需要被客体满足的效益关系"[2],因此"不同于一般的对客体本身属性、结构、本质、规律的认识,而是主体对某种事物、现象能够或不能够满足人们利益、需要的一种认识。价值评价的着眼点是主体和客体之间的效用关系"[3]。这就是说,价值判断更着重的是评价,是表达肯定或否定什么的价值要求,价值判断能力是一种更倾向评价的能力。

所谓道德价值(狭义的善),就是涉及人伦关系的价值,它诉诸善恶标准,是一种必须区分善恶的价值。道德价值是社会生活中的基本价值,对这种价值的认识往往是做人的起点。例如,孝敬父母、尊重师长、友爱同学,等等,就都是这样的基本要求。

非道德价值则是涉及更为广泛领域的价值,也就是涉及是否满足人的合理利益的价值(广义的善),因为"合理的利益,就是广义的善"。[4] 这可以分为两种情况。一种是非道德意义的"善",它没有道德利害那么严重,基本不诉诸善恶标准,是不能也不必作出善恶区分的价值。例如,身体强弱、饮食好恶、礼数繁简等。另一种是超道德意

[1] 庞树奇,范明林. 普通社会学理论[M]. 上海:上海大学出版社,2000:88.

[2] 李秀林,等. 辩证唯物主义和历史唯物主义原理[M]. 北京:中国人民大学出版社,1995:360.

[3] 李秀林,等. 辩证唯物主义和历史唯物主义原理[M]. 北京:中国人民大学出版社,1995:366.

[4] 冯契. 人的自由和真善美[M]. 上海:华东师范大学出版社,1996:206.

义的"善",它比道德利害更为严重,是虽诉诸善恶标准,但仅仅作出一般善恶区分已经不够的价值。例如,政治、战争、灾害等。这两种价值虽然差别很大,但都和道德价值有着种种联系,都以道德价值的认识为基础和指引。

3. 问题辨析能力

问题辨析能力是指学生对社会生活中自己所要解决的个人和社会问题的认识能力。这种能力相当于现代认知心理学提出的问题解决 IDEAL 模型中的第一、二阶段的能力。[1] 第一阶段是"发现问题",也就是明确问题,即确定某情境或事件是否属于"问题";第二阶段是"表征问题",也就是理解问题,即陈述问题的目标和条件,同时识别问题类型以及相关信息。[2] 发现和表征问题首先是对问题的认知,但也包含着对问题的态度。"态度成分是指问题解决者接受问题、并愿意采取各种策略、方法,努力解决问题。它包括需要、动机、情感、意志等动力性的心理活动。"[3]事实上,在确定、识别和理解问题方面(特别是敢于提出问题),绝不是单纯的认知过程,而是同时表现了学生对问题对象的认知和态度水平。由此可见,问题辨析能力也是一种认知和态度相统一的能力。

个人问题"是个人在社会生活中遇到的麻烦或困难。它涉及的只是个人和个人直接生活的环境,只要在个人直接体验到的有限社会生活领域就可以使问题得到解决";社会问题"则远远超越了个人的局部环境,涉及社会生活的许多方面和许多成员。它与整个社会的制度、历史、结构有关,影响到社会多数成员的价值观念、社会利益和生存条件"[4]。因此,问题辨析能力虽然指向个人和社会两种问题,但最终以社会问题为重。无论个人还是社会问题,都具有一定的社会意义,都属于社会性问题。"社会性问题"有很大差别,有的是对社会造成很大范围和程度的不利影响,如人口问题、腐败问题等;有的则对社会的不利影响仅仅是局部的小范围的,如一个学校的教学管理问题,一个社区的物业服务问题等。

社会性问题与社会现实有着密切而复杂的联系,这与其他学科、特别是自然学科

[1] 王小明. 学习心理学[M]. 北京:中国轻工业出版社,2009:233—238.

[2] 韦洪涛. 学习心理学[M]. 北京:化学工业出版社,2011:124—125.

[3] 韦洪涛. 学习心理学[M]. 北京:化学工业出版社,2011:122.

[4] 吴铎. 社会学[M]. 北京:高等教育出版社,1991:335.

所要处理和解决的问题有很大差别。从问题的结构看,自然学科的问题基本上属于结构良好的问题,而政治课的问题多为结构不良的问题。例如,一道数学方程题是一个结构良好的问题,而"如何搞好同学间的团结"则是一个结构不良的问题。从问题解决的基本条件看,自然学科的问题多属于专门领域的问题,即"问题解决者具有与问题有关的专业知识的问题",而政治课的问题则为一般领域的问题,即"问题解决者不具有与问题相关的专业知识的问题"。[1] 特别从问题的性质和特点看,社会性问题是社会矛盾的集中表现,其产生的多因性、影响的广泛性和解决途径方法的多样性等都不可与非社会性问题同日而语。[2] 因此,政治课的问题辨析能力不能简单等同于其他学科、特别是自然学科的问题辨析能力。

(二) 三种学科核心能力的依据

这三种能力之所以成为中学思政学科的核心能力,根本原因在于学科的性质所决定(前文已有论述),但具体原因又是多方面的。

1. 三种核心能力是中学思政学科目标和任务的具体化

三种核心能力与中学思政学科的学科目标和任务有着密切联系。从总体上说,中学思政学科的根本目标和任务就是立德树人,就是培养德智体美全面发展的社会主义建设者和接班人。从社会学的角度看,也就是要促进学生的社会化,使他们能够顺利和积极地参与社会生活。"社会化"的基本含义是"个人在社会中通过学习、接受教化等各种手段,了解和掌握社会的知识、技能、价值标准和行为规范的过程"。[3] 显然,三种核心能力正是社会化的基本和具体内容。社会化过程是一个不断学习社会生活能力的过程,而基本的社会生活能力之一就是社会角色的认识(认同)和实践(扮演)能力,即角色能力。任何社会成员都必须相应地认同和扮演一定的社会角色,社会才能良性运行、协调发展。个人社会化的重要成果就是通过学习,获得角色能力,形成特定的社会角色。因此,中学思政学科的目标也可以具体理解为,培养学生成为符合社会发展所要求的社会角色,使他们获得相应的角色能力。

---

[1] 王小明. 学习心理学[M]. 北京:中国轻工业出版社,2009:232.
[2] 吴铎. 社会学[M]. 北京:高等教育出版社,1991:338.
[3] 庞树奇,范明林. 普通社会学理论[M]. 上海:上海大学出版社,2000:109.

当然,个人社会化的过程和结果并不仅仅是获得角色能力,它还伴随着一系列其他社会能力的形成,其中,关于社会价值和社会问题的认识和实践能力最为基本。因为角色能力并不是孤立的,它同价值能力和问题能力密切相关。参与社会生活的过程不仅是扮演角色的过程,也是践行价值和解决问题的过程,任何一种角色的扮演都是同价值和问题联系在一起的;同时,价值的践行和问题的解决也总是在一定角色的扮演中才会进行,它们是互相影响,相辅相成的。如果只事角色,不问价值和问题,或者相反,那都无法真正参与社会生活。正因为这样,角色能力就和价值(认识和实践)能力、问题(认识和实践)能力一起构成了社会生活的基本能力,同时也细化和落实了中学思政学科的目标和任务。

值得注意的是,个人社会化不仅是学科目标和任务的规定,而且是学生成长和社会发展的需要,因此,三种核心能力不仅具体化了政治课的目标和任务,而且集中体现了学科、学生和社会的三重要求。

2. 三种核心能力都属于社会认知能力

三种核心能力虽然相对独立、有所区别,但都从不同的角度表现了对社会的认识能力,属于社会认知的范围。首先,它们所指向的对象(角色、价值和问题)都是"社会"的,即使涉及个人也仍然具有"社会性"。其次,它们所表现的是一种认识能力(认同、判断、辨析),而不是行动(实践)能力。第三,这些认识又不仅仅是认知,还包括评价,饱含着充沛的态度和情感,体现了社会认知的重要特征。

正是由于同属社会认知能力,这三种能力有着紧密的内在联系,并且相互影响、互为条件。这种紧密关系也进一步证明了它们的共同归属。在三种能力中,角色认同能力是首要的、基本的,具有引领的作用。如果缺乏这种能力,其他能力就会无所适从。试想,角色尚未认清,价值判断岂不模糊?更何谈明确辨析问题!但是,角色认同也离不开价值判断和问题辨析。认同总是在角色和角色、个体和群体的关系中才能进行,这就必然涉及价值判断,事实上,正是在价值判断中,认同才得以完成;认同也总是在问题情境中才得以展开和实现,脱离问题解决(以辨析为前提)角色认同就会变得空洞虚无,缺乏实在感。同样,价值判断也不能凭空产生,需要有具体的主客体(角色)和问题情境,也就是只有在角色认同和问题辨析中才能有的放矢地真正落实价值判断。问题辨析也总是和角色认同紧密相联,角色不同对问题的认识就会有很大差别;而问题辨析中更是始终存在着价值判断不可或缺的影响。可以这么说,角色认同首先是对自身的认识,然后延伸到对他人和社会共同体的认识,这是主要倾向于认识"是什么"的能力。价值判断往往起于对他人和事物的判断(认识),然后返回或扩展到对自身和社会的判断。这种判断是要给出一个理由,以解释行为的合理性。这是主要倾向于认识"为什么"的能力。问题辨析更为复杂,是对"问题"即有待解决的矛盾的认识,也就是认识如何处理这种矛盾关系。这是主要倾向于认识"怎么做"的能力。由此可见,三种能力各有所长,缺一不可,角色认同是主导,价值判断是关键,而问题辨析则是落实,它们共同构成中学思政学科的社会认知能力。

3. 三种核心能力是跨学科的综合性能力

首先,三种核心能力都是"综合性的心理素养",包含着知识、技能和态度等多种成分。角色认同能力由角色知识、角色技能和角色态度构成;价值判断能力包含了价值知识、价值技能和价值态度;问题辨析能力同样离不开问题知识、问题技能和问题态度。不仅如此,三种能力又都涉及各种心理和逻辑能力。例如,角色认同能力既包括感知、记忆,也包括思维等能力;既包括归纳和演绎,也包括分析和综合等能力;既包括概括能力,也包括具体化能力;既包括认知能力,也包括情感能力,等等。因此,这三种能力的包容性很大,具有很丰富的内涵,是"理想的学习结果的综合展示"。

其次,三种核心能力都是"跨学科"的能力,但不是跨越中学思政学科,而是跨越政治课所含有的政治学、法学、经济学、哲学、伦理学等学科。它不是某种单一学科的能力,而是汇聚、融合、凝炼了政治课各学科内容,具有的强大概括力和解释力。例如,角色认同能力不能等同于政治学、经济学等单一学科能力,而是基于各学科又跨越各学科的政治课学科能力。正因为如此,三种核心能力所指向的社会生活领域也是广阔的,适用的也不是某个单一领域,而是遍及社会生活的各个领域。例如,角色认同能力就不仅是政治能力,也包括经济能力、道德能力,等等,是综合的社会能力。

第三,三种核心能力还是"超时空"的能力。它们并不受具体社会环境和生活阶段的限制,也不耽于某种具体环境和特定阶段。它们超越具体时空,具有很强的延展性和普适性。例如,角色认同能力不仅适用家庭生活,也适用学校、社区、国家等层面。同样,它们不仅适用中学的政治课,甚至可以延伸到小学和大学阶段,成为整个德育学科的核心能力。

最后,三种核心能力在整个中学思政学科能力体系中还具有拓展性作用,特别对实践运用能力产生重要影响。德育学科能力虽然比较复杂,但究其实是社会生活能力。社会生活能力包括对社会生活的认识能力和实践能力。从学生学习的角度看,社会生活能力是从培养认识能力开始的,它是起点,是实践能力的基础。在角色能力中,角色认同是角色扮演的基础,获得角色扮演能力,首先必须能够认同角色,即拥有角色认同能力。同样,在价值能力和问题能力中,价值判断是价值践行的前提,而问题辨析则为问题解决作了准备。

4. 三种核心能力在"21世纪学生发展核心素养"中得到印证

林崇德主持的"21世纪学生发展核心素养研究"从我国中学35门现行的课程标准中概括并界定了36种核心素养指标。[1]其中,与角色认同能力内涵相近的有14种,与价值判断能力和问题辨析能力内涵相近的分别有9种,共32种,约占89%。不相近的4种,属于学习和工具素养,仅占11%。这表明三种核心能力与学生发展核心素养高度契合,相互交叉、渗透、包容。

从中学思政学科的角度进一步考察发现,在高中思政学科提及的20种核心素养中,有19种与三种核心能力相近,占95%;初中思政学科提及的26种核心素养中,有24种相近,占92%。这进一步表明,在中学思政学科中,三种核心能力与学生发展核心素养的契合度更高、更相接近。

不仅如此,与三种核心能力相近的(政治课)核心素养中,初高中都提及的有16种,分别占高中和初中全部相近核心素养的84%和67%。这些核心素养具体如下。(1)与角色认同能力相近的核心素养是:沟通与交流能力、团队合作、独立自主、自我管理、社会参与与贡献、国际意识、适应能力、国家认同。(2)与价值判断能力相近的核心素养是:科学素养、法律与规则意识、伦理道德、价值观。(3)与问题辨析能力相近的核心素养是:创新与创造力、生活管理能力、可持续发展意识、实践素养。此外,高中课标单独提及的核心素养"问题解决能力"高达46次,"公民意识"达8频次,这两种素养与三种学科核心能力的密切联系显而易见。由此,"21世纪学生发展核心素养"

[1] 林崇德.21世纪学生发展核心素养研究[M].北京:北京师范大学出版社,2021:182—190.

中至少有 18 种和学科核心能力相近,占了全部核心素养指标的 50%。这不仅继续表明契合度高,而且也表明三种核心能力已经贯穿于整个中学思政学科,在初高中的课程标准中都有不同程度的呈现。

5. 三种核心能力与国际教育发展目标趋向一致

这三种能力与国际上类似于"核心能力"研究的内容相通,表现出一定的契合。国际教育界倡导的"核心素养""关键能力"等"大体可以囊括为'基础素养''认知技能''社会技能'三种构成要素",其中"(1)读写能力,数学能力,处理 ICT 之类的语言、数学、信息的'基础性素养'。(2)以批判性思维与学习方式的学习为中心的高阶的'认知技能'。(3)社会能力、自我管理能力之类的同他者与社会的关系,以及其中有关自律性的'社会技能'"。[1]显然,三种核心能力属于第三类"社会技能",同时也有第二类"认知技能"的部分内容。第一类以及第二类的部分内容则属于学科学习能力,本书归其为学科基础能力。

具体分析三种核心能力,与角色认同能力相通的,主要有 OECD 的"与人为善""团队合作",美国的"人际技能""与他人合作",新西兰的"和他人相处良好""合作",加拿大的"建立自我认同""与他人合作",德国的"团队合作""交往沟通",欧盟的"人际、跨文化以及社会""公民"等能力。与价值判断能力相通的,主要有 OECD 的"处理与解决冲突",美国的"引导他人""提倡和影响",澳大利亚的"赋予道德判断和社会正义伦理的观念",德国的"辨析关系"等能力。与问题辨析能力相通的内容最多,也最直接,几乎所有研究中都有"问题解决"能力的表述。[2]这种契合进一步表明,三种核心能力是具有一定普遍意义和操作价值的。

三种核心能力作为一种"学科素养"与"核心素养"有着紧密的联系。这种联系正如钟启泉教授所指出的:"核心素养与学科素养之间的关系是全局与局部、共性与个性、抽象与具象的关系。"[3]中学思政学科核心能力既是"核心素养"的一个部分,又具有自身的独立性。三种核心能力特别凸显和发展了"社会技能"或"社会参与"[4]

[1]钟启泉.核心素养十讲[M].福州:福建教育出版社,2018:9.
[2]蔡清田.素养:课程改革的 DNA[M].台北:高等教育文化事业有限公司,2012:7—9.
[3]钟启泉.核心素养十讲[M].福州:福建教育出版社,2018:3.
[4]林崇德.21 世纪学生发展核心素养研究[M].北京:北京师范大学出版社,2021:276.

的素养,以其独一无二的德育学科能力充分展示了 21 世纪中国的学生发展核心素养。

三、中学思政学科核心能力的二维结构(基础层)

以学科能力维度为主,分别与学习结果、学科主题、认知要求和问题情境维度组合成四种二维结构,呈现学科核心能力的构成、亚种、层级和表现,从而形成学科核心能力的第一层次(基础层)。

(一) 学科核心能力的构成

以学科能力维度为纵轴,学习结果维度为横轴,形成学科核心能力的构成矩阵。在这个矩阵中,纵轴维度由三种核心能力组成,横轴维度由三种学习结果组成,纵横轴相交形成九个交汇点,这是三种核心能力与三种学习结果的结合点,分别表明中学思政学科核心能力的 9 种基本构成(见表 8-1)。

表 8-1 学科核心能力结构Ⅰ(构成)

学科能力 / 学习结果	角色认同能力	价值判断能力	问题辨析能力
学科知识	角色认同知识	价值判断知识	问题辨析知识
学科技能	角色认同技能	价值判断技能	问题辨析技能
学科态度	角色认同态度	价值判断态度	问题辨析态度

1. 学科核心能力的知识构成

在三种能力中,学科知识分别体现为角色认同知识、价值判断知识和问题辨析知识。作为知识,它们是有组织、有意义、可以通过言语交流的信息。所谓"有组织"就是知识信息必须经过恰当的组织,使之发生联系;"有意义"就是知识信息必须反映对象的意义;"言语交流"就是知识信息具有说明性质,可以加以陈述。例如,关于"学生""诚实""怎样遵守学校纪律"等知识就是经过组织、具有意义、可以言喻的知识。作为学科知识,它们具有一定的专业性和系统性,不能等同于日常经验。中学思政学科的知识比较庞杂,综合性强,往往并不单属于某一学科,表现出跨学科的特点。作为学科核心能力构成因素的知识,综合性、跨学科的特点就更加突出。

(1) 角色认同知识

角色认同知识是学生对社会生活中自己所要扮演的正式角色,以及相关角色、所属共同体的学科知识,也就是学科中关于"角色"的知识,可以简称为角色知识。主要包括:(1)正式角色的知识,如"学生"的知识;(2)相关角色的知识,如"教师"的知识;(3)角色间关系的知识,如"师生关系"的知识;(4)所属共同体的知识,如"学校""国家"的知识。

(2) 价值辨析知识

价值辨析知识是学生对社会生活中自己所要践行的道德和非道德价值的学科知识,也就是学科中关于"价值"的知识,可以简称为价值知识。主要包括:(1)道德价值的知识,如关于"诚实"价值的知识;(2)非道德价值的知识,如关于"健康"价值的知识;(3)不同价值间关系的知识,如"诚信与欺诈""权力与财富"等价值间关系的知识。

(3) 问题辨析知识

问题辨析知识是学生对社会生活中自己所要解决的个人和社会问题的学科知识,也就是学科中关于"问题"的知识,可以简称为问题知识。主要包括:(1)个人问题的知识,如"在公众场合不善讲话"问题的知识;(2)社会问题的知识,如人口问题的知识;(3)个人和社会问题关系的知识,如个人问题和学校问题关系的知识。

角色知识、价值知识和问题知识并不等同于相应的学科能力,但却是后者的基础性构成,缺乏学科知识,学科能力就成了空中楼阁,不仅虚幻,而且危险,往往具有破坏性。

2. 学科核心能力的技能构成

在三种能力中,学科技能分别体现为角色认同技能、价值判断技能和问题辨析技能。作为技能,它们是操作形态的信息及其组织,也就是程序性知识的操作形态。所谓"操作形态"就是知识的操作化(运用),比如概念知识的操作化就是运用概念定义进行事物归类。作为学科技能,它们具有一定的专业性和特殊性,不能等同于一般技能。中学思政学科的技能属于社会技能,涉及的是社会活动,十分复杂,与迁移和应用于该学科的工具性学科技能,以及学习技能不可混为一谈。

(1) 角色认同技能

角色认同技能是学生认同自己在社会生活中所要扮演的正式角色,以及相关角色、所属共同体的学科技能,它不同于角色扮演技能,而是扮演技能的基础和准备,可以简称为认同技能。认同技能实际上是顺利认可自身和他人以及共同体的行为方式,也就是遵循(运用)一定学科规则(知识)承认自己或他人(包括群体)的身份、地位和社会期望的程序(操作步骤)。主要包括:(1)认同正式角色的技能,如认同自己是"学生"的技能;(2)认同相关角色的技能,如认同"教师"的技能;(3)认同角色关系的技能,如认同"师生关系"的技能;(4)认同所属共同体的技能,如认同"祖国"的技能。

(2) 价值判断技能

价值判断技能是学生判断自己在社会生活中所要践行的道德和非道德价值的学科技能(不包括价值践行技能),可以简称为判断技能。这是顺利确定价值与否的行为方式,也就是依据学科中的道德规范或其他社会规范对是非、善恶、美丑等价值进行认识和评价的程序(操作步骤)。主要包括:(1)判断道德价值的技能,如判断"见义勇为"价值的技能;(2)判断非道德价值的技能,如判断"爱吃甜食"价值的技能;(3)判断不同价值间关系的技能,如判断"美貌与自私"价值间关系的技能。

(3) 问题辨析技能

问题辨析技能是学生辨析自己在社会生活中所要解决的个人和社会问题的学科技能(不包括问题解决技能),可以简称为辨析技能。这是顺利把握问题的行为方式,也就是运用学科中的问题知识明确和理解学科问题的程序(操作步骤)。主要包括:(1)辨析个人问题的技能,如辨析"不善交往"问题的技能;(2)辨析社会问题的技能,如辨析应试教育问题的技能;(3)辨析问题间关系的技能,如辨析个人问题和学校问题关系的技能。

认同技能、判断技能和辨析技能集中体现了相应的学科能力,并且同角色知识、价值知识和问题知识一起构成学科能力的重要成分,是核心能力的基础。但是,学科技能并不等同学科能力,学科能力还包括非智力的态度因素。

3. 学科核心能力的态度构成

在三种能力中,学科态度分别体现为角色认同态度、价值判断态度和问题辨析态度。作为态度,它是"影响个体对一类人、客体或事件的行为选择的一种习得的内部状态"。[1] 态度属于情感领域,涉及的是"愿不愿"做的问题。在广义的层面上,态度成为能力的一个重要构成。学科能力将态度吸纳、融会于其中,不仅扩展了能力,顺应了需要,而且体现了人的全面发展。中学思政学科的态度主要指向人类社会,而且不仅指向客观社会,也指向人的主观世界,因此不仅更为复杂,而且深刻。

(1) 角色认同态度

角色认同态度是学生对社会生活中自己所要扮演的正式角色,以及相关角色、所属共同体的学科态度,也就是对影响学生行为选择的角色、角色间关系,以及所属共同体的内部准备状态。这里需要进一步说明的是:第一,这是对角色的态度,而不是角色自身的态度。前者是学生对所要扮演的正式角色等的评价(情感倾向),而后者则是学生扮演的正式角色对态度对象的评价(情感倾向)。在角色认同能力中,知识和技能构成的认知成分使学生知道角色"是什么"和"怎么做",而态度成分则使学生明白自己"愿不愿是和做"。这"愿不愿是和做"就是"对角色的态度"。第二,这是对认同的态度,不是对扮演的态度。也就是说,这只是对角色认识的态度,还不是对角色实践(行动)的态度。加涅曾指出:"态度与个人行为的关系则不那么直接。态度并不决定特定的行为,相反,它们在或大或小的程度上决定个人的一定类别的行为"。[2] 这表明,认识上已经有的情感倾向到行动时可能还会有变化,二者要有所区别(价值判断和问题辨析态度上亦如是)。第三,这既可以是溶解在认知中的态度,因为角色认同能力中认知和态度本是难以分割的,但也不排除独立于认知之外、专门表达的态度,这和态度的强弱程度有关,特别强烈的情感往往需要单独宣泄(价值判断和问题辨析态度上亦如是)。

角色认同态度主要包括:(1)对正式角色的态度,如对"学生"的态度;(2)对相关角色的态度,如对"教师"的态度;(3)对角色间关系的态度,如对"师生关系"的态度;(4)对所属共同体的态度,如对"祖国"的态度。

---

[1] [美]R. M. 加涅. 学习的条件和教学论[M]. 皮连生,等,译. 上海:华东师范大学出版社,1999:275.

[2] [美]R. M. 加涅. 学习的条件和教学论[M]. 皮连生,等,译. 上海:华东师范大学出版社,1999:220.

（2）价值判断态度

价值判断态度是学生对社会生活中自己所要践行的道德和非道德价值的学科态度，也就是对特定价值观的态度。价值观本身属于态度范畴，是最高层次的态度，所以，价值判断态度实际上是对既定态度的态度。它主要包括：（1）对道德价值的态度，如对孝敬父母的态度；（2）对非道德价值的态度，如对锻炼身体的态度；（3）对不同价值间关系的态度，如对"美貌与自私"关系的态度。

（3）问题辨析态度

问题辨析态度是学生对社会生活中自己所要解决的个人和社会问题及其相互关系的学科态度。主要包括：（1）对个人问题的态度，如对自己"不善交往"问题的态度；（2）对社会问题的态度，如对应试教育问题的态度；（3）对不同问题间关系的态度，如个人问题和学校问题关系的态度。

对角色、价值和问题的态度是相应学科能力的动力，推动着它们发展，并且导引其方向，避免盲目发展。显然，缺乏态度（情感倾向性）的"能力"必然会失去前进的动力，而乱了态度的"能力"不但迷失方向，而且会变成一种破坏力。也许正是看到了这一点，欧盟的"八大关键能力"构成都包含着知识、技能和态度三个层面。

（二）学科核心能力的亚种

以学科能力维度为纵轴，学科主题维度为横轴，形成学科核心能力的亚种矩阵。在这个矩阵中，纵轴维度由三种核心能力组成，横轴维度由七种学科主题组成，纵横轴相交形成 21 个交汇点，这是三种核心能力与七种学科主题的结合点，分别表明中学思政学科核心能力的 21 种亚能力（见表 8 - 2）。

表 8 - 2   学科核心能力结构Ⅱ（亚种）

学科能力 ＼ 学科主题	角色认同能力	价值判断能力	问题辨析能力
政治	政治角色认同	政治价值判断	政治问题辨析
经济	经济角色认同	经济价值判断	经济问题辨析
道德	道德角色认同	道德价值判断	道德问题辨析

学科能力 学科主题	角色认同能力	价值判断能力	问题辨析能力
法治	法治角色认同	法治价值判断	法治问题辨析
哲学	哲学角色认同	哲学价值判断	哲学问题辨析
文化	文化角色认同	文化价值判断	文化问题辨析
心理	心理角色认同	心理价值判断	心理问题辨析

1. 角色认同亚能力

根据学科主题的不同，或者说，由于学习内容不同，可以形成七种角色认同亚能力。这些亚能力是角色认同能力的细化，是学生对社会生活中自己所要扮演的各领域正式角色以及相关角色、所属共同体的认识能力，分别为在不同社会生活领域的角色扮演作准备，并且最终联合起来，形成一个角色认同能力的完整系统。

每一种角色认同亚能力都具有角色认同能力的基本功能，同时又表现出自身的特殊作用。例如，政治角色认同能力，这是学生对社会生活中自己所要扮演的政治角色，以及相关角色、所属共同体的认识能力，体现了共性和个性的统一。它主要包括：(1)正式政治角色的认同能力，如对"准公民"角色的认同能力；(2)相关政治角色的认同能力，如对国家领导人的认同能力；(3)政治角色间关系的认同能力，如对领导人和"准公民"关系的认同能力；(4)所属政治共同体的认同能力，如对社会主义祖国的认同能力。

其余六种角色认同亚能力与政治角色认同能力类似，也都是从各自的领域出发，表现出各自领域角色、关系和所属共同体的认同能力。关于角色认同亚能力尚需进一步研究。

2. 价值判断亚能力

根据学科主题和学习内容的不同，可以形成七种价值判断亚能力。这些亚能力是价值判断能力的细化，是学生对社会生活中自己所要践行的道德价值和非道德价值的认识能力，分别为在不同社会生活领域的价值践行作准备，并且最终联合起来，形成一个价值判断能力的完整系统。必须指出的是，在这些能力中，道德价值判断能力只是很小一部分，非道德价值判断能力占了绝大部分。

每一种价值判断亚能力都具有价值判断能力的基本功能，同时又表现出自身的特殊作用。例如，政治价值判断能力，这是指学生对社会生活中自己所要践行的政治价值的认识能力,体现了共性和个性的统一。它主要包括:(1)政治价值的判断能力,如对"爱国"的价值判断能力;(2)政治价值间关系的判断能力,如对"爱国"和"爱人民"之间关系的价值判断能力。

其余六种价值判断亚能力与政治价值判断能力类似,也都是从各自的领域出发,表现出各自领域的价值判断能力。对价值判断亚能力尚需进一步研究。

3. 问题辨析亚能力

根据学科主题和学习内容的不同,可以形成七种问题辨析亚能力。这些亚能力是问题辨析能力的细化,是学生对社会生活各领域中自己所要解决的个人和社会问题及其相互关系的认识能力,分别为在不同社会生活领域的问题解决作准备,并且最终联合起来,形成一个问题辨析能力的完整系统。

每一种问题辨析亚能力都具有问题辨析能力的基本功能,同时又表现出自身的特殊作用。例如,政治问题辨析能力,这是学生对社会生活中自己所要解决(主要是指作出自己的回答)的政治问题的认识能力,体现了共性和个性的统一。它主要包括:(1)政治问题的辨析能力,如对腐败问题的辨析能力;(2)政治问题间关系的辨析能力,如对"腐败"和"反腐败"之间关系的辨析能力。

其余六种问题辨析亚能力与政治问题辨析能力类似,也都是从各自的领域出发,表现出各自领域问题及其相互关系的辨析能力。同样,问题辨析亚能力也需要进一步研究。

(三) 学科核心能力的层级

以学科能力维度为纵轴,认知要求维度为横轴,形成学科核心能力的水平矩阵。在这个矩阵中,纵轴维度由三种核心能力组成,横轴维度由三种认知水平组成,纵横轴相交形成九个交汇点,这是三种核心能力与三种认知要求的结合点,分别表明中学思政学科核心能力的 9 种水平层级(见表 8 - 3)。

表 8 - 3 学科核心能力结构Ⅲ(层级)

认知要求 ＼ 学科能力	角色认同能力	价值判断能力	问题辨析能力
了解	角色了解	价值了解	问题了解

认知要求 ＼ 学科能力	角色认同能力	价值判断能力	问题辨析能力
理解	角色理解	价值理解	问题理解
掌握	角色掌握	价值掌握	问题掌握

1. 学科核心能力的一级水平——了解

所谓"了解"(knowing)水平就是通过学习"学生明白某一信息'是什么'和'应怎样'"的水平。[1] 这与布卢姆《教育目标分类学》认知过程维度中的"记忆/回忆"(remember)类别："从长时记忆中提取相关的知识",[2] 以及豪恩斯坦的认知目标"形成概念"(conceptualization)："在某一具体情境中识别定义和概括某一观念的能力"[3] 比较接近,都是属于认知的起点水平,主要在于促进学习的保持。

(1) 角色了解

角色了解就是学生对角色、特别是对角色期待(他人和社会对该角色的期望与要求)的了解,也就是学生知道角色的社会身份、地位和期待"是什么"。角色了解有递进性表现:记住角色信息——辨别角色信息——回忆角色信息。这是角色认同的起点水平。

(2) 价值了解

价值了解就是学生对价值、特别是对价值关系(主体和客体之间的效用关系)的了解,也就是学生知道价值、特别是价值关系"是什么"。价值了解也有递进性表现:记住价值信息——辨别价值信息——回忆价值信息。这是价值判断的起点水平。

(3) 问题了解

问题了解就是学生对问题、特别是对问题情境(问题的模糊状态)的了解,也就是学生知道问题、特别是问题情境"是什么"。问题了解的递进性表现为:记住问题信息——辨别问题信息——回忆问题信息。这是问题辨析的起点水平。

---

[1] 盛群力,等. 21 世纪教育目标新分类[M]. 杭州:浙江教育出版社,2008:313.
[2] [美]L. W. 安德森,等. 布卢姆教育目标分类学修订版[M]. 蒋小平,等,译. 北京:外语教学与研究出版社,2009:51.
[3] 盛群力,等. 21 世纪教育目标新分类[M]. 杭州:浙江教育出版社,2008:40.

2. 学科核心能力的二级水平——理解

所谓"理解"(understanding)水平就是通过学习"学生对已了解的信息能独立阐明道理('为什么')"的水平。[1] 这在布卢姆《教育目标分类学》认知过程维度中也称为"理解"(understanding)："从口头、书面和图像等交流形式的教学信息中构建意义"。[2] 豪恩斯坦的认知目标"领会"(conprehension)："转换与解释观念及推断信息的能力"[3]也与之相近。这属于认知的发展水平，主要在于促进学习的迁移。在布卢姆看来，"理解"是重在迁移的五个认知类别中的第一个，也是"各级学校强调的基于迁移的教育目标的最大类别"。[4]

(1) 角色理解

角色理解就是学生对角色、特别是对角色期待的理解，也就是学生明白认同角色的社会身份、地位和期待的原因（"为什么"）。角色理解包括对角色和角色期待的解释、举例、分类、总结、推断、比较和说明。[5] 这是角色认同的发展水平。

(2) 价值理解

价值理解就是学生对价值、特别是对价值关系的理解，也就是学生明白判别价值、特别是价值关系的理由（"为什么"）。价值理解包括对价值和价值关系的解释、举例、分类、总结、推断、比较和说明。这是价值判断的发展水平。

(3) 问题理解

问题理解就是学生对问题、特别是对问题情境的理解，也就是学生明白辨析问题、特别是问题情境的根据（"为什么"）。问题理解包括对问题和问题情境的解释、举例、分类、总结、推断、比较和说明。这是问题辨析的发展水平。

3. 学科核心能力的三级水平——掌握

所谓"掌握"(mastering)水平就是通过学习"学生能根据具体情况（即知道什么时

---

[1] 盛群力,等.21世纪教育目标新分类[M].杭州：浙江教育出版社,2008：313.
[2] [美]L. W. 安德森,等.布卢姆教育目标分类学修订版[M].蒋小平,等,译.北京：外语教学与研究出版社,2009：51.
[3] 盛群力,等.21世纪教育目标新分类[M].杭州：浙江教育出版社,2008：40.
[4] [美]L. W. 安德森,等.布卢姆教育目标分类学修订版[M].蒋小平,等,译.北京：外语教学与研究出版社,2009：54.
[5] [美]L. W. 安德森,等.布卢姆教育目标分类学修订版[M].蒋小平,等,译.北京：外语教学与研究出版社,2009：54—57.

候、什么条件下等)运用已理解的信息解决相同或变式情境中的特定问题"的水平。[1] 布卢姆《教育目标分类学》认知过程维度中相类的是"应用"(apply):"在给定的情景中执行或使用程序"。[2] 豪恩斯坦认知目标中也称为"应用"(application):"澄清某一问题或情境及运用适当的原理与程序解决具体问题或满足情境需要的能力"。[3] 这是认知的完成水平。在这一水平层级,"运用"的倾向变得明显起来,学生需要综合地进行价值选择和问题处理,但基本上仍然是在认识中的运用。

(1) 角色掌握

角色掌握就是学生对角色、特别是对角色期待的掌握,也就是学生已经基本清楚如何实现角色的社会身份、地位和期待("怎么做")。角色掌握表现为角色的"执行"和"实施",[4]但还不是角色扮演,而是在认识中的"执行"和"实施",是一种"思维操练"。这是角色认同的完成水平。

(2) 价值掌握

价值掌握就是学生对价值、特别是对价值关系的掌握,也就是学生已经完全清楚如何判别和抉择价值、特别是价值关系("怎么做")。价值掌握表现为价值判断的"执行"和"实施",但还不是价值践行,而是在认识中的"执行"和"实施",也是一种"思维操练"。这是价值判断的完成水平。

(3) 问题掌握

问题掌握就是学生对问题、特别是对问题情境的掌握,也就是学生已经完全清楚如何发现和理解问题、特别是问题情境("怎么做")。问题掌握表现为问题辨析的"执行"和"实施",但并不是在实践中解决问题,而是认识中的解决问题。这是问题辨析的完成水平。

(四) 学科核心能力的表现

以学科能力维度为纵轴,问题情境维度为横轴,形成学科核心能力的表现矩阵。

[1] 盛群力,等. 21 世纪教育目标新分类[M]. 杭州:浙江教育出版社,2008:313.
[2] [美]L. W. 安德森,等. 布卢姆教育目标分类学修订版[M]. 蒋小平,等,译. 北京:外语教学与研究出版社,2009:52.
[3] 盛群力,等. 21 世纪教育目标新分类[M]. 杭州:浙江教育出版社,2008:41.
[4] [美]L. W. 安德森,等. 布卢姆教育目标分类学修订版[M]. 蒋小平,等,译. 北京:外语教学与研究出版社,2009:59.

在这个矩阵中,纵轴维度由三种核心能力组成,横轴维度由六种生活情境组成,纵横轴相交形成 18 个交汇点,这是三种核心能力与六种问题情境的结合点,分别表明中学思政学科核心能力的 18 种情境表现(见表 8-4)。学科核心能力必须通过具体情境才能表现出来,因为"素养总是指向于活动而表现出来的,而这种活动总是与具体情境相关联的"。[1]

表 8-4　学科核心能力结构Ⅳ(表现)

问题情境＼学科能力	角色认同能力	价值判断能力	问题辨析能力
家庭生活	家庭角色认同	家庭价值判断	家庭问题辨析
学校生活	学校角色认同	学校价值判断	学校问题辨析
邻里生活	邻里角色认同	邻里价值判断	邻里问题辨析
社区生活	社区角色认同	社区价值判断	社区问题辨析
国家生活	国家角色认同	国家价值判断	国家问题辨析
国际生活	国际角色认同	国际价值判断	国际问题辨析

1. 角色认同能力的情境表现

由于问题情境不同,或者说社会生活场景不同,角色认同能力可以分成六种情境表现。这些表现是角色认同能力的情境化,是学生在不同情境的活动中表现出来的具体化了的角色认同能力。它们分别为在不同社会生活情境的角色扮演作准备,并且联合形成一个角色认同能力的表现系统。

每一种角色认同都具有角色认同能力的一般表现,同时又表现出自身的特殊性。例如,社区("一个地域内的主要社会活动或者生活方式基本上属于同一类型的相对独立的地区性社会,就叫做社区"[2],主要包括城市和农村两种类型)角色认同表现,这是学生对社区生活中自己所要扮演的社区角色以及相关角色、所属共同体认识的表现。它主要包括:(1)正式社区角色的认同表现,如对市民角色的认同表现;(2)相关社区角色的认同表现,如对社区服务人员的认同表现;(3)社区角色间关系的认同表

[1]邵朝友.基于学科素养的表现标准研究[M].上海:华东师范大学出版社,2017:80.
[2]吴铎.社会学[M].北京:高等教育出版社,1991:169.

现,如对市民间关系的认同表现;(4)所属社区共同体的认同表现,如对居住城市的认同表现。

六种问题情境的空间范围由小到大,角色和角色关系也由少到多、渐趋复杂,由此形成的不同角色认同表现需要进一步深入研究。

2. 价值判断能力的情境表现

价值判断能力也可以分成六种情境表现。这些表现是价值判断能力的情境化,是学生在不同情境的活动中表现出来的具体化了的价值判断能力。它们分别为在不同社会生活情境的价值践行作准备,并且联合形成一个价值判断能力的表现系统。

每一种价值判断都具有价值判断能力的一般表现,同时又表现出自身的特殊性。例如,社区价值判断表现,这是学生对社区生活中自己所要践行的道德价值和非道德价值认识的表现。它主要包括:(1)社区的道德价值判断表现,如对城市老年人服务的价值判断表现;(2)社区的非道德价值判断表现,如对城市绿化的价值判断表现;(3)社区的价值间关系判断表现,如对"城市夜生活"的价值判断表现。

六种问题情境的空间范围由小到大,价值和价值关系也由少到多、渐趋复杂,由此形成的不同价值判断表现需要进一步深入研究。

3. 问题辨析能力的情境表现

问题辨析能力同样分成六种情境表现。这些表现是问题辨析能力的情境化,是学生在不同情境的活动中表现出来的具体化了的问题辨析能力。它们分别为在不同社会生活情境的问题解决作准备,并且联合形成一个问题辨析能力的表现系统。

每一种问题辨析都具有问题辨析能力的一般表现,同时又表现出自身的特殊性。例如,社区问题辨析表现,这是学生对社区生活中自己所要解决的个人问题和社会问题认识的表现。它主要包括:(1)对社区生活中个人问题的辨析表现,如对自己在单位"不善交往"问题的辨析表现;(2)对社区生活中社会问题的辨析表现,如对城市消费"月光族"问题的辨析表现;(3)对不同问题间关系的辨析表现,如农村养老问题的辨析表现。

问题辨析能力和问题情境的关系最为密切。在问题情境中,问题辨析能力得到了最为充分、具体和直接的表现。正因为如此,空间范围由小到大,个人和社会问题由少到多、渐趋复杂的问题情境所形成的不同问题辨析表现就更需要进一步深入研究。

上述四种二维结构所组成的第一层次构成了中学思政学科核心能力的基本框架,

是学科核心能力模型的基础层。在这一基础上,通过对二维结构的不同组合可以形成各种联系密切、内容丰富、各有侧重、错综复杂的多维结构,从而建构起学科核心能力的完整模型。

四、中学思政学科核心能力的三维结构(核心层)

将上述任何两种二维结构合并,都可以形成一个三维结构;如果在一种二维结构中增加一个新维度,也可以形成一个三维结构。由此就能够建构起由多个三维结构组成的学科核心能力模型的第二层次(核心层)。本书无意也难以充分展开这一层次,只集中讨论两种比较有代表性的三维结构。

(一)学科核心能力的构成目标

以表8-1为基础,学习结果维度增加亚类,每一种构成均分解为两种亚构成,形成六种学习结果(目标)。学科能力维度仍为纵轴,学习结果维度为横轴,形成学科核心能力的构成目标矩阵。在这个矩阵中,纵轴维度仍然由三种核心能力组成,横轴维度则由六种学习结果组成,纵横轴相交形成18个交汇点,这是三种核心能力与六种学习结果的结合点,不仅分别细化了学科核心能力的构成,而且明确了学科学习需要达成的18种构成目标(见表8-5)。

表8-5 学科核心能力结构Ⅴ(构成目标)

学习结果 \\ 学科能力		角色认同能力	价值判断能力	问题辨析能力
学科知识	完全陈述知识	角色名称和事实	价值名称和事实	问题名称和事实
	不完全陈述知识	角色概念和规则	价值概念和规则	问题概念和规则
学科技能	分类技能	角色分类	价值分类	问题分类
	程序技能	角色规则运用	价值规则运用	问题规则运用

学科能力 \\ 学习结果		角色认同能力	价值判断能力	问题辨析能力
学科态度	功利态度	角色的直接功利	价值的直接功利	问题的直接功利
	审美态度	角色的间接功利	价值的间接功利	问题的间接功利

1. 学科核心能力的知识构成目标

在三种能力中,学科知识目标分解为六种亚知识构成目标。

(1)角色认同的亚知识构成

角色知识分为两种:(1)完全陈述知识,包括角色等的名称和事实知识。如关于"学生"的名称和事实知识;(2)不完全陈述知识,包括角色等的概念和规则知识。如关于"学生"的定义知识和规范知识。

(2)价值辨析的亚知识构成

价值知识也分为两种:(1)完全陈述知识,包括价值等的名称和事实知识。如关于"诚实"的名称和事实知识;(2)不完全陈述知识,包括价值等的概念和规则知识。如关于"健康"的定义知识和规范知识。

(3)问题辨析知识

问题知识同样为两种:(1)完全陈述知识,包括问题等的名称和事实知识。如关于"下岗"问题的名称和事实知识;(2)不完全陈述知识,包括问题等的概念和规则知识。如人口问题的定义知识和原理等知识。

2. 学科核心能力的技能构成目标

在三种能力中,学科技能也分解为六种亚技能构成。

(1)角色认同的亚技能构成

认同技能分为两种:(1)分类技能,就是运用角色概念知识归类角色的技能。如区别学生和老师的技能;(2)程序技能,就是运用角色规则知识认同角色的技能。如认可学生或教师行为的技能。

(2)价值辨析的亚技能构成

判断技能也分为两种:(1)分类技能,就是运用价值概念知识归类价值的技能。如区别"勇敢"和"莽撞"的技能;(2)程序技能,就是运用价值规则知识判断价值的技能。如判断说谎价值的技能。

（3）问题辨析的亚技能构成

辨析技能同样为两种：（1）分类技能，就是运用问题概念知识归类问题的技能。如区别个人问题和社会问题的技能；（2）程序技能，就是运用问题规则知识辨析问题的技能。如运用人口规律知识对人口问题辨析的技能。

3. 学科核心能力的态度构成目标

在三种能力中，学科态度同样分解为六种亚态度构成。

（1）角色认同的亚态度构成

角色认同态度分为对角色的功利态度和审美态度。（1）功利态度，就是对角色诉诸直接功利性的态度，即着眼于当下的、现实的、物质性的功利，如对学生为升学而努力学习加以肯定的态度；（2）审美态度，就是对角色诉诸间接功利性的态度，即着眼于未来的、理想的、精神性的功利，如对学生为认识世界而努力学习加以肯定的态度。功利态度和审美态度并无对错之分，但有高下之别。审美态度是超越眼前功利的达观，较之功利态度具有更大的自由性，更"有令人解放的性质"（黑格尔）。

（2）价值判断的亚态度构成

价值判断态度分为对价值的功利态度和审美态度。（1）功利态度，就是对价值采取现实的、物质性的功利态度，如对学习认真给予奖励的态度；（2）审美态度，就是对价值采取超功利的态度，超功利不是无功利，而是不着眼于直接的当下的功利，如对学习认真与否采取视情况而定的态度。

（3）问题辨析的亚态度构成

问题辨析态度分为对问题的功利态度和审美态度。（1）功利态度，就是对问题的功利性态度，如对任何问题都寻求唯一正确答案的态度；（2）审美态度，就是对问题的超功利态度，如对问题不急于求解，更关注问题的普遍意义的态度。

（二）学科核心能力的表现目标

以表 8-4 为基础，学科能力维度增加亚类，每一种能力均分解为两个年段能力（目标）。学科能力维度仍为纵轴，问题情境维度为横轴，形成学科核心能力的表现目标矩阵。在这个矩阵中，纵轴维度由六个年段能力组成，横轴维度由六种生活情境组成,纵横轴相交形成36个交汇点,这是六种年段能力与六种问题情境的结合点,不仅分别细化了学科核心能力的年段情境表现,而且明确了学科学习需要达成的36种表现目标(见表8-6)。

表8-6　学科核心能力结构Ⅵ(表现目标)

学科能力 年段 问题情境	角色认同能力		价值判断能力		问题辨析能力	
	初中	高中	初中	高中	初中	高中
家庭生活						
学校生活						
社区生活						
社会生活						
国家生活						
国际生活						

　　学科核心能力并不是静止不变的,而是随着学习时间的变化而变化发展。初中和高中所遇的问题情境有所不同,初高中核心能力的情境表现当然也就不同。36种表现目标就是比较典型地体现了这种表现差异。具体的差异需要结合教学内容(教材)深入研究。

　　中学思政学科核心能力在时空维度上的不同表现,不仅表明学科核心能力是发展变化的,而且也为思想政治学科大中小学一体化提供了一个依据和参照。

五、中学思政学科核心能力的四维结构(发展层)

　　在第一、二层次的基础上进一步组合,就能够建构起多个四维结构,从而形成学科核心能力模型的第三层次(发展层)。这一层次更为复杂,本书只讨论一种四维结构。这一结构以表8-1、表8-3和表8-5为基础,以学科能力层级为纵轴,学科能力亚构成(学习结果)为横轴,形成学科核心能力的水平目标矩阵。在这个矩阵中,纵轴维度由三种核心能力的九个水平层级组成,横轴维度由六种学习结果组成,纵横轴相交形成54个交汇点,这是九个水平层级与六种学习结果的结合点,不仅分别细化了学科核心能力的构成水平,而且明确了学科学习需要达成的54种水平目标(见表8-7)。

表8-7 学科核心能力结构Ⅶ(水平目标)

学习结果 / 学科能力层级		角色认同能力			价值判断能力			问题辨析能力		
		角色了解	角色理解	角色掌握	价值了解	价值理解	价值掌握	问题了解	问题理解	问题掌握
学科知识	完全陈述知识									
	不完全陈述知识									
学科技能	分类技能									
	程序技能									
学科态度	功利态度									
	审美态度									

从表8-7可见,每一种学科核心能力都分解为六种构成目标,而每一个目标又都体现为三级水平,因此54种水平目标的内容十分丰富,涵盖面大,具有相当深度,尚需深入研究。本书仅以角色认同能力为例,尝试作些一般性的说明。

(一) 角色认同能力的知识水平目标

1. 角色认同的完全陈述知识水平

角色认同的完全陈述知识分为两种知识三级水平。

(1) 角色的名称知识及水平

角色的名称知识是关于角色的名称含义是什么的知识,包括正式角色、相关角色、角色间关系和所属共同体的名称。它分为三级水平。(1)角色名称知识的了解水平。这是指对角色名称(符号)的了解,就是知道代表角色的名称(符号)是什么。(2)角色名称知识的理解水平。这是指对角色名称含义的理解，就是明白角色名称的意义是什么。(3)角色名称知识的掌握水平。这是指对角色名称的掌握，就是基本清楚如何使用角色名称。

（2）角色的事实知识及水平

角色的事实知识是关于角色及其关系的直观、表面化描述，也就是有关角色活动实例的知识。包括正式角色、相关角色、角色间关系和所属共同体的事实。它分为三级水平。(1)角色事实知识的了解水平。这是指对角色事实（非概括性命题）的了解，就是知道角色事实是什么。(2)角色事实知识的理解水平。这是指对角色事实的理解，就是明白角色事实的意义是什么。(3)角色事实知识的掌握水平。这是指对角色事实的掌握，就是基本清楚如何运用角色事实。

2. 角色认同的不完全陈述知识水平

角色认同的不完全陈述知识也分为两种知识三级水平。

（1）角色的概念知识及水平

角色的概念知识是关于角色的内涵与外延的知识，包括正式角色、相关角色和所属共同体等。它分为三级水平。(1)角色概念知识的了解水平。这是指对角色概念的了解，就是知道角色的内涵与外延是什么。(2)角色概念知识的理解水平。这是指对角色概念的理解，就是明白角色内涵与外延的意义是什么。(3)角色概念知识的掌握水平。这是指对角色概念的掌握，就是在认识上基本清楚如何运用角色概念。

（2）角色的规则知识及水平

角色的规则知识是关于角色的活动标准（规范）的知识，包括正式角色、相关角色、角色间关系和所属共同体等。它分为三级水平。(1)角色规则知识的了解水平。这是指对角色规则的了解，就是知道角色活动的标准（规范）是什么。(2)角色规则知识的理解水平。这是指对角色规则的理解，就是明白角色活动标准（规范）的意义是什么。(3)角色规则知识的掌握水平。这是指对角色规则的掌握，就是在认识上基本清楚如何运用角色规则。

（二）角色认同能力的技能水平目标

1. 角色认同的分类技能水平

角色的分类技能是运用角色概念知识归类角色的技能。分为三级水平。

（1）角色分类技能的了解水平。这是对角色概念的进一步了解，就是在角色概念知识的掌握水平基础上，能够进一步完成角色概念自身内部的转化（第一次转化），即由概念的命题表征形式转化为产生式表征形式，这一转化使程序性知识开始成为技能（参见第二章）。

（2）角色分类技能的理解水平。这是对角色概念的进一步理解，就是能够在第一次转化的基础上完成第二次转化，即产生式陈述向产生式操作转化。这是角色分类程序（产生式）操作的开始（参见第二章）。当然，这还不是角色扮演中的实际（外显）操作，而是角色认同中的思维（内隐）操作。

（3）角色分类技能的掌握水平。这是对角色概念的进一步掌握，就是在角色分类技能的理解水平基础上，能够重复进行不同情境中的分类（内隐）操作，并且开始显露自动化趋向。

2. 角色认同的程序技能水平

角色的程序技能是运用角色规则知识认同角色的技能。分为三级水平：

（1）角色程序技能的了解水平。这是对角色规则的进一步了解，就是在角色规则知识的掌握水平基础上，能够进一步完成角色规则自身内部的转化（第一次转化），即由规则的命题表征形式转化为产生式表征形式，这一转化使规则知识开始成为程序技能（参见第二章）。

（2）角色程序技能的理解水平。这是对角色规则的进一步理解，就是能够在第一次转化的基础上完成第二次转化，即产生式陈述向产生式操作转化。这是角色规则运用程序（产生式）操作的开始（参见第二章）。当然，这同样不是角色扮演中的实际（外显）操作，而是角色认同中的思维（内隐）操作。

（3）角色程序技能的掌握水平。这是对角色规则的进一步掌握，就是在角色程序技能的理解水平基础上，能够重复进行不同情境中的规则运用（内隐）操作，并且开始显露自动化趋向。

（三）角色认同能力的态度水平目标

态度水平属于情感领域的水平目标，与认知领域有所不同。本书主要借鉴克拉斯沃尔和豪恩斯坦的情感目标分类，取他们的前三级目标（参见第五章）。

1. 角色认同的功利态度水平

角色的功利态度就是对角色诉诸直接功利性的态度。分为三级水平,如下。

(1)角色功利态度的接受水平。这是指对角色的功利性接受态度,就是在直接功利的指引下,对角色采取关注的态度,即愿意接受角色。这种态度建立在角色知识了解水平的基础上,并和角色技能的了解水平相呼应。

(2)角色功利态度的反应水平。这是指对角色的功利性反应态度,就是在直接功利的指引下,对角色表示满意的态度,即愿意践行角色。这种态度建立在角色知识理解水平的基础上,并和角色技能的理解水平相呼应。

(3)角色功利态度的价值化水平。这是指对角色的功利性评价态度,就是在直接功利的指引下,对角色显露有兴趣的态度,即喜爱和欢迎角色。这种态度建立在角色知识掌握水平的基础上,并和角色技能的掌握水平相呼应。

2. 角色认同的审美态度水平

角色的审美态度就是对角色诉诸间接功利性的态度。分为三级水平,如下。

(1)角色审美态度的接受水平。这是指对角色的超功利性接受态度,就是在间接功利的前提下,关注并愿意接受角色。这种态度也建立在角色知识了解水平的基础上,并和角色技能的了解水平相呼应,但是又在一定程度上超越角色知识和技能。

(2)角色审美态度的反应水平。这是指对角色的超功利性反应态度,就是在间接功利的前提下,满意并愿意践行角色。这种态度同样建立在角色知识理解水平的基础上,并和角色技能的理解水平相呼应,也同样具有一定的超越性。

(3)角色审美态度的价值化水平。这是指对角色的超功利性评价态度,就是在间接功利的前提下,喜爱和欢迎角色。这种态度同样建立在角色知识掌握水平的基础上,并和角色技能的掌握水平相呼应,也同样超越角色知识和技能。

上述三级水平所表现出来的超越性都会产生审美效应。这种审美效应(态度)不仅表现出最全面深入的角色认同,而且往往是对角色期待的超越。

54种水平目标表明了每一种学科核心能力的每一级水平所包含的内容和要达到的目标,为学科核心能力的习得提供了一个达成标准。为了更直观地把握这一标准,本书尝试以学校情境为例对角色认同能力的水平目标作一描述(见表8-8)。

表 8-8 学校角色认同能力水平目标描述

目标	目标内容	目标例证
角色 了解	了解角色的名称	记住"同学"这一称呼
	了解角色的事实	知道"我是一名中学生"
	了解角色的概念	知道"同学"的命题陈述
	了解角色的规范	知道"学生守则"的内容陈述
	了解角色的类别特征	知道"同学"的产生式陈述
	了解角色的规范特征	知道"好学生"的产生式陈述
	接受角色的功利性	关注"好学生"的现实价值
	接受角色的超功利性	关注"好学生"的长远价值
角色 理解	理解角色的名称	明白"同学"这一称呼的意思
	理解角色的事实	明白"我是一名中学生"的意思
	理解角色的概念	明白"同学"的命题意义
	理解角色的规范	明白"学生守则"的内容意义
	理解角色的类别特征	尝试区分"同学"和"非同学"
	理解角色的规范特征	尝试成为"好学生"
	反应角色的功利性	认可"好学生"的现实意义
	反应角色的超功利性	认可"好学生"的长远意义
角色 掌握	掌握角色的名称	使用"同学"这一称呼
	掌握角色的事实	承认"我是一名中学生"
	掌握角色的概念	使用"同学"这一概念
	掌握角色的规范	承认"学生守则"的权威性
	掌握角色的类别特征	自动区分"同学"和"非同学"
	掌握角色的规范特征	自动成为"好学生"
	评价角色的功利性	赞赏"好学生"的现实意义
	评价角色的超功利性	赞赏"好学生"的长远意义

至此,中学思政学科核心能力模型基本完成雏型建构(见图 8-2)。这一模型涉及了课程的成就标准和内容标准,初步显示了中学思政学科核心能力的框架结构、内在

构成、水平表现和情境年段差异。作为一种认识社会的能力,它是学生通过该学科的学习应当而且必须达成的基本能力。这种能力的达成离不开学科知识、技能和态度的融会贯通,但不能简单等同于学科知识、技能或态度。必须强调的是,模型正是通过知识、技能和态度构成,显示着学科认识能力向学科实践能力的过渡,三种学科核心能力联结着学科实践能力,不仅为全面展开学科实践能力作准备,而且同时也进行着可能的学科实践。

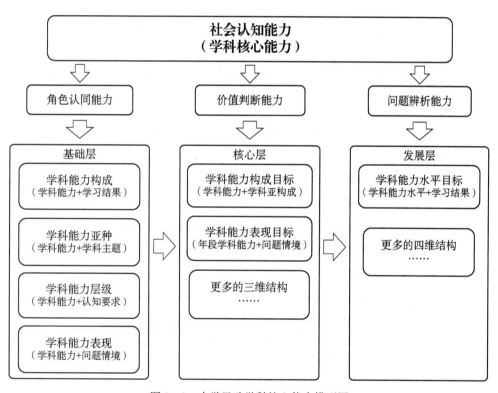

图 8-2　中学思政学科核心能力模型图

参考文献

［1］［美］R. M. 加涅. 学习的条件和教学论［M］. 皮连生，等，译. 上海：华东师范大学出版社，1999.

［2］［美］M. P. 德里斯科尔. 学习心理学——面向教学的取向［M］. 王小明，等，译. 上海：华东师范大学出版社，2008.

［3］［美］R. M. 加涅等. 教学设计原理［M］. 王小明，等，译. 上海：华东师范大学出版社，2007.

［4］［美］P. L. 史密斯，T. J. 雷根. 教学设计［M］. 庞卫国，等，译. 上海：华东师范大学出版社，2008.

［5］［美］理查德·迈耶. 学科教学心理学［M］. 姚梅林，等，译. 南京：江苏教育出版社，2010.

［6］［美］A. 班杜拉. 思想和行动的社会基础——社会认知论［M］. 林颖，等，译. 上海：华东师范大学出版社，2001.

［7］［美］E. 阿伦森等. 社会心理学［M］. 侯玉波，等，译. 北京：中国轻工业出版社，2007.

［8］［美］L. W. 安德森等. 学习、教学和评估的分类学［M］. 皮连生，等，译. 上海：华东师范大学出版社，2008.

［9］［美］D. R. 克拉斯沃尔等. 教育目标分类学（第二分册）·情感领域［M］. 施良方，等，译. 上海：华东师范大学出版社，1989.

［10］［美］B. S. 布卢姆等. 教育目标分类学. 第一分册. 认知领域［M］. 罗黎辉，等，译. 上海：华东师范大学出版社，1986.

［11］［美］David. A. Welton. 美国中小学社会课教学策略［M］. 吴玉军，等，译. 北

京:华夏出版社,2004.

[12] 潘菽. 教育心理学[M]. 北京:人民教育出版社,1980.

[13] 李伯黍,燕国材. 教育心理学[M]. 上海:华东师范大学出版社,1993.

[14] 冯忠良,等. 教育心理学[M]. 北京:人民教育出版社,2000.

[15] 皮连生. 学与教的心理学[M]. 上海:华东师范大学出版社,2009.

[16] 冯忠良,冯姬. 教学新论——结构化与定向化教学心理学原理[M]. 北京:北京师范大学出版社,2011.

[17] 王小明. 学习心理学[M]. 北京:中国轻工业出版社,2009.

[18] 韦洪涛. 学习心理学[M]. 北京:化学工业出版社,2011.

[19] 杨心德,徐钟庚. 教学设计中的任务分析[M]. 杭州:浙江大学出版社,2008.

[20] 寇彧,张文新. 思想品德心理学[M]. 北京:北京教育出版社,2001.

[21] 杨心德,蔡维静. 社会学科学习与教学设计[M]. 上海:上海教育出版社,2004.

[22] 蓝维等. 德育学科教学心理学[M]. 北京:人民出版社,2004.

[23] 郭德俊. 动机心理学:理论与实践[M]. 北京:人民教育出版社,2005.

[24] 张云. 思想政治教育心理学[M]. 上海:上海人民出版社,2001.

[25] 钟启泉. 深度学习[M]. 上海:华东师范大学出版社,2021.

[26] 朱小蔓. 情感教育论纲[M]. 北京:人民出版社,2007.

[27] 卢家楣. 情感教学心理学[M]. 上海:上海教育出版社,2000.

[28] 林崇德. 品德发展心理学[M]. 上海:上海教育出版社,1989.

[29] 林崇德. 学习与发展[M]. 北京:北京师范大学出版社,1999.

[30] 林崇德. 教育与发展[M]. 北京:北京师范大学出版社,2004.

[31] 许思安. 中学政治学科课堂教学心理学[M]. 广州:广东高等教育出版社,2014.

[32] 齐建芳. 学科教育心理学[M]. 北京:北京师范大学出版社,2012.

[33] 孔凡哲,曾峥. 数学学习心理学[M]. 北京:北京大学出版社,2012.

[34] 董蓓菲. 语文学习心理学[M]. 北京:北京大学出版社,2015.

[35] 孙喜林,荣晓华. 现代心理学教程[M]. 大连:东北财经大学出版社,2000.

［36］叶奕乾,孔克勤.个性心理学［M］.上海:华东师范大学出版社,1993.

［37］周冠生.人性的探索——个性心理学原理［M］.上海:上海教育出版社,1989.

［38］苏东水.管理心理学［M］.上海:复旦大学出版社,1987.

［39］［苏］安德列耶娃.社会心理学［M］.姜春雨,等,译.天津:南开大学出版社,1984.

［40］［日］古畑和孝.人际关系社会心理学［M］.王康乐译.天津:南开大学出版社,1986.

［41］赫葆源,等.实验心理学［M］.北京:北京大学出版社,1983.

［42］周冠生.素质心理学［M］.上海:上海人民出版社,2000.

［43］吴棠棣,等.心理学［M］.北京:人民教育出版社,1980.

［44］陈桂生.教育原理［M］.上海:华东师范大学出版社,2000.

［45］杨小微,张天宝.教学论［M］.北京:人民教育出版社,2007.

［46］袁振国.当代教育学［M］.北京:教育科学出版社,2004.

［47］石中英.知识转型与教育改革［M］.北京:教育科学出版社,2001.

［48］吴铎.思想政治教育学［M］.杭州:浙江教育出版社,1993.

［49］吴铎.德育课程与教学论［M］.杭州:浙江教育出版社,2003.

［50］朱明光,等.思想政治学科教育学［M］.北京:首都师范大学出版社,2000.

［51］张建文.思想政治课程与教学论［M］.北京:人民出版社,2008.

［52］谢树平,等.新编思想政治（品德）教学论［M］.上海:华东师范大学出版社,2006.

［53］孙菊如,高红娟.思想政治学科课程与教材分析［M］.南昌:江西人民出版社,2015.

［54］胡田庚.中学思想政治课程标准与教材分析［M］.北京:科学出版社,2012.

［55］邝丽湛.中学德育学科教学论［M］.北京:北京大学出版社,2010.

［56］邹绍清.思想政治教学技术论［M］.北京:中央文献出版社,2010.

［57］课程教材研究所.新中国中小学教材建设史(1949—2000)·政治卷［M］.北京:人民教育出版社,2012.

［58］秦璞.搏动的讲台——我教思想政治课［M］.上海:上海教育出版社,2009.

［59］盛群力,等.21世纪教育目标新分类［M］.杭州:浙江教育出版社,2008.

［60］邵朝友.基于学科素养的表现标准研究［M］.上海:华东师范大学出版社,2017.

［61］杨钦芬.追求卓越——中小学生学科能力评价研究［M］.福州:福建教育出版社,2021.

［62］林崇德.21世纪学生发展核心素养研究(修订版)［M］.北京:北京师范大学出版社,2021.

［63］钟启泉.核心素养十讲［M］.福州:福建教育出版社,2018.

［64］张钿富等.欧美澳"公民关键能力"发展之研究［M］.台北:"国立"教育资料馆,2010.

［65］蔡清田.素养.课程改革的DNA［M］.台北:高等教育文化事业有限公司,2012.

［66］［美］R.W.贝古恩.美国中小学生社会技能课程与活动［M］.李明霞,译.北京:中国青年出版社,2014.

［67］［美］美国国家社会科协会.美国国家社会科课程标准［S］.高霞,等,译.北京:教育科学出版社,2008.

［68］许瑞芳,等.学校积极公民培育研究——理念、方法和技能［M］.上海:华东师范大学出版社,2019.

［69］李泽厚.美学四讲［M］.桂林:广西师范大学出版社,2001.

［70］李泽厚.李泽厚哲学美学文选［C］.长沙:湖南人民出版社,1985.

［71］朱立元.美学(修订版)［M］.北京:高等教育出版社,2006.

［72］杨恩寰,等.美学教程［M］.北京:中国社会科学出版社,1987.

［73］刘叔成,等.美学基本原理［M］.上海:上海人民出版社,2001.

［74］叶朗.美学原理［M］.北京:北京大学出版社,2009.

［75］杜卫.美育学概论［M］.北京:高等教育出版社,1997.

［76］蒋冰海.美育学导论［M］.上海:上海人民出版社,1990.

［77］杨斌.李泽厚论教育.人生.美——献给中小学教师［M］.上海:华东师范大

学出版社,2011.

[78] 彭文晓. 教育美学散论[M]. 武汉:华中科技大学出版社,2009.

[79] 陈吉庆. 教育美学[M]. 长沙:湖南师范大学出版社,2013.

[80] 孙俊三. 教育过程的美学意蕴[M]. 长沙:湖南师范大学出版社,2006.

[81] 陈建翔. 有一种美,叫教育——教育美学思想录[M]. 成都:四川教育出版社,2006.

[82] 何齐宗. 教育美学新论[M]. 北京:人民教育出版社,2017.

[83] 周义. 教育美学引论[M]. 天津:天津教育出版社,2010.

[84] 周芳. 思想政治教育审美研究[M]. 北京:人民出版社,2012.

[85] 冯契. 人的自由和真善美[M]. 上海:华东师范大学出版社,1996.

[86] 李秀林等. 辩证唯物主义和历史唯物主义原理(第四版)[M]. 北京:中国人民大学出版社,1995.

[87] 吴铎. 社会学[M]. 北京:高等教育出版社,1992.

[88] 庞树奇,范明林. 普通社会学理论[M]. 上海:上海大学出版社,2000.

[89] 罗国杰,等. 伦理学教程[M]. 北京:中国人民大学出版社,1986.

[90] 王海明. 伦理学原理[M]. 北京:北京大学出版社,2009.

[91] 赵春荣. 经济学概论[M]. 北京:中国经济出版社,2012.

[92] 刘建铭. 经济学概论[M]. 北京:清华大学出版社,2012.

[93] 景跃进,等. 当代中国政府与政治[M]. 北京:中国人民大学出版社,2016.

[94] 张宇,卢荻. 当代中国经济[M]. 北京:中国人民大学出版社,2012.

[95] 孙关宏,等. 政治学概论[M]. 上海:复旦大学出版社,2017.

[96] 景跃进,张小劲. 政治学原理[M]. 北京:中国人民大学出版社,2015.

后记

　　这本书缘于上世纪九十年代初，我奉命为上海市中学政治教师在职培训开设"思想政治课教学心理"课程。当时虽然对课程所涉领域所知甚少，但信心满满，搜集资料、阅读文献、听课、调查、编写讲义……光阴荏苒，屈指算来距今竟已三十年！一本书断断续续写了三十年，似乎颇有"十年磨一剑"之意，其实不然。现在想想实在是因为本人比较懒散，又常常心有旁骛，笔头也慢，特别是"忙"——忙于上课、忙于带学生实习、也忙于各种教学杂务。所以，虽然时间不短，却只能写了个"纲要"。好在总算完成，可以对一直关心、支持这一学科的同仁和听过此课的众多学生有一个交代。书中有些内容已先期在《课程·教材·教法》《全球教育展望》和《思想政治课研究》发表，并被人大复印报刊资料转载；有些内容因为课时有限，上课时来不及讲，现在则可见全豹了。

　　本书出版得到全国重点马克思主义学院、中共上海市委宣传部与华东师范大学共建马克思主义学院、上海高校示范马克思主义学院、上海高校马克思主义理论高峰学科计划等的支持。同时，吴铎教授以九十高龄为本书作序，令我十分感动。刘祖希副编审工作细致、高效，也令人起敬。在此一并表示诚挚的感谢！

　　本书的完成也要感谢我的妻子朱红梅，她不辞辛劳，操持家务，使我能够专心写作。

　　最后，谨以此书献给我的外婆杨定坤和我的母亲钟莉珍，愿两位老人家在天之灵安好。

钟　杨

2022 年 3 月 9 日